大学赤本シリーズ

203

北星学園大学

教学社

はしがき

おかげさまで，大学入試の「赤本」は，今年で創刊70周年を迎えました。

これまで，入試問題や資料をご提供いただいた大学関係者各位，掲載許可をいただいた著作権者の皆様，各科目の解答や対策の執筆にあたられた先生方，そして，赤本を使用してくださったすべての読者の皆様に，厚く御礼を申し上げます。

以下に，創刊初期の「赤本」のはしがきを引用します。これからも引き続き，受験生の目標の達成や，夢の実現を応援してまいります。

本書を活用して，入試本番では持てる力を存分に発揮されることを心より願っています。

編者しるす

＊　＊　＊

学問の塔にあこがれのまなざしをもって，それぞれの志望する大学の門をたたかんとしている受験生諸君！　人間として生まれてきた私たちは，自己の欲するままに，美しく，強く，そして何よりも人間らしく生きることをねがっている。しかし，一朝一夕にして，この純粋なのぞみが達せられることはない。私たちの行く手には，絶えずさまざまな試練がまちかまえている。この試練を克服していくところに，私たちのねがう真に人間的な世界がはじめて開かれてくるのである。

人生最初の最大の試練として，諸君の眼前に大学入試がある。この大学入試は，精神的にも身体的にも，大きな苦痛を感ぜしめるであろう。あるスポーツに熟達するには，たゆみなき，はげしい練習を積み重ねることが必要であるように，私たちは，計画的・持続的な努力を払うことによって，この試練を克服し，次の一歩を踏みだすことができる。厳しい試練を経たのちに，はじめて満足すべき成果を獲得できるのである。

本書は最近の入学試験の問題に，それぞれ解答を付し，さらに問題をふかく分析することによって，その大学独特の傾向や対策をさぐろうとした。本書を一般の参考書とあわせて使用し，まとはずれのない，効果的な受験勉強をされるよう期待したい。

（昭和35年版「赤本」はしがきより）

挑む人の、いちばんの味方

赤本創刊70周年

1954年に大学入試の過去問題集を刊行してから70年。赤本は大学に入りたいと思う受験生を応援しつづけてきました。これからも，苦しいとき落ち込むときにそばで支える存在でいたいと思います。

そして，勉強をすること，自分で道を決めること，努力が実ること，これらの喜びを読者の皆さんが感じることができるよう，伴走をつづけます。

そもそも赤本とは…

受験生のための大学入試の過去問題集！

70年の歴史を誇る赤本は，500点を超える刊行点数で全都道府県の370大学以上を網羅しており，過去問の代名詞として受験生の必須アイテムとなっています。

なぜ受験に過去問が必要なのか？

大学入試は大学によって問題形式や頻出分野が大きく異なるからです。

赤本の掲載内容

傾向と対策

これまでの出題内容から，問題の「**傾向**」を分析し，来年度の入試に向けて具体的な「**対策**」の方法を紹介しています。

問題編・解答編

- 年度ごとに問題とその解答を掲載しています。
- 「**問題編**」ではその年度の試験概要を確認したうえで，実際に出題された過去問に取り組むことができます。
- 「**解答編**」には高校・予備校の先生方による解答が載っています。

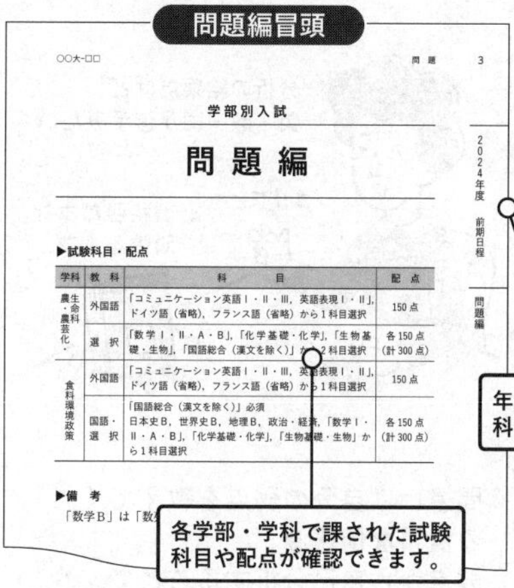

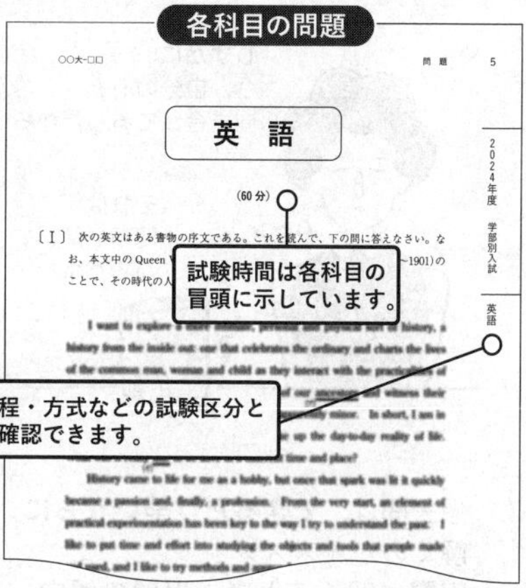

他にも，大学の基本情報や，先輩受験生の合格体験記，在学生からのメッセージなどが載っていることがあります。

掲載内容について

著作権上の理由やその他編集上の都合により問題や解答の一部を割愛している場合があります。
なお，指定校推薦入試，社会人入試，編入学試験，帰国生入試などの特別入試，英語以外の外国語科目，商業・工業科目は，原則として掲載しておりません。また試験科目は変更される場合がありますので，あらかじめご了承ください。

受験勉強は

過去問に始まり，

STEP 1 なにはともあれ

まずは解いてみる

しずかに…
今，自分の心と
向き合ってるんだから
ムーン
それは
問題を解いて
からだホン!

過去問は，**できるだけ早いうちに解く**のがオススメ！
実際に解くことで，**出題の傾向，問題のレベル，今の自分の実力**がつかめます。

STEP 2 じっくり具体的に

弱点を分析する

分析の結果だけど
英・数・国が苦手みたい
スリー
必須科目だホン
頑張るホン

間違いは自分の弱点を教えてくれる**貴重な情報源**。
弱点から自己分析することで，**今の自分に足りない力や苦手な分野**が見えてくるはず！

合格者があかす 赤本の使い方

傾向と対策を熟読
（Fさん／国立大合格）

大学の出題傾向を調べるために，赤本に載っている「傾向と対策」を熟読しました。

繰り返し解く
（Tさん／国立大合格）

1周目は問題のレベル確認，2周目は苦手や頻出分野の確認に，3周目は合格点を目指して，と過去問は繰り返し解くことが大切です。

過去問に終わる。

STEP 3

志望校にあわせて

苦手分野の重点対策

明日からはみんなで頑張るよ！
参考書も！ 問題集も！
よろしくね！
呼んだ？
なにを!? どこから!?
グッ
グッ

参考書や問題集を活用して，苦手分野の**重点対策**をしていきます。**過去問を指針**に，合格へ向けた具体的な学習計画を立てましょう！

STEP 1 ▶ 2 ▶ 3

サイクルが大事！

実践を繰り返す

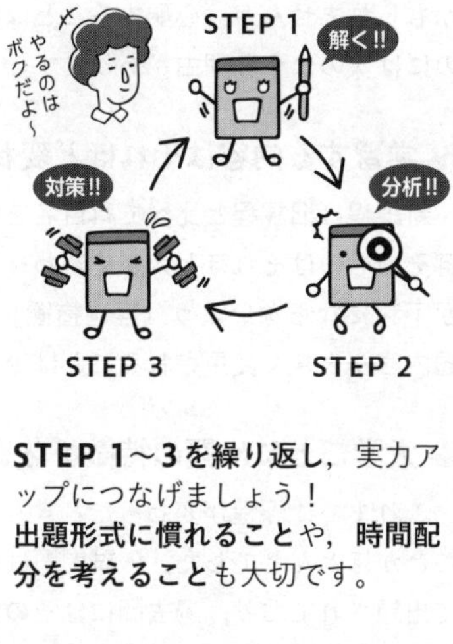

STEP 1〜3を繰り返し，実力アップにつなげましょう！
出題形式に慣れることや，**時間配分を考えること**も大切です。

目標点を決める
(Yさん／私立大合格)

赤本によっては合格者最低点が載っているので，それを見て目標点を決めるのもよいです。

時間配分を確認
(Kさん／私立大学合格)

赤本は時間配分や解く順番を決めるために使いました。

添削してもらう
(Sさん／私立大学合格)

記述式の問題は先生に添削してもらうことで自分の弱点に気づけると思います。

新課程入試 Q&A

2022年度から新しい学習指導要領（新課程）での授業が始まり，2025年度の入試は，新課程に基づいて行われる最初の入試となります。ここでは，赤本での新課程入試の対策について，よくある疑問にお答えします。

Q1. 赤本は新課程入試の対策に使えますか？

A. もちろん使えます！

旧課程入試の過去問が新課程入試の対策に役に立つのか疑問に思う人もいるかもしれませんが，心配することはありません。旧課程入試の過去問が役立つのには次のような理由があります。

● 学習する内容はそれほど変わらない

新課程は旧課程と比べて科目名を中心とした変更はありますが，学習する内容そのものはそれほど大きく変わっていません。また，多くの大学で，既卒生が不利にならないよう「経過措置」がとられます（Q３参照）。したがって，出題内容が大きく変更されることは少ないとみられます。

● 大学ごとに出題の特徴がある

これまでに課程が変わったときも，各大学の出題の特徴は大きく変わらないことがほとんどでした。入試問題は各大学のアドミッション・ポリシーに沿って出題されており，過去問にはその特徴がよく表れています。過去問を研究してその大学に特有の傾向をつかめば，最適な対策をとることができます。

出題の特徴の例	・英作文問題の出題の有無 ・論述問題の出題（字数制限の有無や長さ） ・計算過程の記述の有無

新課程入試の対策も，赤本で過去問に取り組むところから始めましょう。

Q2. 赤本を使う上での注意点はありますか？

A. 志望大学の入試科目を確認しましょう。

過去問を解く前に，過去の出題科目（問題編冒頭の表）と2025年度の募集要項とを比べて，課される内容に変更がないかを確認しましょう。ポイントは以下のとおりです。科目名が変わっていても，実際は旧課程の内容とほとんど同様のものもあります。

英語・国語	科目名は変更されているが，実質的には変更なし。 ▶▶ **ただし，リスニングや古文・漢文の有無は要確認。**
地歴	科目名が変更され，「歴史総合」「地理総合」が新設。 ▶▶ **新設科目の有無に注意。ただし，「経過措置」(Q3参照)により内容は大きく変わらないことも多い。**
公民	「現代社会」が廃止され，「公共」が新設。 ▶▶ **「公共」は実質的には「現代社会」と大きく変わらない。**
数学	科目が再編され，「数学C」が新設。 ▶▶ **「数学」全体としての内容は大きく変わらないが，出題科目と単元の変更に注意。**
理科	科目名も学習内容も大きな変更なし。

数学については，科目名だけでなく，どの単元が含まれているかも確認が必要です。例えば，出題科目が次のように変わったとします。

旧課程	「数学Ⅰ・数学Ⅱ・数学A・数学B（数列・ベクトル）」
新課程	「数学Ⅰ・数学Ⅱ・数学A・**数学B（数列）・数学C（ベクトル）**」

この場合，新課程では「数学C」が増えていますが，単元は「ベクトル」のみのため，実質的には旧課程とほぼ同じであり，過去問をそのまま役立てることができます。

Q3. 「経過措置」とは何ですか？

A. 既卒の旧課程履修者への対応です。

多くの大学では，既卒の旧課程履修者が不利にならないように，出題において「経過措置」が実施されます。措置の有無や内容は大学によって異なるので，募集要項や大学のウェブサイトなどで確認しておきましょう。

○旧課程履修者への経過措置の例

- 旧課程履修者にも配慮した出題を行う。
- 新・旧課程の共通の範囲から出題する。
- 新課程と旧課程の共通の内容を出題し，共通範囲のみでの出題が困難な場合は，旧課程の範囲からの問題を用意し，選択解答とする。

例えば，地歴の出題科目が次のように変わったとします。

旧課程	「日本史 B」「世界史 B」から１科目選択
新課程	「**歴史総合**，日本史探究」「**歴史総合**，世界史探究」から１科目選択※ ※旧課程履修者に不利益が生じることのないように配慮する。

「歴史総合」は新課程で新設された科目で，旧課程履修者には見慣れないものですが，上記のような経過措置がとられた場合，新課程入試でも旧課程と同様の学習内容で受験することができます。

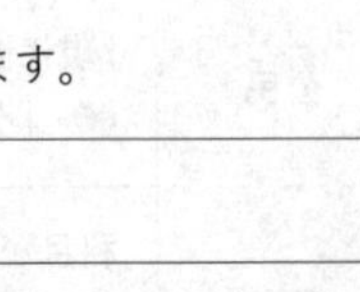

要チェックだホン

新課程の情報は WEB もチェック！
より詳しい解説が赤本ウェブサイトで見られます。
https://akahon.net/shinkatei/

科目名が変更される教科・科目

	旧課程	新課程
国語	国語総合 国語表現 現代文A 現代文B 古典A 古典B	現代の国語 言語文化 論理国語 文学国語 国語表現 古典探究
地歴	日本史A 日本史B 世界史A 世界史B 地理A 地理B	歴史総合 日本史探究 世界史探究 地理総合 地理探究
公民	現代社会 倫理 政治・経済	公共 倫理 政治・経済
数学	数学Ⅰ 数学Ⅱ 数学Ⅲ 数学A 数学B 数学活用	数学Ⅰ 数学Ⅱ 数学Ⅲ 数学A 数学B 数学C
外国語	コミュニケーション英語基礎 コミュニケーション英語Ⅰ コミュニケーション英語Ⅱ コミュニケーション英語Ⅲ 英語表現Ⅰ 英語表現Ⅱ 英語会話	英語コミュニケーションⅠ 英語コミュニケーションⅡ 英語コミュニケーションⅢ 論理・表現Ⅰ 論理・表現Ⅱ 論理・表現Ⅲ
情報	社会と情報 情報の科学	情報Ⅰ 情報Ⅱ

目　次

2023年度 問題と解答

編集部注：リスニング音源は、赤本オンラインで聴くことができます。
https://akahon.net/kkm/hks/index.html

なお、上記のリンクは 2024 年 6 月時点のものであり、アクセスできなくなる場合もございます。あらかじめご了承ください。

掲載内容についてのお断り

• 総合型選抜については掲載していません。

UNIVERSITY GUIDE

大学情報

基本情報

学部・学科の構成

大　学

●文学部

英文学科

心理・応用コミュニケーション学科

●経済学部

経済学科

経営情報学科

経済法学科

●社会福祉学部

社会福祉学科

心理学科

大学院

社会福祉学研究科 / 文学研究科 / 経済学研究科

大学所在地

北星学園大学

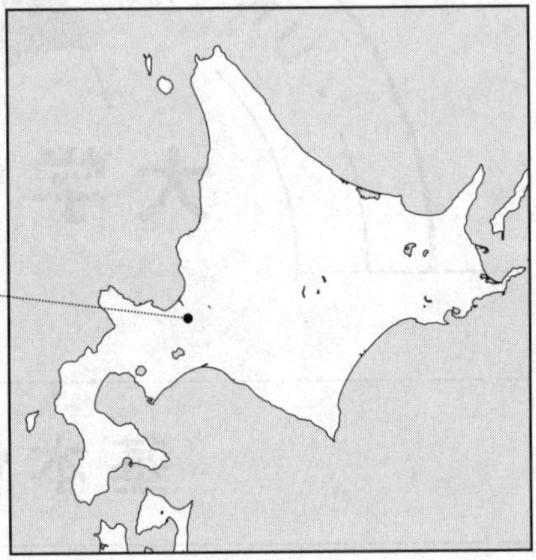

〒004-8631　札幌市厚別区大谷地西 2 丁目 3 番 1 号

2024年度入試データ

入試状況（志願者数・競争率など）

○競争率は受験者数（大学入学共通テスト利用選抜は志願者数）÷合格者数で算出。
○合格者数および合格者平均点には，追加合格を含んでいない。

●一般選抜

学部	学科	募集人員	志願者数	受験者数	合格者数	競争率	合格者平均点
文	英文	59	232	227	134	1.7	219.0
	心理・応用コミュニケーション	34	114	110	56	2.0	218.5
経済	経済	75	374	368	218	1.7	205.0
	経営情報	48	210	208	95	2.2	201.3
	経済法	45	218	216	159	1.4	193.0
社会福祉	社会福祉	48	88	87	69	1.3	179.5
	心理	32	114	113	50	2.3	223.9
合計		341	1,350	1,329	781	1.7	—

（備考）300点満点。

●大学入学共通テスト利用選抜（Ⅰ期）

学部	学科	募集人員	志願者数	合格者数	競争率
文	英文	10	92	34	2.7
	心理・応用コミュニケーション	8	54	26	2.1
経済	経済	13	133	78	1.7
	経営情報	9	52	21	2.5
	経済法	10	50	27	1.9
社会福祉	社会福祉	8	52	31	1.7
	心理	6	58	26	2.2
合計		64	491	243	2.0

●大学入学共通テスト利用選抜（Ⅱ期）

学部	学科	募集人員	志願者数	合格者数	競争率
文	英文	3	8	3	2.7
	心理・応用コミュニケーション	2	6	1	6.0
経済	経済	4	15	9	1.7
	経営情報	2	5	2	2.5
	経済法	2	11	4	2.8
社会福祉	社会福祉	3	6	3	2.0
	心理	2	6	1	6.0
合計		18	57	23	2.5

●総合型選抜

学部	学科	募集人員	志願者数	1次選考合格者数	2次試験受験者数	2次試験合格者数	競争率
文	英文	10	23	23	22	22	1.0
	心理・応用コミュニケーション	25	48	48	45	44	1.0
経済	経済	20	52	52	51	39	1.3
	経営情報	16	53	53	52	36	1.4
	経済法	25	36	36	34	33	1.0
社会福祉	社会福祉	30	48	48	46	45	1.0
	心理	12	46	46	45	29	1.6
合計		138	306	306	295	248	1.2

入試要項(出願書類)の入手方法

入試要項は，大学ホームページ（受験生 Web）で確認またはダウンロードしてください（Web 出願のため紙の入試要項・出願書類はありません)。なお，入試の概要は，ガイドブック（入試ガイド）でも確認できます。ガイドブックは受験生 Web から資料請求できます（無料)。

問い合わせ先

北星学園大学　入試課
〒004-8631　札幌市厚別区大谷地西 2 丁目 3 番 1 号
TEL　011-891-2731（代）
受験生 Web　https://entry.hokusei.ac.jp/

TREND & STEPS

傾向と対策

科目ごとに問題の「傾向」を分析し，具体的にどのような「対策」をすればよいか紹介しています。まずは出題内容をまとめた分析表を見て，試験の概要を把握しましょう。

注 意

「傾向と対策」で示している，出題科目・出題範囲・試験時間等については，2024 年度までに実施された入試の内容に基づいています。2025 年度入試の選抜方法については，各大学が発表する学生募集要項を必ずご確認ください。

掲載日程・学部について

各学部・学科の実施日程は下記のとおり。

【2024 年度】

2 月 6 日：文（心理・応用コミュニケーション）学部，経済（経済）学部

2 月 7 日：経済（経営情報）学部，社会福祉（社会福祉）学部

2 月 8 日：文（英文）学部，経済（経済法）学部，社会福祉（心理）学部

【2023 年度】

2 月 6 日：経済（経済）学部，社会福祉（心理）学部

2 月 7 日：文（心理・応用コミュニケーション）学部，経済（経営情報）学部

2 月 8 日：文（英文）学部，経済（経済法）学部，社会福祉（社会福

社）学部

来年度の変更点

2025 年度入試では，以下の変更が予定されている（本書編集時点）。

- 従来の一般選抜が「一般選抜（Ⅰ期）」となり，新たに「一般選抜（Ⅱ期）」が実施される。

英　語

年度	日程・学部	番号	項　目	内　　容
2024	2月6日●	〔1〕	文法・語彙	誤り指摘，空所補充，同意表現
		〔2〕	会　話　文	内容説明
		〔3〕	会　話　文	内容説明
		〔4〕	読　　　解	内容説明
		〔5〕	読　　　解	内容説明，主題
		〔6〕	読　　　解	内容説明，内容真偽
	2月7日●	〔1〕	文法・語彙	誤り指摘，空所補充，同意表現
		〔2〕	会　話　文	内容説明
		〔3〕	会　話　文	空所補充，内容説明
		〔4〕	読　　　解	内容説明
		〔5〕	読　　　解	主題，内容説明
		〔6〕	読　　　解	内容真偽，内容説明
	2月8日 文（英文）◑	〔1〕	リスニング	内容説明
		〔2〕	読　　　解	内容説明，内容真偽，主題
		〔3〕	読　　　解	内容説明，内容真偽，主題
		〔4〕	文法・語彙 読　　　解	語句整序，語形変化，空所補充
		〔5〕	英　作　文	テーマ英作文（50語）
	2月8日 福祉（心理）経済（経済法）、社会●	〔1〕	文法・語彙	誤り指摘，空所補充，同意表現
		〔2〕	会　話　文	内容説明
		〔3〕	会　話　文	空所補充，内容説明
		〔4〕	読　　　解	内容説明
		〔5〕	読　　　解	内容説明
		〔6〕	読　　　解	内容説明

年度	日程・学部	番号	項目	内容
2023 ◑	2月6日	〔1〕	文法・語彙	誤り指摘，空所補充，同意表現
		〔2〕	会話文	内容説明，空所補充
		〔3〕	読解	主題，内容説明，内容真偽
		〔4〕	読解	内容真偽，主題，内容説明
		〔5〕	文法・語彙	空所補充
		〔6〕	文法・語彙	語句整序
	2月7日 経済（経営情報）、文（心理・応用）	〔1〕	文法・語彙	誤り指摘，空所補充，同意表現
		〔2〕	会話文	内容説明
		〔3〕	読解	内容説明
		〔4〕	読解	主題，内容説明
		〔5〕	文法・語彙	空所補充
		〔6〕	文法・語彙	語句整序
	2月8日 文（英文）	〔1〕	リスニング	内容説明
		〔2〕	読解	内容説明，内容真偽
		〔3〕	読解	内容説明
		〔4〕	文法・語彙 読解	語句整序，語形変化，空所補充
		〔5〕	英作文	テーマ英作文（50語）
	2月8日 福祉（社会福祉）、経済（経済法）、社会	〔1〕	文法・語彙	誤り指摘，空所補充，同意表現
		〔2〕	会話文	内容説明
		〔3〕	読解	内容説明
		〔4〕	読解	主題，内容説明
		〔5〕	文法・語彙	空所補充
		〔6〕	文法・語彙	語句整序

（注）●印は全問，◑印は一部マークシート法採用であることを表す。

傾向　読解問題を中心に総合的な力が試される

01　出題形式は？

文学部英文学科は大問5題の出題で試験時間90分，その他の学部・学科は大問6題の出題で試験時間60分。2024年度より文学部英文学科はマークシート法と記述式の併用，その他の学部・学科は全問マークシート法となった。

02 出題内容はどうか？

読解問題が中心で，出題内容は内容説明，内容真偽，同意表現，主題などである。読解問題は設問文が英語となっている。英文のテーマは，社会，文化，歴史，言語，文学，科学など，実にさまざまである。文法・語彙問題も，誤り指摘，空所補充，語句整序など多岐にわたる。文学部英文学科を除く学部・学科では会話文問題も出題されている。また，文学部英文学科では例年 50 語程度の英作文が出題されており，2024 年度は「日本社会はどのように変わってほしいか説明しなさい」という問題であった。その上，文学部英文学科では，かなり長いリスニングテストもある。

03 難易度は？

基本的な実力をみようというオーソドックスな出題である。英文はそれほど難しいものではないので，ふだんの予習・復習をしっかりやっていれば歯がたたないことはないが，読解問題では一部判断に迷うものや正確に読み取っていないと間違えてしまいがちな設問もあり，決して侮ってはいけない。文学部英文学科のリスニングテストは長文のリスニングまであり，かなりの難度だといえるが，決して高校の範囲を超えた難問ではない。時間配分を意識して取り組もう。

対策

01 読　解

速読が要求されているので，ふだんから英文を読み慣れていないと，本番のときに戸惑ってしまうことになろう。予習・復習を怠らず，どんどん読み進んでいく練習をしてほしい。過去問演習は相当な練習になる。

02 語　彙

読解のためにも語彙力をつけなければならない。ふだんの授業の予習をする際に，自分なりの単語帳を作って出てくるはしから単語を覚えていけば，相当な蓄積になる。それが難しいという人には，『英単語ターゲット1400』（旺文社）などの単語帳を反復練習することを勧める。いずれにしても，単語はすぐに忘れるので「こんなことをしても無駄だ」と思いがちだが，それを乗り越えて反復するうちに身についてくるものである。あきらめずに努力してほしい。

03 文　法

『大学入試 すぐわかる英文法』（教学社）など，入試に必要な英文法を網羅した文法書を1冊完全にマスターしよう。また，問題集を何度も解いているうちに，コツというものがわかってくる。英語の構造がどういうものか，おおまかに全貌をつかむことができれば一歩前進したといえる。地道に勉強を積み重ねれば報われるものである。特に，誤り指摘の問題は解いているうちに文法がわかってくるので，なるべく多くの問題を解いておこう。

04 英作文

文学部英文学科では50語程度の自由英作文と語句整序問題が出題されている。これらに対する対策としては，なんと言っても例文の暗記が一番効果がある。難しい英文は覚えられない上に覚えても使いこなせないので，高校受験レベルの易しい例文集で100例文ほどでも覚えておきたい。その上で3文程度で平易な英語を使ったパラグラフが書けるように主張⇒理由・サポート⇒展開（再主張）という流れを意識して取り組もう。

05 リスニング

対策としては，実際に英語を聞いてみることが重要である。インターネットでもいろいろな英語が聞ける。最初はわからなくても，反復して聞いているうちに英語の発音の決まりがわかってきて，発音と単語を結びつけることができるようになる。さらにそれを繰り返しているうちに意味が理解できるようになる。リスニングこそ，練習量が実力に比例すると言うことができるだろう。参考書としては，『大学入試 絶対できる英語リスニング』（教学社）がおすすめである。

日本史

年度	日程	番号	内容	形式
2024 ◑	2月6日	〔1〕	原始・古代の出土物や遺跡・文化財 ⊘視覚資料	選択
		〔2〕	院政期から戦国時代末期までの女性	選択・記述
		〔3〕	近世の宗教史	選択・記述
		〔4〕	第一次世界大戦と大正・昭和の政治史 ⊘史料	正誤・記述・選択
	2月7日	〔1〕	原始・古代の正誤判定 ⊘史料	選択
		〔2〕	古代の土地制度 ⊘史料	記述
		〔3〕	蒙古襲来と鎌倉幕府	記述・選択
		〔4〕	享保の改革	記述・正誤・選択
		〔5〕	黒田清隆の人物史 ⊘地図	記述・選択
	2月8日	〔1〕	原始・古代の出土物や文化財 ⊘視覚資料	選択
		〔2〕	「大勢三転考」―鎌倉・室町時代の政治史 ⊘史料	選択・記述
		〔3〕	18世紀以降の外交・社会経済史	記述・選択
		〔4〕	明治時代から戦後の文学	記述・選択
2023 ◑	2月6日	〔1〕	原始・古代の正誤判定	選択
		〔2〕	古代の小問集合 ⊘史料	選択
		〔3〕	日蓮の人物史	記述・選択
		〔4〕	「日本開化小史」―徳川家綱から徳川家継の政治 ⊘史料	選択・記述
		〔5〕	幕末から戦後の外交史	選択
	2月7日	〔1〕	原始・古代の遺跡と文化財 ⊘視覚資料	選択
		〔2〕	「甲州法度之次第」「楽市令」「刀狩令」―戦国大名・織豊政権の政策 ⊘史料	選択・記述
		〔3〕	元禄文化	選択・記述
		〔4〕	日中戦争と近衛内閣	正誤・記述・選択
	2月8日	〔1〕	原始・古代の遺跡と文化財 ⊘視覚資料	選択
		〔2〕	「梅松論」―建武の新政 ⊘史料	選択・記述
		〔3〕	三大改革 ⊘表	記述・選択
		〔4〕	幕末から明治初期の小問集合 ⊘史料	記述・選択

（注）●印は全問，◑印は一部マークシート法採用であることを表す。

傾向　近世・近代史に注意　史料問題頻出

01 出題形式は？

各日程とも試験時間は60分であり，大問は4，5題，解答個数は50個前後である。解答形式はマークシート法と記述式の併用で，それぞれマーク解答用と記述解答用の2種類の解答用紙に書き分けることになる。選択問題には，正文または誤文を選ぶ一般的な正文（誤文）判定問題や，正文・誤文の組み合わせを選ぶ正誤法などがみられる。ほかに，写真や図版など視覚資料を用いた語句選択，事項の組み合わせの中から適当なものを選ぶものなどが出題されている。

なお，2025年度は出題科目が「日本史探究」となる予定である（本書編集時点）。

02 出題内容はどうか？

時代別では原始から戦後まで出題されている。大問2題ほどが近世以降からの出題である。また，ここ数年連続して人物史が出題されている。

分野別では政治・社会・経済・外交・文化の各分野からバランスよく出題されているが，特に受験生が苦手としがちな文化史の出題が多い。また，テーマ史が出題される傾向にあるため，今後も注意が必要である。特に近年は，原始や古代の遺跡や文化財の視覚資料を用いた出題が増加している。

史料問題は頻出であり，写真や図版などの視覚資料，地図も多く使われている。

03 難易度は？

問われている内容はほとんどが標準的な事項であるが，近現代の経済史や戦後史に難度の高い問題が散見される。また，正文（誤文）判定問題では教科書欄外の知識を含む文もみられる。正誤を判断するポイントも細かい知識を問うものがあり，高度な注意力が必要とされる。史料問題は教科書などに掲載されているものを中心に出題されている。その一方，図版・写真などの視覚資料は教科書に掲載されていないものも出題されている。以上を総合して考えると，全体的には標準のレベルといえるが，問題の難易を見極めて，標準的な問題から手早く着実に解答していくなど，時間配分を意識して解くことが重要であろう。

対策

01 教科書精読で基本学習を

各日程で出題されている正誤判定問題の多くは，教科書の記述が引用されていることが多い。よって，まずは教科書の重要用語・基本用語の習得を徹底的に行うことが大切である。全時代・全分野にわたってまんべんなく反復しておくこと。また，教科書や資料集に掲載されている写真や図版など視覚資料も頻出である。文化財を中心に繰り返し学習するとよい。

02 史料問題の対策を

史料問題が多く出題されている。基本史料の空所補充問題も出題されているので，史料のキーワードは押さえておくこと。『詳説 日本史史料集』（山川出版社）などを用いて，丁寧な学習を進めよう。

03 近世・近現代史は重点学習を

例年大問２題ほどが近世以降にあてられ，政治，外交，経済，文化と幅広く問われている。戦後史（戦後改革と高度経済成長）も頻出である。特に苦手とする受験生が多い近現代の学習が遅れないよう準備を怠らないようにしたい。

世界史

年度	日程	番号	内容		形式
2024 ◑	2月6日	〔1〕	古代ギリシアの文化		選択・記述
		〔2〕	隋唐帝国と周辺諸国	⊘地図	記述・選択
		〔3〕	十字軍運動とその影響	⊘年表	記述・選択
		〔4〕	第一次世界大戦と戦後の国際秩序		選択・記述
	2月7日	〔1〕	アレクサンドロス帝国とヘレニズム諸国		記述・選択
		〔2〕	7～17世紀の東南アジア	⊘地図	記述・選択
		〔3〕	宗教改革	⊘史料	選択・記述
		〔4〕	資本主義の発展と社会主義思想の展開		記述・選択
	2月8日	〔1〕	古代ローマ文化		選択・記述
		〔2〕	モンゴル帝国の発展		記述・選択
		〔3〕	フランク王国の興亡		選択・記述
		〔4〕	ロシア革命		選択・記述
2023 ◑	2月6日	〔1〕	イスラームの成立と拡大		記述・選択
		〔2〕	「海の道」の発展		選択・記述
		〔3〕	大航海時代		記述・選択
		〔4〕	オスマン帝国の衰退とトルコ共和国の成立		選択・記述
	2月7日	〔1〕	共和政ローマの成立		選択・記述
		〔2〕	ロシアの起源		記述・選択
		〔3〕	「大航海時代」とアジア	⊘視覚資料	選択・記述
		〔4〕	ベトナム戦争		記述・選択
	2月8日	〔1〕	アメリカの古代文明	⊘視覚資料	記述・選択
		〔2〕	明代の文化		記述・選択
		〔3〕	イタリアの統一		記述・選択
		〔4〕	第二次世界大戦後のフランス		記述・選択

（注）●印は全問，◑印は一部マークシート法採用であることを表す。

傾向　教科書レベルの基礎的出題　視覚資料・地図問題に注意

01　出題形式は？

各日程とも大問４題の出題。マークシート法と記述法の併用で，それぞれマーク解答用と記述解答用の２種類の解答用紙に書き分けることになる。選択問題のほとんどは語句を選択するものであるが，なかには正文（誤文）選択問題も含まれることがあり，丁寧に文章を読んでいかないと正しい判定にたどり着けないものもある。記述法は歴史用語を答える問題が出題されており，論述を求める問題はみられない。また，地図や年表，視覚資料を使用した問題も出題されている。試験時間は60分。標準的な問題や得意な分野から手早く解答していくなど，時間配分を意識して取り組もう。

なお，2025年度は出題科目が「世界史探究」となる予定である（本書編集時点）。

02　出題内容はどうか？

地域別では，欧米地域とアジア地域の比率は年度・実施日によって異なるが約半々か，欧米地域がやや多い。欧米地域では，西ヨーロッパとロシア，アメリカからの出題が中心である。アジア地域については，中国史が最も多く，トルコ，東南アジア，インドなどからも出題されている。また，一国史の出題が多いことも特徴といえる。

時代別では，教科書に沿った，比較的短い時期を扱う大問が多いが，テーマ史などの場合は，通史的な出題もみられる。基本的には時代のバランスに配慮した構成となっているが，日程によっては古代史が２題となるなど，偏りが出る場合もある。現代史はどの日程でもほぼ出題されており，注意を要する。

分野別では政治・外交史が中心であるが，文化史・東西交渉史からの大問単位での出題もある。

03 難易度は？

やや詳細な知識を必要とする問題や，教科書のレベルを超えた難問もまれにみられるが，基本的な事項が９割を超えており，教科書レベルの知識でほとんど解答可能である。各日程とも試験時間は十分にあるため，落ち着いて取り組もう。

対策

01 教科書中心の学習を大切にしよう

まず繰り返し教科書を読み，その内容をしっかりと身につけることが重要である。細かい知識を問う問題が出題されることもあるので，教科書の本文だけではなく，脚注にも目を通しておきたい。そして，記述法の問題が出題の半分程度を占めているので，歴史用語は正確に書けるようにしておかなければならない。特に，中国史に関連した歴史用語・人名の漢字表記には注意が必要である。

02 用語集の利用

世界史の教科書には複数の種類があり，記述内容にも差がある。そのため，自分の使用している教科書だけでは必ずしも十分な知識が得られない歴史事項や人物も存在する。『世界史用語集』（山川出版社）などを利用して，こうした歴史事項や人名の詳細をチェックする習慣をつけておくことが望ましい。

03 現代史に注意

20 世紀以降の現代史からの出題が毎年みられ，特に現役の受験生が苦手とすることが多い第二次世界大戦後からの出題もあるので，注意が必要である。教科書をただ読むだけではなく，自分で国別・地域別・テーマ別にまとめたサブノート（「アメリカ現代史」「アジア・アフリカの独立運動」「第二次世界大戦」など）を作って，知識を整理しておきたい。また，現代史を扱った問題集を用いることも有益だろう。

04 地図や視覚資料を使用した問題にも慣れておこう

近年，地図や視覚資料を使用した問題が出題されている。歴史上重要な都市の位置や国家の領域は，歴史地図で確認しておきたい。『ビジュアル世界史問題集 改訂版』（駿台文庫）のような，地図を中心とした問題集を用いるのもよいだろう。また，教科書や図説に掲載されている歴史的な事件をテーマとした絵画などの視覚資料をよく見ておくことも大切である。

05 文化史に注意

文化史関連の問題は，ほぼ毎年出題されている。文化史も，現代史と同様に学校の授業では手薄になりがちな分野なので，サブノートを作って自分なりにまとめ，さらに文化史に関する問題集を使って出題に慣れておくなど，十分な対策をとることが必要である。

06 過去問を解いておこう

過去問を解くことは，出題レベルを知り，出題形式に慣れておくために欠かせないものである。時間を計り，本番と同じように解いてみよう。また，各日程とも出題傾向は似通っているので，本書を利用して全問題にあたっておきたい。

地　理

年度	日程	番号	内　容	形　式
2024 ◑	2月6日	〔1〕	地球温暖化 ✓**グラフ・統計表・図**	選択・記述
		〔2〕	人口 ✓**グラフ・統計表・統計地図**	選択・記述
		〔3〕	東南アジアの地誌 ✓**グラフ・統計表・統計地図**	記述・選択
		〔4〕	蛇行河川の地形図 ✓**地形図**	記述・選択
	2月7日	〔1〕	世界の森林 ✓**グラフ**	選択・記述
		〔2〕	アメリカ合衆国の農業 ✓**地図・図**	選択・記述
		〔3〕	旧ソ連の地誌 ✓**地図・統計表・グラフ**	記述・選択
		〔4〕	佐世保の地形図（40字） ✓**地形図・図**	選択・記述・論述
	2月8日	〔1〕	世界の農業形態 ✓**地図・視覚資料**	選択・記述
		〔2〕	都市 ✓**統計表**	選択・記述
		〔3〕	中東の地誌 ✓**地図・統計表**	選択・記述
		〔4〕	平尾台の地形図 ✓**地形図・図**	記述・選択
2023 ◑	2月6日	〔1〕	小麦の輸出入と栽培環境 ✓**グラフ**	記述・選択
		〔2〕	ヨーロッパの工業・貿易とEU ✓**地図・グラフ・統計表**	選択・記述
		〔3〕	カナダの地誌 ✓**地図・図・グラフ**	記述・選択
		〔4〕	京都府亀岡市の地形図と航空写真，GIS ✓**地形図・視覚資料**	選択・記述
	2月7日	〔1〕	中国と周辺国の河川と高原 ✓**地図**	記述・選択
		〔2〕	世界の食料問題 ✓**統計表・グラフ**	記述・選択
		〔3〕	ラテンアメリカの地誌 ✓**グラフ**	記述・選択
		〔4〕	伊那谷中央部の地形図 ✓**地形図・図**	選択・記述
	2月8日	〔1〕	北緯45度帯の地誌 ✓**地図**	選択・記述
		〔2〕	グローバル経済と格差 ✓**統計表**	記述・選択
		〔3〕	インドの農業と工業 ✓**地図・統計表**	記述・選択
		〔4〕	有珠山から洞爺湖にかけての地形図（30字） ✓**地形図・図・視覚資料**	記述・選択・論述

（注）●印は全問，◑印は一部マークシート法採用であることを表す。

傾向　基本的事項が中心　地理的思考力が問われる

01 出題形式は？

各日程とも大問４題の出題。解答形式は一部マークシート法が採用されており，選択法と記述法が中心で，これに論述法・計算法・配列法などが加わることもある。論述法は，主に 30 ～ 40 字程度のものが出題されている。選択法は正文・誤文を選択するもののほか，解答の組み合わせを選択するものもある。試験時間は 60 分。

なお，2025 年度は出題科目が「地理探究」となる予定である（本書編集時点）。

02 出題内容はどうか？

大問４題のうち，３題が世界地誌や系統地理的分野，１題が地域調査を含む地形図の読図からの出題というパターンが中心。問われているのは教科書準拠の基本事項であるが，時事的な内容が出題されることがある。また，統計表や分布図，グラフ，写真などの視覚資料が多用されている。地理的思考力を要する工夫された問題が多く，暗記一辺倒の学習だけでは対応できない。

03 難易度は？

基本レベルの良問が多い。高校地理の範囲を逸脱する内容はみられないが，与えられた資料を分析する力や簡潔に論述する力が必要である。系統地理的分野や世界地誌の問題は比較的取り組みやすいが，地形図読図の分野には計算問題や断面図の判定など解答に時間を要する問題が含まれることが多いので，時間配分に十分注意して取り組む必要がある。

対策

01 基本事項の徹底学習

ほとんどは高校地理の基本事項に関する理解を問うものなので，普段の授業を大切にし，教科書の内容をよく理解することが何より大切である。資料集などの模式図や表，写真などの視覚資料，最近の話題などもよく参照して，理解の手助けとしたい。また，『地理用語集』（山川出版社）などを利用して基本事項の再確認をしておこう。

02 地図帳を活用し，地誌的な学習を

地誌の分野で白地図を用いた問題が頻繁に出題されている。したがって，学習の際に出てきた地名については必ず地図上の位置を確認する習慣を身につけたい。都市名のほか，山脈・河川名や鉱山名，重要な経緯線の位置も意識して覚えるようにしよう。

03 統計データに強くなる

学習の際にはこまめに統計書で具体的データを確認し，統計を読むことに慣れておきたい。『データブック オブ・ザ・ワールド』（二宮書店）は各統計がコンパクトにまとめられており，大変使いやすい。また，『日本国勢図会』『世界国勢図会』（いずれも矢野恒太記念会）は入試問題作成にもしばしば利用されているので，できれば手元に置いておくとよい。統計数値の背景にある地理的要因について考えることも大切である。

04 地形図学習もしっかりと

地形図読図問題は必ず出題されているので，教科書や参考書・資料集などに掲載されている地形図などを利用して，等高線の読み方，地形図記号，縮尺の判定，土地利用と地形の関係など，基本的な読図能力をしっかり身

につけておこう。また，地形図に関する計算問題も出題されているので，練習しておきたい。新旧の地形図を対比する問題も出題されており，古い年次に発行された地形図にも過去問などを活用して慣れておくとよい。

05 時間を計って問題演習に取り組む

日程間に出題傾向やレベルの差はないので，できるだけ多くの過去問に取り組み，実戦力の向上をはかりたい。また，基礎力強化もかねて『共通テスト過去問研究 地理総合，地理探究』（教学社）などの入試問題集も利用して，多くの問題を時間を計りながらできるだけスピーディーにこなせるようにしておこう。

政治・経済

年度	日程	番号	内　　容	形　式
2024 ◑	2月6日	〔1〕	議院内閣制（15 字以内）	記述・選択・論述
		〔2〕	人権の国際的問題と日本	記述・選択
		〔3〕	社会保障制度の歴史と現在 ⊘グラフ	選択・記述
		〔4〕	日本の財政 ⊘グラフ	選択・記述
	2月7日	〔1〕	政治参加と選挙制度 ⊘表	選択・記述・計算
		〔2〕	教育と学問の自由	選択・記述
		〔3〕	日本の労働問題	選択・記述・計算
		〔4〕	金融	選択・記述・計算
	2月8日	〔1〕	難民に関する国際的問題 ⊘表	記述・選択
		〔2〕	憲法改正をめぐる問題	記述・選択
		〔3〕	地球環境問題 ⊘グラフ	記述・選択
		〔4〕	国際金融 ⊘グラフ	選択・記述
2023 ◑	2月6日	〔1〕	日本国憲法と国会	選択・記述
		〔2〕	日本国憲法と基本的人権（50 字）	記述・選択・論述
		〔3〕	国際経済と金融	記述・選択・計算
		〔4〕	物価 ⊘グラフ	選択・記述
	2月7日	〔1〕	感染症等への対応と国・地方公共団体の役割	選択・記述
		〔2〕	精神の自由（60 字）	記述・選択・論述
		〔3〕	近年の国際金融	選択・記述
		〔4〕	企業統治	選択・計算
	2月8日	〔1〕	近年の国際社会	選択・記述
		〔2〕	人身の自由（60 字）	選択・記述・論述
		〔3〕	市場メカニズムと市場の失敗 ⊘表	記述・選択・計算
		〔4〕	企業をめぐる諸問題	記述・選択

（注）●印は全問，◑印は一部マークシート法採用であることを表す。

傾向　基本的事項を深く問う問題　政治・経済の考え方の理解を試す内容

01 出題形式は？

各日程とも大問 4 題の出題。出題形式はマークシート法と記述法の併用で，それぞれマーク解答用と記述解答用の 2 種類の解答用紙に書き分けることになる。15 ～ 60 字程度の論述法や計算問題もよく出題されている。試験時間は 60 分。

02 出題内容はどうか？

いずれの日程も政治分野・経済分野の大問各 2 題からなり，バランスのよい内容となっている。記述法は，日本国憲法の条文ナンバーや文言を正確に覚えていないと正解に至らないものや，用語の正確な知識がないと答えられないものが多い。選択法は，文章の内容を吟味した上で，政治・経済の考え方を適用して正答を導く四者択一の問題が多く，用語・数字の組み合わせを答えるタイプもみられる。また，基本的人権，財政や金融のしくみなどが頻出である。計算問題も出題され，2024 年度では国民年金支給額の引き上げ率，銀行の信用創造額，小選挙区における一票の格差を求める計算が出題された。

03 難易度は？

時事問題が題材にされることもあり，かなり具体的・現代的な出題となっている。用語の暗記よりも，その意味の理解力が求められる問題が多く出題されているので，時間配分に注意してしっかり考える姿勢で取り組もう。難易度は標準～やや難であるが，良問ぞろいといえる。解答しやすいものから取り組むなど，時間配分を意識して解答していこう。

対策

01 教科書を精読し，内容をしっかりと理解しよう

基本的な設問はもとより，応用的な設問であっても基礎を理解していれば解答できることが多いので，まずは教科書を精読し，その内容をしっかりと理解するように努めよう。その際，資料集も活用し，細かい知識と政治・経済の考え方を身につけることが必要である。また，日本史や世界史の教科書の近現代の部分を読んでおくことも有効である。選択法の問題では，これらのことを行うことではじめて選択肢を段階的に絞って正解を導くことができる。

02 資料集を活用し，時事問題への関心をもとう

経済分野の設問で図表の読み取りが出題されることもあり，時事問題もよく取り上げられるので，統計データや時事問題対策が必要である。また，日本国憲法に関する問題が多く出題されているので，憲法の条文，関連する判例などをしっかりと押さえておく必要もある。『政治・経済資料2024』（とうほう）などの資料集や『朝日キーワード』（朝日新聞出版）などの時事用語集に目を通し，日常的にテレビのニュースを見たり新聞を読んだりすることも必要だろう。また『用語集 公共＋政治・経済』（清水書院）を併用すると効果的である。

数　学

年度	日程	番号	項　目	内　容
2024	2月6日	〔1〕	集合と論理, 数と式	真偽判定, 平方数になる条件
		〔2〕	2次関数	放物線と軸によってできる長方形
		〔3〕	図形と計量	直角三角形と三角比
		〔4〕	データの分析	最頻値, 中央値, 四分位数
	2月7日	〔1〕	集合と論理	部分集合, 共通集合, 和集合
		〔2〕	2次関数	2次関数の最小値
		〔3〕	図形と計量	角の二等分線定理, 面積比　⊘証明
		〔4〕	場合の数	格子状の道順に関する場合の数
	2月8日	〔1〕	集合と論理	集合の要素の個数
		〔2〕	2次関数	絶対値を含む2次関数のグラフ, 最大値・最小値　⊘図示
		〔3〕	図形と計量	内接円, 三角比
		〔4〕	確率	分散, 共分散, 相関係数
2023	2月6日	〔1〕	数と式, 集合と論理	真偽判定, 平方根, 絶対値
		〔2〕	2次関数	放物線の決定
		〔3〕	図形と計量	円に内接する四角形
		〔4〕	データの分析	代表値, 分散
	2月7日	〔1〕	集合と論理	集合の要素の個数
		〔2〕	2次関数	連立不等式, 不等式が常に成り立つ条件
		〔3〕	図形と計量	1次関数, 平行線と比
		〔4〕	場合の数	総当たりに関する場合の数　⊘証明
	2月8日	〔1〕	集合と論理, 整数の性質	背理法　⊘説明, 証明
		〔2〕	2次関数	放物線が x 軸から切り取る線分の長さ, 三角形の面積の最大値
		〔3〕	図形と計量	正弦定理
		〔4〕	確率	玉の総数が増える袋から玉を取り出す確率

出題範囲の変更

2025年度入試より，数学は新教育課程での実施となります。詳細については，大学から発表される募集要項等で必ずご確認ください（以下は本書編集時の情報）。

2024年度（旧教育課程）	2025年度（新教育課程）
数学Ⅰ・A	数学Ⅰ・A（図形の性質，場合の数と確率）

旧教育課程履修者への経過措置

旧教育課程履修者に不利益とならない出題範囲とする。

傾向 明快な解答プロセスの記述が必要 証明問題にも注意

01 出題形式は？

各日程とも全問記述式で，出題数は4題，試験時間は60分である。解答用紙は問題用紙と別になっていて，B4判の用紙両面であり，解答のプロセスを記述するように指示されている。証明問題も出題されている。

02 出題内容はどうか？

範囲内からまんべんなく出題されている。近年の出題分野をみると，2次関数，図形と計量，集合と論理などが中心である。数と式，場合の数，データの分析も出題されている。

03 難易度は？

易～標準レベルで，良問がそろっており，確実な計算力が必要とされる問題が多い。丁寧な場合分けを必要とする問題もあり，時間配分を考慮すると，表にして整理（特にデータの分析の範囲）するなどの工夫も必要である。証明問題は教科書程度である。

対策

01 図形問題の克服

図形問題は，利用できる条件に気づかなければ解答することはできない。図形問題を克服することが得点を伸ばすことにつながるので，教科書・参考書の例題をしっかり解いておきたい。

02 公式・用語の確認

近年は，教科書の「発展」にあるような公式を覚えていないと解くことが困難である出題はみられない。しかし，頻出分野における内容だけでなく，すべての分野の公式をしっかりと確認しておきたい。また，データの分析では，用語を正しく理解しておくことが必要である。

03 答案作成の練習を

解答のプロセスを記述することが求められているので，普段から教科書の例題などを手本にして，整理された論旨の明快な答案が書けるように練習することが大切である。『チャート式 解法と演習 数学Ⅰ＋A』（数研出版）や『Focus Gold 数学Ⅰ＋A』（啓林館）などの参考書で丁寧に演習するとよいだろう。最終結果にたどりつけなかった場合でも部分点が得られるように，解答の方針が明確な記述を心がけたい。

04 過去問の研究

いずれの日程も出題範囲が同じなので，本書を利用してできるだけ多くの過去問にあたっておきたい。特に，場合分けが必要な問題に注意したい。

国　語

年度	日程	番号	種類	類別	内　容	出　典
2024 ◑	2月6日	〔1〕	現代文	評論	空所補充，内容説明（20字他），語意，内容真偽	「はじめての動物倫理学」田上孝一
		〔2〕	現代文	評論	語意，空所補充，内容説明，内容真偽	「マスメディアとは何か」稲増一憲
	2月7日	〔1〕	現代文	評論	空所補充，語意，箇所指摘，内容説明（10字他），内容真偽	「生態学者の目のツケドコロ」伊勢武史
		〔2〕	現代文	評論	語意，内容説明，空所補充，内容真偽	「消費社会を問いなおす」貞包英之
	2月8日	〔1〕	現代文	評論	指示内容，内容説明（8字他），空所補充，内容真偽	「争わない社会」佐藤仁
		〔2〕	現代文	評論	内容説明，空所補充，内容真偽	「未来倫理」戸谷洋志
2023 ◑	2月6日	〔1〕	現代文	評論	熟語，空所補充，内容説明（30字他）	「感染症としての文学と哲学」福嶋亮大
		〔2〕	現代文	評論	語意，内容説明，空所補充，箇所指摘	「ホモ・エコノミクス」重田園江
	2月7日	〔1〕	現代文	評論	語意，空所補充，内容説明（20字他），内容真偽	「地域学入門」山下祐介
		〔2〕	現代文	評論	空所補充，指示内容，内容説明，語意，内容真偽	「ミュージカルの歴史」宮本直美
	2月8日	〔1〕	現代文	評論	空所補充，語意，内容説明（10・15・20字他），内容真偽	「複数の言語で生きて死ぬ」山本冴里
		〔2〕	現代文	評論	語意，内容説明（12字他），空所補充，四字熟語，内容真偽	「だからフェイクにだまされる」石川幹人

（注）●印は全問，◑印は一部マークシート法採用であることを表す。

傾向　評論文の内容説明問題が頻出　時間配分に注意

01 出題形式は？

各日程とも現代文２題の出題である。マークシート法と記述式の併用で，解答用紙はマーク用と記述用のものが別になっている。試験時間は60分である。大問ごとの配点は例年〔１〕50点，〔２〕50点である。

02 出題内容はどうか？

評論の出題が多く，ここ数年間は小説の出題はない。内容は多岐にわたっているが，さほど難解なものはみられない。記述問題が複数出題されており，10～30字程度の字数制限がつくことが多い。近年は説明文の空所を15字前後で埋める形のものや本文中から抜き出して埋める形のものが増加している。空所の前後が示されていることが多いため，解答しやすくなっている。選択式では，空所補充，内容真偽，語意などが出題されている。

03 難易度は？

本文そのものの内容や設問の内容は標準的ではあるが，全文の見通しの上に立った解答が求められる設問も多い。また，記述式に字数制限がつくこともあり，時間的にはやや厳しいかもしれない。１題を20～25分程度で解き，残りの時間を記述式の設問などの見直しにあてるようにするとよいだろう。

対策

01 読解力を養成する

この文章は何について，どのように述べているのかを常に意識しながら読み進めていくことが大切である。繰り返し出てくるキーワードに着目できれば，文章全体で言いたいことがつかめてくるはずである。標準的な問題集で演習しながら確認していくこと。『現代文キーワード読解』（Z会）は，キーワードが分野別にまとめられており，勉強の合間に気になる分野から読むことができる。問題演習にあたっては，最終的には1題を20～25分くらいでこなすといった，時間配分を考えた練習もしておくとよい。なお，新聞の文化面や比較的新しい新書からの出題が目立つので，余裕があればそうしたものに目を通して慣れておこう。

02 語彙力を養成する

該当箇所を指摘させる問題や，傍線部を説明させる問題では，傍線部や空欄を含む一文をしっかり読んだ上で，説明を求められているキーワードを割り出し，その言い換えや説明の部分を見つけること。そのためにも，語彙力の養成は欠かせない。

03 知識問題

大半の漢字問題集に付録として載っているようなことわざ・慣用句・四字熟語などに目を通して，マスターしておくこと。また，口語文法に関する設問が出されたこともある。『高校入試 でる順ターゲット 中学漢字・語句・文法1500』（旺文社）のような中学生向けの文法に関するテキストにひと通り目を通しておくとよい。

2024年度

問題と解答

一般選抜２月６日実施分：
文（心理・応用コミュニケーション）・経済（経済）学部

問題編

▶試験科目・配点

学部	学科	教科	科目	配点
文	心理･応用コミュニケーション	英語	コミュニケーション英語Ⅰ・Ⅱ・Ⅲ，英語表現Ⅰ・Ⅱ	100点
		国語	国語総合（近代以降の文章），現代文Ｂ	100点
		選択	「日本史Ｂ」，「世界史Ｂ」，「地理Ｂ」，「政治・経済」，「数学Ⅰ・Ａ」から１科目選択	100点
経済	経済	英語	コミュニケーション英語Ⅰ・Ⅱ・Ⅲ，英語表現Ⅰ・Ⅱ	100点
		国語	国語総合（近代以降の文章），現代文Ｂ	100点
		選択	「日本史Ｂ」，「世界史Ｂ」，「地理Ｂ」，「政治・経済」，「数学Ⅰ・Ａ」から１科目選択	100点

英　語

（60分）

問題Ⅰ　次の問い（A～C）に答えなさい。（配点　24）

A　No.1～No.4の英文の中で，文法的な誤用が含まれる下線部分を，それぞれ1～4の中から一つずつ選びなさい。

No.1　［①］ She must have [1] had some accident [2] on the way, or she would have been [3] here for [4] now.

No.2　［②］ No one deny [1] the fact that [2] she is kinder [3] than she is clever [4].

No.3　［③］ The photographs which you [1] are looking were [2] all taken [3] by [4] my father.

No.4　［④］ I can't tell this [1] new phone to [2] its previous version by [3] its appearance [4].

B　No.5～No.8の英文の空欄に入る語(句)として最も適切なものを，それぞれ1～4の中から一つずつ選びなさい。

No.5　Please fill in the form (［⑤］) a pencil.

1　at
2　on
3　to
4　with

No.6　The temperature in Sapporo this morning is five degrees (［⑥］) zero.

1　after
2　below
3　behind
4　under

No.7　He said, "I will try again, (［⑦］) I fail."

1　as if

2 because of

3 even if

4 so that

No.8 We should start (⑧) the issue now.

1 looking into

2 search

3 to find out

4 watched out

C No.9～No.12の英文の各下線部に最も近い意味の語(句)として適切なものを，それぞれ1～4の中から一つずつ選びなさい。

No.9 ⑨ This problem calls for serious consideration.

1 collects

2 discovers

3 requires

4 suggests

No.10 ⑩ He wants to get rid of his old car.

1 drive

2 repair

3 sell

4 show off

No.11 ⑪ My cat gives me nothing but pleasure.

1 except

2 only

3 unless

4 with

No.12 ⑫ He is well off.

1 heavy

2 poor

3 rich

4 strong

問題Ⅱ 次の会話文を読んで，各問いの答えとして最も適切なものを，それぞれ1〜4の中から一つずつ選びなさい。(配点 12)

No.1 Ken: What are you looking for, Naomi?

Naomi: I guess I need an umbrella.

⑬ Q: What does Naomi mean?

1 She doesn't agree with his opinion.
2 They are at a loss what to do.
3 She is interested in climate change.
4 It is going to rain later.

No.2 Ken: Oh, I cannot solve this math question for tomorrow's exam at school.

Naomi: You really look tired. Are you OK?

⑭ Q: What does Ken mean?

1 He is ready for the exam.
2 He wants to go to the park for a change.
3 He is worried about the exam.
4 He is very good at math.

No.3 Ken: Look at them! They are standing in line at an ice cream shop.

Naomi: Ken, let's go there!

⑮ Q: What can be understood from this conversation?

1 They are coming back tomorrow.
2 They are wondering what to do.
3 They are enjoying watching people wait.
4 They are going to buy some ice cream.

No.4 Ken: I want to be an elementary school teacher in the future. How about you, Naomi?

Naomi: Me, too!

⑯ Q: What does Naomi mean?

1 She thinks he will make a good teacher.
2 She is thankful for his wise advice.
3 She also wants to teach.
4 She wants to have more teachers at her school.

No. 5 Ken: Have you ever been to New York City with your family before?

Naomi: Well, twice when I was 10, and some other times....

⑰ Q: What does Naomi mean?

1 She doesn't have very clear memories of being in New York.

2 She wanted to go to Washington, DC, instead of New York City.

3 She was in New York alone when she was 10 years old.

4 She visited New York at least four times.

No. 6 Ken: Can you hear this beautiful song, Naomi?

Naomi: Actually, this is not my favorite one.

⑱ Q: What does Naomi mean?

1 She wants to listen to another song.

2 She is going to pay attention to the song more carefully.

3 She doesn't like the song so much.

4 She acts as if she were a singer.

問題Ⅲ

次の会話文を読んで，各問いの答えとして最も適切なものを，それぞれ1～4の中から一つずつ選びなさい。(配点　16)

(Mr. Jackson, a teacher, is riding a bus to an airport. When it stops, Tomomi, one of his students, gets on and sees him.)

Tomomi: Mr. Jackson! What a surprise!

Mr. Jackson: Oh, Tomomi! Yes, it's nice to see you! I notice you have a travel bag with you. Are you in the Overseas Studies group that leaves today?

Tomomi: Yes, I'm so excited! It's my first time to travel outside Japan, and I'm really nervous! But I think we're going to have a great time!

Mr. Jackson: I was wondering if I might meet someone from the group along the way today. I'm leaving on a different flight.

Tomomi: Oh, really? Where are you going?

Mr. Jackson: I'm going to the U.S. to do some research for a paper I'm writing. One week at three libraries, searching for the documents I need—that's the plan. Your group is going to Australia, right?

Tomomi: Yes! I can't wait to see what it's like! We've already been doing a lot of studying for the last several months to learn the language and culture. And we've been researching certain businesses where we plan to go for interviews. So I have some idea what it's like there. But when we really arrive, I think we'll find a lot of things we can't expect now.

Mr. Jackson: I'm sure you're right. But the surprises might be the most enjoyable part of your time there. What is it, between three and four weeks?

Tomomi: Yes, almost a month.

Mr. Jackson: That sounds great! I hope you have a really good experience. You seem ready. I'm excited for you!

Tomomi: Thank you.

Mr. Jackson: Be safe, learn a lot, enjoy, and I'll see you back on campus next time!

Tomomi: OK! See you then.

No. 1 Mr. Jackson and Tomomi are (⑲).

1 going to the International Terminal
2 going to the Domestic Terminal
3 scheduled to take the same flight
4 beginning trips to different countries

No. 2 Mr. Jackson guesses that Tomomi is going to (⑳).

1 arrive at the airport early to shop for gifts before leaving
2 leave Japan with a group of students
3 change airplanes before leaving Japan
4 meet a friend who is arriving at the airport

No. 3 In preparing for the trip, Tomomi says that she and other students have (㉑).

1 practiced conversation online with a teacher in Australia
2 written reports on their plans for interviews
3 discussed their plans online with student partners in Australia
4 gathered information on businesses in Australia

No. 4 According to Tomomi, she feels (㉒) about the trip.

1 excited, nervous, and hopeful
2 more nervous than excited
3 more stressed than anything, but also carefree
4 mainly afraid of not being able to use English well

問題Ⅳ 次の英文を読んで，各問いの答えとして最も適切なものを，それぞれ1～4の中から一つずつ選びなさい。(配点　16)

Suppose you live in a place that has limited or poor-quality health services and suddenly you get a very serious illness or have a bad accident. If you are rich enough or have good health insurance protection, you can be transported to a distant hospital where the health care is much better. However, if you don't have the financial resources to pay for that, you have to accept treatment in your local area, despite its limitations. In poorer countries this is the normal situation for everyone except the wealthy—and it is one reason that people in developing countries generally do not live as long.

The situation is normally different for people in richer countries. Local health services tend to be much better there than in developing nations (though they may be expensive). To improve general health, many people can afford to spend time at fitness and wellness centers that offer chances for exercise, yoga, special diets, massages, beauty treatments, and so on. Aside from these services, due to the ease and relatively cheap cost of international travel there is now a health industry termed "medical tourism" which is gaining ground worldwide.

Essentially, medical tourism is when a person travels across an international border in order to receive some kind of medical treatment. This is usually because treatment costs are much lower elsewhere or a treatment unavailable at home is possible overseas. Although many people have public or private health insurance, some health services may not be covered under their insurance programs; moreover, the quality of local health care may vary a lot. By travelling overseas for treatment, it is possible to go to a private hospital or clinic with specialized medicine, an internationally recognized medical staff, high-quality equipment, and facilities that resemble a luxury resort more than a typical hospital. And sometimes medical travel will be combined with optional tours or holiday stays before or after medical treatment, at a total price less than the same medical treatment alone would have cost in one's home country.

No. 1　In countries without enough medical facilities, (㉓).

1　you have to go to a local hospital
2　there are big differences in the medical care available
3　there are few hospitals that will see you when you become seriously ill
4　you have to walk to a distant hospital

出典追記：淺間正通，Nicholas Lambert，山下巖『Alive and Active』南雲堂

No. 2 Medical tourism is (㉔).

1 for the members of fitness centers

2 for the people of developing countries

3 a privilege for people in rich countries

4 becoming increasingly popular

No. 3 In medical tourism, (㉕).

1 medical care may be obtained outside the country

2 you have to pay high travel costs

3 the quality of medical care is the same as in one's home country

4 insurance does not cover the cost

No. 4 By participating in medical tourism, (㉖).

1 you may be seen by English-speaking doctors

2 you can receive the same medical care as in your home country within the limits of your insurance

3 you will receive medical care while staying at a hotel

4 you may be able to receive more beneficial service than in your home country

問題Ⅴ　次の英文を読んで，各問いの答えとして最も適切なものを，それぞれ1～4の中から一つずつ選びなさい。(配点　16)

The United Nations (UN)[1] 2023 Water Conference was the largest-ever gathering of people from nations around the world to discuss water. Thousands of people at the Conference felt that the problem of water was so important that they held hundreds of side events in order to discuss it fully. Some were conducted during the Conference at the United Nations itself, and others at other locations in New York during Water Week. Government and non-government leaders, as well as scientists, gave a powerful message, calling for a basic change in the way people see the matter of managing water use. They challenged people to work together so that we can use water in stable, balanced ways in the future.

The Conference marked the beginning of a new story. In it, water can be used in ways that are continued over long periods of time to come. This will become possible when the world's people understand each other, see the great importance of water, and make new ways to cooperate in using it.

Participants in the Conference debated and discussed with each other the global water crisis we are now seeing. They came to a clear common understanding: "Keep calm and carry on" is not a response that will lead to a real solution. Basic level change is needed. Water must be understood, managed, valued, and protected, in order to help all people. Reaching these goals is the responsibility of all water users and each nation. Some will have more power than others to make this happen. However, finding ways to use water in stable, balanced ways is completely necessary for all the world's nations. This includes the place water has in their societies, economies, and natural environments.

Three key messages came out of the Conference. First, protecting the global water cycle helps every country around the world. Second, all people everywhere have the right to safe drinking water and a clean place to live, so making these available with all speed is a necessity. Third, water must be used to support health, strength, and general well-being for all people, not as a threat to life and health.

At the start of the Conference, UN Secretary-General Antonio Guterres encouraged the global community to protect and share the world's water, for the benefit of people and planet. In the times for participants to directly communicate with each other, they once again focused on this message and called for stronger cooperation on water between the nations of the world.

Countries participating in the Conference called for closer cooperation among themselves on matters related to water. They felt the need for this working together to include a wider variety of people and be communicated in clearer ways. They saw a need to focus on both water that comes naturally from rain and soil (green water) and water that is in bodies such as rivers and lakes (blue water). They noted the importance of water in building stable economies, while helping to limit the impact of climate change.

(注1) United Nations (UN)：国連

No.1 The purpose of the UN 2023 Water Conference was to (㉗).

1 discuss how companies around the world can produce cheaper water

2 work together to control water prices worldwide

3 spread the message of the dangers of water-related diseases

4 understand the need for safe drinking water as a human right

No.2 According to this article, "Keep calm and carry on" is (㉘).

1 the best policy for the world to follow

2 not an appropriate way to manage this problem

3 a way of making a major, long-lasting change

4 a way of carrying out the "mission possible"

No.3 This article claims that (㉙).

1 the world is doing a great job of solving water problems under the guidance of the UN

2 each member nation should think more about what to do to solve health care problems

3 environmental problems are more important than water problems

4 we need to have a spirit of cooperation to solve water problems

No.4 Antonio Guterres is (㉚).

1 an environmental activist known around the world

2 the President of the General Assembly in the United States

3 the Secretary-General of the United Nations

4 a famous politician born in New York

問題Ⅵ 次の英文を読んで，各問いの答えとして最も適切なものを，それぞれ1～4の中から一つずつ選びなさい。（配点　16）

The Gold Scouts is a network of local groups which teach meaningful life and survival skills to children. As stated on their website, part of their goal is to improve the world. One way to do this is to sell cookies. Many people look forward to Gold Scout cookies season and they have a favorite cookie. Gold Scouts usually sell their cookies in person, door to door, in offices and businesses, on busy street corners and in quiet neighborhoods.

But COVID-19 has made selling the cookies harder. There are fewer people out in public. This year in the state of Virginia, some Gold Scouts will get around that face-to-face problem. They will deliver their cookies by drones.[1] Google is helping by lending their drones to the Gold Scouts in Christiansburg, Virginia. This small town has been a testing ground for the delivery drones.

Google began talking to local Gold Scouts because of the COVID-19 problem. The scouts have been having a more challenging time selling because of restrictions. Gracie Walker is an 11-year-old Gold Scout. She says, "It's exciting! The drones look like a helicopter, but also they look like an airplane. They fly, but the pilot is on the ground, controlling them remotely. When a drone reaches the home, it drops the delivery in front of the door! They just walk outside and get them."

This is really new, so some wonder if people really want drone delivery services. Amazon has also been working on drone delivery for years. In 2013, Amazon founder Jeff Bezos said that drones would be flying to customers' homes within five years. That date, however, has long since passed. A small study of people in Christiansburg appears to show that they are happy with drones. Researchers at a nearby university did that study.

In practical terms, the neighborhoods in the area are the easiest for delivery because there's a lot of space. That might not be the case for more crowded places. The government recently announced new rules that will allow operators to fly small drones over people and at night. The drones will need to be easy to see for the police. But all these problems have not reduced the drone delivery excitement. Many Scouts say that people are going to realize drones are useful.

（注１）drone：ドローン

No.1 The Gold Scouts plan to deliver their cookies (㉛).

1 with drones from Google

2 face-to-face as usual

3 away from Christiansburg

4 on busy street corners

No.2 According to Gracie, who can go outside and get their cookies? ㉜

1 Every Gold Scout.

2 Only she can.

3 Businesses.

4 People in town.

No.3 (㉝) been working on a small study of people in Christiansburg that appears to show that people are happy with drones.

1 The Gold Scouts have

2 Google has

3 University researchers have

4 Amazon has

No.4 According to the text, which of the following sentences is true? ㉞

1 The neighborhoods in the area are difficult for drone delivery because of trees.

2 The drones fly, but the pilot is not on the ground, controlling them directly.

3 The children are completely safe from the drones since they fly over water.

4 The new rules will allow pilots to fly small drones over people and at night.

日本史

（60分）

問題Ⅰ　次のＡ～Ｆは，原始・古代の出土物や遺跡・文化財の写真を，ほぼ年代順に配列したものである。これらを見て，それぞれ後の問いに答えなさい。（配点　26）

A

問1　Ａの大きな出土物は，死者とそれを納めた入れ物である。このような遺物の名称と，それが分布する地域を連記したものとして最も適切なものを，次の1～4の中から一つ選びなさい。 ①

1　甕墓・畿内地方　　2　甕棺墓・四国中国地方

3　甕墓・関東地方　　4　甕棺墓・北九州地方

問2　このような遺物がつくられた時代とは**関係のないもの**を，次の1～4の中から一つ選びなさい。 ②

1　方形周溝墓　　2　三内丸山遺跡　　3　高床倉庫　　4　加茂(かも)岩倉遺跡

B

写真：奈良県立橿原考古学研究所提供

問3　Ｂの遺跡は古墳の一部であるが，墓室(玄室(げんしつ))と通路(羨道(せんどう))をそなえている。墓室には家型石棺が見えている。このような遺跡の形式として最も適切なものを，次の1～4の中から一つ選びなさい。 ③

1　玄室羨道型古墳　2　追葬型古墳　3　竪穴式石室　4　横穴式石室

問4　巨大古墳の分布した地域を列記したものとして最も適切なものを，次の1～4の中から一つ選びなさい。④

1　近畿中央部・群馬県(上毛野)・岡山県(吉備)・高知県(土佐)

2　群馬県(上毛野)・京都府北部(丹後)・岡山県(吉備)・宮崎県(日向)

3　近畿中央部・群馬県(上毛野)・岡山県(吉備)・島根県西部(石見)

4　群馬県(上毛野)・京都府北部(丹後)・宮崎県(日向)・新潟県(越後)

C

問5　Cの彫刻の名称として最も適切なものを，次の1～4の中から一つ選びなさい。⑤

1　薬師寺金堂薬師三尊像　2　薬師寺東院堂聖観音像

3　法隆寺阿弥陀三尊像　4　東大寺日光・月光菩薩像

問6　この彫刻を安置している寺院は，もとは藤原京にあり，天武天皇により建立された。その後，この寺院は平城京の右京に移転した。天武天皇には多くの事績があるが，天武天皇の**事績でないもの**を，次の1～4の中から一つ選びなさい。⑥

1　富本銭の鋳造　2　壬申の乱に勝利

3　飛鳥浄御原令の施行　4　八色の姓を制定

D

著作権の都合により，類似の写真に差し替えています。
©01102AA

問7　Dの中央に位置する仏像の名称として最も適切なものを，次の1～4の中から一つ選びなさい。⑦

1　東大寺法華堂千手観音像　2　東大寺法華堂不空羂索観音像

3　東大寺戒壇堂広目天像　4　東大寺法華堂執金剛神像

問8　東大寺は南都六宗のひとつの華厳宗(けごんしゅう)の総本山であり，華厳宗の本尊が盧舎那仏(るしゃなぶつ)である。仏国土をあまねく照らす仏である。盧舎那仏(大仏)造立の詔を出した天皇と，大仏の造立に協力した僧侶を連記したものとして最も適切なものを，次の1～4の中から一つ選びなさい。⑧

1　聖武天皇・行基　　2　元正天皇・行基
3　聖武天皇・鑑真　　4　文武天皇・良弁

問9　東大寺は広大な原野を独占し，朝廷の力を背景に国司や郡司の協力によって，その原野の開墾をおこなった。このような開墾によって成立した田地の名称として最も適切なものを，次の1～4の中から一つ選びなさい。⑨

1　初期荘園　2　公営田　3　勅旨田　4　寺領荘園

E

問10　Eの彫刻の名称として最も適切なものを，次の1～4の中から一つ選びなさい。⑩

1　観心寺如意輪観音像　　2　園城寺不動明王像
3　室生寺釈迦如来坐像　　4　新薬師寺薬師如来像

問11　弘仁・貞観文化の時代はさまざまな様相を持つが，密教芸術の発展は，この時代の特色の一つである。この時代とは**関係のないもの**を，次の1～4の中から一つ選びなさい。⑪

1　神仏習合を反映した神像彫刻　　2　応天門の変と伴氏(大伴氏)の没落
3　明経道・紀伝道と漢文学の隆盛　　4　淡海三船・石上宅嗣の活躍

F

問12　Fは10世紀半ばに布教に励んだある僧侶の像である。この僧侶と，その宗教を連記したものとして最も適切なものを，次の1～4の中から一つ選びなさい。⑫

1 源信・浄土教　2 源信・浄土宗　3 空也・浄土教　4 空也・浄土宗

問13 「市聖（いちのひじり）」「阿弥陀聖（あみだひじり）」と呼ばれたFの人物は，醍醐天皇の皇子であったという説もある。醍醐天皇の時代とは**関係のないもの**を，次の1～4の中から一つ選びなさい。⑬

1 菅原道真の重用　2 「延喜・天暦の治」

3 『日本三代実録』の編纂　4 『古今和歌集』の編纂

問題Ⅱ

中世の封建社会においては古代と異なり，女性が歴史の表舞台に登場する頻度は極めて少ない。教科書に登場する院政期から戦国時代末期までの女性を拾い挙げるなら，以下の5人の女性を挙げることができる。

〔中世の女性群〕（五十音順）
1 阿仏尼　2 建礼門院　3 八条院暲子
4 日野富子　5 北条政子

次のA～Dの各文は，〔中世の女性群〕1～5のうち，4人の女性のいずれかに関するものである。A～Dの各文を読んで，それぞれ後の問いに答えなさい。（配点　24）

A この人物(1)は歌人であるが，実子の冷泉為相と継子二条為氏との間で行われた所領争論の解決のため京都から鎌倉に赴いた。その折の紀行文が十六夜日記(2)である。

問1 下線部(1)として最も適切なものを，〔中世の女性群〕の1～5の中から一つ選びなさい。⑭

問2 下線部(2)の適切な読み方を，ひらがなで解答欄に記入しなさい。【記述解答】

問3 下線部(2)と並ぶこの時代の京都・鎌倉間の紀行文として最も適切なものを，次の1～4の中から一つ選びなさい。⑮

1 吾妻鏡　2 海道記　3 梅松論　4 更級日記

B この事件(3)は有力守護大名の家督争いや将軍家の跡目争いなどが連動して起こった。この将軍家の跡目争いは，足利義政(4)の弟義視と，子の義尚を推すこの人物(5)との対立から生じていた。

問4 下線部(3)の適切な名称を，解答欄に記入しなさい。【記述解答】

問5 下線部(4)に関する事項として最も適切なものを，次の1～4の中から一つ選びなさい。⑯

1 足利義政は室町幕府の8代将軍である。

2 足利義政の時代の文化は北山文化と呼ばれ，銀閣寺が代表的である。

3 義政が将軍在任中に，下線部(3)の事件は終結した。

4 義政は積極的に文化を保護し，観阿弥・世阿弥らを育てた。

問6 下線部(5)として最も適切なものを，〔中世の女性群〕の1～5の中から一つ選びなさい。 ⑰

C この人物(7)の親族を見ると，夫及び長男・次男は将軍，父及び弟(8)は執権であった。将軍であった次男が暗殺(9)されると，以後は彼女が実質的な将軍として御家人を統率し，尼将軍と呼ばれた。

問7 下線部(7)として最も適切なものを，〔中世の女性群〕の1～5の中から一つ選びなさい。 ⑱

問8 下線部(8)の適切な氏名を，解答欄に記入しなさい。【記述解答】

問9 下線部(9)の事件直後の動向として最も適切なものを，次の1～4の中から一つ選びなさい。 ⑲

1 政治は混乱し，宝治合戦と呼ばれる大きな内乱となった。

2 次の将軍を皇族から迎えることに成功した。

3 この事件当時の朝廷は後嵯峨上皇が院政を敷いており，何かと幕府と対立していた。

4 次の将軍を摂関家から迎えることになった。

D この人物(10)の子の［ ア ］天皇は壇ノ浦の合戦の際に入水した。この人物も入水したが救助され，その後大原の寂光院に隠棲した。

問10 下線部(10)として最も適切なものを，〔中世の女性群〕の1～5の中から一つ選びなさい。 ⑳

問11 空欄［ ア ］に入る適切な天皇名を，解答欄に記入しなさい。【記述解答】

問12 下線部(10)の父に関する事項として**誤っているもの**を，次の1～4の中から一つ選びなさい。 ㉑

1 福原に遷都した。 2 日宋貿易を推進した。

3 太政大臣まで昇った。 4 鹿ケ谷の陰謀では白河上皇を幽閉した。

問題Ⅲ　次の文章を読んで，後の問いに答えなさい。(配点　25)

1549年に宣教師フランシスコ=ザビエルが鹿児島に到着し，日本におけるキリスト教の布教が始まった。諸大名には貿易の利益を得るため布教活動を保護し，中には洗礼を受けた大名(1)もあった。

織田信長は宣教師を通じた南蛮貿易による武器の獲得，比叡山・石山本願寺(2)などの仏教勢力への対抗などの理由からキリスト教を保護した。豊臣秀吉も当初は貿易の利益を得るなどの理由からキリスト教の布教を認めていたが，九州平定後の1587年に突如［　ア　］追放令を出し，宣教師の国外追放を命じた。さらに，1596年には宣教師・信者らを逮捕し長崎で処刑した(3)。この事件の背景にはフランシスコ会とイエズス会の対立があったといわれている。

徳川家康も貿易振興の立場からキリスト教の布教を黙認していた。家康は1600年に豊後に漂着したオランダ船(4)の航海士ヤン=ヨーステンと水先案内人ウィリアム=アダムス(5)らを江戸に招き，外交・貿易の顧問とした。また，スペインとの貿易のため，スペイン領ノビスパンとの通商を求め京都の商人［　イ　］を派遣した。

こうした貿易の積極的奨励を背景としてキリスト教の伝道も多彩な展開を見せたが，キリスト教布教がスペイン・ポルトガルの侵略を招くという恐れなどから，1612年に直轄領に禁教令が出され，翌年には全国に及ぼされ，1614年にはキリシタンの国外追放が実施された。

以後，幕府による禁教策は強化され，島原の乱(6)後はキリスト教徒根絶のために仏教への転宗を強制する諸政策(7)を実施していった。

問1　下線部(1)に関連して，下の(a)，(b)の問いに答えなさい。

(a)　こうした大名をキリシタン大名というが，**キリシタン大名ではない人物**を，次の1～4の中から一つ選びなさい。［㉒］

1　大友宗麟　　2　有馬晴信　　3　大村純忠　　4　山田長政

(b)　キリシタン大名が1582年に行った事績として最も適切なものを，次の1～4の中から一つ選びなさい。［㉓］

1　慶長遣欧使節の派遣　　2　セミナリオの設置

3　天正遣欧使節の派遣　　4　コレジオの設置

問2　下線部(2)は一向宗の一つの拠点であった。織田信長が鎮定した一向一揆として最も適切なものを，次の1～4の中から一つ選びなさい。［㉔］

1　伊勢長島一向一揆　　2　三河一向一揆

3　山城国一揆　　4　山科一向一揆

問3　空欄［　ア　］に入る適切な語句を，カタカナ４字で解答欄に記入しなさい。【記述解答】

問4　下線部(3)の事件として最も適切なものを，次の1～4の中から一つ選びなさい。［㉕］

1　浦上教徒弾圧事件　　2　26聖人殉教　　3　宝暦事件　　4　明和事件

問5　下線部(4)の適切な船名を，解答欄に記入しなさい。【記述解答】

問6　下線部(5)の人物が改名した日本名を，解答欄に記入しなさい。【記述解答】

問7　空欄 イ に入る商人名として最も適切な人物を，次の1～4の中から一つ選びなさい。㉖

1　田中勝介　2　支倉常長　3　角倉了以　4　三井高利

問8　下線部(6)に関して，下の(a)，(b)の問いに答えなさい。

(a)　この時，農民らが立てこもった城の適切な名称を，解答欄に記入しなさい。【記述解答】

(b)　この乱の首領として最も適切な人物を，次の1～4の中から一つ選びなさい。㉗

1　小西行長　2　益田時貞　3　高山右近　4　伊東マンショ

問9　下線部(7)に関連して，下の(a)，(b)の問いに答えなさい。

(a)　寺院が檀家であることを証明する制度の適切な名称を，解答欄に記入しなさい。【記述解答】

(b)　禁教目的で行われた住民の信仰調査の適切な名称を，解答欄に記入しなさい。【記述解答】

問題Ⅳ　次の文章を読んで，後の問いに答えなさい。（配点　25）

第一次世界大戦に参戦した日本は，翌年1月に対華二十一カ条の要求(1)を中国政府に突きつけた。また，続く新内閣は当時の中国の政権に対して，積極的な支援政策を展開し，巨額の借款(2)を無担保で与え，同政権を通ずる権益確保をめざした。

第一次世界大戦前の日本経済は，不況と財政難に見舞われていたが，大戦景気(3)とよばれた好景気よってこの状況は一気に改善された。

大戦後の国際協調体制の中，本格的な政党内閣(4)が成立し，都市中間層や労働者を中心にさまざまな社会運動や護憲運動(5)が展開されて民主的改革運動が盛り上がった。こうした情勢を踏まえて，政府はいわゆる普通選挙法を成立させたが，同時に治安維持法(6)を公布して社会主義運動を抑圧する姿勢を示した。

1929年にアメリカで発生した恐慌は，翌年日本にも波及して昭和恐慌(7)といわれる深刻な不況をもたらした。これに対して，日本政府は金輸出の再禁止(8)と赤字国債の発行による財政支出の拡大によって不況からの脱却を図った。

中国で国権回収の民族運動が高まっている頃，日本国内では軍や右翼が幣原喜重郎の協調外交を非難した。そして関東軍は柳条湖事件を起こして満州の主要地域を占領し，この事件の翌年3月に満州国(9)を建国した。

問1　下線部(1)に関する文(A)，(B)について，正誤の組み合わせとして最も適切なものを，次の1～4の中から一つ選びなさい。㉘

(A) この時の中国政府は孫文が率いており，彼は辛亥革命後の混乱した政局の中で，いわゆる「三民主義」の実現のためには日本政府と妥協する必要があり，この要求を受け入れざるを得なかった。

(B) この要求には，山東省のドイツ利権の継承や南満州および東部内蒙古の権益の強化，中国政府の顧問としての日本人の雇用，警察の日中合同などの項目が盛り込まれていたが，日本は最後通牒を発してこれらをすべて承認させた。

1 (A)正，(B)正

2 (A)正，(B)誤

3 (A)誤，(B)正

4 (A)誤，(B)誤

問2 下線部(2)の借款は何といわれているか。適切な名称を，漢字4字で解答欄に記入しなさい。

【記述解答】

問3 下線部(3)に関する文(A)，(B)について，正誤の組み合わせとして最も適切なものを，次の1～4の中から一つ選びなさい。 ㉙

(A) 日本は連合国に衣料や食料などの生活必需品を，ヨーロッパ列強が後退したアジア市場には生糸などを，戦争景気が続くアメリカには綿織物を輸出して貿易は大幅な輸出超過になった。

(B) 工業の躍進によって工業(工場)生産額は農業生産額を上回った。重化学工業の発展によって，工場労働者のうち男性労働者数が女性労働者数にせまった。それでも工業人口は農業人口の半数以下にすぎなかった。

1 (A)正，(B)正

2 (A)正，(B)誤

3 (A)誤，(B)正

4 (A)誤，(B)誤

問4 下線部(4)に関する文(A)，(B)について，正誤の組み合わせとして最も適切なものを，次の1～4の中から一つ選びなさい。 ㉚

(A) この内閣の首相は南部藩の家老の家柄に生まれ，「平民宰相」と呼ばれて庶民の人気も高く，民衆が求める普通選挙の早期の導入を実現するために小選挙区制を導入した。

(B) この内閣は，外交面では，企画院の外交部会を舞台に国際協調路線をとったが，日本の満蒙権益の維持については極めて強硬な姿勢で臨み，しばしば英米と対立した。

1 (A)正，(B)正

2 (A)正，(B)誤

3 (A)誤，(B)正

4 (A)誤，(B)誤

問5　下線部(5)に関する文(A)，(B)について，正誤の組み合わせとして最も適切なものを，次の1～4の中から一つ選びなさい。 ㉛

(A)　第二次護憲運動では，清浦内閣を倒すために，憲政会と革新倶楽部が提携したが，立憲政友会は次期の内閣で与党になることを念頭に置いて，この提携には加わらなかった。

(B)　護憲運動に対抗するために，清浦内閣は，立憲政友会の総裁を批判する勢力によって組織された政友本党を味方につけ，議会を解散して総選挙に臨んだが敗北した。

1　(A)正，(B)正

2　(A)正，(B)誤

3　(A)誤，(B)正

4　(A)誤，(B)誤

問6　下線部(6)の第一条は以下のとおりである。空欄(　ア　)に入る適切な語句を漢字２字で，空欄(　イ　)に入る適切な語句を漢字４字で，それぞれ解答欄に記入しなさい。

【記述解答】

> 治安維持法(1925年)
>
> 第一条　(　ア　)を変革し又は(　イ　)制度を否認することを目的として結社を組織し，又は情を知りて之に加入したる者は十年以上の懲役又は禁固に処す。
>
> (読みやすいように一部改変)

問7　下線部(7)に関する文(A)，(B)について，正誤の組み合わせとして最も適切なものを，次の1～4の中から一つ選びなさい。 ㉜

(A)　米をはじめとする農産物価格が暴落し，とりわけ繭の価格下落は激しかった。また，東北地方を中心に農家の困窮は深刻で，この恐慌は農業恐慌ともよばれた。

(B)　地方銀行の経営への打撃も深刻で，預金の引き出しに不安を感じた預金者が銀行に殺到して取り付け騒ぎが発生し，資力の弱い地方銀行の休業が相次いだ。

1　(A)正，(B)正

2　(A)正，(B)誤

3　(A)誤，(B)正

4　(A)誤，(B)誤

問8　下線部(8)の政策に先立って，金解禁(金輸出解禁)政策を実行した大蔵大臣の氏名を，解答欄に記入しなさい。【記述解答】

問9　下線部(9)を日本が承認する際に取り交わした協定書の適切な名称を，漢字５字で解答欄に記入しなさい。【記述解答】

世界史

(60分)

問題I 次の文章を読んで，後の問いに答えなさい。(配点 25)

古代のギリシアでは，さまざまな分野の文化が花開いた。文学においては，紀元前8世紀の人物で，『イリアス』や『オデュッセイア』の作者とされるホメロスがギリシア最古の詩人とされる。女性詩人としては，詩の断片が残るレスボス島出身の(ア)の名が知られている。また，紀元前5世紀になると悲劇の制作が盛んとなり，三大悲劇詩人と呼ばれる人々が現れた。代表作に［ A ］を持つソフォクレスは，その一人である。また，歴史叙述では，ペロポネソス戦争を主題とした『歴史』を記した［ B ］などがいる。

ギリシア建築の代表としては，ドーリア式で建てられたアテネのパルテノン神殿が知られる。これは一度戦争で破壊されるも，(イ)によって再建され，そこにはフェイディアスが製作した［ C ］が置かれていたとされる。

自然科学の分野では，医学においてコス島出身のヒッポクラテスが，数学では紀元前4世紀頃にユークリッド幾何学を完成させた［ D ］が，天文学では紀元前3世紀に，地球は球形であると主張したエラトステネスや，地動説を主張したアリスタルコスなどが，それぞれ活躍した。

自然哲学および哲学では，紀元前6世紀に(ウ)自然哲学が起こり，万物の根源に関する議論が盛んになった。その中で，万物の根源は原子(アトム)であると主張したのが［ E ］である。その後，アテネではソクラテスや，イデアを中心観念に置くプラトンなどの哲学者が活躍した。プロタゴラスはソクラテスの討論相手として知られ，万物の尺度は人間にあるとする相対主義的な立場をとった。彼は，ものごとが真理かどうかに関わらず相手をいかに説得するかを教える(エ)と呼ばれる弁論術の職業教師の一人である。ほかにも，快楽を最高善とするエピクロス派や，ゼノンを創始者として心の平穏を重視する(オ)派といった学派も登場した。

問1 空欄［ A ］に入る語句として最も適切なものを，次の1～4の中から一つ選びなさい。 ①

1 『オレステイア』　2 『オイディプス王』
3 『女の平和』　4 『アガメムノン』

問2 空欄［ B ］に入る語句として最も適切なものを，次の1～4の中から一つ選びなさい。 ②

1　ヘロドトス　　2　ピンダロス

3　エウリピデス　　4　トゥキディデス

問3　空欄 [C] に入る語句として最も適切なものを，次の1～4の中から一つ選びなさい。 [③]

1　アテナ女神像　　2　アフロディテ像

3　ヘルメス神像　　4　ラオコーン像

問4　空欄 [D] に入る語句として最も適切なものを，次の1～4の中から一つ選びなさい。 [④]

1　エウクレイデス　　2　アリストテレス

3　アルキメデス　　4　プラクシテレス

問5　空欄 [E] に入る語句として最も適切なものを，次の1～4の中から一つ選びなさい。 [⑤]

1　ヘラクレイトス　　2　タレス

3　デモクリトス　　4　ピタゴラス

問6　空欄（　ア　）～（　オ　）に入る適切な語句を，それぞれ解答欄に記入しなさい。【記述解答】

問題Ⅱ　次の文章を読んで，後の問いに答えなさい。（配点　25）

中国王朝と周辺諸国の朝貢関係は，東アジアの国際秩序の特徴であり，19世紀まで続けられていた。周辺諸国から中国王朝への朝貢使節の派遣，中国王朝から周辺諸国への官職・称号の授与などを通して，国家間の関係を結んでいたのである。朝貢そのものは，外交儀礼と交易の両方の側面を持っていた。

隋・唐時代(1)には，中国王朝と周辺諸国との朝貢関係が築かれており，日本もまた朝貢国の一つで遣隋使・遣唐使をおくって中国文化の輸入(2)につとめた。唐時代には，朝貢を通して新羅(3)，渤海，南詔(4)，吐蕃(5)，ウイグルとの関係が深まり，東南アジアのカンボジア，チャンパー(6)，シュリーヴィジャヤなど，インド文化の影響を受けた諸国も唐に朝貢した。

なお，**図1**は，隋・唐時代の領域を表したものである。

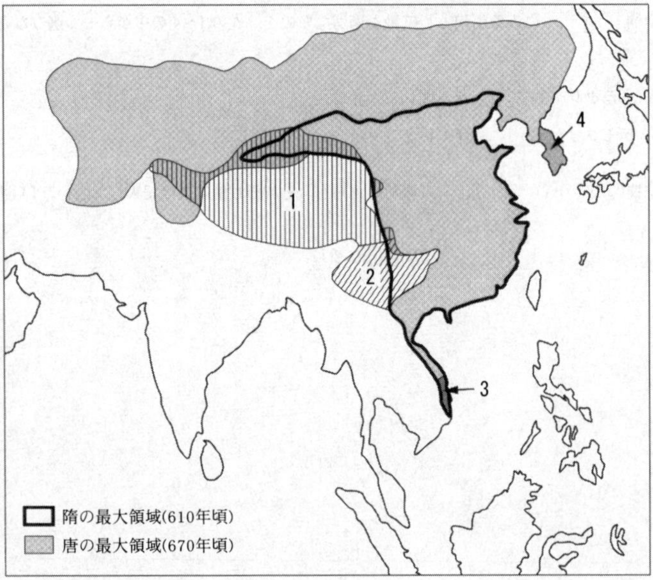

図1

問1　下線部(1)に関連して，下の(a)～(c)の問いに答えなさい。

(a)　隋の文帝（煬堅）は，人材登用のための制度をつくり，中央集権化をはかった。この人材登用制度の適切な名称を，解答欄に記入しなさい。【記述解答】

(b)　文帝の子・煬帝は，江南と華北を結びつける交通幹線を完成させた。これらは何による交通整備か。最も適切なものを，次の1～4の中から一つ選びなさい。 ⑥

1　運河　　2　鉄道　　3　馬車道　　4　石道

(c) 李淵は隋を倒して唐を建て，都をどこに置いたか。適切な地名を，解答欄に記入しなさい。

【記述解答】

問2 下線部(2)に関連して，遣唐使は日本に仏典のほか，美術工芸品も多数持ち帰った。こうした唐の影響を受けたこの時代の文化を何というか。適切な名称を，解答欄に記入しなさい。

〔解答欄〕 [　　　　　文化]

【記述解答】

問3 下線部(3)について，下の(a)～(c)の問いに答えなさい。

(a) 新羅は唐の官僚制を導入したものの，すでに王族と一般貴族を対象とした身分制度が社会の基盤となっていた。この基盤となっていた身分制度として最も適切なものを，次の1～4の中から一つ選びなさい。[⑦]

1 九品中正　2 均田制　3 府兵制　4 骨品制

(b) 朝鮮半島を統一した新羅の都として最も適切なものを，次の1～4の中から一つ選びなさい。[⑧]

1 広州　2 安東　3 金城(慶州)　4 揚州

(c) 新羅の位置として最も適切なものを，図1中の1～4の中から一つ選びなさい。[⑨]

問4 下線部(4)について，下の(a)，(b)の問いに答えなさい。

(a) 南詔の説明として最も適切なものを，次の1～4の中から一つ選びなさい。[⑩]

1 河北地方に存在したモンゴル系ロロ族の王国である。

2 雲南地方に存在したモンゴル系ロロ族の王国である。

3 雲南地方に存在したチベット=ビルマ系ロロ族の王国である。

4 河北地方に存在したチベット=ビルマ系ロロ族の王国である。

(b) 南詔の位置として最も適切なものを，図1中の1～4の中から一つ選びなさい。[⑪]

問5 下線部(5)について，下の(a)，(b)の問いに答えなさい。

(a) 吐蕃の建国者として最も適切なものを，次の1～4の中から一つ選びなさい。[⑫]

1 クトゥブ=ミナール　2 ソンツェン=ガンポ

3 ガウタマ=シッダールタ　4 サン=マルティン

(b) 吐蕃の位置として最も適切なものを，図1中の1～4の中から一つ選びなさい。[⑬]

問6 下線部(6)はベトナム中部の王国であり，南シナ海交易の拠点として15世紀頃まで繁栄したが，この王国の位置として最も適切なものを，図1中の1～4の中から一つ選びなさい。[⑭]

問題Ⅲ　次の文章ならびに年表を読んで，後の問いに答えなさい。（配点　25）

中世の西ヨーロッパが農業技術の進歩による飛躍的な人口増加(1)を背景として始めた内外への拡大を象徴するのが，十字軍である。イスラーム勢力が11世紀に東地中海岸に進出し，聖地を支配下に置いたのに対して，1095年にビザンツ皇帝から救助要請を受けたローマ教皇(2)が［　A　］宗教会議を開催し，聖地回復の聖戦を提唱した。その後，十字軍は，下の年表にあるように，計7回の遠征が行われた。十字軍は，教皇による東西教会の統一，国王・諸侯・騎士・商人の経済的利益，民衆の巡礼熱や負債帳消しなどのさまざまな野望を背景にした運動であったが，最終的には教皇の権威は衰え，諸侯・騎士の家系は断絶することも多く，国王はそれらの領地を没収して権力をのばした。一方で，地中海交易は活発化し，イタリア諸都市を繁栄させた。また，ヨーロッパにはイスラーム文化が流入し，封建社会に大きな影響を与えた。

年　表

1096～1099年	第1回十字軍	・フランス，南イタリアの諸侯を中心に編成された遠征軍 ・聖地を占領して(　ア　)王国を建国
1147～1149年	第2回十字軍	・神聖ローマ皇帝とフランス王が率いた遠征軍 ・内部対立により領土回復に失敗
1189～1192年	第3回十字軍	・神聖ローマ皇帝，フランス王，イギリス王(3)が参加 ・［　B　］朝創始者の(　イ　)から(　ア　)巡礼の安全確保を得るにとどまる
1202～1204年	第4回十字軍	・ローマ教皇(4)が提唱 ・コンスタンティノープル占領，(　ウ　)帝国の建国
1228～1229年	第5回十字軍	・神聖ローマ皇帝(5)，交渉で聖地回復
1248～1254年	第6回十字軍	・フランス王(6)の指揮のもとで，エジプトを攻撃 ・［　C　］朝に撃退される
1270年	第7回十字軍	・フランス王(7)が北アフリカのチュニスを攻撃 ・遠征軍が伝染病で壊滅，王も病死

問1　**年表**中の空欄(　ア　)～(　ウ　)に入る適切な語句を，それぞれ解答欄に記入しなさい。

【記述解答】

問2　下線部(1)に関連して，中世ヨーロッパで発展した農業技術ならびに勢力の拡大についての説明として明らかに**誤っているもの**を，次の1～4の中から一つ選びなさい。［⑮］

1　アルプス以北の肥沃で重い土壌を耕作するために，幅広く深く耕すことを可能にする重量有輪犂（すき）と呼ばれる車輪の付いた鉄製農具が開発された。

2　大型農具が方向転換を行えるように，耕作地は個人の仕切りが取り払われ，耕作に必要な牛馬の購入・維持のための共同作業が行われた。

3 年間を通じてすべての土地を耕地として活用するために，耕地を春耕地・夏耕地・秋耕地という三つに分け，三年で一巡する三圃制と呼ばれる農地利用システムが確立された。

4 河川利用権を持つ荘園領主や修道院は，領内の農民に対して，粉ひき人を雇って自分たちの水車小屋で穀物をひくようにさせた。

問3 下線部(2)，**年表**中の下線部(4)に関連して，第1回十字軍を提唱したローマ教皇と，第4回十字軍を提唱したローマ教皇の名として最も適切なものを，それぞれ次の1～6の中から一つずつ選びなさい。

第1回十字軍を提唱したローマ教皇 ⑯

第4回十字軍を提唱したローマ教皇 ⑰

1 グレゴリウス1世　2 グレゴリウス7世

3 インノケンティウス3世　4 ボニファティウス8世

5 レオ3世　6 ウルバヌス2世

問4 空欄 [A] に入る語句として最も適切なものを，次の1～6の中から一つ選びなさい。 ⑱

1 ニケーア　2 カルケドン　3 エフェソス

4 クレルモン　5 コンスタンツ　6 コンスタンティノープル

問5 **年表**中の空欄 [B]，[C] に入る語句の組み合わせとして最も適切なものを，次の1～4の中から一つ選びなさい。 ⑲

	B	C
1	アイユーブ	マムルーク
2	セルジューク	マムルーク
3	マムルーク	セルジューク
4	アイユーブ	セルジューク

問6 **年表**中の下線部(3)，(5)～(7)に関連して，第3回十字軍に関わったイギリス王，第5回十字軍に関わった神聖ローマ皇帝，第6，7回十字軍に関わったフランス王として最も適切なものを，それぞれ次の1～6の中から一つずつ選びなさい。

第3回十字軍のイギリス王 ⑳

第5回十字軍の神聖ローマ皇帝 ㉑

第6，7回十字軍のフランス王 ㉒

1 チャールズ2世　2 フリードリヒ1世　3 フリードリヒ2世

4 ルイ9世　5 ルイ14世　6 リチャード1世

問題Ⅳ 次の文章を読んで，後の問いに答えなさい。（配点 25）

第一次世界大戦は，同盟国陣営（４カ国）(1)が協商国陣営（27カ国）(2)に対して敗北することをもって終結した。科学技術の進歩に伴い，この戦争ではさまざまな新兵器(3)が戦場で活躍することとなった。戦場に投入される人的・物的資源は莫大なものとなり，それゆえこの戦争は史上初の［ ア ］戦と呼ばれた。20世紀の国際秩序は，このような世界戦争を経ても安定化することはなかった。戦後処理のための国際条約(4)は次の世界大戦への遠因となり，この条約によって莫大な賠償金を課せられた敗戦国に特定民族(5)を敵視する全体主義国家(6)を誕生させたのである。

問１ 下線部(1)に属する国として最も適切なものを，次の１～４の中から一つ選びなさい。［㉓］

１ セルビア　２ オーストリア　３ イギリス　４ 日本

問２ 下線部(2)に属する国として最も適切なものを，次の１～４の中から一つ選びなさい。［㉔］

１ ロシア　２ ブルガリア　３ ドイツ　４ オスマン帝国

問３ 下線部(3)について，この戦争を機に活躍したものを三つ挙げ，それぞれ解答欄に記入しなさい。【記述解答】

問４ 空欄［ ア ］に入る適切な語句を，解答欄に記入しなさい。【記述解答】

問５ 下線部(4)の適切な条約名を，解答欄に記入しなさい。【記述解答】

〔解答欄〕［　　　　条約］

問６ 下線部(5)に該当する適切な民族名を，解答欄に記入しなさい。【記述解答】

〔解答欄〕［　　　　人］

問７ 下線部(6)を率いた独裁者の適切な名称を，解答欄に記入しなさい。【記述解答】

地　理

（60分）

問題Ⅰ　図1のグラフは，1985～2020年の地球の大気中の二酸化炭素（CO_2）濃度の経年変化を示している。二酸化炭素濃度は年々上昇しており，これが地球温暖化をもたらしているという主張もある。しかし，1年毎に見ると，二酸化炭素濃度はジグザグに上下しながら，年々上昇している。二酸化炭素濃度は，北半球では夏に低くなり，冬に高くなっているのである。

隆一くんとかおりさんは，この現象について，それぞれ違った原因を考えた。

二人の，**レポート①**，**レポート②**を読み，それぞれ後の問いに答えなさい。（配点　25）

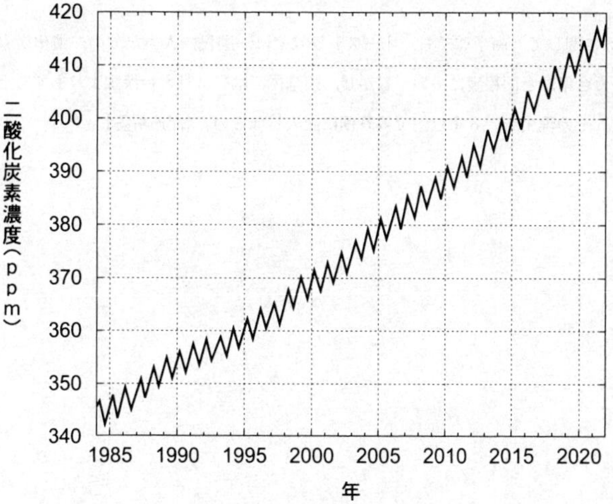

図1　地球大気中の二酸化炭素（CO_2）の経年変化

（「WMO WDCGG／JMA 2022」を基に作成）

レポート①（隆一くん）

夏に二酸化炭素が減少し，冬に二酸化炭素が増加する要因は，北半球では冬が寒い中・高緯度地域に先進工業国や人口の多い国が集中し，化石燃料を大量に燃やすので，冬に二酸化炭素が多く放出されるためだと考えました。(1)

一方，南半球の中・高緯度地域には，北半球ほど化石燃料を大量に放出させる国はないからだと思います。(2)

問1　下線部(1)に関して，2022年度における北半球での二酸化炭素排出量が多い上位4カ国の組み合わせとして最も適切なものを，次の1～4の中から一つ選びなさい。 ①

	1位	2位	3位	4位
1	アメリカ合衆国	中国	日本	ロシア
2	中国	アメリカ合衆国	日本	インド
3	アメリカ合衆国	インド	中国	日本
4	中国	アメリカ合衆国	インド	ロシア

問2　下線部(2)に関して，南半球でも，オーストラリアは，国民一人当たりの二酸化炭素排出量は，アメリカ合衆国と同程度に多い。しかし，国全体ではアメリカ合衆国よりもずっと少なくなっている。その理由を，8字以内で解答欄に記入しなさい。【記述解答】

レポート②(かおりさん)

下の図2は，赤道を中心に，北半球・南半球の森林を高度別に示した模式図です。これを見ると，二酸化炭素を吸収してくれる森林は，北半球の方がずっと多いことがわかります。

二酸化炭素濃度が北半球の夏に低くなるのは，北半球の春から夏にかけて，(3)北半球にしか広く分布しない A，B，C のような森林が，葉を出し，二酸化炭素を吸収するからだと思います。反対に南半球では，(4)赤道周辺の D のような森林はありますが，北半球では広く分布する A，B，C のような森林の面積が狭いのです。ですから，南半球の夏における二酸化炭素吸収量は，北半球の夏ほどではありません。

また，北半球で(5) A の森林には常緑の森林もあるのですが，たとえ葉がついていても，冬は寒くて活動が低下するので，北半球でも冬には，二酸化炭素の吸収量は減少するのです。

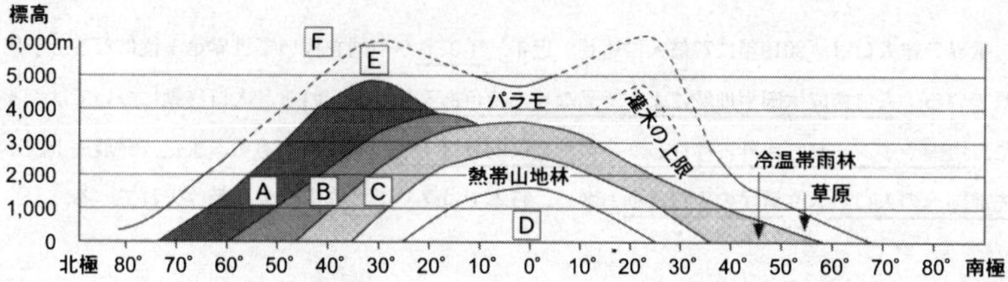

図2　北半球・南半球の植生の垂直分布の模式図

(Diercke Atlasを簡略化)

問3　下線部(3)に関して，A，B，C の森林の組み合わせとして最も適切なものを，次の1～4の中から一つ選びなさい。 ②

	A	B	C
1	広葉樹林	混合林	針葉樹林
2	針葉樹林	混合林	広葉樹林
3	混合林	針葉樹林	広葉樹林
4	広葉樹林	針葉樹林	混合林

問4　下線部(4)に関して，D の森林の適切な名称を，解答欄に記入しなさい。【記述解答】

問5　下線部(5)に関して，A の森林で，常緑の樹林をつくる樹種として代表的なものを二つ挙げ，それぞれ解答欄に記入しなさい。【記述解答】

問6　図2中の E は高度とともに気温が下がり，森林が生育できない植生帯である。この植生帯の適切な名称を，解答欄に記入しなさい。【記述解答】

問7　図2中の E の上に引かれた点線よりもさらに上方の F では，まったく植生は見られなくなる。このような気候区の適切な名称を，解答欄に記入しなさい。【記述解答】

〔解答欄〕 気候区

問8　森林と二酸化炭素についての説明として**誤っているもの**を，次の1～4の中から一つ選びなさい。③

1　植林によって森林面積を増やせば，二酸化炭素の吸収量は増える。

2　森林をつくる木が成長しても，二酸化炭素の吸収量には変化がない。

3　二酸化炭素の吸収量を減少させる森林の消失は，山火事や森林伐採で生じている。

4　森林を伐採し燃料として燃やすと，吸収された二酸化炭素は大気中に戻ってしまう。

問題Ⅱ　人口に関する次の文章を読んで，後の問いに答えなさい。（配点　25）

世界の総人口は，2019年に77億人に達し，近年，インド(1)が中国を抜いて世界第1位になると予想されている。人口構成は国や地域によって異なり，特色ある型が見られる(2)。人口移動については，とくに，中国やインドから海外に移住し，商業や経済的分野で活躍する(3)例がある。また，発展途上国から先進国への人口流入(4)や難民の人口移動(5)も多い。日本では多くの技能実習生(6)を受け入れている。

問1　下線部(1)に関して，インドでは20世紀後半に急激な人口増加を記録した。1960年代から家族計画の普及に努め，人口増加の勢いは緩やかになってきたが，成果は十分にみられない。この要因として**誤っているもの**を，次の1～4の中から一つ選びなさい。④

1　伝統的に多くの地域で家族の大きさが尊重されているため。

2　農村部の識字率が低く，知識が不足しているため。

3　多くの貧しい家庭は，子どもたちを労働力として必要としているため。

4　地元，外国のNGOや国際機関に援助と協力を得られていないため。

問2　下線部(2)に関して，**図1**は2015年の日本，中国，フィリピンおよびアメリカ合衆国の4カ国の人口ピラミッドである。**ア～エ**に該当する国名の組み合わせとして最も適切なものを，次の1～4の中から一つ選びなさい。⑤

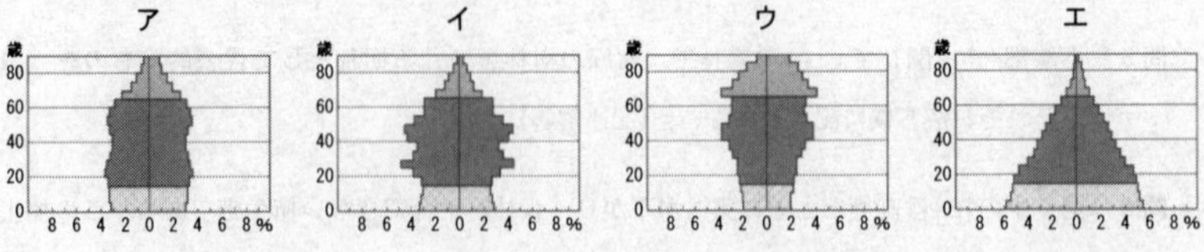

図1

（『世界の統計』2019年より）

	ア	イ	ウ	エ
1	アメリカ合衆国	フィリピン	日　本	中　国
2	中　国	アメリカ合衆国	フィリピン	日　本
3	日　本	中　国	アメリカ合衆国	フィリピン
4	アメリカ合衆国	中　国	日　本	フィリピン

問3　下線部(3)に関して，国外に移動した中国人やインド人を何と呼ぶか。それぞれ適切な名称を漢字2字で，解答欄に記入しなさい。【記述解答】

問4　下線部(4)に関して，**図2**は2019年のイギリス，フランス，ドイツおよびスペインの移民数（外国生まれの人口）の上位5カ国を示したものである。**ア～エ**に該当する国名の組み合わせとして最も適切なものを，次の1～4の中から一つ選びなさい。⑥

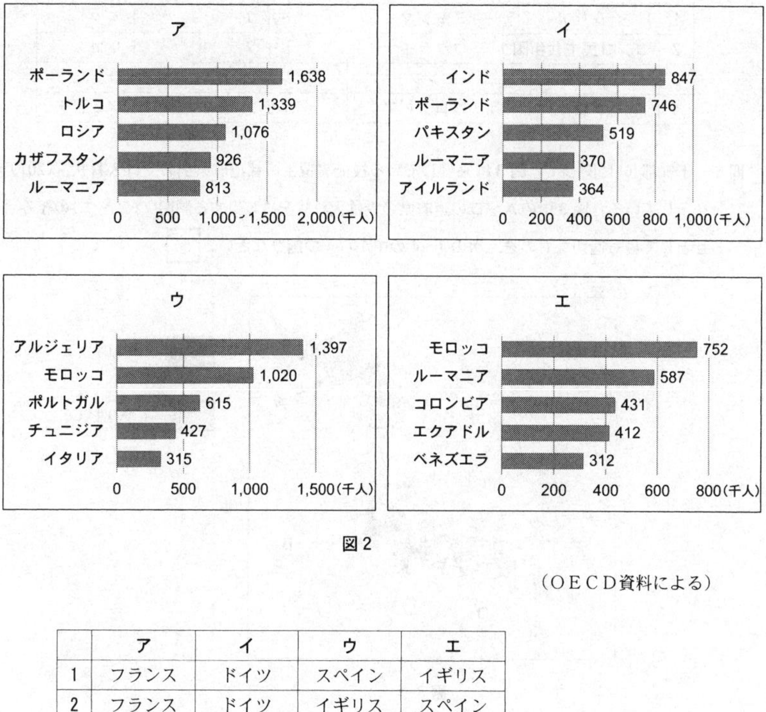

図2

（ＯＥＣＤ資料による）

	ア	イ	ウ	エ
1	フランス	ドイツ	スペイン	イギリス
2	フランス	ドイツ	イギリス	スペイン
3	ドイツ	イギリス	スペイン	フランス
4	ドイツ	イギリス	フランス	スペイン

問5　下線部(5)に関して，**表1**は2021年の難民の発生国と受入国について，それぞれ難民数が多い順，上位4カ国を示したものである。**表1**中のA～Dに該当する国名の組み合わせとして最も適切なものを，次の1～4の中から一つ選びなさい。⑦

表1

発生国	難民数(人)	%	受入国	難民数(人)	%
A	6,848,845	32.1	C	3,759,817	17.6
アフガニスタン	2,712,858	12.7	ウガンダ	1,529,903	7.2
南スーダン	2,362,759	11.1	パキスタン	1,491,070	7.0
B	1,177,029	5.5	D	1,255,694	5.9
世界計	21,326,917	100.0	世界計	21,326,917	100.0

(『データブック オブ・ザ・ワールド 2023』より)

	A	B	C	D
1	シリア	ミャンマー	トルコ	ドイツ
2	コンゴ民主共和国	ウクライナ	ドイツ	トルコ
3	ミャンマー	エジプト	サウジアラビア	イラン
4	ウクライナ	コロンビア	イラン	サウジアラビア

問6　下線部(6)に関して，**図3**は来日している技能実習生の都道府県別の受け入れ状況(2019年)を示している。**図3**中のA～Dの道府県の受け入れ状況に該当する説明文(ア～エ)の組み合わせとして最も適切なものを，次の1～4の中から一つ選びなさい。⑧

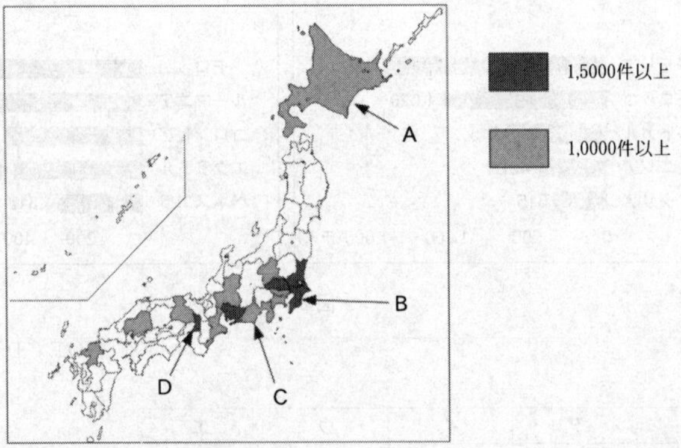

図3

(外国人技能実習機構「都道府県別技能実習計画認定件数」(令和元年度)より作成)

ア　自動車，電子機器などの分野で技能実習生が求められている。

イ　食品製造のほか，農業や水産業などで技能実習生の需要が高い。

ウ　大手の製造業や機械金属工業が多いことで受け入れが進んでいる。

エ　大都市に隣接していることや国際空港があるため集まる傾向にある。

	A	B	C	D
1	エ	ア	イ	ウ
2	ウ	イ	ア	エ
3	イ	エ	ア	ウ
4	ア	ウ	エ	イ

問7　下線部(6)の現状について述べた文として**誤っているもの**を，次の1～4の中から一つ選びなさい。⑨

1　低賃金や長時間労働などの問題が発生している。
2　実習生の日本語能力が不足し，意思疎通が困難なこともある。
3　実習生が不当に高額な借金を負って来日するケースがある。
4　実習生が失踪したりするケースはほとんどない。

問題Ⅲ　東南アジアに関する次の文章を読んで，後の問いに答えなさい。(配点　25)

東南アジアの大陸部では，中国の高地を水源とする長大な河川(1)が大平野をつくっている。島嶼部(とうしょぶ)は，フィリピン諸島から大スンダ列島(2)にかけて火山が連なっている。東南アジアは熱帯から温帯に位置し，世界的に見て降水量の多い地域(3)である。

東南アジアは第1次産業がさかんで(4)大陸部の山地では自給的な焼畑農業が行われていたが，現在では商品作物の栽培(5)が営まれているところもある。半島部に位置するマレーシアは，独立後の1970年代に［　A　］政策をとり，マレー系住民の商工業への進出を促した。さらに，1981年には［　B　］政策を掲げ，欧米ではなく日本や韓国の成功を見習って，工業化を進めた。

2015年にはＡＥＣ(ＡＳＥＡＮ経済共同体)を発足させ，域内の経済格差(6)を解消してＡＳＥＡＮ全体の経済的成長を目指している。

問1　空欄［　A　］，［　B　］に入る適切な語句を，それぞれ解答欄に記入しなさい。

【記述解答】

問2　下線部(1)に関連して，河川名と米の集散地の組み合わせとして最も適切なものを，次の1～4の中から一つ選びなさい。⑩

	河川名	米の集散地
1	メコン川	ハノイ
2	チャオプラヤ川	ホーチミン
3	エーヤワディー川(イラワジ川)	ヤンゴン
4	ホン川	プノンペン

問3　下線部(2)に関連して，2004年に発生したスマトラ島沖大地震は地震による被害でなく，それ以上に大津波によって大きな被害が出た。この地震の原因として最も適切なものを，次の1～4の中から一つ選びなさい。⑪

1　インド=オーストラリアプレートがユーラシアプレートの下に沈み込む

2　太平洋プレートがユーラシアプレートの下に沈み込む

3　太平洋プレートがインド=オーストラリアプレートの下に沈み込む

4　フィリピン海プレートがユーラシアプレートの下に沈み込む

問4　下線部(3)に関連して，下の**ア**～**ウ**の雨温図は，クアラルンプール，ハノイおよびバンコクのいずれかの都市のものである。**ア**～**ウ**に該当する都市名の組み合わせとして最も適切なものを，次の1～4の中から一つ選びなさい。⑫

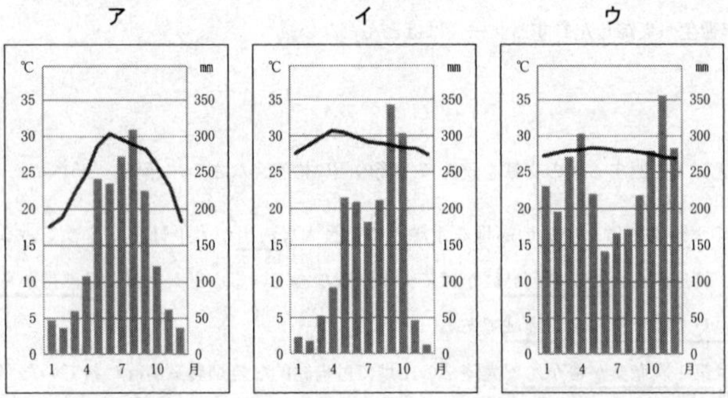

（『理科年表 2022』等により作成）

	ア	イ	ウ
1	クアラルンプール	バンコク	ハノイ
2	バンコク	ハノイ	クアラルンプール
3	ハノイ	バンコク	クアラルンプール
4	バンコク	クアラルンプール	ハノイ

問5　下線部(4)に関連して，**表1**はインドネシア，タイ，フィリピンおよびベトナムの4カ国における農林水産業に関する統計を示している。インドネシアの統計として最も適切なものを，次の1～4の中から一つ選びなさい。⑬

表1

	農林水産業就業人口(千人)	穀物自給率(%)	米の生産量(万トン)	木　材(万m³)	水産養殖(万トン)
1	37,281	89	5,465	12,000	1,485
2	20,894	109	4,276	5,734	461
3	12,057	123	3,023	3,296	96
4	10,049	71	1,929	1,523	232

(「食料需給表」農林水産省,『世界国勢図会 2022/23』,
『データブック オブ・ザ・ワールド 2023』より作成)

問6　下線部(5)に関連して，下の**ア**～**エ**の図は，サトウキビ，コーヒー豆，天然ゴムおよびパーム油のいずれかの生産量をしている。**ア**～**エ**に該当する生産物の組み合わせとして最も適切なものを，次の1～4の中から一つ選びなさい。 ⑭

ア

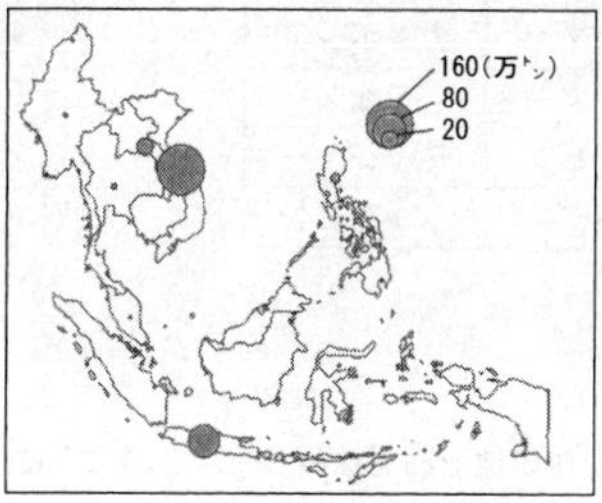

イ

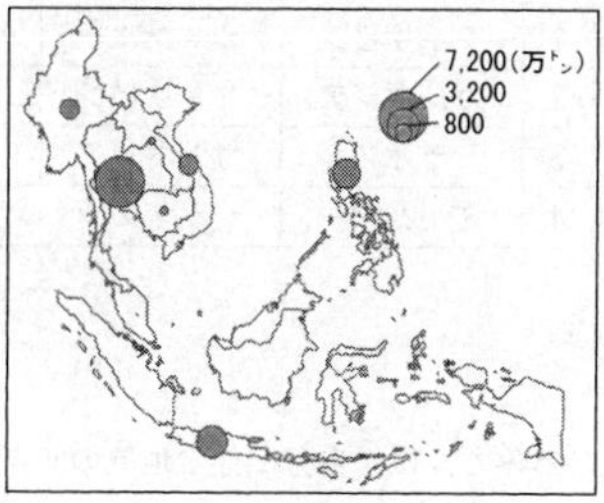

ウ

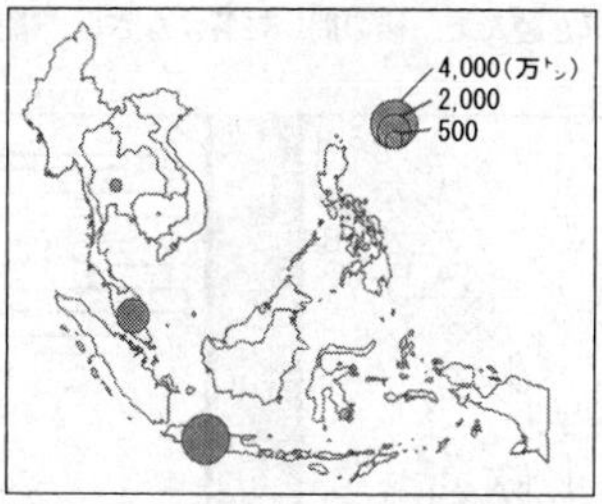

エ

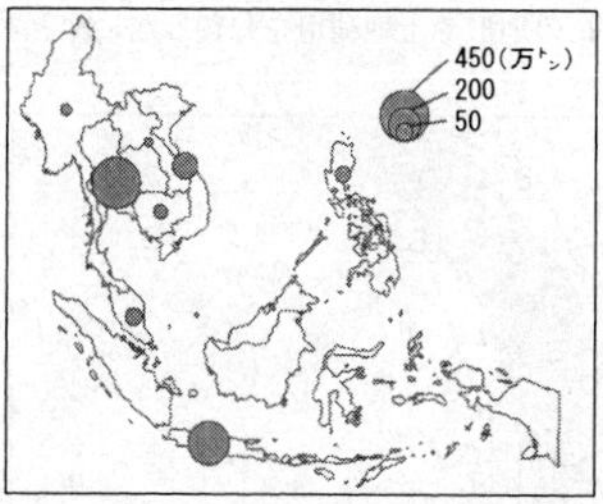

(『データブック オブ・ザ・ワールド 2023』より作成)

	ア	イ	ウ	エ
1	パーム油	コーヒー豆	サトウキビ	天然ゴム
2	コーヒー豆	天然ゴム	サトウキビ	パーム油
3	パーム油	コーヒー豆	天然ゴム	サトウキビ
4	コーヒー豆	サトウキビ	パーム油	天然ゴム

問7　下線部(6)に関連して，**表2**中の**ア〜エ**はフィリピン，ラオス，ミャンマーおよびカンボジアのいずれかの国のデータである。**ア〜エ**に該当する国の組合わせとして最も適切なものを，次の1〜4の中から一つ選びなさい。 ⑮

表2

	都市人口率（%）	国内総生産成長率（%）	1人当たり国民所得（ドル）	観光収入（億ドル）	旧宗主国
シンガポール	100.0	7.6	55,010	52.0	イギリス
ア	33.1	2.1	2,490	2.3	フランス
イ	22.2	2.2	1,510	11.0	フランス
ウ	46.3	5.6	3,430	28.0	アメリカ
エ	29.9	−17.9	1,340	25.0	イギリス

（『データブック オブ・ザ・ワールド 2023』より作成）

	ア	**イ**	**ウ**	**エ**
1	フィリピン	ミャンマー	ラオス	カンボジア
2	カンボジア	フィリピン	ミャンマー	ラオス
3	ラオス	カンボジア	フィリピン	ミャンマー
4	ミャンマー	ラオス	カンボジア	フィリピン

問題Ⅳ

ひろみさんは，自分が住む地域の50年前と現在の地形図を比較して，どのように地域が変わったかを調べた。ひろみさんは，50年前の地形図を**図1**，現在の地形図を**図2**として，それぞれの地形や土地利用を分類した。図と次の文章を読んで，後の問いに答えなさい。(配点　25)

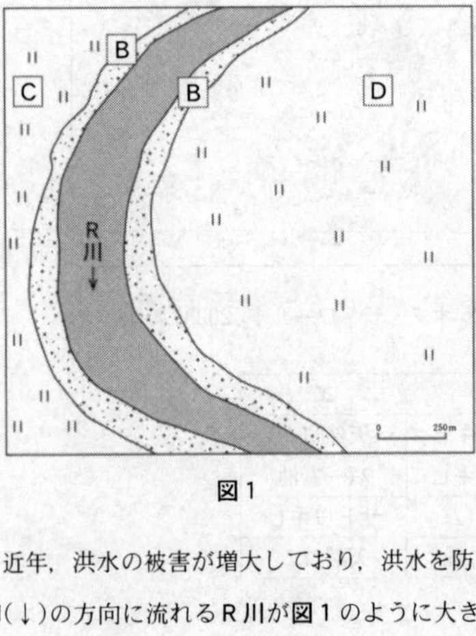

図1

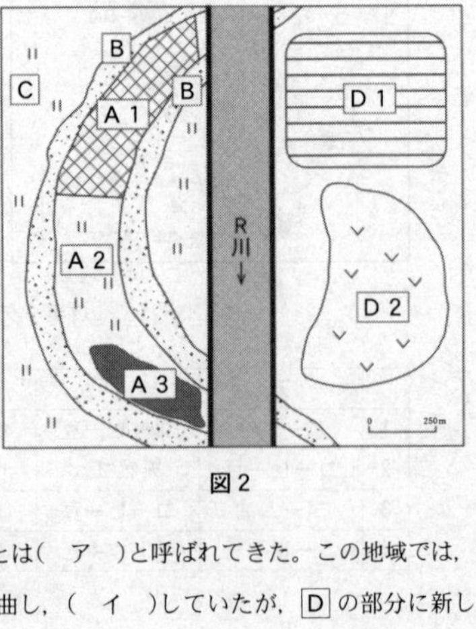

図2

近年，洪水の被害が増大しており，洪水を防ぐことは(　ア　)と呼ばれてきた。この地域では，矢印(↓)の方向に流れる**R**川が**図1**のように大きく屈曲し，(　イ　)していたが，D の部分に新しい河道が掘られ**図2**のように直線化された。川を短縮することで川の(　ウ　)を大きくし，水を流れやすくしたのである。

もとは川が流れていて，今は川でなくなった場所は旧河道と呼ばれるが，図２に示すように，盛土(1)されて宅地化された場所(A１)，農地にされた場所(A２)，池になった場所(A３)に分類できた。もし，旧河道がすべて A３ のようになっていれば，それは(　エ　)湖と呼ばれる。

旧河道の両岸には，図１に B で示す自然堤防(2)ができ，図２のように今も残っている。B の外側に広がる C や D は，(　オ　)と呼ばれ，低地である。

図２の新しいＲ川の両岸には堤防ができたためか，地図記号で見ると，D では，もとは(　カ　)だったところが，上流側の D１ では宅地化し，下流側の D２ は(　キ　)になった。

B，C，D すべては，Ｒ川が洪水を繰り返してできた地形であり，(　ク　)と呼ばれる。このような平野は河川の下流部に見られ，(　ケ　)平野と呼ばれる。

問１　空欄(　ア　)～(　ケ　)に入る適切な語句を，それぞれ解答欄に記入しなさい。【記述解答】

問２　下線部(1)に関連して，図２に示した旧河道の土地利用，A１，A２，A３ についての説明として**誤っているもの**を，次の１～４の中から一つ選びなさい。⑯

1　A１ は，地震時に液状化のリスクがある。

2　A１ は，A２ に比べて，洪水時の浸水深が大きくなるリスクが高い。

3　A２ は，B に比べて，洪水時の浸水深が大きくなるリスクが高い。

4　A２ は，A３ とともに，洪水時に最も長く浸水が継続するリスクがある。

問３　下線部(2)の説明として**誤っているもの**を，次の１～４の中から一つ選びなさい。⑰

1　洪水時に川の両岸にあふれた土砂が堆積してできた地形のことである。

2　コンクリートではなく，その場所の土砂を用いて造った堤防のことである。

3　まわりより高く，砂が多いので，比較的水はけがよい。

4　最初の集落や道路は，その上につくられることが多い。

政治・経済

（60分）

問題Ⅰ　次の文章を読んで，後の問いに答えなさい。（配点　25）

吉岡君は，日本と同じく，議院内閣制(1)をとるイギリス議会の最近の動向を報じた新聞記事を先生に読ませてもらった。

> 【新聞記事】
>
> イギリスでは，2011年に「議会任期固定法」を制定し，総選挙の期日を原則5年ごとに固定し，その間に解散するには下院(2)の総議員の3分の2以上の賛成か，［　A　］の可決が必要と定めた。これは，2010年の総選挙後，与党の［　B　］党と連立を組んだ［　C　］党が，［　B　］党の都合で恣意的に解散されないようにと導入を求めたものであった。
>
> ところが，イギリスの欧州連合(EU)(3)からの離脱をめぐり，［　B　］党が単独過半数割れすると，EU離脱協定案を議会で可決できない状態が続いた。しかし，議会任期固定法の制約のため，首相が解散総選挙で民意を問う戦略も使えず，政治の混乱が長期化した。このような教訓から，2022年，首相の解散権を縛る議会任期固定法を廃止する「議会解散・招集法」が成立し，首相の意思で解散できる以前のルールに戻った。

吉岡君は，イギリスと比較するために，日本の衆議院の解散制度の特徴をノートにまとめた。

> 【吉岡君のノート】
>
> ・　日本国憲法には，解散に関する条文が2つある。天皇の国事行為を定めた［　D　］条と，衆議院で［　A　］が可決された場合に，内閣は総辞職か衆議院解散を選べる(4)とする［　E　］条。
>
> ・　憲法［　D　］条が，解散権が首相の「専権事項」と言われている根拠である。しかし，この条文は，天皇の国事行為の1つとして「衆議院の解散」が挙げられているだけで，解散権が首相の権限であるとは直接書いていない。
>
> ・　憲法4条は，「天皇は［　F　］に関する権能を有しない」と定めている。したがって，［　F　］に関する権能を有しない天皇は，衆議院の解散を決定することはできない。
>
> ・　実際には，国事行為に際して天皇に助言と承認を与える内閣が，解散権を持つことになる。そして，内閣の長である首相に事実上解散権があると考えられる（政府の見解）。

吉岡君は，イギリスのように首相の解散権を厳しく縛ることが政治的な混乱を招くことを知った。しかし，解散権の行使を首相の「専権事項」として，首相が自由に衆議院を解散できるとする日本の運用にも問題があるのではないかとも考えた。

問1　空欄［A］に入る適切な語句を，漢字6字で解答欄に記入しなさい。【記述解答】

問2　空欄［B］には，労働党とともにイギリスの二大政党制の一翼を担う政党名が入る。その政党名として最も適切なものを，次の1～4の中から一つ選びなさい。［①］

1　自由　2　民主　3　保守　4　共和

問3　空欄［C］には，イギリスの下院において議席を伸ばしている第三の政党名が入る。その政党名として最も適切なものを，次の1～4の中から一つ選びなさい。［②］

1　社会民主　2　自由民主　3　民主社会　4　国民民主

問4　空欄［D］と［E］に入る数字の組み合わせとして最も適切なものを，次の1～4の中から一つ選びなさい。［③］

1　D：6 － E：68　2　D：6 － E：69

3　D：7 － E：68　4　D：7 － E：69

問5　空欄［F］に入る語句として最も適切なものを，次の1～4の中から一つ選びなさい。［④］

1　政治　2　国政　3　統治　4　内政

問6　下線部(1)に関連して，以下の(a)と(b)の問いに答えなさい。

(a)　議院内閣制とは，内閣の存立の基盤を［X］制度であると説明される。

空欄［X］に入る適切な語句を，15字以内で解答欄に記入しなさい。【記述解答】

(b)　議院内閣制は，イギリスの初代首相であった［Y］が1742年に総辞職をしたのが始まりだとされる。

空欄［Y］に入る人名として最も適切なものを，次の1～4の中から一つ選びなさい。［⑤］

1　コーク　2　ウォルポール

3　ブラックトン　4　ブラックストーン

問7　下線部(2)に関連して，イギリスの議会についての説明として，明らかに**誤っているものを**，次の1～4の中から一つ選びなさい。［⑥］

1　イギリスの下院は，庶民院と呼ばれ，上院に優越する。

2　イギリスの下院は，議員の任期は5年で，定員は650名である。

3　イギリスの上院は，貴族院と呼ばれ，貴族や聖職者から構成されている。

4　イギリスの下院は，最高院が置かれ，最高裁判所の機能を持つ。

問8　下線部(3)に関する説明として最も適切なものを，次の1～4の中から一つ選びなさい。 ⑦

1　欧州議会が採択し，すべてのＥＵ加盟国が調印したＥＵ憲法がある。

2　ギリシャ危機の影響で，欧州中央銀行は現在まで設立されていない。

3　リスボン条約により，ＥＵ大統領(欧州理事会常任議長)が置かれた。

4　共通通貨のユーロは，ＥＵ加盟国以外の国や地域では使用されていない。

問9　下線部(4)に関する説明として最も適切なものを，次の1～4の中から一つ選びなさい。 ⑧

1　衆議院の解散か内閣の総辞職かの選択は，10日以内に行わなければならない。

2　衆議院の解散か内閣の総辞職かの選択は，20日以内に行わなければならない。

3　衆議院が解散したときは，解散の日から30日以内に選挙を行わなければならない。

4　衆議院が解散したときは，解散の日から60日以内に選挙を行わなければならない。

問題Ⅱ

次の文章を読んで，後の問いに答えなさい。(配点　25)

基本的人権は市民革命期に宣言され，その後も人権保障の考えは歴史と共に広がりを見せてきた。さらに，ファシズムや第二次世界大戦に対する反省を踏まえ，こんにちでは，世界平和とも密接な関連を有するとして，人権の国際的な保障に向けての取り組みが続けられている。

人権の国際的な保障は，<u>アメリカの大統領が提唱した四つの自由の理念</u>(1)がきっかけとなり，その後，1948年には国連総会において，国際平和の維持のためには基本的人権の保障が絶対に必要であるとの理念に基づき［　A　］が採択された。これは，「すべての人民とすべての国とが達成すべき共通の［　B　］」とされ，政治や経済の体制が異なる世界のほとんどの国が参加した。さらに，1966年には［　A　］をより具体化し，各国に法的拘束力を持たせた<u>国際人権規約</u>(2)を採択してその実施を各国に義務付けている。

この他にも，国連は個別的な人権の国際的保障を進め，<u>1954年の無国籍者の地位に関する条約(1960年発効)など様々な条約を採択したり</u>(3)，国際年・国連の［　C　］として期間を区切り集中的に問題解決に取り組むよう，世界に呼びかけを行うなどしている。

また，国連に限らず，1950年の欧州人権条約(1953年発効)や1969年の米州人権条約(1978年発効)など地域レベルでの人権保障の動きもある。例えば，欧州人権条約は市民的，政治的権利を保障した条約であり，加盟国の国民が加盟国政府により人権侵害を受けた場合，その人権侵害を直接［　D　］に訴えることが可能である。

このように，人権保障の波は，地域レベルでの取り組みとして浸透していく一方で，国家間の取り組みの枠を超え地球規模での取り組みとして発展している側面もある。例えば，<u>非政府組織による人権擁護活動</u>(4)もその一つである。これらの非政府組織の中には，国際会議に参加するものもあれば，国連の諮問機関になるなど，国際的な人権保障にとって不可欠な存在となっているものもある。

問1 空欄 [A] に入る適切な語句を，漢字6字で解答欄に記入しなさい。【記述解答】

問2 空欄 [B] に入る語句として最も適切なものを，次の1～4の中から一つ選びなさい。 ⑨

1 理念　2 目標　3 基準　4 原理

問3 空欄 [C] に入る適切な語句を，漢字2字で解答欄に記入しなさい。【記述解答】

問4 空欄 [D] に入る語句として最も適切なものも，次の1～4の中から一つ選びなさい。 ⑩

1 国際刑事裁判所　2 欧州人権裁判所

3 常設仲裁裁判所　4 国連人権理事会

問5 下線部(1)に関連して，以下の(a)と(b)の問いに答えなさい。

(a) この四つの自由を提唱した大統領の名前として最も適切なものを，次の1～4の中から一つ選びなさい。 ⑪

1 ローズベルト　2 トルーマン

3 アイゼンハワー　4 ケネディ

(b) 四つの自由は，言論と表現の自由，信仰の自由，欠乏からの自由，(ア)からの自由をいう。

空欄(ア)に入る語句として最も適切なものを，次の1～4の中から一つ選びなさい。 ⑫

1 暴力　2 貧困　3 弾圧　4 恐怖

問6 下線部(2)の説明として，明らかに**誤っているもの**を，次の1～4の中から一つ選びなさい。 ⑬

1 国際人権規約のA規約は，経済的・社会的・精神的権利を規定しており，社会権規約とも呼ばれる。

2 国際人権規約のB規約は，市民的・政治的権利を規定しており，自由権規約とも呼ばれる。

3 国際人権規約には選択議定書があり，B規約に対する第一選択議定書では，B規約の権利を侵害されたとする個人の通報を，国連が受理し審議することが定められている。

4 日本は1979年に国際人権規約のA・B両規約に一部留保付で批准したが，選択議定書には批准していない。

問7　下線部(3)に関連して，世界の主な人権条約について説明した文章のうち，明らかに**誤っているもの**を，次の1～4の中から一つ選びなさい。 ⑭

1　1989年に採択された子どもの権利条約は，18歳未満の子どもを保護の対象とするだけでなく権利主体として捉え，意見表明権や表現の自由についての権利等を保障しており，日本は1994年にこれに批准している。

2　1980年に採択されたハーグ条約は，国際的な子の奪取に関する条約であり，16歳未満の子の外国への連れ去りに対して適用されるが，日本はこれに批准していない。

3　1979年に採択された女子差別撤廃条約は，女性に対するあらゆる形態の差別の撤廃や女性の全面的社会参加の推進，性別による役割分担の見直しなどを規定しており，日本は1985年にこれに批准している。

4　1948年に採択されたジェノサイド条約は，集団殺害罪の防止及び処罰に関する条約であるが，日本はこれに批准していない。

問8　下線部(4)に関連して，以下の(a)と(b)の問いに答えなさい。

(a)　代表的な非政府組織の一つに，思想・信条などを理由に拘束されている人々(良心の囚人)の釈放や死刑の廃止などを国際世論に訴えることで，人権擁護を行おうとする国際組織がある。この組織の適切な名称を，カタカナで解答欄に記入しなさい。【記述解答】

(b)　1971年にフランスで設立され，難民など危機的な状況にある人々に対して基礎医療を提供し，その生命と健康を支えている国際医療ボランティア団体は「(　イ　)なき医師団」と呼ばれる。

空欄(　イ　)に入る適切な語句を，解答欄に記入しなさい。【記述解答】

問題Ⅲ　次の文章を読んで，後の問いに答えなさい。(配点　25)

イギリスでは，16世紀を通じた諸立法の積み重ねの中で，1601年にエリザベス［ A ］が整備された。エリザベス［ A ］は貧民を救済するという点で公的扶助の役割を担っていたものの，労働能力のない貧民だけを救済の対象とし，労働能力のある貧民は働かせるといったように，限定的なものであった。

18世紀後半にイギリスで始まった産業革命以後(1)，労働者は，協同組合や労働組合などの組織をつくって，相互扶助を行なうようになった。19世紀末になると，労働運動や［ B ］運動の抑制と労働力の保全を目的として，社会保険制度が導入されるようになった。ドイツでは，ビスマルクが，［ B ］者鎮圧法を制定し［ B ］運動を弾圧する一方で，1883年に世界で初めての社会保険として［ C ］を創設した。1919年に，ドイツにおいて，［ D ］によって社会権の保障が初めて規定された。

1911年に，イギリスでは，健康保険と世界初の失業保険を含む［ E ］が制定された。アメリカでは，第32代のフランクリン＝［ F ］大統領が，世界大恐慌への対策の一環として，1935年に社会保障法を制定した。その後，1942年には，イギリスの社会保険および関連サービスに関する報告として，ベバリッジ報告が出された。第二次世界大戦後，この報告を基に，「ゆりかごから墓場まで」をスローガンとする社会保障制度が整備された。1944年には，［ G ］がフィラデルフィア宣言を発表し，さらに1952年には社会保障の最低基準を示した。

戦後，日本では，日本国憲法に基づいて本格的に社会保障制度の整備と拡充が進められた(2)。社会保障制度は，セーフティネットの役割を果たしている。また，現代では，多くの国が，ナショナル＝［ H ］を保障するようになっている。近年，かつては一億総中流といわれた日本社会で経済格差が拡大しているため，セーフティネットの充実に力を注ぐ必要がある(3)。

問1　空欄［ A ］に入る語句として最も適切なものを，次の1～4の中から一つ選びなさい。　⑮

1　穀物法　　2　労働法　　3　救貧法　　4　会社法

問2　空欄［ B ］に入る語句として最も適切なものを，次の1～4の中から一つ選びなさい。　⑯

1　社会主義　　2　資本主義　　3　自由主義　　4　保護主義

問3　空欄［ C ］に入る語句として最も適切なものを，次の1～4の中から一つ選びなさい。　⑰

1　疾病保険法　　2　介護保険法　　3　雇用保険法　　4　生活保護法

問4　空欄［ D ］に入る語句として最も適切なものを，次の1～4の中から一つ選びなさい。　⑱

1　プロイセン憲法　　2　ワイマール憲法

3　ドイツ連邦共和国基本法　　4　全権委任法

問5　空欄［　E　］に入る語句として最も適切なものを，次の1～4の中から一つ選びなさい。［⑲］

1　老人福祉法　2　国民保険法　3　障害者基本法　4　国民年金法

問6　空欄［　F　］に入る適切な人名を，カタカナで解答欄に記入しなさい。【記述解答】

問7　空欄［　G　］に入る語句として最も適切なものを，次の1～4の中から一つ選びなさい。［⑳］

1　国連工業開発機関　　2　世界保健機関

3　国際労働機関　　4　世界貿易機関

問8　空欄［　H　］に入る適切な語句を，カタカナで解答欄に記入しなさい。【記述解答】

問9　下線部⑴は，蒸気機関等の技術（　ア　）によって，商品の生産性が飛躍的に向上し，経済・社会組織が劇的に変化したことを指す。

空欄（　ア　）に入る適切な語句を，漢字で解答欄に記入しなさい。【記述解答】

問10　下線部⑵に関連して，国民負担率は，租税負担及び社会保障負担を合わせた義務的な公的負担の国民所得に対する比率で表され，公的負担の重さを国際的に比較する指標の１つである。下の棒グラフは，日本の国民負担率の推移を示したものである。グラフから読み取れる傾向の説明として最も適切なものを，次の1～4の中から一つ選びなさい。［㉑］

国民負担率の推移

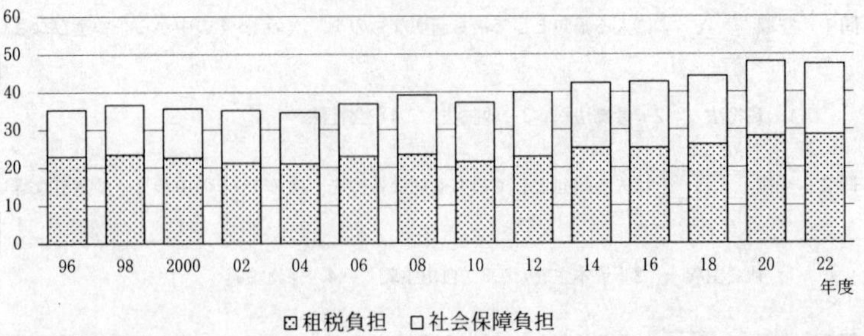

⊡租税負担　□社会保障負担

（出典：財務省「国民負担率の推移」）

1　国民負担率の低下傾向が続いている。少子高齢化の進展等を考慮するならば，今後，国民負担率の上昇圧力が強まる可能性が考えられる。

2　国民負担率の上昇傾向が続いている。少子高齢化の進展等を考慮するならば，今後，国民負担率の低下圧力が強まる可能性が考えられる。

3　国民負担率の低下傾向が続いている。少子高齢化の進展等を考慮するならば，今後，国民負担率の低下圧力が強まる可能性が考えられる。

4　国民負担率の上昇傾向が続いている。少子高齢化の進展等を考慮するならば，今後，国民負担率の上昇圧力が強まる可能性が考えられる。

問11　下線部(3)に関連して，富の集中度をはかる際に最もよく使われるローレンツ曲線をもとに算出される（　イ　）係数は，社会の平等さ，不平等さをあらわす係数である。

空欄（　イ　）に入る適切な語句を，カタカナで解答欄に記入しなさい。【記述解答】

問題Ⅳ　次の文章を読んで，後の問いに答えなさい。（配点　25）

政府の経済活動を財政といい，財政の大きさ(1)は一定期間の政府最終消費と公的部分の固定資本形成の合計で算出する。財政は「［A］」と「経済安定化」の機能を有するとされる。これらの機能が円滑に働くためには租税(2)と社会保障関連の制度が整備されていなければならない。

まず，［A］の機能は，政府が租税と社会保険料などを家計や企業から徴収し，各種社会保障や公共事業などに対する直接的な支出(3)を行うことにより達成できる。一方，財政の経済安定化の機能は，「財政の自動安定化装置」と「裁量的財政政策」に分けられる。

財政の自動安定化装置(4)については，景気過熱期には，国民所得の増加による所得税額の［B］および政府の社会保障支出額の［C］から総需要を［D］させ，不況期にはその逆が行われることで実現される。裁量的財政政策(5)は，不況期に所得税や法人税に対する［E］を実施し，［F］することにより行われ，安定的な経済活動を支える機能を果たす。

財政のための予算は，会計年度別に［G］が編成し，続いて［H］で審議・議決された予算は，［I］により執行(6)される。予算の執行過程で予測不可能な状況などにより当初の予算を変更する必要が生じた場合は，［J］を編成する。

問1　下線部(1)に関連して，近年日本政府の財政は国内総生産のうち何パーセント(%)を占めているか。最も適切なものを，次の1～4の中から一つ選びなさい。㉒

1　約5％　　2　約25％　　3　約45％　　4　約65％

問2　空欄［A］に入る語句として最も適切なものを，次の1～4の中から一つ選びなさい。

㉓

1　経済成長　　2　景気循環　　3　所得再分配　　4　経済民主化

問3　下線部(2)について，総務省資料によると令和2年度の租税総額のうち61.4％が国税，38.6％が地方税となっている。また，直接税と間接税の比率は65：35を示している。これに関連して下の(a)と(b)の問いに答えなさい。

(a)　国税に**含まれないもの**を，次の1～4の中から一つ選びなさい。 ㉔

1　所得税　　2　法人税　　3　贈与税　　4　固定資産税

(b)　直接税と間接税に関する説明として，明らかに**誤っているもの**を，次の1～4の中から一つ選びなさい。 ㉕

1　直接税は納税負担者と納税者が同一である。

2　直接税と間接税の比率を表す指標を垂直比率という。

3　一般的に累進性があるのは所得税であり，法人税はその税率が一律である。

4　消費税は，所得に関わらず消費額に一律の税率を適用するため逆進性があると言える。

問4　下線部(3)として，**ふさわしくないもの**を，次の1～4の中から一つ選びなさい。 ㉖

1　生活困窮者に対する生活の保護ための補助金

2　低額所得者に賃貸するための公営住宅の建設

3　為替レートの変動を抑えるために行う通貨の売買

4　パンデミックの発生により営業が制限された企業への一時給付金

問5　下線部(4)を表す語句として最も適切なものを，次の1～4の中から一つ選びなさい。 ㉗

1　セーフガード　　2　ワーク=ライフ=バランス

3　ビルト=イン=スタビライザー　　4　オープン=マーケット=オペレーション

問6　空欄 B ～ D に入る語句の組み合わせとして最も適切なものを，次の1～4の中から一つ選びなさい。 ㉘

1　B：上昇 － C：増加 － D：増加　　2　B：上昇 － C：減少 － D：減少

3　B：減少 － C：増加 － D：減少　　4　B：減少 － C：減少 － D：増加

問7　下線部(5)に関連して，以下の(a)と(b)の問いに答えなさい。

(a)　「裁量的財政政策」と最も関係の深い政策を，次の1～4の中から一つ選びなさい。 ㉙

1　食糧管理制度　　2　政府開発援助

3　公定歩合操作　　4　ニューディール政策

(b)　「裁量的財政政策」を表す語句として最も適切なものを，次の1～4の中から一つ選びなさい。 ㉚

1　マス=デモクラシー　　2　ゼロ=エミッション

3　フィスカル=ポリシー　　4　ノーマライゼーション

問8　空欄 E と F に入る語句の組み合わせとして最も適切なものを，次の1～4の中から一つ選びなさい。 ㉛

1　E：増税政策 － F：財政支出を拡大

2　E：増税政策 － F：財政支出を縮小

3　E：減税政策 － F：財政支出を拡大

4　E：減税政策 － F：財政支出を縮小

問9　空欄［G］～［I］に入る語句の組み合わせとして最も適切なものを，次の1～4の中から一つ選びなさい。［32］

1　G：内閣 － H：国会 － I：政府の各省庁

2　G：内閣 － H：政府の各省庁 － I：国会

3　G：国会 － H：内閣 － I：政府の各省庁

4　G：国会 － H：政府の各省庁 － I：内閣

問10　下線部(6)に関連して，国の予算執行は歳出の内訳から把握することができる。以下は2019年度から2021年度までの日本の一般会計予算の歳出の推移を示すグラフである。このグラフから，割合が最も高いのは「社会保障関係費(■ア)」であり，高齢化により2021年度は全体の33.6%を占めていることがわかる。また，歳入のうち［K］の割合が高まったことから全体の5分の1を超える歳出額は［K］費となっている。

空欄［K］に入る語句と，それを示すグラフの凡例の組み合わせとして最も適切なものを，次の1～4の中から一つ選びなさい。［33］

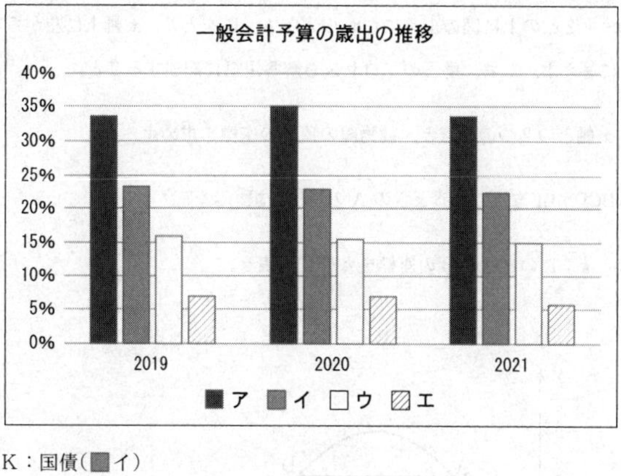

1　K：国債(■イ)

2　K：財投機関債(■イ)

3　K：国債(□ウ)

4　K：財投機関債(□ウ)

問11　空欄［J］に入る適切な語句を，漢字4字で解答欄に記入しなさい。【記述解答】

数　学

（60 分）

（解答のプロセスも解答用紙に記述すること）

問題Ⅰ　（配点　25）

以下の問いに答えよ。なお，解答のプロセスも解答用紙に記述すること。

(i)　次の命題の真偽を，その対偶を用いて調べよ。ただし，a，b，x，y は実数とする。

「$x+y>a$ ならば，$x>a-b$ または $y>b$ である」

(ii)　n は自然数である。$\sqrt{n^2+35}$ が自然数であるとき，この自然数とそのときの n を求めよ。

問題Ⅱ　（配点　25）

放物線 $y=-x^2+2x$ の上に図のように左から 2 点 A，D をとり，x 軸上に左から 2 点 B，C をとる。以下の問いに答えよ。なお，解答のプロセスも解答用紙に記述すること。

(i)　放物線と x 軸との 2 つの交点と，放物線の頂点の座標を求めよ。

(ii)　四角形 ABCD が正方形になるときの A の座標を求めよ。

(iii)　AB：BC $=k：1$ のときの B の座標を k の式で表せ。

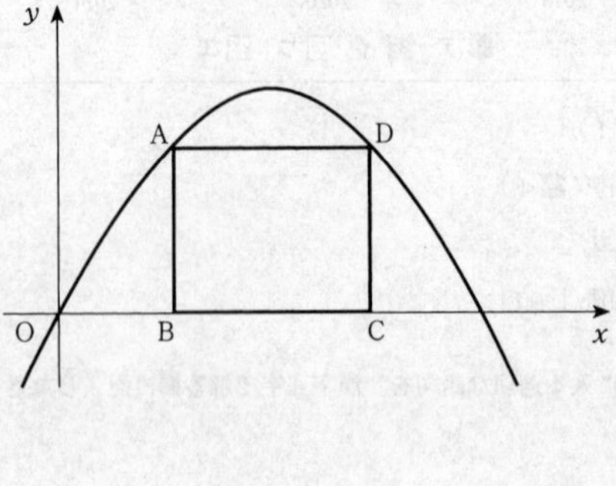

問題Ⅲ　（配点　25）

AB = 9，∠C = 90° の△ABC において，頂点 C から辺 AB に垂線 CD を下ろす。以下の問いに答えよ。なお，解答のプロセスも解答用紙に記述すること。

(i)　BC の長さを A の三角比を用いて示せ。

(ii)　CD の長さを A の三角比を用いて示せ。

(iii)　$\sin A = \dfrac{1}{3}$ のとき，△ABC の面積を求めよ。

(iv)　$\sin A = \dfrac{1}{3}$ のとき，△BCD の面積を求めよ。

問題Ⅳ　（配点　25）

43 人の学生の統計学の試験結果のデータがある。図はこのデータのヒストグラムであり，階級 $a \sim b$ とは得点が a 点以上 b 点未満であることを表す。ただし，得点は整数値をとるものとする。以下の問いに答えよ。なお，解答のプロセスも解答用紙に記述すること。

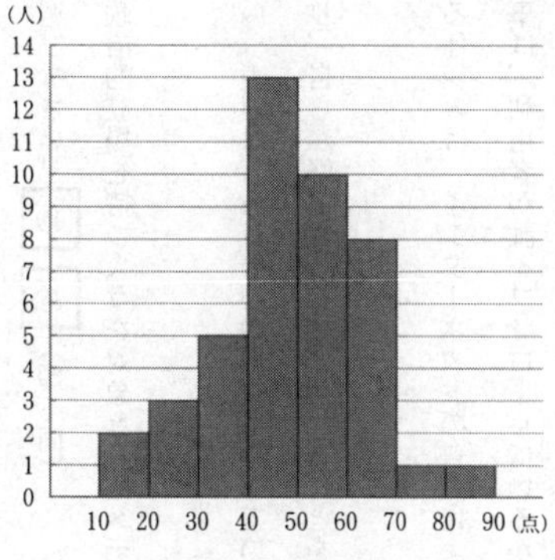

(i)　最頻値（モード）と中央値（メジアン）を求めよ。

(ii)　第 1 四分位数（Q_1），第 2 四分位数（Q_2），第 3 四分位数（Q_3）が含まれる階級の階級値を求めよ。

問八 傍線部㊂「あまりに細分化されたセグメントに対応する番組は存在しえない」とあるが、このように述べる理由は何か。次の空欄 Y に当てはまる適切な表現を六字以上八字以内で解答欄に記入しなさい。【記述解答】

セグメントとは視聴者を性別や年齢によって分類したものであり、現代人の Y に対応するような細かな分類に対応した番組の制作は現実的ではないから。

問九 本文の内容と合致するものを、次の1〜6の中から二つ選びなさい。 ⑮ ⑯ (順不同)

1 インターネットが普及したことによって、少数派の政治的立場を持つ人々を対象としたメディアは広告収入が途絶えて存続しづらくなった。

2 中国の易経の「方以類聚、物以羣分、吉凶生矣」という表現は、人々が心の奥底に持っている隠れた性質を表わしている。

3 インターネット上には膨大な数の他者が存在しており、自らが好まざる存在に触れることを避けることはできない状況が続いている。

4 広告が表示されることで無料でサービスを利用できる仕組みは、インターネットの普及によって生まれた新しい工夫だと言える。

5 SNSを開いたときにタイムラインに表示される記事は、利用者が誰をフォローしているかによっても異なる。

6 インターネットは、所属する学校や職場が異なる他者がつながる機会を提供するという可能性を持つメディアである。

問四　傍線部㈠「誘導型類同性」の例として**不適切なもの**を、次の1～4の中から一つ選びなさい。⑬

1　中学受験塾に入ったところ、教育熱心な家庭の子どもの割合が高かった。
2　高校のクラス替えで自分と同じ趣味だと自己紹介した生徒に話しかけたところ、同じ趣味の友人グループができた。
3　大学の教育学部に進学したところ、周囲には学校の先生になりたいという学生が多かった。
4　スポーツジムに入会したところ、栄養管理に関心のある会員の割合が高かった。

問五　傍線部㈡「政治的意見が同じ他者とのみつながりを持つことの危険性」とあるが、どのような点が危険であると言えるのか。次の空欄 X に当てはまる形で適切な表現を本文中から五字以上八字以内で抜き出し、解答欄に記入しなさい。【記述解答】

選択的接触や類同性という人間の特徴がより発揮された結果、 X とのやり取りが少なくなるという点。

問六　空欄 b に当てはまる語を本文中から二字で抜き出し、解答欄に記入しなさい。【記述解答】

問七　空欄 c に当てはまる内容として最も適切なものを、次の1～6の中から一つ選びなさい。⑭

1　自身はリベラルな価値観を持つにもかかわらず、保守派の友人ともフェイスブックでつながっていた
2　起業してからも、出身校が同じ友人との付き合いは大切に続けていくように心がけていた
3　市民活動に力を入れるかたわら、経営が傾きかけた企業の支援にも力を入れていた
4　ライフワークとしている市民活動の中で、自分の意見を丁寧に伝えて賛同者を増やしていった
5　自分で設立した法人の経営と同じくらい、市民活動も重要な仕事だと捉えていた
6　さまざまな意見を持つ人々と交流を持っていたが、気づくと自分と同じ意見の人だけが自分の周囲に残っていた

2　提供しているサービスの種類を増やし、利用者の利便性を向上させること。
3　個々の利用者の好みなどに合わせて既存のシステムを調整すること。
4　広告を挿入することで、サービスの価格を下げること。
5　アプリやソフトの開発者が利用者の立場に立って開発を行うこと。

問二　空欄 [a] に当てはまる表現として最も適切なものを、次の1〜4の中から一つ選びなさい。なお、空欄 [a] は二箇所あり、どちらにも同じ表現が入る。 ⑪

1　類は友を呼ぶ
2　同じ釜の飯を食う
3　同じ穴のむじな
4　遠くの親戚より近くの他人

問三　空欄 [I] 、 [II] に入る接続表現の組み合わせとして最も適切なものを、次の1〜6の中から一つ選びなさい。 ⑫

1　I＝よって　―　II＝反対に
2　I＝よって　―　II＝けれども
3　I＝ただし　―　II＝だから
4　I＝ただし　―　II＝たとえば
5　I＝一方で　―　II＝あるいは
6　I＝一方で　―　II＝ともあれ

細分化することは、技術的に可能だとしても、(三)あまりに細分化されたセグメントに対応する番組は存在しえない。対してインターネット上では、ユーザーが行動するたびに「どの記事を閲覧したか」「どのような記事に「いいね！」を押したか」「どのような単語で検索を行ったか」「どのような動画を再生したか」「どのような広告をスキップしたか」といったデータが蓄積され、それを元にユーザー個人に沿った広告を提示することができる。過去の行動から見て関心を持つ可能性が高い広告に接触することがユーザーにとってメリットかどうかはわからないが、少なくとも広告主にとっては大きなメリットがある。

（稲増一憲『マスメディアとは何か』から）

（注）

・タイムライン＝ＳＮＳでの投稿内容やコメントを時系列に表示した画面。
・エコーチェンバー＝音声がエコーをかけたように聴こえる閉じた空間である残響室の意から、閉鎖的なコミュニティーの中で同じ意見の人たちとの限られたコミュニケーションを続けることにより、その意見が正しいと思い込んでしまう現象。
・リツイート＝ＳＮＳのツイッター（問題文の発表当時の名称）において、ツイート（投稿内容）を再びツイートして共有すること。
・民主党＝アメリカの二大政党の一つ。改革主義的な立場を指すリベラルな考えの人々が支持層である。
・共和党＝アメリカの二大政党の一つ。急激な変化を避け、伝統の連続性を重視する保守の立場を取る人々が主な支持層である。
・クラスター＝同種のものや人の集まり。
・ニュースフィード＝ＳＮＳのフェイスブックにおいて、自分自身や友達が投稿した近況や写真、それに対するコメントなどが表示される画面。

問一　二重傍線部(ア)「カスタマイズ」の意味として最も適切なものを、次の１〜５の中から一つ選びなさい。 ⑩

１　利用者が目にする操作画面をより洗練されたデザインのものにすること。

者が2つのクラスター(注)を形成しており、両者の交わりは少ないことが示されている。

選択的接触や類同性という、インターネットが登場する以前から持っていた人間の特徴は、インターネットによって助長される可能性がある。それまでは、「自らの意見に沿った記事だけを見たい」「自分と同じ意見の人とだけつながりたい」と思っても限界があった。「［ b ］的」なマスメディアは、勝手に自身と反対の意見を届けてくる。また、現実の生活の中で出会える、意見が同じ人の数は限られており、意見の異なる他者とつながらざるをえない場面も多い。しかし、インターネット上においては、触れることのできる情報、つながることのできる他者は膨大に存在しており、自らが好む情報のみに触れ、自らが好む他者とだけつながりを持つことも可能である。

一方で、選択的接触にせよ類同性にせよ、人々が自分で意識できる現象であり、（多くの人々にとって、実際にどこまで実現できるかは別として）「反対意見にも触れよう」「意見が異なる他者ともつながろう」と努力することで、自分の周りにエコーチェンバーを作り出さないようにすることは可能ではある。

市民活動家・実業家のパリサーは、このような考えに沿って、［ c ］。しかしあるとき、自身のニュースフィード(注)から彼らの投稿が消えていることに気づく。これは、個人の選好を反映するような技術（パーソナライゼーション）の普及というインターネット登場後のメディア環境における、大きな変化の兆候であった。

インターネット上のサービスの多くは、民放の地上波テレビと同様に無料で利用できるが、これはサービス利用時に広告が表示されるからである。テレビ広告であれば、視聴者を性別・年齢といった何らかの属性にもとづいてセグメントと呼ばれる同質な集団に分割したうえで、商品やサービスが想定する消費者のセグメントに沿った番組に出稿される。たとえば、医薬品の広告は高齢者を対象とした番組、化粧品の広告は女性を対象とした番組、自動車の広告であれば家族で視聴するような番組の途中に流されるといった形である。ある属性の人がある番組を視聴しやすいというのは、あくまで統計的な話であり、例外が存在するのは当然としても、F1層（20歳から34歳までの女性）などといった性別や年齢にもとづく区分では、価値観が多様化した現代人に対する分類としては心もとない。一方で、属性を細かく分けてセグメントを要素に至るまで、似た者同士が集まりやすいのである。社会学者のマクファーソンとスミス＝ロヴィーンは類同性を誘導型類同性（induced homophily）と選択型類同性（choice homophily）に分類している。

学校や職場、自治会といった集団の多くは何らかの属性が共通する人々によって構成されており、同じ集団に所属する他者同士が関係を持つ際には、自動的に同じ属性を持つ人同士のつながりが生じるということになる。このように人々がつながりを持つ機会によって決定づけられるのが(一)誘導型類同性である。

Ｉ、同じ集団に所属していたとしても、すべてのメンバーが個人的なつながりを持つわけではない。誰と関係を持つかは個人の選択によって決まるが、この際に類同性によって他者が選択されるというのが選択型類同性である。自分が高校や大学に進学した際、あるいは職場に勤め始めた際を思い出してみれば、何となく自分と近い他者を見つけて話しかけた経験を持つ人も多いであろう。Ⅱ付き合いを続ける中で、重要な事柄について意見が異なることを知って、距離を置いたことがあるかもしれない。

所属集団が異なる他者がつながる機会を提供するという意味では、インターネットは誘導型類同性を弱める可能性を秘めたメディアではある。地理的に離れていても、学校や職場が違っていても、インターネットを通じて他者とつながることが可能である。しかし、インターネットが登場したからといって、自分と似た他者を好む傾向が変化するわけではない。「ａ」の元となった「方以類聚、物以羣分、吉凶生矣」という表現が、中国の周時代の易経という数千年前の書物にまでさかのぼることを考えても、この性質は人間が根本的に持つものと言えよう。したがって、インターネット上でも選択型類同性にもとづいてつながりが形成されることに変わりはない。似たような意見のブログ同士がリンクされ、SNSにおいては自身と似た他者をフォローしやすく、意見が異なると思えばつながりを解消したり、投稿内容が表示されないようにミュートしたり、ブロックしたりすることが考えられる。

法学者のサンスティーン(注)は、エコーチェンバーの概念を用いて、インターネットにおいて、(二)人々が政治的意見が同じ他者とのみつながりを持つことの危険性を指摘している。エコーチェンバーを表すものとして、データサイエンティストのコノヴァー(注)らの研究における2010年のアメリカ連邦議会中間選挙時の政治的投稿のリツイート(注)を可視化した図が知られている（図省略）。この図では民主党支持者と共和党支持

ア 動物倫理には技術の発展により現実性を帯びるようになった側面がある
イ 現在の状況から考えれば動物倫理の考えに従って動物の利用をすぐにやめるべきである
ウ 動物を使わない日常生活を送ることは人間が意識せずともできるはずである

問題二 次の文章を読んで、後の問いに答えなさい。（配点 50）

インターネットがもたらした変化の1つ目は、対象を限定した情報発信の増加である。（中略）従来のマスメディアはなるべく多くの視聴者・読者を獲得するために、比較的中立的な立場で情報を発信する必要があった。また、たとえば日本の地上波テレビやラジオについては、放送法という法律によって、政治について中立な報道を行うことが義務づけられていた。しかし、ケーブルテレビやインターネットの普及によって、対象を明確に絞った「ニッチニュース」が商業的に成立しうるようになった。極右・極左といった極めて強い政治的立場を持つ人々のみを対象とするようなメディアも、一定の層を囲い込めば存続できるということである。あるいは、計算機科学者のネグロポンテは1990年代に「デイリー・ミー（日刊自分新聞）」という言葉で、個人ごとに(ア)カスタマイズされた情報環境を表現したが、これは現代のSNS上に実現していると言えよう。誰がチャンネルを回してもテレビに表示される番組は同じだが、SNSを開いたときにタイムライン(注)に表示される記事は、利用者が誰をフォローしているか、これまでにどんな記事を閲覧してきたかによって大きく異なる。そして、限定された層、あるいは個人に向けて発信される情報は、受け手のもともと持つ意見に沿った内容が多い。それゆえに、メディアは以前にもまして人々の選好を（変化させるのではなく）強化する存在となる。

この傾向を助長するのが、類同性と呼ばれる傾向である。日本では「 a 」、英語圏では"Birds of a feather flock together."ということわざで表現されている通り、人間は性別、年齢、教育程度といった社会属性から、知能、物事の好き嫌い、価値観といった内面的な

分だと思うな

ヒカル　そうだね。それに、そもそも Z 時点で動物倫理に合わないから、やっぱり望ましくないものって考えるべきなんだろうね

(i) 空欄 X と Y に入る表現の組み合わせとして最も適切なものを、次の1〜4の中から一つ選びなさい。⑤

1 X＝緊急避難　Y＝動物福祉
2 X＝動物倫理　Y＝緊急避難
3 X＝動物福祉　Y＝動物倫理
4 X＝動物倫理　Y＝動物福祉

(ii) 空欄 Z に入る表現として最も適切なものを、次の1〜5の中から一つ選びなさい。⑥

1 エサを施設の人達が与えている
2 人間のための施設になっている
3 群れにいる動物を分けている
4 テレビや雑誌などで宣伝している
5 屋内の快適な空間にいさせていない

問十 次の**ア**〜**ウ**のうち、本文の内容と合致するものは「1」を、**合致しないものは**「2」をそれぞれマークしなさい。

ア ⑦　**イ** ⑧　**ウ** ⑨

1　快適な環境で飼育された牛の乳
2　毛皮の代わりとなる防寒具
3　田んぼを耕すトラクター
4　合成皮革で作られたバッグ
5　遠くの土地へ移動する自動車

問七　空欄［イ］に入る表現として最も適切なものを、次の1〜5の中から一つ選びなさい。④

1　定性　2　対象　3　偶像　4　希薄　5　永続

問八　傍線部㈤とあるが、これは何をどうすることか。空欄［Ⅱ］に入る形で三字以上四字以内の表現を本文中より抜き出し、解答欄に記入しなさい。【記述解答】

［Ⅱ］を増進すること

問九　本文の内容について、アオイさんとヒカルさんが次のような話し合いを行った。これを読み、後の(i)、(ii)の問いに答えなさい。

アオイ　動物園や水族館って動物倫理の点から見て良くないんじゃないかな
ヒカル　うーん、でもサファリパークみたいに広い敷地を使って生息地に近い環境を用意して、それを人が車やバスから観察するような施設もあるよ
アオイ　たしかにそうかもしれないね。でも、それって［X］の点ではたしかに配慮されているけど、［Y］の点ではまだ不十

2024年度　2月6日　一般選抜　国語

問一　波線部(A)は全体で「ありふれた、ごく平凡・普通のこと」という意味である。この中の空欄 a に入る漢字一字を解答欄に記入しなさい。【記述解答】

問二　傍線部(一)について、このような態度として本文の内容と合致するものを、次の1～4の中から一つ選びなさい。①

1　人間と別個の個体として動物の存在を認め、野に放つべきである
2　動物の飼育では、その動物がありのままでいられるような生活を尊重すべきである
3　ひとりの人間がたとえ死に至るようなことがあっても、動物の権利を侵すべきではない
4　死に至るような重大な事態を招かない限り、動物を人間のために利用すべきではない

問三　傍線部(二)とあるが、これは理念としてどのようなことを目指した転換であるか。次の空欄 I に入るように十五字以上二十字以内で説明を解答欄に記入しなさい。ただし、「商業」という語を必ず用いること。【記述解答】

I こと

問四　空欄 ア に入る適切な表現を、次の1～5の中から一つ選びなさい。②

1　目的　2　家畜　3　手段　4　従者　5　部分

問五　傍線部(三)について、これと辞書的に同じ意味になる漢字二字の表現を傍線部(三)より後ろから抜き出し、解答欄に記入しなさい。【記述解答】

問六　傍線部(四)について、具体例として**適切でないもの**を、次の1～5の中から一つ選びなさい。③

ここからいえることは、動物の権利を中心とする動物倫理の考えに従えば、理念としては畜産のような商業的な動物利用全般を廃絶すべきだということになる。

しかしこれは当然、現時点では「はるかなる目標」に過ぎない。現実の世界は今のところは動物利用を全廃できるには程遠い。むしろ動物利用を前提にした中で動物福祉をいかに増進することができるかというのが、現実的な戦略になる。ここから、現代において要請される動物とのかかわり方においては、理念と現実のレベルを分けた上で、実現可能性の希薄な空論を高唱するだけでもなく、かといって理念を見失って動物利用の［ イ ］化を容認することもないようにバランスを取ることが要請されるだろう。(五)社会改良から変革への道筋としては、動物利用の全廃を目指しつつも、今ある動物利用のあり方をできる範囲で改善していくような問題提起と働きかけが求められるだろう。

このような社会運動の局面に対して個人的実践の場合では、より理念に近づいた所作を実現できる余地が大きい。動物利用の廃絶という理念と対応する個人的実践は、まさに動物を使わない日常生活ということになるからだ。

動物を使わない日常生活とは、肉をはじめとした動物性食品を極力摂らなかったり、動物性の皮革ではなく合成皮革を用いたりすることを心掛けるような生活である。こうした動物倫理に適った具体的な実践のあり方はこの後で個別事例に即して述べていくが、ここではこうした日常生活のあり方が、倫理的実践の具体例であることからくる前提を明確にしておきたい。

人間が為すべきことである倫理的実践は、何の努力もなく実現できることではない。それならばすでに法制化されて強制力が与えられていたり、常識としていうまでもないこととしてその実行が(A)日常［ a ］飯となっていたりするからだ。理由もなく人を殺すべきではないというのは一つの道徳的価値判断だが、この道徳律を守るのに意識的努力は通常必要とされない。倫理的実践とは基本的に、このような自明なものは指さない。一定強度以上の意識的努力によって実現されるのが倫理的実践である。

（田上孝一『はじめての動物倫理学』から）

欧州の先進的な地域では法律的な規制も進んでいるものの、本当に動物の福祉を全面的に配慮してしまうと経済的な採算が合わず、そもそも商業畜産自体が不可能になってしまう。動物実験も然りである。

とはいえ、本質的な限界はあるものの、こうした動物福祉的観点は動物とかかわるための最低限の作法であり、まずはこうした動物福祉を実質的に前進させていくことは非常に重要である。

しかし、動物倫理学はその本来の主題が動物の権利であるように、動物福祉的な取り組みは根本的に不十分であり、これを乗り越えて㈡新たな質に転換させるべきことを訴える。それはそもそも動物をもっぱら人間のための［ア］として扱うことそれ自体が不正であり、やむをえない例外を除いて、動物の利用をなくすべきだという前提を持つからだ。そのため、動物倫理学では畜産をはじめとした商業的な動物利用それ自体が間違っており、最終的な廃絶を目指してできる限り縮減されてゆくべきだと考える。

ではやむをえない例外とはどのようなものであろうか？　やむをえないというのだから限界状態であり、それをしなければ掛け替えのないものが失われてしまうような緊急避難的な状況である。

人間にとって何よりも掛け替えのないのは自らの命というのが㈢通念だろうから、まずはそれをしないと死に至るような条件になろう。こういう状況は今はもちろんかつてもあまりなかったが、しかし確かに昔は存在した。極寒の地に住みながら毛皮を着ることができなければ、直ちに死に直結する。だが今は毛皮より性能のよい他の防寒着がある。現在世界で、死に直結するような深刻な局面で㈣動物以外の代替手段が存在しないというのは考え難い。

とはいえ、これではまだあまりにもハードルが高いという反論はもっともである。ここまで深刻でなくても、やはり重要な場面が考えられる。それがすでに言及したように、動物の利用が現在の文明生活維持に必要不可欠かどうかという論点である。そしてまさにこのような理由で、時代の劇的な変化が動物倫理をリアルな規範としているのである。つまり、かつては生産と交通に動物利用は不可避だったが、今はいずれも機械に取って代わったという時代状況である。この意味で、本当に真正な理由で動物を利用しなければならない場面は現代社会ではかなり珍しい例外になってきたのではないか。

国語

（六〇分）

（注）記述解答では、句読点や（　）、記号も一字として数える。

問題一

次の文章を読んで、後の問いに答えなさい。（配点　50）

㈠動物に権利を認めるということは、動物を人間のほしいままに扱うことを認めないということである。これは現在までの主流になっている人間の動物へのかかわり方と反する。現在常識になっているのは、人間は原則として動物を手段として利用していいが、必要以上に好き勝手に使ったり、残酷に扱ったりしてはならないということである。

畜産は動物を人間側の都合で手段として利用することではあるが、だからといって劣悪な飼育条件で動物を育ててはならないとされる。動物実験は必要悪として認められるが、必要以上に苦痛を与えないように配慮されるべきということだ。

このような考え方で、動物はあくまで人間にとっての手段ではあるが、その前提の上でしかし極力動物に配慮すべきだという「動物福祉」的な考えが、現在主流になっている人間の動物へのかかわり方である。

こうした動物福祉的な対動物観だが、これはこれで重要なことは間違いない。何となれば現在の動物利用にあっては、その多くがこの動物福祉ですら十分に果たされてはいない水準にあるからだ。畜産動物は、その福祉に配慮するように内外を問わず広く観念されているし、特に

解答編

英語

I 解答

A. ①－4 ②－1 ③－2 ④－2
B. ⑤－4 ⑥－2 ⑦－3 ⑧－1
C. ⑨－3 ⑩－3 ⑪－1 ⑫－3

解説

A. ① 「彼女はここに向かう途中で事故にあったに違いない。さもなければ，すでにここに到着しているだろう」の意味で，4のforはbyが正しい。by now「現在までに」 on the way ～「～に来る途中で」

② 「彼女が利口である以上に優しい人であるという事実を否定する者は誰一人としていない」の意味で，1は主語No oneに対応して三人称単数形のdeniesの形にするのが正しい。なお，she is kinder than she is clever. という文はshe is more kind than clever. という文に書き換えることができる。問題文では，she is kindという文とshe is cleverという文を文同士で比べているので，kindは通常通りkinderと変化する。

③ 「あなたが見ている写真はすべて私の父が撮影したものだ」の意味で，2をlooking at wereに変える。look at ～「～を見つめる」

④ 「私には，この新しい電話と以前の型のものを，見た目で区別することができない」の意味で，2をfromに変える。tell ～ from …「～と…を区別する」

B. ⑤ 「鉛筆でこの用紙に記入してください」 4のwithが道具の使用を表すので適切。fill in ～「～（書式・用紙など）に記入する」

⑥ 「今朝の札幌の気温は氷点下5度だ」 2が適切。

⑦ 「彼は『たとえ失敗しても，もう一度挑戦するつもりだ』と言った」 3が適切。

⑧「我々は今すぐその問題を調査し始めなければならない」 look into ～「～（問題・事件など）を調査する」 よって，1が適切。find out ～「～（事実など）を発見する，見つけ出す」は本文の目的語である the issue とは合わない。

C. ⑨「この問題は真剣な考慮を要する」3の requires が適切。

⑩「彼は古い車を処分したいと思っている」 get rid of ～「～（いらないものを）取り除く」選択肢の中で最も近いのは3の sell。show off ～「～（能力などを）ひけらかす」

⑪「私の猫はもっぱら喜びを与えてくれる」 nothing but ～＝only ～「ただ～だけ」しかし下線部は but のみで，この but は「～を除いて」＝except ～なので，1が適切。nothing but ～というイディオムの成り立ちを問う設問。

⑫ well off「裕福である」3の rich が適切。

Ⅱ 解答 ⑬－4　⑭－3　⑮－4　⑯－3　⑰－4　⑱－3

解説

⑬ ケンはナオミに何を探しているのか尋ね，ナオミは傘が必要だと思うと答えている。ナオミが言いたいことは，4の「この後，雨が降りそう」が適切。

⑭ ケンは明日の試験に向けた数学の問題が解けないと訴え，ナオミが「疲れているようね。大丈夫？」と聞き返している。ケンが伝えたいことは，3の「試験の心配をしている」が適切。

⑮ ケンがアイスクリームショップに並んでいる人たちに注意を向け，ナオミが「そこに行きましょう」と言っている。この会話からわかることは，4の「彼らはアイスクリームを買うつもりだ」が適切。

⑯ ケンが「将来小学校の教員になりたい」と言い，ナオミも「私もよ！」と言っている。よって，3が適切。

⑰ ケンがナオミに，以前ニューヨーク市に家族と行ったことがあるか尋ねて，ナオミは「10歳の時に2回と，あと何回か」と答えている。よって，4の「彼女はニューヨークに少なくとも4回は行ったことがある」が適切。1では，彼女は曖昧な記憶しかないとあるが，10歳の時に2回と

覚えているので，不適。

⑱　ケンがナオミに「このきれいな歌が聞こえる？」と尋ねて，ナオミは「あまり好きな歌ではない」と返している。よって，3が適切。

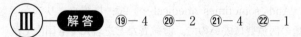

Ⅲ　解答　⑲－4　⑳－2　㉑－4　㉒－1

解説

《空港に向かうバス内でのジャクソン先生とトモミの会話》

⑲　ジャクソン先生の3番目の発言（I'm going to …）から，ジャクソン先生はアメリカへ，トモミはオーストラリアへこれから向かうことがわかる。よって，4の「異なる国へ旅立とうとしている」が適切。

⑳　ジャクソン先生の1番目の発言の第4文（Are you in …）で，トモミが海外研修のメンバーとして日本を出国しようとしていることを確認しているので，2の「学生のグループと共に日本を発つ」が適切。

㉑　トモミの4番目の発言の第3・4文（We've already been …）から，トモミたちが現地の言語や文化やビジネスについても調べたことがわかる。よって，4の「オーストラリアのビジネスに関する情報を集めた」が適切。

㉒　トモミの2番目の発言（Yes, I'm so …）の中で，excited, nervous, we're going to have a great time と述べられているので，1が適切。

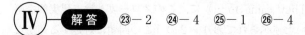

Ⅳ　解答　㉓－2　㉔－4　㉕－1　㉖－4

解説

《後進国での医療の不平等と医療ツーリズムの現状》

㉓「医療施設が十分にない国々においては…」のあとに続く文を選ぶ。第1段第2・3文（If you are …）において，経済力によって受けられる医療サービスが大きく異なることが述べられており，2の「受けることができる医療ケアに大きな格差がある」が適切。1の「あなたは地元の病院に行かなければならない」というのは，「あなた」が貧しい人の場合は該当するが，裕福な人である場合は当てはまらない。

㉔　第2段最終文（Aside from these …）より，医療ツーリズムは世界的に受け入れられつつあることがわかる。よって，4の「急速に人気に

なっている」が適切。gain ground「受け入れられる，普及する」

㉕　第3段第1文（Essentially, medical tourism …）で，「医療ツーリズムとは，人がある種の医療ケアを受けるために国境を越える状況である」と説明されているので，1が適切。

㉖　第3段最終文（And sometimes medical …）で，医療ツーリズムで海外に行くと，現地の医療費は安いので，渡航費などを含んでも国内で医療を受けるよりも安くなることがある，と述べられているので，4の「母国で受けるよりも，よりお得なサービスを受けることができるかもしれない」が適切。

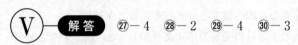

V　解答　㉗―4　㉘―2　㉙―4　㉚―3

解説

《2023年国連水会議》

㉗「2023年国連水会議の目的は…であった」　文章全体の主旨を問う問題。適切な記述は4の「基本的な人権としての安全な飲み水の必要性を理解すること」となる。第4段第3文（Second, all people …）に，すべての人は安全な飲み水を飲む権利を有していることが述べられている。1・2・3は，いずれも内容が限定的であるため不適。

㉘「記事によると，『落ち着いて，続けていく』というスローガンは，…」

第3段第2文（They came to …）に，このスローガンは，現実的な解決策へと繋がらないと述べられており，2の「この問題に対処する適切な方法ではない」が適切。

㉙　第6段第1文（Countries participating in …）に，会議に参加した国々は水問題の解決についてお互いに緊密に連携するよう呼びかけたとあるので，4が適切。

㉚　第5段第1文（At the start …）に，アントニオ・グテーレス（Antonio Guterres）は国連事務総長（UN Secretary-General）とあるので，3が適切。

Ⅵ 解答 ㉛－1　㉜－4　㉝－3　㉞－4

解説

《ドローンを利用した荷物の配達》

㉛ 「ゴールド・スカウトは，クッキーを…で配ろうと計画している」 第2段第4文（They will deliver …）でドローンを使って配る計画をしていることが述べられているので，1が適切。2の「いつも通り対面で」というのは，コロナ禍によりできなくなった。

㉜ 「グレーシーによると，誰が屋外に出て，クッキーを受け取ることができるか？」 第3段最終文（They just walk …）で，このtheyはクッキーの配達先である町の住民を指すので，4が適切。

㉝ 「…は，クリスティアンバーグの住民がドローンを歓迎しているように思えることを示す研究に取り組んでいる」 第4段最終文（Researchers at a …）から，3の「大学の研究者」が適切。

㉞ 本文の内容と合致するものを選択する問題。4の「新しい規則により，操縦者が小型ドローンを人々の頭上や夜間に飛ばすことが可能になるだろう」が第5段第3文（The government recently …）と合致。

日本史

I　解答　《原始・古代の出土物や遺跡・文化財》

問1. 4　**問2.** 2　**問3.** 4　**問4.** 2　**問5.** 1　**問6.** 3
問7. 2　**問8.** 1　**問9.** 1　**問10.** 3　**問11.** 4　**問12.** 3
問13. 1

写真Ａ：筑紫野市教育委員会所蔵

II　解答　《院政期から戦国時代末期までの女性》

問1. 1　**問2.** いざよいにっき　**問3.** 2
問4. 応仁の乱〔応仁・文明の乱〕　**問5.** 1　**問6.** 4　**問7.** 5
問8. 北条義時　**問9.** 4　**問10.** 2　**問11.** 安徳　**問12.** 4

III　解答　《近世の宗教史》

問1. (a)－4　(b)－3　**問2.** 1　**問3.** バテレン　**問4.** 2
問5. リーフデ号　**問6.** 三浦按針　**問7.** 1　**問8.** (a)原城　(b)－2
問9. (a)寺請制度　(b)宗門改め

IV　解答　《第一次世界大戦と大正・昭和の政治史》

問1. 4　**問2.** 西原借款　**問3.** 3　**問4.** 4　**問5.** 3
問6. **ア.** 国体　**イ.** 私有財産　**問7.** 2　**問8.** 井上準之助
問9. 日満議定書

世界史

I　解答　《古代ギリシアの文化》

問1. 2　**問2.** 4　**問3.** 1　**問4.** 1　**問5.** 3

問6. ア. サッフォー　**イ.** ペリクレス　**ウ.** イオニア　**エ.** ソフィスト

オ. ストア

II　解答　《隋唐帝国と周辺諸国》

問1. (a)科挙　(b)－1　(c)長安

問2. 天平（文化）　**問3.** (a)－4　(b)－3　(c)－4

問4. (a)－3　(b)－2　**問5.** (a)－2　(b)－1　**問6.** 3

III　解答　《十字軍運動とその影響》

問1. ア. イェルサレム　**イ.** サラディン〔サラーフ＝アッディーン〕

ウ. ラテン

問2. 3　**問3.** ⑯－6　⑰－3　**問4.** 4　**問5.** 1

問6. ⑳－6　㉑－3　㉒－4

IV　解答　《第一次世界大戦と戦後の国際秩序》

問1. 2　**問2.** 1　**問3.** 毒ガス，潜水艦，航空機　**問4.** 総力

問5. ヴェルサイユ（条約）　**問6.** ユダヤ（人）　**問7.** ヒトラー

地理

Ⅰ　解答　《地球温暖化》

問1． 4　**問2．** 人口が少ないから（8字以内）　**問3．** 2
問4． 熱帯雨林　**問5．** モミ，トウヒ，スギ，ヒノキなどから二つ
問6． ツンドラ　**問7．** 氷雪〔EF〕（気候区）　**問8．** 2

Ⅱ　解答　《人口》

問1． 4　**問2．** 4　**問3．** 中国人：華僑　インド人：印僑　**問4．** 4
問5． 1　**問6．** 3　**問7．** 4

Ⅲ　解答　《東南アジアの地誌》

問1．A． ブミプトラ　**B．** ルックイースト　**問2．** 3　**問3．** 1
問4． 3　**問5．** 1　**問6．** 4　**問7．** 3

Ⅳ　解答　《蛇行河川の地形図》

問1．ア． 治水　**イ．** 蛇行　**ウ．** 勾配　**エ．** 三日月〔河跡〕
オ． 後背湿地　**カ．** 田〔水田〕　**キ．** 畑　**ク．** 氾濫原　**ケ．** 沖積
問2． 2　**問3．** 2

政治・経済

Ⅰ　解答　《議院内閣制》

問1. 内閣不信任案　**問2.** 3　**問3.** 2　**問4.** 4　**問5.** 2
問6. (a)議会からの信任に頼る（15字以内）　(b)―2
問7. 4　**問8.** 3　**問9.** 1

Ⅱ　解答　《人権の国際的問題と日本》

問1. 世界人権宣言　**問2.** 3　**問3.** 十年　**問4.** 2
問5. (a)―1　(b)―4　**問6.** 1　**問7.** 2
問8. (a)アムネスティ＝インターナショナル　(b)国境

Ⅲ　解答　《社会保障制度の歴史と現在》

問1. 3　**問2.** 1　**問3.** 1　**問4.** 2　**問5.** 2
問6. ローズベルト　**問7.** 3　**問8.** ミニマム　**問9.** 革新
問10. 4　**問11.** ジニ

Ⅳ　解答　《日本の財政》

問1. 2　**問2.** 3　**問3.** (a)―4　(b)―2　**問4.** 3　**問5.** 3
問6. 2　**問7.** (a)―4　(b)―3　**問8.** 3　**問9.** 1　**問10.** 1
問11. 補正予算

数 学

I 解答 《真偽判定，平方数になる条件》

(i) 与えられた命題の対偶は

「$x \leqq a-b$ かつ $y \leqq b$ ならば，$x+y \leqq a$ である」 ……①

$x \leqq a-b$ かつ $y \leqq b$ のとき，辺々足して，$x+y \leqq (a-b)+b=a$ なので，命題①は真である。

対偶はもとの命題との真偽が一致するので，もとの命題も真である。

……(答)

(ii) $\sqrt{n^2+35}=m$ (m は自然数)とする。

両辺2乗して

$$n^2+35=m^2 \iff m^2-n^2=35 \iff (m+n)(m-n)=35$$

m, n は自然数より，$m+n$ は自然数，$m-n$ は整数であり $m-n<m+n$ なので，$(m+n,\ m-n,\ m,\ n)$ の組は下表のようになる。

$m+n$	35	7
$m-n$	1	5
m	18	6
n	17	1

よって，求める自然数とそのときの n の値は

$18(n=17)$ または $6(n=1)$ ……(答)

II 解答 《放物線と軸によってできる長方形》

(i) 放物線と x 軸との交点の x 座標は

$$0=-x^2+2x \iff x^2-2x=0 \iff x(x-2)=0 \iff x=0,\ 2$$

よって，放物線と x 軸との2つの交点の座標は

$(0,\ 0)$, $(2,\ 0)$ ……(答)

また，$y=-x^2+2x=-(x-1)^2+1$ より，放物線の頂点は $(1,\ 1)$ である。

……(答)

(ii)　四角形ABCDが正方形のとき，正方形ABCDは放物線の軸 $x=1$ に関して対称であるから，点Aの x 座標を $t(0<t<1)$ とすれば，$A(t, -t^2+2t)$，$B(t, 0)$，$C(2-t, 0)$，$D(2-t, -t^2+2t)$ である。

また

$$\begin{aligned} AB=BC &\iff -t^2+2t=(2-t)-t \\ &\iff t^2-4t+2=0 \\ &\iff t=2\pm\sqrt{2} \end{aligned}$$

$0<t<1$ より，$t=2-\sqrt{2}$ なので

$A(2-\sqrt{2}, -2+2\sqrt{2})$　……(答)

(iii)　(ii)の t を用いて

$$\begin{aligned} AB:BC=k:1 &\iff kBC=AB \\ &\iff k(2-2t)=-t^2+2t \\ &\iff t^2-2(k+1)t+2k=0 \\ &\iff t=k+1\pm\sqrt{(k+1)^2-2k} \\ &\qquad =k+1\pm\sqrt{k^2+1} \end{aligned}$$

$0<t<1$ より　$t=k+1-\sqrt{k^2+1}$

よって　$B(k+1-\sqrt{k^2+1}, 0)$　……(答)

参考　(iii)において，問題文からは四角形ABCDが長方形という保証がないが，〔解答〕では「四角形ABCDは長方形である」または「AB∥DC∥y軸」と解釈した。

III　解答　《直角三角形と三角比》

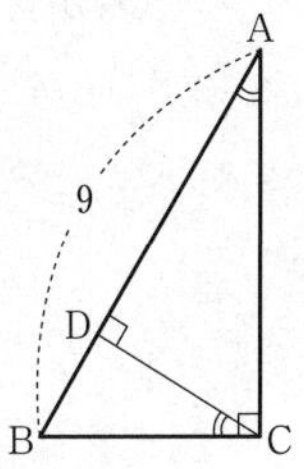

(i)　$BC=AB\sin A=9\sin A$　……(答)

(ii)　$\angle ADC=90°$ より　$CD=AC\sin A$

$AC=9\cos A$ より

$CD=9\sin A\cos A$　……(答)

(iii)　(i)より　$BC=9\cdot\dfrac{1}{3}=3$

△ABCにおいて，三平方の定理より

$AC=\sqrt{AB^2-BC^2}=\sqrt{9^2-3^2}=6\sqrt{2}$

よって

$$\triangle ABC=\frac{1}{2}\cdot BC\cdot AC=\frac{1}{2}\cdot 3\cdot 6\sqrt{2}=9\sqrt{2}\quad \cdots\cdots(答)$$

(iv) $\angle ACB=\angle CDB=90°$，$\angle ABC=\angle CBD$ より，2組の角がそれぞれ等しいから $\triangle BAC \backsim \triangle BCD$ で，相似比は(iii)より $BA:BC=9:3=3:1$ なので

$$\triangle BCD=\triangle ABC\cdot\frac{1^2}{3^2}=9\sqrt{2}\cdot\frac{1}{9}=\sqrt{2}\quad \cdots\cdots(答)$$

Ⅳ 解答 《最頻値，中央値，四分位数》

(i) 最頻値は得点が40点以上50点未満の階級の階級値より，45点 ……(答)

データの個数は43より，中央値は小さい方から数えて22番目の得点を含む階級の階級値である。

小さい方から数えて22番目の得点は40点以上50点未満の階級に含まれるので，中央値は45点 ……(答)

(ii) データの個数は43より，Q_1，Q_2，Q_3 はそれぞれ小さい方から数えて11番目，22番目，33番目の得点である。

Q_1，Q_2，Q_3 はそれぞれ40点以上50点未満の階級，40点以上50点未満の階級，50点以上60点未満の階級に含まれるので，

Q_1 が含まれる階級の階級値は45点 ……(答)

Q_2 が含まれる階級の階級値は45点 ……(答)

Q_3 が含まれる階級の階級値は55点 ……(答)

が必要なのは、現代人の何がどうなっているからか。

問九 5、第一段落の「SNSを開いたときにタイムラインに…利用者が誰をフォローしているか…大きく異なる」に合致している。6、第五段落の「所属集団が異なる他者がつながる機会を提供するという意味では、インターネットは誘導型類同性を弱める可能性を秘めたメディア」に合致している。

解答

問一　3
問二　1
問三　5
問四　2
問五　意見の異なる他者（意見が異なる他者）
問六　中立
問七　1
問八　多様化した価値観
問九　5・6

解説

問一　「カスタマイズ」とは〝既存のものを特定の人や目的に合わせて調整する〟意。

問二　第五段落の「方以類聚」がヒントになる。「方は類を以て聚る」と訓読し〝同じ方向に似たものが集まる〟意。

問四　第四段落に「類同性によって他者が選択されるというのが選択型類同性…何となく自分と近い他者を見つけて話しかけた経験」とある。2の「自分と同じ趣味…話しかけた」は、「誘導型類同性」ではなく「選択型類同性」である。

問五　傍線部㈡を含む段落の次の段落に、「選択的接触や類同性…インターネットによって助長される可能性がある…自らが好む他者とだけつながりを持つことも可能」とある。逆に言うと誰とのやり取りが少なくなるのか。

問七　直前の「このような考えに沿って」から考える。「『反対意見にも触れよう』『意見が異なる他者ともつながろう』と努力する」を指している。選択肢の中で「異なる他者ともつながろう」としているのはどれか。

問八　後ろから二段落目に「性別や年齢にもとづく区分では、価値観が多様化した現代人に対する分類としては心もとない」とある。かと言って、細分化しすぎると、視聴者の数が減るので現実的ではない、と述べている。「細かな分類」

問三 「動物倫理学」が訴えているもので、傍線部㈡の段落最後で「商業的な動物利用それ自体が間違っており、最終的な廃絶を目指し」と述べられている。「商業的な動物利用」「廃絶」というキーワードを軸にして説明すればよい。

問五 「通念」とは〝世間一般に共通して認められている考え〟のこと。「常識」は〝社会的に当たり前と思われること・社会通念〟の意である。

問六 「動物以外の代替手段」である。「快適な環境で飼育された」ものであろうとなかろうと、「牛の乳」であれば代替手段にはならない。

問八 傍線部㈤の前段落で、「動物利用を全廃」が最終的な目標であったとしても、「動物福祉をいかに増進することができるかというのが、現実的な戦略になる」と述べている。

問九 (i)、最初にアオイが「動物園や水族館」は「動物倫理の点から見て良くない」と言い、ヒカルが「サファリパーク」のような「生息地に近い環境」を用意している施設もあると答えたことに対しての言葉である点に着目する。

(ii)、たとえ「広い敷地」で「生息地に近い環境」であっても、「サファリパーク」は「人が車やバスから観察する」施設である。

問十 **ア**、第九段落に「かつては生産と交通に動物利用は不可避だったが、今はいずれも機械に取って代わった」とある。このような「時代の劇的な変化が動物倫理をリアルな規範」とするようになったのであり、アは正しい。

イ、第十一段落に「現実の世界は今のところは動物利用を全廃できるには程遠い」とある。

ウ、最後の段落に「倫理的実践」は「一定強度以上の意識的努力によって実現される」とある。

二

出典 稲増一憲『マスメディアとは何か――「影響力」の正体』〈第5章 マスメディアとしてのインターネット――「選好にもとづく強化」と注意経済 1 インターネットは「個人の選好」を最大化する〉（中公新書）

国語

一

出典　田上孝一『はじめての動物倫理学』〈第三章　動物とどう付き合うべきか〉（集英社新書）

解答

問一　茶

問二　4

問三　商業的な動物利用全般を廃絶する（十五字以上二十字以内）

問四　3

問五　常識

問六　1

問七　5

問八　動物福祉

問九　(i)－3　(ii)－2

問十　**ア**－1　**イ**－2　**ウ**－2

解説

問二　第三段落で述べられているように、「『動物福祉』的な考え」が「現在主流になっている人間の動物へのかかわり方」である。この考え方を進めたものが、第六段落にある「やむをえない例外を除いて、動物の利用をなくすべきだ」というもので、4の内容が合致している。

一般選抜２月７日実施分：
経済（経営情報）・社会福祉（社会福祉）学部

問題編

▶試験科目・配点

学部	学　科	教　科	科　　目	配　点
経済	経営情報	英　語	コミュニケーション英語Ⅰ・Ⅱ・Ⅲ，英語表現Ⅰ・Ⅱ	100点
		国　語	国語総合（近代以降の文章），現代文Ｂ	100点
		選　択	「日本史Ｂ」，「世界史Ｂ」，「地理Ｂ」，「政治・経済」，「数学Ⅰ・Ａ」から１科目選択	100点
社会福祉	社会福祉	英　語	コミュニケーション英語Ⅰ・Ⅱ・Ⅲ，英語表現Ⅰ・Ⅱ	100点
		国　語	国語総合（近代以降の文章），現代文Ｂ	100点
		選　択	「日本史Ｂ」，「世界史Ｂ」，「地理Ｂ」，「政治・経済」，「数学Ⅰ・Ａ」から１科目選択	100点

英語

（60分）

問題 I　次の問い（A～C）に答えなさい。（配点　24）

A　№1～№4の英文の中で，文法的な誤用が含まれる下線部分を，それぞれ1～4の中から一つずつ選びなさい。

№1 ［①］ Paul should have (1) finished making (2) copies of the report and file (3) the papers (4) before the meeting.

№2 ［②］ Because of the power failure causing (1) by the typhoon, we (2) couldn't (3) complete the scheduled (4) production.

№3 ［③］ Not only are (1) deserts expanding in size (2) every year, but also vast areas of fertile soil has (3) turned into deserts (4).

№4 ［④］ The movie was very (1) exciting (2) that I could not help rushing (3) to see it once again (4).

B　№5～№8の英文の空欄に入る語（句）として最も適切なものを，それぞれ1～4の中から一つずつ選びなさい。

№5　John, I appreciate what you（ ⑤ ）, but I don't feel the same way you do.

1　will say
2　says
3　had said
4　said

№6　（ ⑥ ）from a hard day's work, George went to bed much earlier than usual.

1　After exhausting
2　Having exhausted

3 To exhaust

4 Exhausted

No. 7 You ought to be (⑦) of yourself for doing such a silly thing.

1 afraid

2 taken care

3 angry

4 ashamed

No. 8 Could you (⑧) a few moments to help me find this restaurant?

1 spare

2 make

3 save

4 lend

C No. 9～No. 12の英文の各下線部に最も近い意味の語(句)として適切なものを，それぞれ1～4の中から一つずつ選びなさい。

No. 9 ⑨ Plans are <u>under way</u> to build a new cafeteria on this campus next year.

1 ceased

2 talked about

3 proposed

4 in progress

No. 10 ⑩ She has <u>quite a few</u> books on bioscience in her study.

1 many

2 very few

3 only a few

4 too many

No. 11 ⑪ I wonder how many people will <u>turn up for</u> the next TOEIC exam.

1 take

2 ignore

3 succeed

4 conduct

No. 12 ⑫ What he was really trying to say was quite <u>transparent</u>.

1 transcendent

2 overwhelming

3 clear

4 important

問題Ⅱ

次の会話文を読んで，各問いの答えとして最も適切なものを，それぞれ1～4の中から一つずつ選びなさい。(配点 12)

No. 1 Ben: Excuse me. Do you have an extra pen I could borrow?

Kate: Sure. I don't have any extra black ones, so, is blue OK?

⑬ Q: What does Kate mean?

1 She is asking Ben to lend her a blue pen.

2 She thinks black is a better color on her.

3 She does not want to borrow a pen.

4 She can lend Ben a pen, but only a blue one.

No. 2 Ben: Are you about finished with the English homework?

Kate: I wish I were even halfway finished. It's going to take me a few more days.

⑭ Q: What does Kate mean?

1 She has not finished 50% of the homework.

2 She is going to give up on her homework.

3 She has completed half of her homework.

4 She wishes she had a few more days.

No. 3 Ben: Do you mind if I use my smartphone?

Kate: Of course not.

⑮ Q: What does Kate mean?

1 She is upset with Ben about his smartphone.

2 She is fine with Ben using his smartphone.

3 She would not be happy if Ben used his smartphone.

4 She is surprised by Ben's question.

No. 4 Ben: Did you understand what Professor Chia was talking about?

Kate: No, I didn't. He talks too fast. Why don't we ask Michel?

⑯ Q: What does Kate suggest?

1 They should not talk as fast as the professor.

2 They should ask someone about what the professor was talking about.

3 They should have Michel do the talk.

4 They should listen to the professor more carefully next time.

No.5 Ben: When do you think we could get together to talk about next month's schedule?

Kate: What's wrong with right now?

⑰ Q: What does Kate mean?

1 They should meet immediately.

2 There are problems about the schedule.

3 Now is not a good time to get together.

4 The schedule is not what they wanted.

No.6 Ben: I have no idea how to spell Professor Gantogtokh's name.

Kate: Who does?

⑱ Q: What does Kate mean?

1 Someone else knows the spelling.

2 She is not sure what the professor's name is.

3 Her name is also hard to spell.

4 The professor's name is difficult to spell.

問題Ⅲ 次の会話文を読んで，各問いの答えとして最も適切なものを，それぞれ1～4の中から一つずつ選びなさい。(配点 16)

A seminar on Management for the International Hotel Industry is being held at the Grand Manila Hotel, the Philippines. Yuto and Jess are among the many participants. Yuto works for a hotel in Japan, and Jess works at a hotel in the Philippines. They are having a conversation during a coffee break.

Yuto: Hi, I'm Yuto.

Jess: I'm Jess.

Yuto: This is a good seminar so far, isn't it?

Jess: Yes, pretty good. All of its speakers are very knowledgeable in the hotel industry. Did you attend the seminar on Leadership in Singapore last January?

Yuto: No, I missed that one. Who was the main speaker?

Jess: Mohamed Ahmadi. He's the author of "Good Leader". He talked about how to deal with employees. You should sign up for that seminar next year.

Yuto: I will. I'm very interested in the subject of leadership. I was promoted to the position of supervisor last month, and I need to manage a team of seven people. It can be quite a difficult task. (A).

Jess: Same here. I have 10 people in my team. I need to find a way to encourage cooperation within the staff members.

Yuto: I also need to learn how to better manage my workload. <u>I always run out of time</u>(1).

Jess: You should sign up for the Learn How to Manage Workload seminar then. It's coming up in May.

Yuto: (2)<u>Let's see whether I'll have any free time then</u>. Sometime in May I have to go to Taiwan on business. By the way, how's business lately?

Jess: It's slow right now. But I hope it will recover soon.

Yuto: Let's hope so. We need to keep our employees busy.

Jess: True. My staff members are very talented and <u>I'd like to keep their minds sharp</u>(3).

No. 1 ⑲ What is the best sentence for (A)?

1 That's why I am here today

2 That's why I am good at leadership

3 I really like leadership

4 I really like working with my team

No. 2 [20] What does Yuto mean by "I always run out of time"? (1)

1 He tries to run for exercise.

2 He is good at time management.

3 He is busy running every day.

4 He feels he doesn't have enough time.

No. 3 [21] What does Yuto mean by "Let's see whether I'll have any free time then"? (2)

1 He is sure he can make some free time.

2 He is not sure if he will have some free time.

3 He is upset that he cannot make some free time.

4 He is not upset that the schedule is not working for him.

No. 4 [22] What does Jess mean by "I'd like to keep their minds sharp"? (3)

1 She wants to keep her staff members focused.

2 She is interested in reading her staff members' minds.

3 She thinks her staff members are usually bored.

4 She doesn't want to keep her staff members too busy.

問題IV

次の英文を読んで，各問いの答えとして最も適切なものを，それぞれ1〜4の中から一つずつ選びなさい。(配点　16)

Weather stations around the world give us information about the temperature on the Earth's surface. We also get information from ships and other equipment in the oceans. All this information helps scientists to decide if the temperature on Earth is going up or going down.

Information from the last 150 years shows that the temperature on the Earth's surface has gone up. The temperature in some places has increased more than others, and the warming in the Arctic[1] is greater than in all other places on Earth. The information we get from weather stations, ships and other equipment shows that, since the year 2000, the Earth's temperature has been 0.75°C warmer than it was 150 years ago. But, in 2015, the temperature became 1°C warmer than 150 years ago. This is a big increase, and scientists are worried about it.

Other studies also show that the Earth is getting warmer. For example, studies show that the temperature of the oceans is increasing—from the surface, right down to the bottom of each ocean. Other studies show that the amount of snow and ice on the

Earth's surface is getting smaller.

The warming of the Earth is causing the Arctic sea ice to melt. In the 2010s, at the end of the summer, the Arctic sea ice was one third smaller than at the end of the 20th century. That's a change of the same size as the UK, Ireland, France, Spain, Germany and Italy put together. When the Arctic sea ice melts, it can change the weather patterns in Europe, Asia and North America. As the Earth gets warmer, the water in the oceans gets warmer, too. This makes the water expand and get larger. This makes sea levels increase. Also, the land ice in Greenland and Antarctica is melting, and this, too, causes sea levels to increase.

When sea levels increase, floods from storms can be more dangerous for people living near the sea. Many of the world's biggest cities, like Shanghai in China, Jakarta in Indonesia and Mumbai in India, are very close to the sea. Higher sea levels put these cities in danger of floods. The floods in New York City in 2012 showed the damage that big storms can do. They damaged homes and other buildings, and many people had no electricity in their homes. This meant no heat, no light and no way to cook food or heat water. The damage caused by big storms can have an effect for many years and can cost a huge amount of money to fix.

In the UK, for now, the Thames Barrier on the River Thames in London protects the city from floods. However, if sea levels increase, the barrier might need to be bigger. In addition, many other cities across the world do not have anything to protect them from higher sea levels and the floods they can cause. The warming of the Earth puts all of these cities in danger. In many places, building a barrier like the Thames Barrier is either not possible or too expensive.

(注1) the Arctic：北極

No.1 ㉓ According to the article, what sources of information, among others, are scientists likely to rely on to understand changes in the Earth's temperature?

1 Data collected from satellites.
2 Expert reports about ancient civilizations.
3 Reports from climate change activists and organizations.
4 Data from cities and national governments.

No.2 The main purpose of this article is to (㉔).

1 recommend ways we can slow down climate change
2 describe why ice is melting around the world

3 explain the consequences of the Earth getting warmer

4 calculate the economic damage of climate change

No. 3 ㉕ How much warmer was the Earth's temperature in 2015 compared to 150 years ago?

1 0.25°C.

2 0.75°C.

3 1°C.

4 1.75°C.

No. 4 ㉖ Based on the text, which of the following does NOT cause sea levels to rise?

1 Melting of land ice.

2 Rising river levels.

3 Melting of sea ice.

4 Rising temperatures.

問題Ⅴ

次の英文を読んで，各問いの答えとして最も適切なものを，それぞれ1～4の中から一つずつ選びなさい。（配点 16）

Would you ever turn down 1 billion dollars? Evan Spiegel and Bobby Murphy did.

Evan Spiegel was born on June 4th, 1990, in Los Angeles, California. At school, Evan loved computers, and he built his first computer at the age of 11. In 2008, Evan started studying computer science at Stanford University. He learned to design programs for computers, and he lived in a room at the University.

Evan had a friend at Stanford University, who he met in his computer science class. His name was Bobby Murphy. He was born in California, but his mother came from the Philippines. Bobby studied mathematics and computers, and he was older and quieter than Evan.

One day, a friend of Evan's had an idea for a social media website. He thought, "I'd like to send disappearing photos!"

Evan listened to his friend's idea and said, "That's a million-dollar idea!"

Evan liked his friend's idea because it was different from other social-media sites. Other sites kept everything. Any photos or messages people sent to each other would stay on the Internet. Evan asked Bobby Murphy to write the computer code for the photo-disappearing website.

First, they built a website, and then developed it into a phone app[1]. Bobby worked on the code. Evan designed the app. They originally called the app Picaboo. Evan had lots of ideas about Picaboo. He wanted the camera to open with the app and be ready to take photos. But he did not want the app to keep the photos. You could send photos, and your friends could look at them. But then the photos disappeared.

In September 2011, Picaboo only had about 100 users, but those users used the app a lot. Then Evan and Bobby had to change the app's name because they discovered there was a photo-book company called Picaboo. They chose a new name: Snapchat. "Snap" means photo, and "chat" means talking to friends. The Snapchat app was born on September 26th, 2011.

Slowly, lots of people started talking about "Evan's app," and there were new Snapchat users. Soon there were 20,000 users.

A lot of high-school students started using Snapchat. They loved sending funny photos to their friends. Snapchat was different from other social media apps. It was a new app, and students' parents did not use it. Some social media sites keep their users' photos. But people change, and sometimes they do not want to see their old photos. Snapchat did not keep any photos. The photos were there for seconds, and then they disappeared. And it showed funny, not beautiful, pictures of people. Everybody liked that.

In summer 2012, more than 10,000 new people joined Snapchat every day. There were now 1 million Snapchat users. On November 28th 2012, Facebook's CEO Mark Zuckerberg offered to buy Snapchat for 60 million dollars. Evan and Bobby said no. In October 2013, Mark Zuckerberg offered to buy Snapchat again, this time for 3 billion dollars. Again, Evan and Bobby said no. They didn't want to work for Facebook, or hand over control of the company.

Nowadays, Snapchat has over 450 million users. Evan and Bobby, both only in their early 30s, are now billionaires. And they didn't have to sell Snapchat to become that way.

(注1)　app：アプリ

No.1 [27] Which of the following best describes what this passage is about?

1 The story about Snapchat and its founders.

2 Why it's important not to sell a company too soon.

3 The importance of learning computer science.

4 Why Snapchat is still very popular around the world.

No. 2 ㉘ Why did Evan like the idea of a photo-disappearing website?

1 It was a million-dollar idea.

2 It kept all the photos on the Internet.

3 It was different to other social-media sites.

4 It allowed users to send unlimited photos.

No. 3 ㉙ Which of the following is a true reason why many high school students liked using Snapchat?

1 It showed beautiful pictures of people.

2 Users could store lots of photos.

3 Only their friends used it.

4 It was created for young people.

No. 4 ㉚ Approximately how many users did Snapchat have when Facebook first made an offer to buy it?

1 1,000.

2 10,000.

3 20,000.

4 1,000,000.

問題Ⅵ 次の英文を読んで，各問いの答えとして最も適切なものを，それぞれ1～4の中から一つずつ選びなさい。(配点 16)

For some strange reason my parents decided to sell our home—the house I grew up in for over 15 years. Now it's sold. We have to move by the end of this month! Luckily, my parents bought a new house around the corner two blocks away in the same town. That way I can keep my friends.

Can you imagine? Your parents sell your home, and you all move to another part of Canada? My friend Mike did that. I only see him on Instagram now.

Of course, I could tell something was going to happen. One day mom and dad started cleaning and putting all our things into boxes. Let me give you some advice: watch out when your parents start putting all your things into boxes!

To be honest, I don't mind. If you put everything into boxes, you can feel free! Now I've got all the clothes I need in Grandpa's old suitcase. It makes life simple. I can choose from two pairs of jeans, five T-shirts, and two sweatshirts every day. My sister Emma has got three gym bags filled with her belongings. She hates it. On the other hand, Pablo, my dog, he loves this situation! This little dog of mine just loves stealing my socks and making holes in them. I've hardly got any left! I'm glad it's summer. Who needs socks anyway?

It's nice that we didn't have to change towns because of moving house. I really like our town. We live in a town called Coquitlam. That's a First Nations name. By First Nations, I mean the people who first lived in Canada. In Salish (the language of one of these groups of people), Coquitlam means 'red fish up the river'.

That red fish is salmon, a type of fish that return to Coquitlam to lay their eggs. Salmon start their lives in the river in town, then they move to the ocean. In the end, they return to the river to leave their eggs and die. Those salmon move around a lot. The bears here love the salmon. For the bears, and for humans, fresh salmon is really delicious! It would have been interesting, I guess, to move to another town, and then some day come back to Coquitlam, sort of like the salmon do. But for now, I'm happy where I am—despite the hassle of moving house.

No. 1 [31] Based on the text, which of the following is NOT true?

1 The author has 30 days or less to move houses.

2 The author has to move to a different town in Canada.

3 The author's sister Emma dislikes having her belongings in gym bags.

出典追記：Allan, My Vancouver by Gordon Gamlin, ELI Publishing

4 The author's dog is excited by the moving process.

No. 2 ㉜ Why does the author mention his friend Mike in the text?

1 Because he feels moving away is bad for friendships.

2 Because he wishes he could move to a different town, like Mike.

3 To explain how he keeps in touch with friends using social media.

4 To explain how much work it takes to move house.

No. 3 ㉝ How does the author feel about moving and putting things in boxes?

1 The author is very excited about the moving process.

2 The author is worried about losing his belongings.

3 The author finds it inconvenient, but doesn't mind.

4 The author is annoyed with his parents for making him move.

No. 4 The author tells the story of Coquitlam and the salmon because (㉞).

1 he hopes more people will return to Coquitlam

2 he likes what the name of his town represents

3 some day he will return to Coquitlam, just like the salmon

4 it's best to move if there are too many bears in your town

日本史

(60分)

問題Ⅰ　次の1～8の原始・古代に関する文章を読んで，正しいものを四つ選び，その番号を解答欄に記入しなさい。【記述解答】(順番は問わない)(配点　16)

1　更新世は氷河時代とも呼ばれ，氷期と間氷期をくりかえした。氷期の海面低下により日本列島は大陸と陸続きになり，ナウマンゾウのような大型動物と，これを食料とする人類が日本列島にやって来た可能性がある。しかし，人類定着の確実な証拠は，未発見である。

2　約3万年前の完新世に入ると，縄文文化が成立する。縄文人たちは磨製石器を使用し，原始的な農業にも従事したが，水稲農耕を基礎とする弥生人は青銅器と鉄器を使用し，石器は作らなかった。縄文人には身分の上下関係は存在しなかったが，弥生人には身分差があり，中国鏡や青銅製武器を多数副葬する甕棺墓が西日本各地に分布している。

3　卑弥呼は「親魏倭王」の称号をおくられ，魏の権威と力を背景に，邪馬台国は倭国内では無敵の強国となった。邪馬台国は外交の専門家を有し，統治組織や租税・刑罰の制度も整え，市(いち)も開設し，「初期律令国家」と呼んでもよい国家であった。卑弥呼は死後，巨大な前方後円墳に葬られた。

4　古墳時代の終末期は，政治的には飛鳥時代に一致する。7世紀中頃の大王(おおきみ)は八角墳を造営するようになり，大王が一般の豪族を超越した存在であることを墓制で示そうとしたようである。大王権力の拡大に対し，すでに6世紀の前半，筑紫国造磐井(いわい)が大反乱をおこしたが，大王の軍は2年がかりで制圧した。

5　「聞くならく，海西の菩薩(ぼさつ)天子，重ねて仏法を興(おこ)すと。故(かれ)，遣(つかわ)して朝拝(ちょうはい)せしめ，兼(か)ねて沙門(しゃもん)数十人，来(きた)りて仏法を学ぶ」。これは『隋書』日本伝に引用された倭国の使者の言葉であり，「海西の菩薩天子」とは隋の文帝のことである。倭国の使者は高向玄理であった。

6　律令国家の地方統治のシステムは，国－郡－里制を基本とし，国司・郡司・里長が任命された。外交と国防の要地である九州北部には大宰府という特別な官庁がおかれ，西海道全体を統轄した。北方の秋田城・多賀城も特殊な地方官庁で，出羽国・陸奥国の政治や蝦夷対策の拠点であった。

7　桓武天皇のあとは，平城－嵯峨－淳和(じゅんな)と兄弟相続が続き，次の世代では淳和の皇子が即位して仁明(にんみょう)天皇となった。仁明以後は文徳(もんとく)－清和－陽成と直系相続が続いたが，藤原良房は陽成天皇を譲位させ，文徳天皇の弟を光孝天皇として即位させた。皇位の流れは大きく変わり，これを承和の変という。

8　10世紀・11世紀の貴族男性たちは，かな文字を使って和歌を作ったが，公式の場では漢字だけで文章を記した。藤原道長の『御堂関白記』や藤原実資の『小右記』なども漢文で書かれている。しかし，かな文字は日常生活において広く用いられ，かな文字の名作が生まれた。皇后定子に仕えた清少納言の『枕草子』，中宮彰子に仕えた紫式部の『源氏物語』などがある。

問題Ⅱ

次のA・Bの史料を読んで，それぞれ後の問いに答えなさい。なお，史料はわかりやすいように改作したところがある。（配点　10）

A　（養老七年四月十七日）太政官奏すらく「頃者百姓漸く多くして田池窄狭なり。望み請ふらくは，天下に勧め課せて，田疇を開闢かしめん。其の新たに溝池を造り，開墾を営む者有らば，多少を限らず，給ひて三世に伝へしめん。…」（『続日本紀』，原漢文）

問1　723年に出されたこの法令の適切な名称を，漢字５字で解答欄に記入しなさい。【記述解答】

問2　田地を拡大しようとしたこの法令は，あまり効果をあげなかったようである。20年後，政府は開墾した田地の私有を永年にわたって認める法令を発した。743年に出されたこの法令の適切な名称を，漢字７字で解答欄に記入しなさい。【記述解答】

B「一　当寺の相承は，［ア］沙弥寿妙，嫡々相伝の次第なり。

一　寿妙の末流高方の時，権威を借らむがために，実政卿を以て［イ］と号し，年貢四百石を以て割き分ち，高方は庄家領掌進退の預所職となる。

一　実政の末流願西，微力の間，国衙の乱妨を防がず。この故に願西，［イ］の得分より二百石を以て，高陽院内親王に寄進す。…これ則ち［ウ］の始めなり。」

（『東寺百合文書』，原漢文）

問3　この史料は，寄進地系荘園の成立を具体的に物語る有名なものである。空欄［ア］に入る適切な歴史的用語を，漢字４字で解答欄に記入しなさい。【記述解答】

問4　寿妙の孫，中原高方は，高官藤原実政の権威をたより，祖父寿妙以来の所領を寄進した。空欄［イ］に入る適切な歴史的用語を，漢字２字で解答欄に記入しなさい。【記述解答】

問5　実政の曾孫願西（藤原隆通）は国衙の介入を防ぐことができず，自分の荘園を鳥羽天皇の皇女に寄進した。空欄［ウ］に入る適切な歴史的用語を，漢字２字で解答欄に記入しなさい。

【記述解答】

問題Ⅲ　次の文章を読んで，後の問いに答えなさい。(配点　24)

チンギス=ハンの孫［ア］は，祖父が築いた帝国の国号を［イ］と定めると日本に対してたびたび朝貢を求めてきた。時の執権［ウ］はこの要求を拒否したため，［イ］は1274年に対馬・壱岐を攻め博多湾に上陸した。迎え撃った幕府は戦法や兵器(1)の違いなどに悩まされ苦戦したが，暴風雨に遭い大きな被害が出たため，［イ］軍は撤退した。

幕府は次の襲来に備え博多湾沿いに［エ］を構築し，御家人に［オ］役を課し警備を強化した。1281年に［イ］は約14万の軍(2)を率いて九州北部に迫ったが，再び暴風雨に襲われ敗退するに至った。

この合戦は幕府政治の面では［カ］専制を加速させ，幕府の西国支配も強化された。一方，御家人らは恩賞不足に不満を持ち(3)，合戦後も続いた［オ］役の負担に苦しんだ。窮乏化した御家人に対する救済策(4)も一時的効果しかなく，次第に幕府の信頼が失われていった。また，二回の暴風雨は「神風」と信じられ，日本は神が守る国という神国思想(5)が定着していった。

問1　空欄［ア］に入る適切な人名を，解答欄に記入しなさい。【記述解答】

問2　空欄［イ］に入る適切な国号を，解答欄に記入しなさい。【記述解答】

問3　空欄［ウ］に入る人名として最も適切なものを，次の1～4の中から一つ選びなさい。①

1　北条高時　　2　北条時宗　　3　北条時頼　　4　北条泰時

問4　空欄［エ］に入る語句として最も適切なものを，次の1～4の中から一つ選びなさい。②

1　石塁(石築地)　　2　砦　　3　城　　4　防護壁

問5　空欄［オ］に入る語句として最も適切なものを，次の1～4の中から一つ選びなさい。③

1　京都大番　　2　鎌倉番　　3　鎮西探題　　4　異国警固番

問6　空欄［カ］に入る適切な語句を，解答欄に記入しなさい。【記述解答】

問7　下線部(1)に関して，空欄［イ］軍が使用した火薬を利用した武器の適切な名称を，解答欄に記入しなさい。【記述解答】

問8　下線部(2)は，二軍に分かれ平戸沖で合流した。一つは江南軍と呼ばれたが，もう一つの軍は何と呼ばれたか。最も適切なものを，次の1～4の中から一つ選びなさい。④

1　高麗軍　　2　刀伊軍　　3　南宋軍　　4　東路軍

問9　下線部(3)に関して，戦功に対する恩賞への不満から鎌倉幕府に直訴し，地頭職を得た肥後の御家人として最も適切な人物を，次の1～4の中から一つ選びなさい。彼の活躍の様子は絵巻に描かれている。［⑤］

1　竹崎季長　　2　安達泰盛　　3　三浦泰村　　4　比企能員

問10　下線部(4)に関連して，下の(a)，(b)の問いに答えなさい。

(a)　御家人救済のために1297年に発布された法令の適切な名称を，解答欄に記入しなさい。

【記述解答】

(b)　上記(a)の法令に関する説明として最も適切なものを，次の1～4の中から一つ選びなさい。

［⑥］

1　御家人の所領の質入れや売買は推進された。

2　御家人の金銭訴訟を積極的に受け入れる方針が示された。

3　御家人が非御家人や庶民に売った土地は無条件に取り戻すことができるとした。

4　この法令では貞永式目の規定を規範とすることが明記された。

問11　下線部(5)に関して，南北朝時代に“大日本は神国なり”で始まり，南朝の正統性を主張した歴史書を何というか。適切な書名を，解答欄に記入しなさい。【記述解答】

問題Ⅳ　次の文章を読んで，後の問いに答えなさい。（配点　25）

17世紀後半以降の商業的農業の発展によって，農業経営に失敗して土地を手放す者と，その一方で，土地を集積して経営を拡大する者が現れ，農民の階層分化が進行した。こうした階層分化は，［ア］経営の解体化傾向を強め，領主が農民から安定的に年貢米を獲得することによって成り立っていた幕藩体制の政治的・経済的基盤を揺るがし始めた。

そうした情勢の中で，1716年に8代将軍になった徳川吉宗は，なによりも不安定化した幕府財政の再建に乗り出し，財政再建策の一つとして足高の制(1)を取り入れた。また，上米の制(2)によって収入の補填を行い，年貢の徴収方法に［イ］を広く取り入れて幕府直轄領の年貢増徴をはかった。こうした政策が功を奏して幕府財政はやや立ち直りを示した。

さらに吉宗は，米価の安定にも意欲的に取り組み，大坂の［ウ］の米市場を公認した。農政面では，青木昆陽を登用して救荒用作物として［エ］を普及させ，漢訳洋書の輸入制限(3)をゆるめた。

吉宗による改革は都市政策にも及んだ。まず町奉行・大岡忠相によって明暦の大火(4)以降繰り返し大火に見舞われた江戸に防火施設を設けさせた。また，評定所に目安箱を設置して庶民の意見を聞くとともに，それによって貧民の救済施設として［オ］を設けた。

また，吉宗は古典に立ち返ろうとする古学派の流れをくみ，武士による統治の具体策を説く経世論に道を開いた［カ］を用い，政治顧問の役割を担わせた。

問1　空欄 ア に入る適切な語句を，漢字3字で解答欄に記入しなさい。【記述解答】

問2　下線部(1)に関する文(A)，(B)について，正誤の組み合わせとして最も適切なものを，次の1～4の中から一つ選びなさい。⑦

(A)　旗本の人材登用にあたって，役職による役高を定め，それ以下の禄高のものが就任する場合，在職以降終身にわたってその不足高を補った。

(B)　この制度で勘定奉行に登用されたのが田沼意次であり，彼は吉宗が力を入れた印旛沼の新田開発事業に協力して幕府の財政改革に貢献した。

1　(A)正，(B)正

2　(A)正，(B)誤

3　(A)誤，(B)正

4　(A)誤，(B)誤

問3　下線部(2)に関する文(A)，(B)について，正誤の組み合わせとして最も適切なものを，次の1～4の中から一つ選びなさい。⑧

(A)　大名から石高1万石について100石の米を臨時に上納させる制度である。

(B)　この制度の導入と引き換えに，参勤交代の負担を緩和したが，この緩和策は天保の改革で廃止された。

1　(A)正，(B)正

2　(A)正，(B)誤

3　(A)誤，(B)正

4　(A)誤，(B)誤

問4　空欄 イ に入る適切な語句を，漢字3字で解答欄に記入しなさい。【記述解答】

問5　空欄 ウ に入る語句として最も適切なものを，次の1～4の中から一つ選びなさい。⑨

1　道頓堀　　2　堂島　　3　雑喉場　　4　天満

問6　空欄 エ に入る適切な語句を，解答欄に記入しなさい。なお，解答にあたっては，漢字のほかカタカナ(ひらがな)でもよい。【記述解答】

問7　下線部(3)に関連して，吉宗に青木昆陽とともにオランダ語の習得を命じられた人物として最も適切なものを，次の1～4の中から一つ選びなさい。⑩

1　新井白石　　2　稲村三伯　　3　野呂元丈　　4　前野良沢

問8　下線部(4)に関連して，この大火からの復興後，代替わりの武家諸法度を発布し，あわせて殉死の禁止を命じた将軍として最も適切なものを，次の1～4の中から一つ選びなさい。⑪

1　徳川家光　2　徳川綱吉　3　徳川家斉　4　徳川家綱

問9　空欄［　オ　］に入る適切な語句を，漢字6字で解答欄に記入しなさい。【記述解答】

問10　空欄［　カ　］に入る人物として最も適切なものを，次の1～4の中から一つ選びなさい。
⑫

1　荻生徂徠　2　藤原惺窩　3　林羅山　4　中江藤樹

問題V

次の文章はある人物について書かれたものである。これを読んで，後の問いに答えなさい。

（配点　25）

［人物X］は1840(天保11)年，薩摩藩士の長男として生まれる。父親が早くに死去したため生活は困窮状態にあったが，鹿児島城下でのちの松方正義らとともに文武の道を学ぶ。1863(文久3)年の薩英戦争(1)に参加し，欧米の武器の威力を痛感，江戸での勉学を希望し，藩の遊学生として江川塾(2)に入り砲術を修める。その後，京都へ移り西郷隆盛のもとで国事に奔走，薩長連合をめぐっては，長州藩で尊攘派を主導していた［　ア　］の説得に尽力し，その成立に寄与した。さらに，1868(明治元)年からの旧幕府軍との戦い(3)では，新政府軍の参謀として従軍，箱館の旧幕府軍が降伏した際には，中心人物であった［　イ　］の助命に尽力し，旧幕府の有能な人材を新政府でも登用することを主張した。

明治政府では，1870(明治3)年に開拓次官(開拓使の次官)となり，政策方針として樺太より北海道開拓を優先すべきと主張した。さらに1874年に参議兼開拓長官となり，士族授産の意味もふくめ，北海道開拓と対ロシア防衛策として［　ウ　］制度を設けたほか，教育(4)や産業育成など各種政策を主導した。

一方で，1875年の［　エ　］事件に際しては，井上馨とともに政府全権として朝鮮へ赴き交渉を担当，翌1876年に日朝修好条規を締結した。また1877年の西南戦争では，征討参謀に任じられ熊本城を巡る攻防で活躍したが，ここで辞職し，鹿児島城下での戦闘には参加しなかった。

その後は北海道開拓に注力したが，1881年の開拓使官有物払下げ事件(5)で世論の攻撃をうけ，参議兼開拓長官を辞し，内閣顧問となったが，薩摩藩閥の重鎮として政界への影響力を保持しつづけた。1887年に第1次伊藤博文内閣の農商務相として入閣，翌1888年には自らが第2代内閣総理大臣となった。この内閣では，1889年に天皇が定めて国民に与えるという形式で［　オ　］を発布するとともに，「政府の政策は政党の意向によって左右されてはならない」という立場(6)を明らかにした。また条約改正交渉に取り組む(7)が外相の負傷により挫折し，総理大臣を辞職した。そして1892年にふたたび第2次伊藤博文内閣に逓信相として入閣，1895年に枢密院議長に転じた。

1900年に死去。まもなく札幌市大通に銅像が建立されるが，太平洋戦争の金属回収のため供出され消滅し，1967(昭和42)年に再建されている。

問1　［人物X］とはだれか。適切な人名を，解答欄に記入しなさい。【記述解答】

問2　空欄 ア ～ オ に入る適切な語句を，それぞれ解答欄に記入しなさい。ただし，空欄 オ は漢字７字で記入すること。【記述解答】

問3　下線部(1)は，前年の生麦事件の報復として発生したものである。生麦事件の発生場所を示したものとして最も適切なものを，図１中の1～4の中から一つ選びなさい。⑬

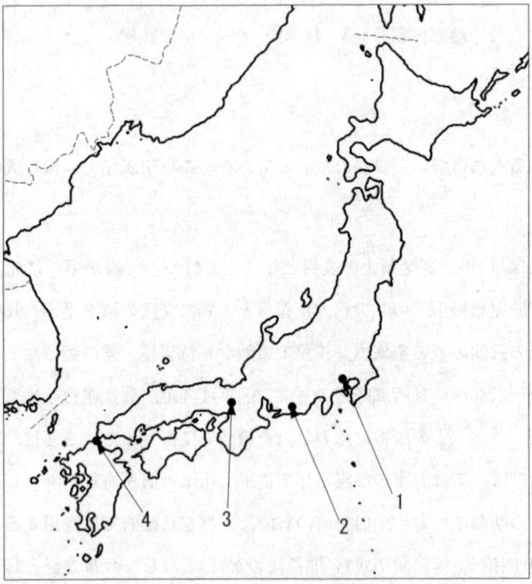

図１

問4　下線部(2)は幕府の西洋技術導入に活躍した江川太郎左衛門が開設した洋学塾である。これに関連し，開国後，幕府が洋学の教授と外国文書の翻訳等のために開設した機関の名称として最も適切なものを，次の1～4の中から一つ選びなさい。⑭

1　講武所　2　開智〔小〕学校　3　聖堂学問所　4　蕃書調所

問5　下線部(3)は１年半近くにわたった。この内戦の適切な名称を，解答欄に記入しなさい。

【記述解答】

問6　下線部(4)の一環として，人物Ｘ の提案で開拓使が募集した若い女性をふくむ米国留学生派遣は，岩倉使節団に随行するかたちで実施された。その女子留学生うち，帰国後，女子教育に尽力し，「女子英学塾」を設立した人物として最も適切なものを，次の1～4の中から一つ選びなさい。⑮

1　山川捨松　2　市川房枝　3　伊藤野枝　4　津田梅子

問7　下線部(5)に関連して，人物Ｘ と同じ薩摩藩出身で，払下げ条件が問題視された政商として最も適切なものを，次の1～4の中から一つ選びなさい。⑯

1　五代友厚　2　岩崎弥太郎　3　渋沢栄一　4　古河市兵衛

問8　下線部(6)の政治姿勢を何というか。適切な語句を，漢字４字で解答欄に記入しなさい。

【記述解答】

問9　下線部(7)の内容として最も適切なものを，次の1～4の中から一つ選びなさい。 ⑰

1　外務卿寺島宗則は，東京に列国の代表をあつめ，会議により交渉を進展させたが，鹿鳴館外交に象徴される極端な欧化主義が批判の対象となった。

2　外相大隈重信は，条約改正に好意的な国と個別交渉を進めたが，外国人判事の大審院任用を認めたことが発覚し，政府内外からの強い反発をまねいた。

3　外相井上馨は，日英通商航海条約の調印に成功し，関税自主権の回復を達成した。

4　外相青木周蔵は，対ロシア政策で友好的となったアメリカに対し交渉を進めたが，ノルマントン号事件により辞任した。

世界史

(60分)

問題Ⅰ　次の文章を読んで，後の問いに答えなさい。(配点　25)

紀元前7世紀頃にギリシアの北方に建国されたマケドニア王国では，紀元前336年，父王の暗殺に伴い，アレクサンドロス(1)が王位についた。アレクサンドロスは，紀元前334年から，東方遠征を開始した。アレクサンドロスは，イタリアのポンペイから出土したモザイク画に描かれている［　A　］の戦いなどで，ペルシア王［　B　］に勝利した。それによりペルシアの征服に成功し，インダス川におよぶ大帝国を樹立した。紀元前323年にアレクサンドロスが急逝すると，［　C　］と呼ばれる彼の後継者たちの間で争いが起き，アレクサンドロスの帝国は三つに分裂した。

アレクサンドロスの遠征活動は，ギリシア文化の東方への伝播を促進し，ギリシアとオリエントの文化が融合した(　ア　)文化の出現をもたらした。アレクサンドロスはまた，征服した土地に約20の都市を建築し，その中でもエジプトの(　イ　)が特に有名である。その都市にはやがて，世界最大規模の図書館を付属機関としてもつ王立研究所(　ウ　)が建てられた。

アレクサンドロスの帝国が分裂して成立した王朝の一つである［　D　］エジプトでは，紀元前1世紀末にクレオパトラが王位についた。クレオパトラはローマの軍人［　E　］と組み，(　エ　)の海戦でオクタウィアヌスと戦うが敗れ，その後［　D　］エジプトは滅亡することとなった。これによりローマの内乱は終了し，地中海世界はローマ時代へと突入することになる。

問1　下線部(1)が十代の頃に，彼の教育係を務めた哲学者の適切な人名を，解答欄に記入しなさい。【記述解答】

問2　空欄［　A　］に入る語句として最も適切なものを，次の1～4の中から一つ選びなさい。［①］

1　アルベラ　　2　カンネー　　3　カイロネイア　　4　イッソス

問3　空欄［　B　］に入る語句として最も適切なものを，次の1～4の中から一つ選びなさい。［②］

1　ダレイオス3世　　2　ユスティニアヌス1世

3　ミトラダテス1世　　4　フィリッポス2世

問4　空欄 [C] に入る語句として最も適切なものを，次の1～4の中から一つ選びなさい。 ③

1　オストラコン　2　ディアドコイ
3　ディクタトル　4　デマゴーゴス

問5　空欄 [D] に入る語句として最も適切なものを，次の1～4の中から一つ選びなさい。 ④

1　プトレマイオス朝　2　アケメネス朝
3　セレウコス朝　4　アンティゴノス朝

問6　空欄 [E] に入る語句として最も適切なものを，次の1～4の中から一つ選びなさい。 ⑤

1　クラッスス　2　レピドゥス
3　ポンペイウス　4　アントニウス

問7　空欄（　ア　）～（　エ　）に入る適切な語句を，それぞれ解答欄に記入しなさい。【記述解答】

問題Ⅱ　次の文章を読んで，後の問いに答えなさい。（配点　25）

インド洋と太平洋を結ぶ海上交易は，ローマ帝国の衰退後から東南アジアや中国の重要性が増すことになる。交易の要衝となるマラッカ海峡域には，東南アジア諸島部の産品が集まり，各地には中継港となる港市国家があいついで発展する。

7世紀後半，(1)スマトラ島のパレンバンに拠点を置いた(2)シュリーヴィジャヤ王国（7～14世紀）が成立し，港市国家として海上交易を積極的に行っていた。隣接する(3)ジャワ島では，8世紀になると中部ジャワに(4)シャイレンドラ朝（8～9世紀頃）や [A] 朝（732～1222年）が生まれた。

東部ジャワでは，10～16世紀初めにかけてクディリ朝，シンガサリ朝，[B] 朝（1293～1520年頃）が栄え，[C] 文化とジャワ文化が融合した独自の文化が開花した。(5)東南アジア各地域においても同様に [C] の影響がみられた。

この間，スマトラ島では13世紀末にイスラーム教徒の王国が成立している。ジャワ島では [B] 朝が15世紀末に衰退後，急速にイスラーム化が進展し，16世紀の間にほぼ全島がイスラーム化した。

ヨーロッパの大航海時代以降，17世紀には [D] がジャワ島のバタヴィアを拠点に東インド会社を設立する。これを機にヨーロッパ勢力による植民地化が始まっていくことになる。

なお，図1は7～9世紀頃の東南アジア諸島部を表している。

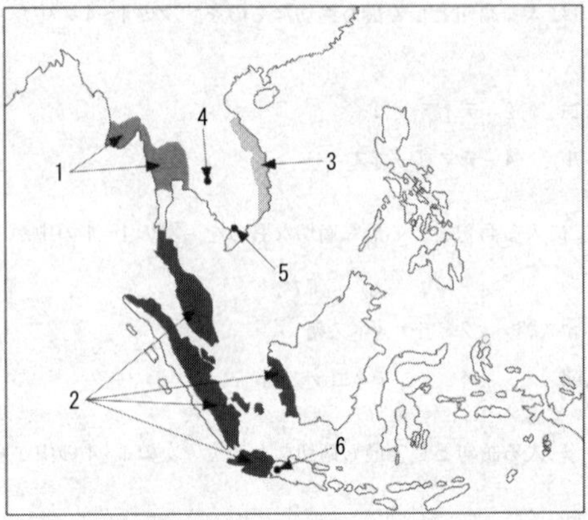

図1

問1　空欄 [A]，[B] に入る適切な語句を，それぞれ解答欄に記入しなさい。【記述解答】

問2　空欄 [C]，[D] に入る語句として最も適切なものを，それぞれ次の1～4の中から一つずつ選びなさい。

C ⑥　1　チャンパー　2　インド　3　イギリス　4　アラブ

D ⑦　1　スペイン　2　ポルトガル　3　フランス　4　オランダ

問3　下線部(1)と下線部(3)から成る諸島部は，現在のどの国にあたるか。適切な国名を解答欄に記入しなさい。【記述解答】

問4　下線部(2)について，下の(a)，(b)の問いに答えなさい。

(a)　著書『南海寄帰内法伝』で，シュリーヴィジャヤ王国の繁栄を伝えた唐僧として最も適切なものを，次の1～4の中から一つ選びなさい。⑧

1　法顕（ほっけん）　2　玄奘（げんじょう）　3　義浄（ぎじょう）　4　仏図澄（ぶっとちょう）

(b)　シュリーヴィジャヤ王国の位置として最も適切なものを，図1中の1～3の中から一つ選びなさい。⑨

問5　下線部(4)について，下の(a)，(b)の問いに答えなさい。

(a)　シャイレンドラ朝が建造した仏教寺院の名称として最も適切なものを，次の1～4の中から一つ選びなさい。⑩

1　ボロブドゥール　2　スコータイ　3　アユタヤ　4　タージ=マハル

(b)　上記(a)の仏教寺院の位置として最も適切なものを，図1中の4～6の中から一つ選びなさい。⑪

問6　下線部(5)に関連して，下の(a)，(b)の問いに答えなさい。

(a) カンボジアでは，12世紀前半にヒンドゥー寺院が造営された。後に仏教寺院に改修され，現在はこれらは遺跡群として世界文化遺産になっている。この遺跡群の名称として最も適切なものを，次の1〜4の中から一つ選びなさい。⑫

1 アンコール=ワット　2 ナーランダー　3 ゴア　4 アジャンター

(b) 上記(a)の遺跡群の位置として最も適切なものを，図1中の4〜6の中から一つ選びなさい。⑬

問題Ⅲ 次の文章を読んで，後の問いに答えなさい。(配点 25)

マルティン=ルターがドイツにて宗教改革を行ったのとほぼ時を同じくして，スイスでは，ツヴィングリが［A］で宗教改革を行い，その後，カルヴァンが［B］で独自の宗教改革を展開した。カルヴァンは，(1)その人の魂が救われるか否かはあらかじめ神によって決められており，善行や努力とは無関係であるという考えを説き，教会組織については，(2)教会員の中からふさわしい人物を選出して牧師を補佐する制度を取り入れた。イギリスでは，国王(　ア　)が自身の離婚問題をめぐって教皇と対立し，1534年には国王がイギリス国内の教会の首長であると宣言してカトリックから離脱した。

ヨーロッパ各地で宗教改革が進む中，(3)カトリック教会もまた，教義を明確にして内部革新を行うことで勢力の立て直しを行った。1545年から(　イ　)で開かれた公会議では，教皇の至上権が再確認されるとともに，禁書目録が作られ，宗教裁判による思想統制が強化された。このようなカトリックの改革運動の旗手となったのが，スペイン貴族出身の軍人であった(　ウ　)がフランシスコ=ザビエルらと共に結成し，教皇の認可を受けた(　エ　)会である。彼らは厳格な規律と組織のもと，ヨーロッパ以外の世界各地に積極的な伝道・教育活動を行い，カトリック勢力の回復に貢献した。これらのカトリックの布教活動は，「大航海時代」と密接なつながりを持っており，1549年にザビエルが日本に来航したのもその一環であった。

問1 空欄［A］，［B］に入る語句の組み合わせとして最も適切なものを，次の1〜4の中から一つ選びなさい。⑭

	A	B
1	バーゼル	ジュネーヴ
2	ジュネーヴ	チューリヒ
3	チューリヒ	ジュネーヴ
4	チューリヒ	バーゼル

問2 下線部(1)に関連して，次の文章はカルヴァンの考えが示された彼の著書の一部分である。これを読んで，下の(a)，(b)の問いに答えなさい。

命の契約はすべての人に等しく宣べ伝えられているのではなく、さらに、宣べ伝えられている人々の間でも、常にあるいは等しく同じように受け入れられているわけではない。このような相違のうちに、神の裁きの驚くべき深みが明らかにされる。すなわち、このような違いが、神の永遠の選びの御意志に従うものであることは疑いないからである。もしある者には救いが進んで差し出され、ある者はそこに近づくこともできないことが、神の御意向によることが明らかであるとすれば、重大かつ困難な問題が起こる。この問題は、神の選びおよび予定について敬虔な精神によって理解される時のみ解明され得る。これは、多くの人々にとって困惑する問題である。なぜなら、人々の群れの中から、ある者は救いに、ある者は滅びに予定されるということほど、まさに気まぐれに見えることはないからである。しかし、そのような困惑は必要でないことが以下の議論で明らかになるであろう。恐れを引き起こす闇の中で、この教説が有用であり、しかも、とても甘美な実をもたらすことが明らかになる。われわれの救いは、神の無償の憐れみから来ることを、われわれは、神の永遠の選びを理解するまでは確信すべきであるが、決して明確に確信するには至らないであろう。すなわち、この選びは、神がすべての人々を差別なく救いの希望のうちに受け入れたのでなく、ある者に対しては拒否されたことを、ある者には与えられたという対照によって、神の恵みを明らかにするのである。

佐野正子訳

(a)　この著書のタイトルとして最も適切なものを，次の1～6の中から一つ選びなさい。 ⑮

1 『神の国』　2 『キリスト教綱要』　3 『神学大全』

4 『方法序(叙)説』　5 『神曲』　6 『愚神礼賛』

(b)　この文章の中で展開されているカルヴァンの考えのことを何説というか。適切な名称を解答欄に記入しなさい。【記述解答】

問3　下線部(2)に関連して，このような制度を支える考えのことを何主義というか。適切な名称を解答欄に記入しなさい。【記述解答】

問4　下線部(3)に関連して，カトリック教会によるこのような動きのことを何というか。適切な名称を解答欄に記入しなさい。【記述解答】

問5　空欄(　ア　)～(　エ　)に入る適切な語句を，それぞれ解答欄に記入しなさい。【記述解答】

問題Ⅳ　次の文章を読んで，後の問いに答えなさい。(配点　25)

産業革命(1)の進展の結果，資本主義社会には貧富の格差が徐々に拡大し，やがて階級対立の顕在化，労働者が機械の従属物と化してしまう疎外感の顕在化などが社会に深い亀裂をもたらすこととなった。このような資本主義経済・社会の「矛盾」を根本的に是正しようとする思想が徐々に支持者を増やしていくのは，必然的成り行きであったと言えよう。

すでに19世紀前半の時点で，英仏のいわゆる「初期社会主義者」(2)が思想及び実践を世に問うていたことは，よく知られている。

このような「初期社会主義者」を「［　A　］的社会主義」と批判し，史的唯物論と階級闘争史観に基づく，より現実的な社会主義経済・社会の実現を唱えたのが，ドイツ出身でイギリスに亡命したマルクス(3)，ならびに彼とは一心同体と言っても過言ではない同志の［　B　］であった。彼らは1848年(4)に『共産党宣言』を発表し，「万国の労働者よ，団結せよ」との有名な檄(げき)を飛ばしたのであった。その後，議会制民主主義を通じて社会主義経済・社会の実現を目指すベルンシュタインらの修正主義も登場したが，マルクスらの思想が社会主義革命として結実するには，長い年月を必要とした。

問1　下線部(1)の代表的な発明を一つ挙げ，解答欄に記入しなさい。【記述解答】

問2　下線部(2)に関連して，下の(a)，(b)の問いに答えなさい。

(a)　イギリスの初期社会主義者を一人挙げ，解答欄に記入しなさい。【記述解答】

(b)　フランスの初期社会主義者として適切なものを，次の1～10の中から二つ選びなさい。

［⑯］，［⑰］(順不同)

1　パストゥール　2　サン=シモン　3　ラヴォワジェ
4　リシュリュー　5　スタンダール　6　ヴォルテール
7　コント　8　ラ=ファイエット　9　フーリエ
10　デカルト

問3　空欄［　A　］に入る適切な語句を，解答欄に記入しなさい。【記述解答】

問4　下線部(3)の代表的な著書を，漢字3字で解答欄に記入しなさい。【記述解答】

問5　空欄［　B　］に入る適切な人名を，解答欄に記入しなさい。【記述解答】

問6　下線部(4)にフランスで勃発した革命を何というか。適切な名称を，解答欄に記入しなさい。

【記述解答】

〔解答欄〕［　　　　革命］

問7　上記問6の革命によって崩壊した西欧の国際体制(秩序)を形成するうえで，中心的な役割を果たしたオーストリアの外相の適切な人名を，解答欄に記入しなさい。【記述解答】

地　理

（60 分）

問題Ⅰ

図 1 は，世界の大陸別の森林面積の推移（1990～2020年）を示している。この図を見て，後の問いに答えなさい。（配点　25）

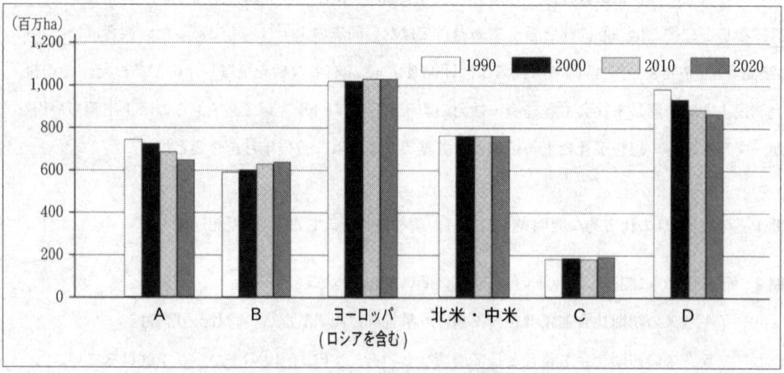

図 1　大陸別の森林面積の推移

（『世界の森林資源評価（FRA）2020レポート』林野庁より）

問 1　図 1 の A ～ D に該当する大陸の組み合わせとして，最も適切なものを，次の 1～4 の中から一つ選びなさい。［①］

	A	B	C	D
1	南米	アフリカ	オセアニア	アジア
2	アジア	オセアニア	アフリカ	南米
3	アフリカ	アジア	オセアニア	南米
4	アジア	南米	アフリカ	オセアニア

問 2　次の (a) ～ (d) の文章は，各大陸・地域の森林の現状に関する説明文である。各文の空欄［ア］～［ケ］に入る適切な語句を，それぞれ解答欄に記入しなさい。【記述解答】

(a)　ヨーロッパや北・中米では，近年，地球温暖化による気温の上昇と，乾燥化が重なった結果，［ア］による森林の減少が大きな問題となっている。イタリアやギリシャでは，［イ］気候により，季節的に最も乾燥する［ウ］に被害が多く発生している。

(b)　シベリアでは，温暖化にともなう［エ］の融解によって，現地の言葉で［オ］と呼ばれる森林に被害が生じている。

(c) アフリカでは，乾燥化による影響も大きいが，貧困のため石油などが買えない住民自身が，［カ］材として森林を伐採し，砂漠化を加速させている場合も見られる。

(d) 熱帯では，［キ］と呼ばれる大規模な農業開発が行われている。マレーシアでは輸出用に［ク］が広域的に栽培されている。これも樹木なので，森林面積に大きな変化はないが，森林が単一種の樹木にされてしまうので［ケ］性の観点から問題である。

問3 ブラジル，カナダ，ロシア，日本の4カ国について，それぞれの国土に占める森林の割合（森林率）を，2018年時点で高い順に並べたものとして最も適切なものを，次の1～4の中から一つ選びなさい。［②］

	高い ←	森林率		→ 低い
1	ブラジル	カナダ	日本	ロシア
2	カナダ	ブラジル	ロシア	日本
3	ロシア	ブラジル	カナダ	日本
4	日本	ブラジル	ロシア	カナダ

問題Ⅱ　アメリカ合衆国の農業に関する次の文章を読んで，後の問いに答えない。（配点　25）

アメリカ合衆国では，<u>地域の自然条件などに適応させた農業</u>(1)が行われてきた。

近年，新しい農業技術の開発により，農業地域のようすも変化している。かつて放牧地域であった乾燥地域で大規模にトウモロコシを栽培し，それを飼料として［ i ］と呼ばれる肥育場で肉牛を肥育している。

アメリカ合衆国は世界有数の穀物輸出国である。穀物の流通，加工，販売および農業用機械生産などに関わっている穀物［ ii ］は，世界の穀物の市場［ iii ］にも大きな影響を及ぼしている。

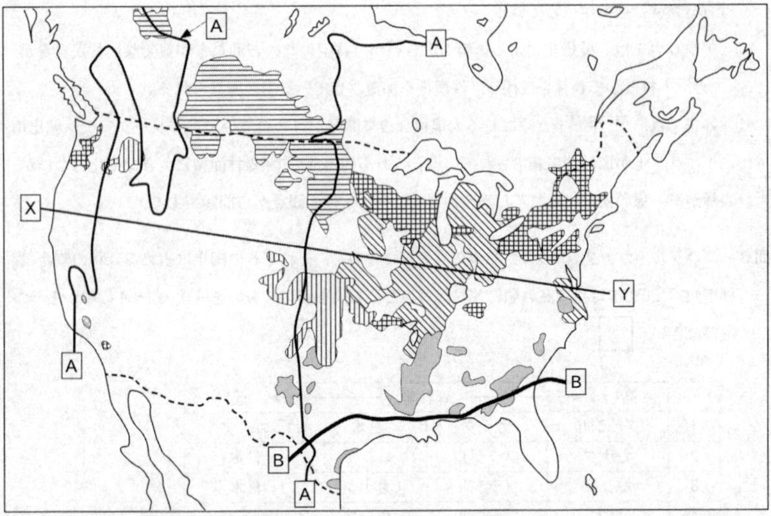

綿花地帯 ア イ ウ エ

図1

(『GOODE'S WORLD ATLAS』より)

問1 下線部(1)に関連して，下の(a)～(d)の問いに答えなさい。

(a) 図1中の A ―― A は年降水量の等値線である。その年降水量として最も適切なものを，次の1～4の中から一つ選びなさい。 ③

1 250mm　2 500mm　3 750mm　4 1,000mm

(b) 図1中の B ━━ B は1月の平均気温の等値線である。その平均気温として最も適切なものを，次の1～4の中から一つ選びなさい。 ④

1 0℃　2 10℃　3 20℃　4 30℃

(c) 図2は，図1中の X ―― Y の模式的な地形断面図である。図2中の a ～ d に該当する地形の組み合わせとして最も適切なものを，次の1～4の中から一つ選びなさい。 ⑤

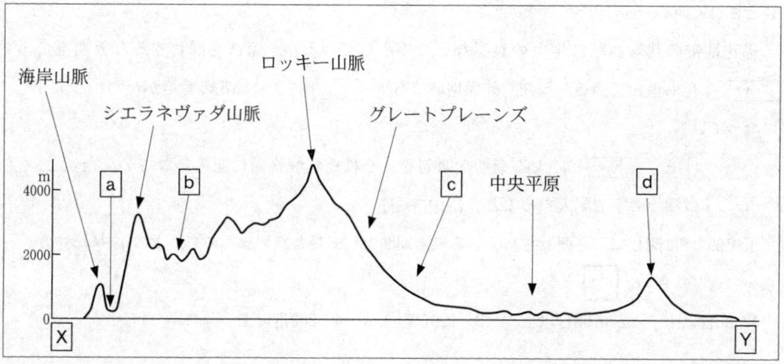

図2

	a	b	c	d
1	インピリアルヴァレー	グレートベースン	プレーリー	アパラチア山脈
2	セントラルヴァレー	コロンビア盆地	コロラド高原	東シエラマドレ山脈
3	セントラルヴァレー	グレートベースン	プレーリー	アパラチア山脈
4	インピリアルヴァレー	コロンビア盆地	コロラド高原	東シエラマドレ山脈

(d)　アメリカ合衆国の中西部では，降雨による土壌侵食などを防ぐため，傾斜地を高度に沿って帯状に作付けする農法が行われてきた。この農法の適切な名称を，解答欄に記入しなさい。

【記述解答】

〔解答欄〕 [　　　　　　耕作]

問2　空欄 [i] ～ [iii] に入る適切な語句を，それぞれ解答欄に記入しなさい。ただし，[i] と [ii] はカタカナで，[iii] は漢字2字で記入すること。【記述解答】

問3　図1中の凡例**ア**～**エ**は，酪農地帯，春小麦地帯，トウモロコシ・大豆地帯，冬小麦地帯の分布を表したものである。**ア**～**エ**に該当する農業地帯の組み合わせとして最も適切なものを，次の1～4の中から一つ選びなさい。[⑥]

	ア	イ	ウ	エ
1	春小麦地帯	冬小麦地帯	トウモロコシ・大豆地帯	酪農地帯
2	冬小麦地帯	春小麦地帯	酪農地帯	トウモロコシ・大豆地帯
3	酪農地帯	トウモロコシ・大豆地帯	春小麦地帯	冬小麦地帯
4	春小麦地帯	冬小麦地帯	酪農地帯	トウモロコシ・大豆地帯

問4　図1中の綿花地帯 [　　　] について述べた次の文章を読んで，下の(a)，(b)の問いに答えなさい。

綿花の栽培条件には，生育期の高温多湿，収穫期の乾燥がある。また，<u>一定の無霜期間</u>(1)も必要とされている。

綿花地帯の栽培面積は地力の衰退などで縮小しているが，家畜を飼育するなど農業の［ iv ］化も進んでいる。現在，乾燥地域でも［ v ］により綿花の栽培が行われるようになっている。

(a)　［ iv ］と［ v ］に入る適切な語句を，それぞれ解答欄に記入しなさい。ただし，［ iv ］は漢字２字で記入すること。【記述解答】

(b)　下線部(1)に関して，必要とされている無霜期間として最も適切なものを，次の1～4の中から一つ選びなさい。［⑦］

1　50日以上　　2　100日以上　　3　150日以上　　4　200日以上

問５　現在，綿花栽培の中心地は移動しているが，どこの州に移動しているのか。図１中の綿花地帯の分布状況を参考に，該当する州として最も適切なものを，次の1～4の中から一つ選びなさい。［⑧］

1　ペンシルヴェニア州　　2　ミネソタ州

3　テキサス州　　4　ミシガン州

問６　アメリカ合衆国で生産されているトウモロコシの用途別消費量は，2000年に入ってから，燃料用消費量が急増している。トウモロコシを原料とする燃料の適切な名称を，カタカナ８字で解答欄に記入しなさい。【記述解答】

問題Ⅲ　ロシアに関する次の文章を読んで，後の問いに答えない。（配点　25）

ソビエト社会主義共和国連邦（以下「ソ連」）の崩壊を経て，<u>10カ国以上の独立国</u>(1)ができ，ロシアはそのいくつかの国々と独立国家共同体（ＣＩＳ）を形成している。ソ連崩壊後，農業は企業や<u>個人による生産</u>(2)へと変化した。また，経済はしばらく停滞したが，<u>2000年以降にヨーロッパ諸国などへの石油や天然ガスの輸出を拡大することで経済成長</u>(3)を遂げた。2014年の［ Ｉ ］半島の併合や2022年のウクライナ侵攻を経て，ヨーロッパ諸国との関係は大きく不安定化している。

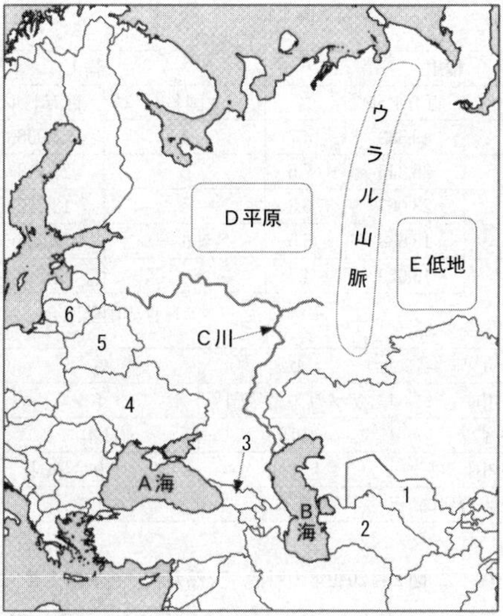

図1

問1　図1はロシア西部とその周辺諸国を示したものである。図中のA～Eの適切な名称を，それぞれ解答欄に記入しなさい。【記述解答】

問2　下線部(1)に関連して，次のア～ウの説明文に該当する適切な国名を，それぞれ解答欄に記入しなさい。【記述解答】

さらに，それらの国の位置を，それぞれ図1中の1～6の中から一つずつ選びなさい。

ア ⑨，イ ⑩，ウ ⑪

ア　バルト3国の中で最も南に位置しており，人口も最も多い。ＣＩＳには一度も加盟していない。

イ　ＣＩＳの加盟国であり，シルクロードの要衝地であったタシケントを首都とする。

ウ　かつてはグルジアと呼ばれＣＩＳに加盟していたが，ロシアとの紛争を経て2009年に脱退した。

問3　下線部(2)に関連して，「ロシアの一般市民が大都市郊外に所有する菜園付きの簡素な別荘」を示す語句として最も適切なものを，次の1～4の中から一つ選びなさい。⑫

1　コルホーズ　　2　ダーチャ　　3　ソフホーズ　　4　キリル

問4　下線部(3)に関連して，表1は2020年のロシアの貿易相手の上位5カ国を示したものである。表中のa，b，cに該当する国の組み合わせとして最も適切なものを，次の1～4の中から一つ選びなさい。⑬

表1

順位	輸出			輸入		
	国名	百万ドル	%	国名	百万ドル	%
1位	a	49,583	14.7	a	54,908	23.7
2位	オランダ	25,345	7.5	b	23,418	10.1
3位	イギリス	23,067	6.8	c	13,222	5.7
4位	b	18,638	5.5	ベラルーシ	12,585	5.4
5位	ベラルーシ	16,029	4.7	イタリア	10,213	4.4

(『世界国勢図会 2022/23』より)

	a	b	c
1	中国	アメリカ合衆国	ドイツ
2	ドイツ	中国	日本
3	中国	ドイツ	アメリカ合衆国
4	アメリカ合衆国	日本	ドイツ

問5　下線部(3)に関連して，図2は2019年の原油，天然ガス，石炭の主要生産国の割合を示したグラフである。X，Y，Z に該当する資源名の組み合わせとして最も適切なものを，次の1～4の中から一つ選びなさい。⑭

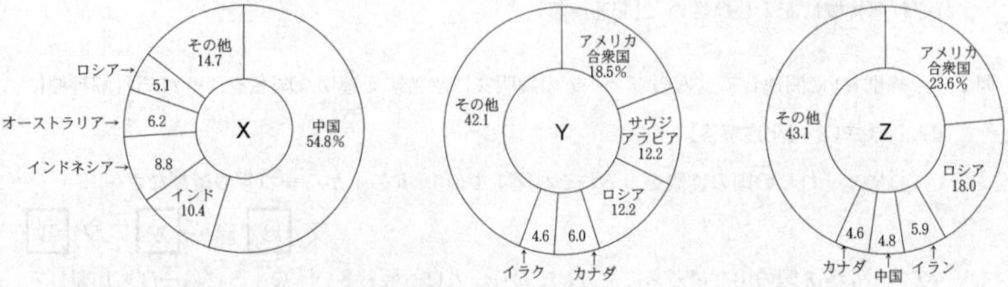

図2

(『世界国勢図会 2022/23』より)

	X	Y	Z
1	石炭	原油	天然ガス
2	石炭	天然ガス	原油
3	天然ガス	原油	石炭
4	原油	石炭	天然ガス

問6　空欄 I に入る適切な地名を，解答欄に記入しなさい。【記述解答】

問題Ⅳ　図1は長崎県佐世保市の2万5千分の1の地形図である。ひなるさんが，この地域を事前に調べて作成した次の文章を読んで，後の問いに答えなさい。(配点　25)

佐世保市に住んでいた祖父の家は，リアス海岸(1)に位置していた。この地形は起伏の大きな山地が(　ア　)したものであり，半島と(　イ　)が交互に繰り返される複雑な海岸線になる。祖父は，図1中の A 港を拠点としながら，沖合を流れる海流(2)によって形成された漁場で漁を行っていたらしい。

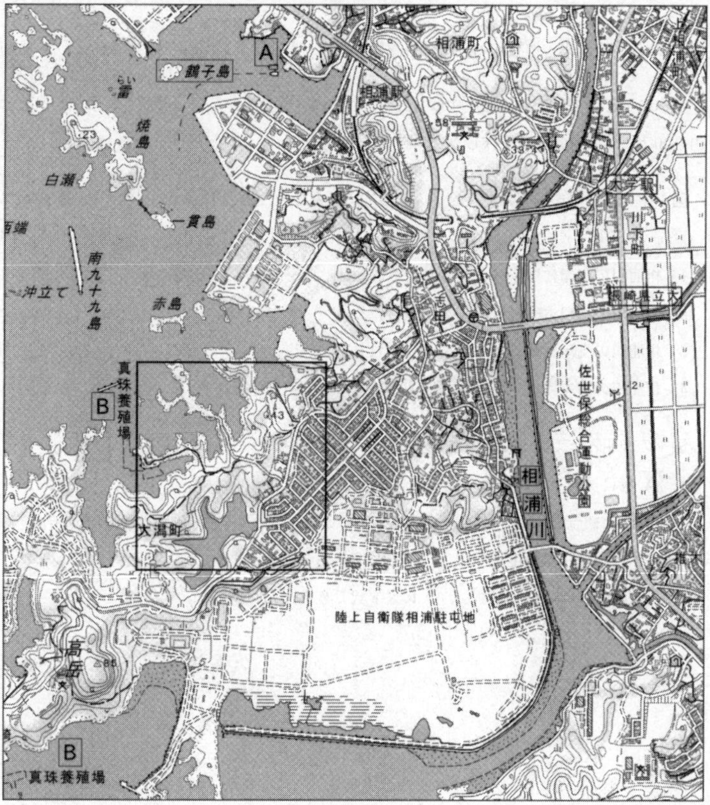

図1

(国土地理院「長崎県佐世保市」1：25,000，125％に拡大)

(編集部注：編集の都合上，縮小して掲載)

問1　下線部(1)に関して，日本のリアス海岸地域の一般的な特徴として**誤っているもの**を，次の**1**～**4**の中から一つ選びなさい。 ⑮

1　津波や高波に対して被害が深刻化しにくい。

2　斜面が海岸に迫っていて交通に不便なことが多い。

3　国立公園に指定されて観光開発が進められてきた地域が多い。

4　広い平地が少ないために大規模な工業都市などには発展しにくい。

問2　空欄（　ア　），（　イ　）に入る語句として最も適切なものを，それぞれ次の1～6の中から一つずつ選びなさい。ア ⑯ ，イ ⑰

1　段丘化　　2　沈水　　3　離水

4　おぼれ谷　　5　圏谷　　6　U字谷

問3　下線部(2)の海流の適切な名称を，解答欄に記入しなさい。【記述解答】

問4　日本のリアス海岸では，図1中の B のように真珠養殖場がしばしば見られますが，その理由を40字以内で解答欄に記入しなさい。【記述解答】

問5　図1中の相浦川を説明した文として**誤っているもの**を，次の1～4の中から一つ選びなさい。⑱

1　相浦川の両岸には，防波堤等が見られる。

2　相浦川の河口近くには，干潟が見られる。

3　相浦川の支流沿いでは，水田が見られる。

4　相浦川の右岸には，佐世保総合運動公園の庭園路が見られる。

問6　図1の説明として**誤っているもの**を，次の1～4の中から一つ選びなさい。⑲

1　A 港には海上交通の定期航路が就航している。

2　A 港と鶴子島は元の地形図上で2㎝離れており，実際の距離は500mである。

3　陸上自衛隊相浦駐屯地では，一部で湿地が見られる。

4　長崎県立大の最寄りの駅は，ＪＲ大学駅である。

問7　図1中の□で囲まれた範囲を拡大した図2を見て，X——Yの地形断面図として最も適切なものを，次の1～4の中から一つ選びなさい。⑳

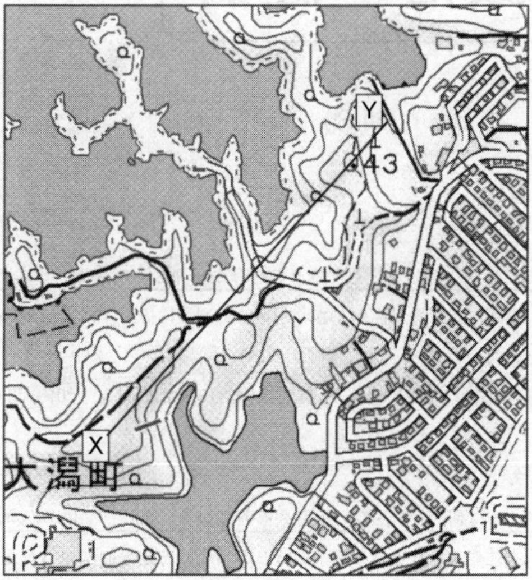

図2

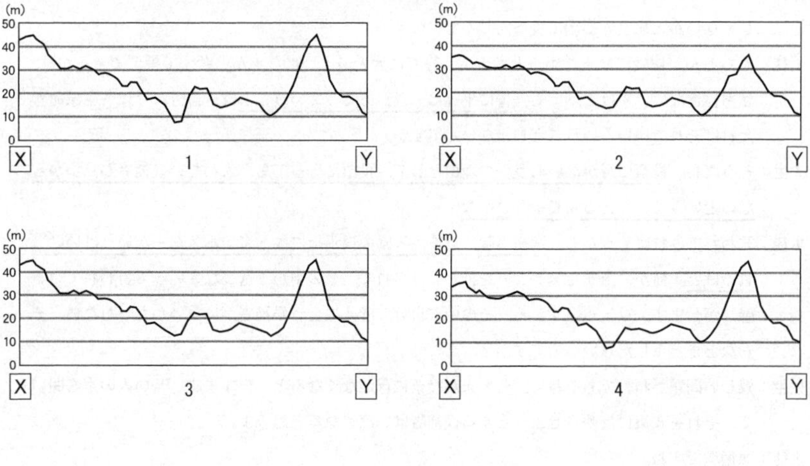

政治・経済

（60分）

問題Ⅰ　次の先生と生徒の大谷さんとの会話文を読んで，後の問いに答えなさい。（配点　25）

生徒：私，(1)先月18歳になったので，次の選挙で投票できるのを今から楽しみにしているんですけど，最近の若い人の多くは，投票に行くのは面倒くさいと言って選挙に行かない人が多いって，先生，授業で言ってましたよね。

先生：そうだね。この前の(2)参議院選挙（2022年実施）の投票率は，10代で35.42％，20代で33.99％と，60代の半分くらいだね。

生徒：どうしてでしょう？

先生：(3)自分が一票を入れても世の中は何も変わらないと考える若者が多いんじゃないのかな。

生徒：でも，世の中が良くない方に変わったとき，投票に行っていないと政治に文句も言えなくなっちゃうと思うけど。だって，(4)国民としての責任を果たしていないんだから。

先生：でも逆に，国民の責任なんて言うと，政治のことがわからない人は，投票しない方がいいんじゃないかと思う人も出てくるんじゃないの？

生徒：もちろん，18歳になったからといって，直ぐに大人のようにちゃんと考えて投票できるかは，私も自信ないですけど。でも，(5)皆に平等に一票があるっていうことは，自分なりに一生懸命考えればそれでいいということじゃないんですか。

先生：そうだね。(6)投票に行かないもう一つ理由として，投票に行っても，入れたい候補者が見つからないということもあるんじゃないかな。

生徒：言われてみればそうかも。(7)選挙の時，近くの公園の掲示板に候補者のポスターがいっぱい貼られるけど，何か，上からメニューを押しつけられて，この中から選びなさいって言われている感じがします。ひょっとすると，その中に自分の考えに合う候補者がいないかもしれない。そんなときどうしたらいいのですか？

先生：難しい問題だね。でもそれで，若い人が投票に行かなくなると，ますます，若い人の声を聞いて，それを政策に反映させようとする候補者はいなくなると思うよ。

生徒：悪循環ですね。

先生：政治の役割は，限りある資源をどう分配するかを決めることだから，選挙に出る政治家は，自分に投票してくれそうな人に有利になるような分配を約束するよね。投票に行かない人は無視される。だから，若い人も，「私も一票をしっかり投じている」とアピールするのが大事だな。

生徒：思いつきだけど，若い人のことは，若い人が一番よく知っているはず。少なくとも，私に近い年代の人のほうが，私の話を聞いてくれそうだと思います。だから，(8)もっと若い人が立候補してくれたらいいのに。単純すぎますか？

先生：そんなことないよ。年齢や性別や経済状況や育った環境が似通った人ばかりが政治家になるようだと，議会に吸い上げられる意見も偏ってしまうだろうね。議会が偏らないためには，いろいろな人が立候補できる社会の環境が必要だな。大谷さんが将来政治家になりたいと思ったとき，その足かせになるようなものがもっと少なくなっているといいよね。

問1　下線部(1)に関連して，公職選挙法が改正されて，選挙権年齢を18歳に引き下げる公職選挙法の改正がなされたのは何年か。改正された年として最も適切なものを，次の1〜4の中から一つ選びなさい。 ①

1　2015年　　2　2016年　　3　2017年　　4　2018年

問2　下線部(2)に関連して，下の(a)と(b)の問いに答えなさい。

(a)　参議院の選挙制度の変遷についての説明として最も適切なものを，次の1〜4の中から一つ選びなさい。 ②

1　1982年，全国区選挙が廃止され，小選挙区制が導入された。

2　1994年，重複立候補制が導入された。

3　2000年，比例代表選挙に非拘束名式が導入された。

4　2018年，政党に男女同数の候補者の擁立を法的に義務づけた。

(b)　二院制をとる理由についての説明として，明らかに**関係がないもの**を，次の1〜4の中から一つ選びなさい。

1　一院の暴走を抑えて，慎重な審議を行うことができる。

2　衆議院と参議院とで選挙制度を変えることで，多様な人材を議会に出せる。

3　審議を停滞させる原因となるねじれ国会を回避することができる。

4　衆議院の解散中でも，参議院だけで国会の機能を果たすことができる。

問3　下線部(3)に関連して，現代の低投票率の背景には政治的無関心があり，それは，有権者の政党離れや(　ア　)の増大に現れていると言われている。

空欄(　ア　)に入る適切な語句を，漢字４字で解答欄に記入しなさい。【記述解答】

問4　下線部(4)に関連して，憲法が定める国民の義務として，明らかに**関係のないもの**を，次の1〜4の中から一つ選びなさい。 ④

1　保護する子女に普通教育を受けさせる義務

2　勤労の義務

3　納税の義務

4　憲法を尊重擁護する義務

問5　下線部(5)に関連して，小選挙区制の選挙区割りを示した下の表を見て，以下の(a)と(b)の問いに答えなさい。表中の数字は，それぞれの選挙区の有権者数を示している。

A選挙区	B選挙区	C選挙区	D選挙区	E選挙区
20万人	25万人	30万人	40万人	50万人

(a)　一票の価値が最も重い選挙区は，どの選挙区か。最も適切なものを，次の1～5の中から一つ選びなさい。⑤

1　A選挙区　　2　B選挙区　　3　C選挙区　　4　D選挙区　　5　E選挙区

(b)　一票の価値の格差は，何倍か。最も適切なものを，次の1～4の中から一つ選びなさい。⑥

1　1.5倍　　2　2倍　　3　2.5倍　　4　3倍

問6　下線部(6)に関連して，政党は，選挙の際に有権者に公約として示した政策の実施時期や数値目標などを記した文書を公表するが，この文書の名称として最も適切なものを，次の1～4の中から一つ選びなさい。⑦

1　プログラム　　2　パブリックコメント

3　ディスクロージャー　　4　マニフェスト

問7　下線部(7)に関連して，日本の選挙運動についての説明として，明らかに**誤っているもの**を，次の1～4の中から一つ選びなさい。⑧

1　選挙期間中の戸別訪問が禁止されている。

2　インターネットを利用した選挙運動が一律禁止されている。

3　選挙期日前の選挙運動が禁止されている。

4　悪質な選挙違反には，連座制が適用される場合がある。

問8　下線部(8)に関連して，衆議院と参議院の被選挙権が認められる年齢の組み合わせとして最も適切なものを，次の1～4の中から一つ選びなさい。⑨

1　衆議院：20歳以上，参議院：25歳以上

2　衆議院：25歳以上，参議院：25歳以上

3　衆議院：25歳以上，参議院：30歳以上

4　衆議院：30歳以上，参議院：30歳以上

問題Ⅱ　次の文章を読んで，後の問いに答えなさい。（配点　25）

「大学とは，学習の場である。ビジネスも，学習の場である。人生そのものが，学習の場なのだ。」とは，発明王・エジソンの言葉である。学習することは，人間らしく生きるための素地を身につけ人格形成を行うのに必要なことであると同時に，社会への適応力を身につけるためにも必要である。

日本国憲法は，第26条第1項において教育を受ける権利について定めている。そこでは，「すべて国民は，［A］の定めるところにより，その［B］に応じて，ひとしく教育を受ける権利を有する。」と規定されており，続いて第2項では「すべて国民は，［A］の定めるところにより，その保護する子女に普通教育を受けさせる義務を負ふ。義務教育は，これを無償とする。(1)」と規定されている。ここから，第1項は権利保障を定めた規定であり，第2項は義務を定めた規定であると読むことができる。しかし，第1項が権利保障規定だとしても，反面，国が教育に関わる施設を設置し，それらを国民の利用に供する義務を負うことを定めた規定であると見ることも可能である。そのように理解した場合，第1項は(2)国のとるべき政策上の方針を定めたものと考えられ，具体的にどのような施設を設置すべきか等については，国に広い裁量が認められることになる。

この憲法第26条の理念を教育の場で生かすために，(3)国は法を制定し教育環境を整えてきたが，そもそも，教育を受ける権利の背後には(4)すべての人は教育を受け学習し成長する固有の権利を有しているという考えがあるとされている。これは，子どもの最善の利益の尊重に通じる一方，その教育内容の決定権は誰にあるのか——国か，国民か——が問われてきた。この点について，(5)最高裁判所は，一定の範囲で教師の教育の自由を認めつつ，国による教育内容の決定も肯定している。

さて，冒頭のエジソンの言葉に戻ろう。大学における学習は，むしろ学問の自由と関わる。学問の自由は憲法第23条に規定されているところ，そこでは「学問の自由は，これを保障する。」と簡潔に明記されているのみである。この簡潔な規定があえて盛り込まれた背景には，(6)明治憲法下における学問そのものへの弾圧があった。学問の自由には，学問研究及び研究成果発表の自由，教授の自由が含まれるほか，大学においては，(7)大学の自主的な人事や施設管理といった大学の自主性を最大限に認めるべきことも含まれている。

問1　空欄［A］，［B］に入る語句の組み合わせとして最も適切なものを，次の1～4の中から一つ選びなさい。［⑩］

1　A：国　―B：資質　　2　A：行政 － B：状況

3　A：憲法 － B：年齢　　4　A：法律 － B：能力

問2　下線部(1)に関連して，教育の無償化に関わる説明として，明らかに**誤っているもの**を，次の1～4の中から一つ選びなさい。［⑪］

1　学校教育法では，義務教育段階での国公立学校における授業料の不徴収を定めている。

2　憲法上の「無償」には，教科書の無償配布も含まれるとするのが政府の見解である。

3　現在は，国公立学校の他私立学校においても教科書の無償化がなされている。

4 高校は義務教育ではないため無償化はなされていないが，就学支援金制度が実施されている。

問3 下線部(2)に関連して，規定の性格を，個々の国民に対して法的権利を保障したものではないと捉える考え方がある。この考え方の適切な名称を解答欄に記入しなさい。【記述解答】

問4 下線部(3)に関連して，教育の目的や教育の機会均等，義務教育制などを定めた法律が1947年に成立し，2006年に改正された。この法律の適切な名称を解答欄に記入しなさい。【記述解答】

問5 下線部(4)に示される固有の権利の名称として最も適切なものを，次の1～4の中から一つ選びなさい。⑫

1 学習権　2 生存権　3 幸福追求権　4 平等権

問6 下線部(5)に関連して，この判断の先例となった訴訟事件の名称として最も適切なものを，次の1～4の中から一つ選びなさい。⑬

1 家永訴訟　2 朝日訴訟　3 旭川学力テスト事件　4 大本事件

問7 下線部(6)に関連して，「統治権は国家にあり，天皇もその一機関である」と述べた著書が天皇主権の国家体制に反するとして発売禁止になった事件がある。この事件について，以下の(a)と(b)の問いに答えなさい。

(a) この著書の著者として最も適切な人物を，次の1～4の中から一つ選びなさい。⑭

1 吉野作造　2 美濃部達吉　3 河合栄治郎　4 津田左右吉

(b) この事件は（ ア ）事件と呼ばれる。

空欄（ ア ）に入る適切な語句を，漢字5字で解答欄に記入しなさい。【記述解答】

問8 下線部(7)に関連して，以下の(a)と(b)の問いに答えなさい。

(a) 大学の運営がその構成員の意思により自主的に行われることを，大学の（ イ ）という。

空欄（ イ ）に入る適切な語句を，漢字2字で解答欄に記入しなさい。【記述解答】

(b) このことが争われた事件の名称として最も適切なものを，次の1～4の中から一つ選びなさい。⑮

1 チャタレイ事件　2 三菱樹脂事件　3 ポポロ事件　4 滝川事件

問題Ⅲ　次の文章を読んで，後の問いに答えなさい。（配点　25）

日本は，高齢化とともに，少子化も急速に進んでいる。このような少子高齢化社会においては，年少人口(14歳以下)だけではなく，満15歳以上65歳未満の人口である［　A　］も減少しており，経済成長の停滞を懸念する声もある。そのため，2004年には高年齢者雇用安定法が改正され，定年の延長などにより［　B　］まで働けるような制度が整えられた。さらには，これまで働く機会が十分に確保されていなかった人たちの働く環境を整えることも重要である。例えば，1960年に制定され，障害者の職業生活において自立することを促すための措置を総合的に講じ，それによって障害者の職業の安定を図ること目的とする［　C　］を実質化していく活動も必要である。

近年，非正規雇用(1)が増えている。非正規雇用労働者のなかには，フルタイムで働いても最低生活水準を維持する収入を得られないワーキング［　D　］も多い。また，満15～34歳のうち，正社員以外の雇用労働者で働く意思のある人としての［　E　］になる例や，進学や就職をせず職業訓練も受けない［　F　］(Not in Education, Employment or Training)と呼ばれる若者たちも存在する。さらに，労働環境の悪化も問題となっている。長時間労働などの過重労働(2)により，労働災害が多発している。そのため，2018年に多様な働き方や長時間労働の是正を目指す働き方改革関連法が制定された。(3)また，正規雇用労働者と非正規雇用労働者との間の不合理な待遇差を禁止する法整備がスタートすることになった。サービス業を中心とした新興企業のなかには，若者を大量に雇用して過重労働を強いる企業もあり，その悪質性から［　G　］企業と呼ばれている。

サービス業の拡大，家計補助の必要などによって女性労働者は著しく増加しているが，パートタイムや派遣労働の比率が高く，女性の労働環境は賃金や就職などの面で依然として厳しい。1986年に男女雇用機会均等法が施行され，1997年の改正では，募集，採用，配置，昇進などにおける女性差別の解消が努力義務から禁止規定へと強化された(4)。

問1　空欄［　A　］に入る語句として最も適切なものを，次の1～4の中から一つ選びなさい。 ⑯

1　労働力人口　　2　生産年齢人口　　3　将来推計人口　　4　就業人口

問2　空欄［　B　］に入る年齢として最も適切なものを，次の1～4の中から一つ選びなさい。 ⑰

1　60歳　　2　65歳　　3　70歳　　4　75歳

問3　空欄［　C　］に入る語句として最も適切なものを，次の1～4の中から一つ選びなさい。 ⑱

1　心身障害者基本法　　2　労働者災害補償保険法

3　生活困窮者自立支援法　　4　障害者雇用促進法

問4　空欄［　D　］に入る適切な語句を，カタカナで解答欄に記入しなさい。【記述解答】

問5　空欄 [E] に入る語句として最も適切なものを，次の1～4の中から一つ選びなさい。 ⑲

1　パートタイマー　　2　ホワイトカラー　　3　ブルーカラー　　4　フリーター

問6　空欄 [F] に入る適切な語句を，カタカナで解答欄に記入しなさい。【記述解答】

問7　空欄 [G] に入る適切な語句を，カタカナで解答欄に記入しなさい。【記述解答】

問8　下線部(1)に関連して，厚生年金保険に加入することにならない場合は，国民年金保険に加入しなければならない。高齢者が受給する年金額は改定されることがある。例えば，67歳以下の場合，2022年度の国民年金の年金額(満額：１人分)は64,816円(月額)であったが，2023年度の国民年金の年金額(満額：１人分)は66,250円(月額)となった。すなわち，2023年度の国民年金の年金額(満額：１人分)の月額は，前年度から [H] %の引き上げになった。

空欄 [H] に入る適切な数字を，解答欄に記入しなさい。ただし，小数第１位を四捨五入すること。【記述解答】

問9　下線部(2)に関連して，労働基準法によれば，法定労働時間は，原則として，１日 [I] 時間以内，かつ１週 [J] 時間以内となっている。

空欄 [I] と [J] に入る数字の組み合わせとして最も適切なものを，次の1～4の中から一つ選びなさい。 ⑳

1　Ⅰ：8 － J：40　　2　Ⅰ：8 － J：48

3　Ⅰ：9 － J：45　　4　Ⅰ：9 － J：54

問10　下線部(3)に関連して，ＥＵ諸国でみられるような，性別や雇用形態，人種，宗教，国籍などに関係なく同じ職種に従事する労働者に同じ賃金水準を適用することを，[K] と言う。

空欄 [K] に入る語句として最も適切なものを，次の1～4の中から一つ選びなさい。 ㉑

1　契約自由の原則　　2　労働審判制度

3　同一労働同一賃金　　4　年功序列型賃金

問11　下線部(4)に関連して，職場での性的嫌がらせである [L] ＝ハラスメント防止のための雇用管理上の配慮を事業主に義務付けた。

空欄 [L] に入る適切な語句を，カタカナで解答欄に記入しなさい。【記述解答】

問題Ⅳ　次の文章を読んで，後の問いに答えなさい。(配点　25)

大学卒業後，一般企業に就職したH氏と市中銀行に就職したS氏が，久しぶりに再会し社会人としての生活について会話している。

H氏：忙しくしていると聞いたよ。行員生活はどう？

S氏：まだ新人だし，毎日のように金融市場(1)や銀行の役割について研修を受けているよ。毎週確認テストもあって忙しい。あなたはどう？

H氏：財務課(2)に配属になったから，これからお金のことについて勉強したいと思っているんだ。銀行の役割って，なに？

S氏：市中銀行は様々な役割(3)を果たしているけど，やはり最も重要なのは，[A]だと思うよ。例えば，10億円の預金があるとき，預金準備率(4)が10%だとすると，貸し出せる資金は9億円となる。その9億円は他の市中銀行の預金となって，それがまた貸し出される。そしてこれが何度も繰り返されて，最初の10億円の預金から新しく生み出される資金の合計は，90億円となるね。

H氏：最初の預金額を預金準備率で割って，そこから最初の預金額を差し引けば[A]の合計額が計算できるということね！

S氏：その通り。だけど，[A]がうまく働くためには，必ず誰かが借り入れをして，その後問題なく返済できる(5)ということが前提になる。つまり，好景気でなければならないということだよ。ところで，あなたの生活はどう？

H氏：最近，先輩社員たちと話す機会が多いんだけど，みんなライフプランを持っていて，将来の資金計画を立てているんだ。金融商品(6)についてもたくさん話を聞いている。

S氏：そうなんだ。金融商品はリスク(7)とリターンの関係を理解することがとても重要だよ。じゃあ，シメパフェでも食べに行こう！ファイナンシャル・プランニングについて一緒に考えてみよう。

問1　下線部(1)に関連して，以下の(a)と(b)の問いに答えなさい。

(a)　金融市場は資金取引の期間によって，短期金融市場と長期金融市場に区分される。長期金融市場に含まれるものの組み合わせとして最も適切なものを，次の1～4の中から一つ選びなさい。[㉒]

1　株式市場，手形市場　　　2　株式市場，コール市場

3　公社債市場，株式市場　　4　公社債市場，コール市場

(b)　金融市場の資金の流れに関する説明として最も適切なものを，次の1～4の中から一つ選びなさい。[㉓]

1　金融市場で融通される預金，株式，そして社債を総称して有価証券と呼ぶ。

2　間接金融を通じて銀行に資金を供与できるのは家計に限られ，企業は供与できない。

3 家計が購入する株式や社債は，間接金融として企業や国・地方公共団体の資金となる。

4 間接金融では，銀行の預金が資金となり，貸し出しによって企業や国・地方公共団体などに流れる。

問2 下線部(2)に関連して，H氏は主に小切手と約束手形にかかわる業務を担当しているとする。小切手と約束手形に関する説明として明らかに**誤っているもの**を，次の1～4の中から一つ選びなさい。㉔

1 約束手形は一般的に1年未満の満期を持つ。

2 小切手は受け取ってすぐに銀行で現金化できない。

3 小切手は現金の代わりに支払い手段として利用できる。

4 満期を迎える前に一定の金額を差し引いて，約束手形を銀行で現金化することを手形割引という。

問3 下線部(3)として，明らかに**ふさわしくないもの**を，次の1～4の中から一つ選びなさい。㉕

1 預金業務　2 貸出業務　3 為替業務　4 貨幣発行業務

問4 空欄 A に入る適切な語句を，漢字4字で解答欄に記入しなさい。【記述問題】

問5 下線部(4)に関連して，以下の(a)と(b)の問いに答えなさい。

(a) 不況期には預金準備率の操作を通じて，預金準備率を（ア）ことにより市中銀行の貸し出しの（イ）を誘導する金融政策が行われる。

空欄（ア）と（イ）に入る語句の組み合わせとして最も適切なものを，次の1～4の中から一つ選びなさい。㉖

1 ア：上げる － イ：増加　2 ア：上げる － イ：減少

3 ア：下げる － イ：増加　4 ア：下げる － イ：減少

(b) 最初の預金額が100億円，預金準備率が12％で繰り返し融通されると，新しく生み出される資金の合計額はいくらになるか。合計額を解答欄に記入しなさい。ただし，小数第3位を四捨五入し，小数第2位まで記入すること。【記述解答】

〔解答欄〕 ＿＿＿＿ 億円

問6 下線部(5)に関連して，1990年代のバブル経済の崩壊以降，金融機関が企業に貸し出した資金が返済されず，回収が見込めない（ウ）の問題が台頭した。

空欄（ウ）に入る適切な語句を，漢字4字で解答欄に記入しなさい。【記述問題】

問7 下線部(6)に関連して，多数の人々から資金を集め，株式や債券などに分散投資を行う資産運用のことを表す語句として最も適切なものを，次の1～4の中から一つ選びなさい。㉗

1 買いオペ　2 投資信託　3 護送船団方式　4 マネーストック

問8 下線部(7)「リスク」の要因として，明らかに**ふさわしくないもの**を，次の1～4の中から一つ選びなさい。㉘

1 戦争および自然災害　2 外国為替相場の変動

3 中央銀行の政策金利凍結　4 企業の倒産による債務不履行

数 学

（60分）

（解答のプロセスも解答用紙に記述すること）

問題Ⅰ （配点 25）

以下の問いに答えよ。なお，解答のプロセスも解答用紙に記述すること。

(i) 実数を要素とする2つの集合を $A = \{x \mid -1 \leqq x \leqq 2\}$，$B = \{x \mid k-1 \leqq x < k+3\}$（ただし，$k$ は定数）とするとき，$A \subset B$ となる k の値の範囲を求めよ。

(ii) 整数を要素とする2つの集合を $A = \{a,\ a+3,\ 3,\ 7\}$，$B = \{a-b+1,\ b+1,\ b+7,\ 5,\ 8\}$ とする。$A \cap B = \{5,\ 7\}$ となる定数 a，b の値を求めよ。また，そのときの $A \cup B$ を求めよ。

問題Ⅱ （配点 25）

a を定数とするとき，関数 $y = x^2 - 4x + 3$ $(a \leqq x \leqq a+1)$ の最小値を求めよ。なお，解答のプロセスも解答用紙に記述すること。

問題Ⅲ　(配点　25)

$AB = 2$，$BC = \sqrt{3}$，$AC = 1$ の $\triangle ABC$ がある。$\angle A$ の二等分線が BC と交わる点を P とし，線分 AP 上に $\angle AXC = 120^\circ$ となるように点 X をとる。以下の問いに答えよ。なお，解答のプロセスも解答用紙に記述すること。

(i)　X は線分 AP の中点であることを示せ。

(ii)　BP と PC の長さをそれぞれ求めよ。

(iii)　辺の比を利用して，$\triangle ABX$ と $\triangle ACX$ の面積の比を求めよ。

問題Ⅳ　(配点　25)

図のように，左右に 6 本，上下に 6 本の格子状の道がある。これらの道を通って最短距離で A から B へ行く道順を考える。以下の問いに答えよ。なお，解答のプロセスも解答用紙に記述すること。

(i)　道順は全部で何通りあるか。

(ii)　C，D をともに通る道順は何通りあるか。

(iii)　対角線上の点の少なくともどれか 1 点は通らない道順は何通りあるか。

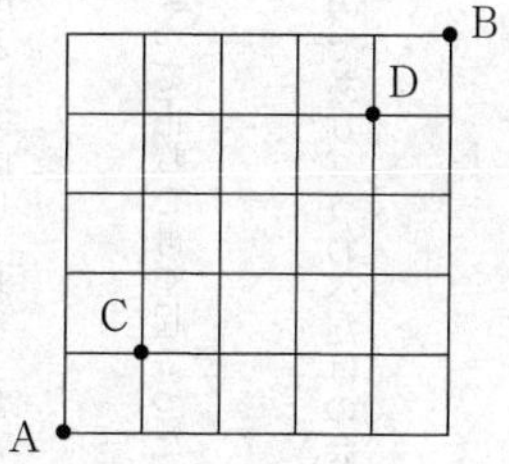

れるという面。

4　時代に逆行しない購買行動を取るために、華美なファッションや自動車など過去に人気だった物の購入を避けるという面。

問七　傍線部㈥「通奏低音のように」とはどのようなことを表現しているか。次の空欄［Y］は本文中から四字以内で抜き出し、空欄［Z］は当てはまる字を一字で考え、それぞれ解答欄に記入しなさい。【記述解答】

デフレのなかで［Y］消費するという志向によって積み重ねられてきた消費の成功体験は、今後も［Z］底にある思想として日本社会に影響を与えるということ。

問八　空欄［a］に当てはまる最も適切な表現を、本文中から五字以上七字以内で抜き出し、解答欄に記入しなさい。【記述解答】

問九　本文の内容と合致するものを、次の1～4の中から一つ選びなさい。⑰

1　二一世紀頃からは、消費活動の中においても他者に対する思いやりが重要視され、自分の身体に優しい商品を選ぶ行為は影を潜めるようになった。

2　他者に「正しさ」を押しつける消費は進んで社会参加する態度とは矛盾しており、各人のライフスタイルによってどちらを優先するかが決定されている。

3　「嫌消費」的な風潮については、人々の収入が減ったことによって止むを得ず起こった現象であったという見方もできるため、評価は慎重に行うべきである。

4　記号としての商品を利用したコミュニケーションは空虚なものであり、うわべだけの会話と同様、表面的なものに過ぎないことを反省する必要がある。

問四　傍線部㈢「消費が他者に対して意味を持つことを自覚的に利用した」とあるが、このことによって「応援消費」や「推し活動」はどのような消費活動になっていると筆者は述べているのか。最も適切なものを次の1～4の中から一つ選びなさい。⑭

1　他者と対面での対話を持つために直接働きかけ、自分の意思を明確に示す活動。
2　商品を買うことによって販売者を支援し連絡を取り合うきっかけにする活動。
3　アイドルや声優を身近で自分と近い世界に生きる存在として捉え直す活動。
4　購買によって自分のメッセージを伝えられることを理解して商品を選択する活動。

問五　傍線部㈣「『正しさ』を求める消費は、『賢い』消費の亜種としてある」とあるが、これはどのようなことを示した表現か。最も適切なものを次の1～4の中から一つ選びなさい。⑮

1　「正しさ」を求める消費は、「賢い」消費の上位分類として存在しているということ。
2　「正しさ」を求める消費は、「賢い」消費に取って替わられるものであるということ。
3　「正しさ」を求める消費は、「賢い」消費と根本的なところにおいて同質な部分を持つということ。
4　「正しさ」を求める消費は、「賢い」消費をさらに洗練させた新しい形態であるということ。

問六　傍線部㈤「逆説的にも何かを表現しようとする」とあるが、これは「嫌消費」という現象のどのような面を説明した表現か。最も適切なものを次の1～4の中から一つ選びなさい。⑯

1　普通は何を買うかによって自分の考えなどを表現するところを、特定の物を買わないことによって、それらに対する反発などを表現するという面。
2　若者を中心とした可処分所得の少ない層の人々であっても、慎重に買う物を選ぶことによって何かしらの表現ができるという面。
3　消費者の賢さを他者に対するコミュニケーションの中で見せていくために、ユニクロのような華美ではないファッションが支持さ

(イ)「瑕疵」⑫

1 傷や欠点。
2 非難や中傷。
3 数値や実績。
4 事故や事件。

問二 傍線部㈠「ゲーム」とあるが、この表現はどのようなことを示したものか。次の空欄 X に当てはまる形で、適切な表現を本文中から二十字以上二十三字以内で抜き出し解答欄に記入しなさい。【記述解答】

消費社会と自分が誰よりも「賢く」付き合っていることを示す行為には、X というコミュニケーションの側面が存在していること。

問三 傍線部㈡「こうして強調されてきた「賢い消費」と、ここでの「賢さ」のゲームは、完全に一致するわけではない」とあるが、これはどのようなことを表わした表現か。**適切ではないもの**を次の1〜4の中から一つ選びなさい。⑬

1 かつての賢い消費は主に主婦を対象としていたが、現在の賢い消費は広い範囲の人々を対象としている。
2 かつての賢い消費は合理的な消費主体であることを呼びかけるものであり、現在の賢い消費は非合理な消費活動を推奨するものである。
3 かつての賢い消費は無計画な浪費をしないことを求めてきたが、現在の賢い消費は浪費をあえて行うことを促すものである。
4 かつての賢い消費と現在の賢い消費の間には、漠然と消費するのではない「賢さ」を消費者に対して求めるという共通点がある。

「賢さ」を目指すゲームはその広がりを狭め、またそれに応じて消費も量的には減ることになるかもしれない。しかし日本社会はたとえば九〇年代以降の経済停滞という危機を、直接の「購買」のみならず、「選択」や「廃棄」にかかわるさまざまな術を展開していくことで切り抜けてきた。そうした歴史を踏まえるならば、インフレのなかで価格においてより多様化していくであろう商品群を土台としてあらたな消費の戦略が花開いていくことはあっても、コミュニケーションとしての消費が一気に衰退し、結果、消費社会が急速にしぼんでいくとは考えにくいのである。

（貞包英之『消費社会を問いなおす』から）

（注）

・デフレ期＝世の中の物やサービスの価格（物価）が全体的に継続して下落する（デフレーション）時期。
　ここでは一九九〇年代半ば以降の時期を指している。

・ボードリヤール＝フランスの哲学者、思想家。

・米澤泉＝ファッション文化論、化粧文化論、女子文化論を専門とする研究者。

問一 二重傍線部(ア)「饒舌」、(イ)「瑕疵」の辞書的な意味として最も適切なものを、次の1〜4の中からそれぞれ一つずつ選びなさい。

(ア)「饒舌」 ⑪

1 不器用で適切な語句を選べない様。
2 やたらにしゃべる様。
3 薬や酒の影響で正常に判断できない様。
4 表現が豊かで多岐にわたる様。

によって(五)逆説的にも何かを表現しようとする人びとが増加しているとニ〇〇〇年代後半には説かれていくのである。

もちろん「嫌消費」的風潮が実際にどれほどの拡がりをみせたのかについては、あくまで慎重に見極める必要がある。①すでに確認したように物価下落の影響を組み入れれば少なくとも一般的に消費活動がその時期に減退したとはいえないことに加え、②車や住宅など一部の高価な商品の消費がたとえ減少したとしてもその大部分は収入が減ったことによる避けがたい現象にすぎなかった可能性が高いのである。

しかしそれらを認めた上で、さらに興味深い、または危惧すべきことは、これから「嫌消費」的志向がこの社会により強制的に定着していく可能性である。二〇二二年以降、急激な円安や他のアジア諸国の成長によって安価な商品の展開が困難になりつつある。デフレの時代は終わりを迎えつつある可能性が高く、にもかかわらず社会の貧困化が進めば、消費はさらに困難な活動になりかねないとたしかに考えられるのである。

事実としてはその恐れも拭いがたい一方で、ただしその場合にも消費がすぐにコミュニケーションとしての役割は終えるのではないことは確認しておいたほうがよい。まずそもそも「賢く」消費するという志向がすぐに廃れるとも考えにくい。情報空間の膨張はなお止む気配はなく、ユーチューブやネットフリックスにアップされたコンテンツやサービスを次々と、できるだけ「コスパ」よく消費していくことがむしろますます強く求められている。さらにデフレのなかで積み重ねられてきた消費の成功体験は、より安く、質のよい商品を買うことを促す圧力として今後も一定のあいだ、(六)通奏低音のように日本社会に影響をおよぼし続けると考えられる。

もちろん物価高は、少なくとも嗜好品的な高価な商品の購買を困難にしていくだろう。しかしそうなれば一方で消費を「勇敢」にまたは「華美」におこなうことが、あらたな楽しみとして成長していく可能性が高い。すでにその傾向は、グローバルな物価高のなかであきらかになりつつある。たとえば原油高と円安傾向が続けば、海外旅行が高嶺(たかね)の花で、だからこそ［ａ］として意味を持つ時代が再び回帰してくる可能性が大きいのである。

以上の意味で今後の短期的な経済の変動で、コミュニケーションとしての消費が簡単に揺らぐとは想定しにくい。インフレ傾向のなかで、し活動」などがそうである。多くの消費がコミュニケーションとして積み重ねられていることを背景に、(三)消費が他者に対して意味を持つことを自覚的に利用したいわばメタ的なコミュニケーションのゲームとして、それらは実行されていくのである。

そうした意図的なコミュニケーションの試みの一種としてさらに興味深いのは、環境あるいは自分の体に優しいとされる商品の購買を求める流行である。米澤泉(注)は、二〇〇〇年頃からそうして自他に対して「正しさ」を求める消費が増加していくと分析している。それを象徴的に示すのが、ユニクロの興隆である。地方小都市でチェーン化を始めたユニクロは一九九〇年代末から巨大な成長を示した。それはファッションの消費が、自分のセンスや購買力を他人に見せ付けるのではなく、華美を排除し、自分らしくいようと努力する機会として受け入れられていることを示しているというのである。

米澤はこうした購買活動を、バブルの時代に衣服の分野でとくに目立った、自分の感性や富裕さをみせびらかす消費と対照的な実践として描き出す。ただし妥当する部分はあるとしても、自分が「正しく」消費していることを他者に表現するという意味では、それがなおコミュニケーションの枠内にとどまっていたことも見逃してはならない。「正しい」消費も、自分が社会に対して異質な他者ではなく、自分の身体に気を使い、適切なライフスタイルを維持し、進んで社会参加する者であることを示す一種(ア)饒舌（じょうぜつ）な表現として機能してきたのである。

この意味では(四)「正しさ」を求める消費は、「賢い」消費の亜種としてあるだけでなく、その主張を極端化したものとさえいえる。ここでの「正しさ」は、一方では「賢く」買うための判断基準として利用される。「賢く」あるために、たとえば環境やジェンダー的に(イ)瑕疵（かし）のない商品の購買が求められるのだが、同時にここではそうした判断基準に他者も従うべきことがかなり強く主張されている。従来の「賢さ」を競う消費のゲームでは、「安価」さやブランド品の「他に代えがたさ」といったさまざまな要素が勝利条件として並立していた。しかし「正しい」消費の場合、自己のおこなった消費に他者も追随すべきことが潜在的にであれ求められているのである。

それらを例として二一世紀には、多様なコミュニケーションのゲームが消費にかかわり発達していく。そのひとつの極点では、安易に買わないことを目指す「嫌消費」という現象さえみられた。若者を中心として、華美なファッションや自動車などをむしろ容易には買わないこと

6　森の中では、少ししか離れていなくても風の抜け方が異なる場所がある。

問題二　次の文章を読んで、後の問いに答えなさい。（配点　50）

消費社会はこうして経済停滞さえ乗り越え、しなやかに継続されてきた。その延命にとくに寄与してきたのが、大量のモノや情報があふれるなかで、効率よくモノや情報を選び、それによって消費社会と自分が誰よりも「賢く」付き合っていることを示す(一)ゲームである。消費に「賢さ」が必要とされることは、たしかに近年強調され始めた現象ではない。日本では一九六八年に消費者保護基本法が制定された頃から、「賢い消費者」であるべきことが、自治体の教育的取り組みもあって、さかんに唱えられてきた。しかし(二)こうして強調されてきた「賢い消費」と、ここでの「賢さ」のゲームは、完全に一致するわけではない。かつての「賢さ」は、詐欺に引っかからず、また無計画な浪費をしない合理的な消費主体であることを主婦を中心とした人びとに呼びかけるものとしてあった。対して九〇年代に拡がるゲームは、高いコスパを求めて特別に安価な、または質は良いがかなり高価な商品を買うことをより広汎な人びとに求めていく。かつての「賢い消費者」が避けるべきとされた浪費やみせびらかしをあえておこなうことを、現在の「賢さ」はいわばむしろ促すのである。

この意味でデフレ(注)期の「賢い消費」は不特定多数の他者と交わすコミュニケーションの一部にあくまで属していたといえる。ボードリヤール(注)は、会話が記号としての言葉を用いておこなわれるのと同じように、消費も記号としての商品を利用したコミュニケーションとして実行されるとみなしていた。他者に対してさまざまな駆け引きをし競い合うそうしたコミュニケーションのゲームの一種として、「賢い」消費もデフレ下の社会にひろく受け入れられてきたのである。

ただしもちろん「賢さ」を求めるコミュニケーションのゲームだけが消費にかかわり積み重ねられてきたわけではない。同時代には並行して、別種の消費のゲームもくりひろげられてきた。たとえば東日本大震災以降、目立ち始めた「応援消費」やそれと共通する部分がある「推

3　生態学者は、季節による気候の違い、地形による温度・湿度・日当たりの違いなど様々な環境要因を考慮して生物の成長過程を分析している。

4　生態学者は、数十センチ・数センチの場所の違い、数メートル・数十メートルの場所の違いによる種子の落ち方と成長過程を考慮して生物がどんな場所を選択するかを分析している。

問八　傍線部(六)について、次のAとBの二つの問いに答えなさい。

A　奥入瀬のような多様性の高い環境と対比される具体的な環境として挙げられているのはどんな場所か。本文中から五字以上十字以内で抜き出して、解答欄に記入しなさい。【記述解答】

B　奥入瀬渓流の生物多様性が高いのはなぜか。筆者が述べている理由と**合致しないもの**を、次の1～4の中から一つ選びなさい。⑧

1　川があることによって樹木の隙間が生まれ、光が差し込む場所ができるから。

2　植物は種子の落ちる場所のわずかな違いによって運命が左右されてしまうから。

3　傾斜が多い地形のため、湿った場所と乾いた場所が入り混じっているから。

4　雨水がいったん湖に溜まってから流れ込むため、水量が安定しているから。

問九　本文の内容と合致するものを、次の1～6の中から二つ選びなさい。⑨　⑩（順不同）

1　日本の生物種のボリュームゾーンは本州・四国・九州である。

2　日本列島に存在する生態系は温帯性のものと亜寒帯性のものの二種である。

3　奥入瀬渓流は、緯度や標高の面で冷温帯の生態系に属している。

4　水量が安定しない川の近くは、土が削られて植物が枯れることが多い。

5　斜面と比べると、水分が豊富な谷底のほうが多様な植物が育つ。

問四　傍線部㈡「コケ」に関して、本文の内容と合致するものを次の1〜4の中から一つ選びなさい。⑥

1　奥入瀬渓谷のコケは好む環境を求めて移動し、それぞれ適した環境に定着している。
2　生きている樹木の幹にもコケが着生するのは、樹木から水分が供給されているからである。
3　一本の樹木に多様な種類のコケが着生するのは、周辺の降水量が安定しているからである。
4　渓谷の水流はコケが生きていくうえで望ましい湿り気を提供している。

問五　傍線部㈢のような言葉を生態学者が用いるのはなぜか。次の空欄 Ⅱ に入る適切な表現を十五字以上二十字以内で本文中から抜き出し、解答欄に記入しなさい。【記述解答】

Ⅱ ことをとらえるため。

問六　傍線部㈣とあるが、それはなぜか。次の空欄 Ⅲ に入る形で六字以上十字以内でまとめ、解答欄に記入しなさい。ただし、解答には必ず「環境」という語を含めること。【記述解答】

動物は Ⅲ ことができるが、植物は最初に与えられた環境で生きていかなければならないため。

問七　傍線部㈤とはどういうことか。本文の内容に照らして最も適切なものを、次の1〜4の中から一つ選びなさい。⑦

1　生態学者は、地域レベルのようなマクロな違いに加えて、センチメートル単位の距離、メートル単位の距離の中で生じる環境の差も同時に考慮して生物の生育環境を分析している。
2　生態学者は、数十センチ・数センチの大きさ、数メートル・数十メートルの大きさなど、生物のサイズによって適応できる環境に違いがあることを考慮して生物多様性を分析している。

a　1　顕示　2　露見　3　開陳　4　体現

b　1　凝縮　2　徹底　3　結集　4　摂取

c　1　止水　2　干天　3　渇水　4　蒸発

問二　二重傍線部(ア)「蛇行」、(イ)「人為」の辞書的な意味として最も適切なものを、次の1～4の中からそれぞれ一つずつ選びなさい。　(ア) ④　(イ) ⑤

(ア)
1　途切れ途切れになりながら続くこと
2　姿を現したり隠れたりすること
3　曲がりくねった形をつくること
4　細い隙間を縫うように進むこと

(イ)
1　人間の手が加わること
2　人間の利益に役立てること
3　人間を進歩させること
4　人間が営みを続けること

問三　傍線部(一)「日本的生態系」とはどのような特徴を持った生態系か。次の空欄 Ｉ に入る適切な表現を四十字以上五十字以内で本文中から抜き出し、最初と最後の五字を解答欄に記入しなさい。【記述解答】

Ｉ 生態系

ちょっとした坂道を登りきると急に空気が変わり、風を感じることがある。そこは風の通り道なのかもしれない。そして、谷底では見かけなかった種類の花が、そこに咲いていていたりするのである。

ネコは、冬は家のなかでいちばん暖かい場所、夏になるといちばん涼しい場所を探して寝ころぶ。このように動物たちも、場所が少し違うだけで環境が大きく異なることを知っている。一生その場から動くことができない(四)植物にとって場所の選択はさらにシビアであり、種子が落ちる場所がほんの数メートル異なるだけで、大木に成長できるか、それとも若木のまま立ち枯れてしまうかという大きな違いを生むこともある。

このように、(五)生態学者が自然を観察するときは、いくつものスケールを重層的に意識している。これによって複雑な生態系を少しだけでも説明することが可能になる。そして(六)奥入瀬渓谷は、そんな生態学者をときめかせる、すてきな多様性に満ちた場所なのである。

観光客の増加や地球温暖化、外来生物など、この場所の生態系をおびやかす(イ)人為起源の問題はいろいろ存在する。本州の最果てのこの場所の自然が、ずっとこのままであり続けることを僕は願ってやまない。

（伊勢武史『生態学者の目のツケドコロ』から）

（注）

・島しょ性＝島の地形に特有の性質

・カルデラ湖＝火山活動で生じた凹型の地形にできた湖

問一　空欄［ a ］～［ c ］に入る表現として最も適切なものを、次の1～4の中からそれぞれ一つずつ選びなさい。

a ［①］　b ［②］　c ［③］

くるのである。この光の通り道のおかげで、地面近くに存在する小さな草花や、シダやコケまでもが生育できるのだ。奥入瀬の森のなかの光は複雑で、時間帯によっても大きく変化する。多様な光環境は多様なニッチ（生物の居場所）をつくり出すので、奥入瀬は生物多様性が高いのである。

そして渓谷の地形も、植物の多様性を大きく上げている。谷底にはクルミの木など湿った環境を好む樹木が生育しているが、そこからほんの10メートルほどしか離れていない斜面には、水はけのよい環境を好むブナやミズナラが存在する。このように、植物の生活必需品である光と水に着目すると、彼らの暮らしの多様性が感じられるようになる。

視線を(二)コケに移してみよう。常時水しぶきがかかっているような湿った場所にも、路傍の岩にも、倒木にも、そして生きている樹木の幹にも、多くのコケが着生している。湿った場所を好むコケにとって恵まれた環境なのは、渓谷を勢いよく流れる渓流が大気中の湿度を上げ、小さな飛沫を供給しているからだ。そしてよく見ると、コケにもいくつもの種類があり、それぞれ好む環境が異なることがわかる。たとえば一本の樹木に注目した場合、日当たりのよい幹の南側と日当たりのわるい北側とでは、着生しているコケの種類が大きく異なる。そして根元付近と幹の上部でも、やはりコケの種類が異なっている。コケはとても小さな生物だから、人間にとってはわずかな場所の違いでも、彼らにとっては大きな違いなのである。

生態学者は、このような生物にとっての生育環境の違いを、(三)微環境・微地形・微気象（microclimate）などの言葉を使って表現する。「青森県十和田湖周辺の年平均気温は何度、年間降水量は何ミリメートル……」などと表現するのは一般的な気候（climate。ときにmacroclimateと表記されることもある）で、これはその場所にどんな生態系が成立するか予想する際にたいへん重要な要素なのだが、実際の生態系には、これだけではわからないミクロな環境がある。一本の樹木の北側と南側で日当たりが異なるような、数十センチ・数センチスケールでの環境の違いを考えることで、僕らの研究は深まる。

さらには、数メートルから数十メートルの違い、たとえば谷底と斜面の環境の違いによっても生育する植物は異なる。森を歩いていて、られるともいえよう。たとえば秋の紅葉で僕らの目を楽しませてくれるモミジやカエデは、冷温帯の森に多く自生している。そんな冷温帯の自然のうつくしさを［ a ］している場所だから、奥入瀬は僕にとって特別な場所になったんだと思う。奥入瀬があるのは本州最北端の青森県。さらに標高も高い場所だから、(一)日本的生態系が維持されるぎりぎりの場所だといえる（青森県でも、もう少し標高が高くなると、八甲田山や岩木山のような亜寒帯型の生態系に変わる）。そして限界ぎりぎりの場所だからこそ、日本的生態系のおもしろさ・うつくしさなどが［ b ］されていると勝手に考えている。

太古の火山の噴火でできたカルデラ湖(注)である十和田湖から奥入瀬川が流れ出す。この川によってけずられてできたのが奥入瀬渓谷だ。奥入瀬川の特徴は、水量が比較的安定していること。ふつうの川は雨が降ったら増水し、日照りが続くと［ c ］になる。もちろん奥入瀬川もこのような雨の影響を受けないわけではないのだが、巨大な水タンクである十和田湖が雨水をいったん受け止めてから奥入瀬川に流すので、四季を通じて水量が比較的安定しているというわけだ。

水量が安定しているということは、川のすぐそばでも植物は安心して成長できるということ。コケや草花もそうだし、一人前になるまで何十年もかかる樹木もそうだ。こうして奥入瀬渓谷は、いろんな植物が豊かな水の恩恵を受けながら存在できる貴重な場所になった。

生態学者という職業がそうさせるのか、僕は散歩していても、生物の身になって考えるという癖が身についてしまっている。奥入瀬渓谷の草木やコケの立場になって、いろいろ妄想しながらこの場所を歩くのが好きだ。そして、植物の立場になってみると、ここの環境の多様性に驚く。

まず光の当たり方がとても多様だ。ほんの少し歩を進めただけで明るさが大きく変わる。ずっと単調な植生が続くスギの人工林などとは大違いである。これには、谷底を(ア)蛇行しつつ流れる奥入瀬川の影響が大きいだろう。もし川がなかったら、すべての空間が樹木によって閉ざされ、光環境は均質化したかもしれない。しかし、川面に樹木が育つことはできないから、必然的に川の上部に空間が生まれ、光が差し込んで

国語

（六〇分）

（注）記述解答では、句読点や（　）、記号も一字として数える。

問題一　次の文章を読んで、後の問いに答えなさい。（配点　50）

繁華街の雑踏の足元にひっそりと、誰にも注目されずに営みを続ける生態系も大好きな僕だけど、自然のままの営みが守られている原生林ももちろん好きだ。日本は森の国だから、全国各地にいろんなすてきな森があるけれど、僕のこころを特別とりこにする森がいくつかある。特に印象に残るのが、青森県の奥入瀬（おいらせ）渓流だ。

日本列島は南北に長い。沖縄本島を中心とした南西諸島には亜熱帯の島しょ性（注）の生態系がある。北海道の生態系は、はるかシベリアからつながる亜寒帯性のものだ。そして、日本列島のボリュームゾーンである本州・四国・九州には温帯の生態系が存在している。

温帯の生態系を大きく分けると、暖かいほうの暖温帯と、寒いほうの冷温帯がある。暖温帯は冬もそれほど寒くならないので、常緑樹を中心とした森になる。冷温帯は、夏はそれなりに気温が上がるが、冬は雪が積もったり氷が張ったりする四季のはっきりした生態系。広葉樹は落葉性のものが中心である（ちなみに日本で見かける針葉樹は、スギ・ヒノキ・ツガ・モミなど常緑性のものがほとんどである。数少ない落葉針葉樹としてはカラマツやメタセコイアなどがある）。日本古来の絵画に描かれているような、四季の花鳥風月のおもしろさは冷温帯に見

解答編

英語

I 解答　A. ①－3　②－1　③－3　④－1
B. ⑤－4　⑥－4　⑦－4　⑧－1
C. ⑨－4　⑩－1　⑪－1　⑫－3

解説

A. ①「ポールは，会議の前に報告書のコピーを取り，書類を整理し終えるべきだった」の意味になる。should have＋過去分詞「～すべきだった（のにしなかった）」3 の file は動詞「（書類などを）整理する，ファイルに入れる」の意味。and があり，file は making と並列関係にあるので同じく現在分詞形（filing）にする必要がある。

②「台風によって引き起こされた停電により，我々は予定されていた生産を完了させることができなかった」の意味。1 を caused に直す。

③「砂漠が毎年その広さを拡大しているだけでなく，肥沃な土壌の広大な地域も砂漠に変わってしまった」の意味。3 の主語は vast areas なので複数形。よって，has ではなく have が正しい。Not only ～ but also …「～だけでなく…もまた」 文頭に Not only が出ているため，後の語順が倒置になっている。

④「その映画はとても面白かったので，急いでもう一度見に行かずにはいられなかった」の意味。so ～ that …「とても～なので…」の構文。1 を so に直す。cannot help *doing*「～（自然と）してしまう，～せずにはいられない」 rush to *do*「急いで～する」

B. ⑤ appreciate ～「～を正しく理解する」なので，「ジョン，あなたの言ったことはわかりますが，同じようには感じません」の意味になる。時制と人称が正しいのは 4 の said。

⑥「一日の激務で疲れていたので，ジョージはいつもよりかなり早く床についた」の意味。4のExhausted ～は分詞構文。Because he was exhausted ⇒ Being exhausted ⇒ Exhaustedのように変化している。2のHaving exhaustedは，Having been exhaustedの形にする必要がある。
⑦「あなたは，そんなバカな事をしたことで自分を恥じるべきだ」の意味になるので，4のashamedが適切。
⑧「このレストランを探すのを手伝ってもらえませんか」の意味になるので，1のspareが適切。spare … to *do*「～するために（時間など）を割く」
C．⑨「来年このキャンパスに新しい食堂を建設する計画が進行中である」の意味。同じ意味はin progress「進行中である」。よって，4が適切。
⑩「彼女は書斎に生物科学に関する多くの書物を所有している」の意味。quite a fewで「たくさん」の意味なので，1が適切。
⑪「明日のTOEICのテストを何人くらいが受けるだろうかと思っている」turn up for ～「～に姿を現す」この文では試験を受けるという意味なので，1が適切。
⑫「彼が本当に言おうとしていたことは，いたって明確だった」3が適切。

Ⅱ 解答 ⑬－4 ⑭－1 ⑮－2 ⑯－2 ⑰－1 ⑱－4

解説

⑬ ベンがケイトに対して予備のペンを貸してくれないかと頼み，ケイトは，黒色のペンはないが，青色ならあると答えている。よって，4が適切。
⑭ ベンがケイトに宿題がほぼ終わったか尋ね，ケイトが「半分でも終わっていればいいのに。あと数日かかりそう」と答えている。よって，1が適切。まだ半分も終わっていない。I wish SV（過去形）「もし～ならなあ，～ならいいのに」現実と反対のことを述べる表現。つまり宿題はまだ半分も終わっていない。
⑮ ベンは自分のスマートフォンを使っていいかと尋ね，ケイトは問題ないと答えている。よって，2が適切。mind「（人が～するのを）嫌に思う，迷惑に思う」
⑯ ベンがケイトに，教授が何について話していたか理解できたか尋ね，

ケイトは教授が早口だったので，理解できなかったと答えている。そして，2人でミシェルに尋ねることを提案しているので，2が適切。

⑰ ベンが，来月の予定を話すためにいつ集まろうかとケイトに尋ね，ケイトは今でどうかと答えている。よって，1が適切。immediately「すぐに」

⑱ ベンが，ガントグトック教授の氏名の綴りがわからないと言い，ケイトは，誰が知っているの（＝誰も知らないわ）と反語的に答えている。よって，4が適切。

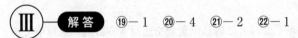

Ⅲ 解答 ⑲－1 ⑳－4 ㉑－2 ㉒－1

解説

《リーダーシップセミナー受講者の会話》

⑲ ユウトの4番目の発言の第2文（I'm very interested …）でリーダーシップというテーマに興味があると述べており，第3文（I was promoted …）でリーダーシップに興味をもっている理由を述べている。その後に空欄Aがあるので，1の「こういうわけで，今日ここに来ている」が適切。次のJessの発言であるSame here.は「私も同じです」の意味。

⑳ I always run out of time.「私はいつも時間が足りません」という意味なので，4の「彼はいつも十分に時間がないように感じている」が適切。

㉑ Let's see whether I'll have any free time then.「では，その時，時間がとれるか確認してみよう」という意味。よって，2の「彼は時間があるかどうかわからない」が適切。

㉒ I'd like to keep their minds sharp「私は，彼らの頭脳を研ぎ澄ませておきたい」という意味なので，1の「彼女は，自分の部下に仕事に集中した状態でいてほしい」が，最も適切。have a sharp mind「頭脳明晰」

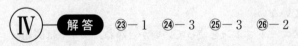

Ⅳ 解答 ㉓－1 ㉔－3 ㉕－3 ㉖－2

解説

《地球温暖化の現状と予測そして今後の悪影響について》

㉓「記事によると，科学者が地球の気温変化を理解するために頼りにし

そうなものは，特にどんな情報源か」

第１段（Weather stations around …）から科学者は weather stations「気象台」や ships and other equipment in the oceans「船やそのほか海の装置」の情報から地球の気温変化を判断しているとわかる。これらと同様の種類のものとしては，１の「衛星から集められたデータ」が考えられる。

㉔　本文の主な目的を問う問題。第１～３段は，地球温暖化は確実に進んでいることが様々な調査から判明しているという内容。第４～６段では，地球温暖化により氷が解けて，海水面が上昇し，洪水が頻発し，都市部は堤防を建設する必要に迫られるという具体的な悪影響について説明されている。したがって，３が適切。

㉕「2015 年は 150 年前と比べて何度気温が上昇したか」

第２段第４文（But, in 2015, …）で 2015 年には 150 年前に比べて１℃上昇しているとあるので，３が適切。

㉖　海面上昇の原因として，適切でないものは，２の「川の水位の上昇」。これは，結果としておこるもの。

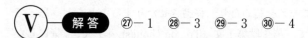

V　解答　㉗－１　㉘－３　㉙－３　㉚－４

解説

《若者に人気のアプリ Snapchat の誕生と成長について》

㉗　全体の主旨を問う問題。１の「スナップチャットとその創始者についての話」が適切。

㉘「どうしてエバンは写真が消えるサイトというアイデアに引かれたのか」という質問の答えを選ぶ。第６段第１文（Evan liked his …）に，そのアイデアは，他の SNS サイトとは異なっていたからだと書かれているので，３が適切。

㉙「多くの高校生たちがスナップチャットを好んで使った真の理由は，次のうちのどれか」

第 10 段第４文（It was a …）に，高校生たちは親がそのアプリを使わないからそれを好んだと書かれている。よって，３が正解。４は，本文中に言及がない。

㉚ 「フェイスブックが最初にスナップチャットを買い取る提案をしたときに，概算で何人くらいスナップチャットのユーザーがいたか」

第11段第2文（There were now …）より，4の「1,000,000」（＝1 million）が正しい。

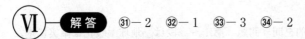

Ⅵ 解答 ㉛－2 ㉜－1 ㉝－3 ㉞－2

解説

《同じ町内での引っ越しの体験》

㉛ 第1段第4文（Luckily, my parents …）に，同じ町の2区画離れたところに引っ越しただけだったという記述があり，2の「筆者は，カナダ国内の別の町へ引っ越さなければならない」がこれに反する。

㉜ 「どうして筆者は友だちのマイクの名前を出したのか？」

第2段第3・4文（My friend Mike …）に，友人のマイクはカナダ国内の遠く離れた場所に引っ越して，今はSNS上でしか会えないことが述べられている。よって，1の「引っ越しは友情にとって良くないと彼は感じている」が適切。

㉝ 「筆者は，箱にモノを詰めたり，移動させたりすることをどう思っているのか」について，第4段第1文（To be honest, …）で，「気にしない」と述べている。また，同段第9・10文（This little dog …）に「飼っている犬がこの状況を大喜びして筆者のソックスを取って穴をあけてしまい，ソックスがもうほとんどない」とある。したがって，3が適切。

㉞ 「筆者がコキットラムの話とサケの話をしたのは，…」

第5段第2～6文（I really like …）で，筆者はコキットラムの町が好きで，その町の名前は昔の言葉で「川を上る赤い魚」という意味だと述べている。そのあと第6段（That red fish …）で，赤い魚とはサケであり，もし自分がコキットラムを離れることがあっても，帰巣本能があるサケのように，コキットラムに帰ってくるだろうと述べている。したがって，2の「彼は，彼の町の名前が示すものが好きである」が適切。

日本史

Ⅰ 解答 《原始・古代の正誤判定》

1・4・6・8

Ⅱ 解答 《古代の土地制度》

問1． 三世一身法　**問2．** 墾田永年私財法　**問3．** 開発領主　**問4．** 領家
問5． 本家

Ⅲ 解答 《蒙古襲来と鎌倉幕府》

問1． フビライ＝ハン　**問2．** 元　**問3．** 2　**問4．** 1　**問5．** 4
問6． 得宗　**問7．** てつはう　**問8．** 4　**問9．** 1
問10． (a) 永仁の徳政令　(b)－3　**問11．** 神皇正統記

Ⅳ 解答 《享保の改革》

問1． 本百姓　**問2．** 4　**問3．** 2　**問4．** 定免法　**問5．** 2
問6． 甘藷（薩摩芋，さつまいも，サツマイモも可）**問7．** 3　**問8．** 4
問9． 小石川養生所　**問10．** 1

Ⅴ 解答 《黒田清隆の人物史》

問1． 黒田清隆　**問2．** **ア．** 桂小五郎〔木戸孝允〕 **イ．** 榎本武揚
ウ． 屯田兵　**エ．** 江華島　**オ．** 大日本帝国憲法
問3． 1　**問4．** 4　**問5．** 戊辰戦争　**問6．** 4　**問7．** 1
問8． 超然主義　**問9．** 2

世界史

I　解答　《アレクサンドロス帝国とヘレニズム諸国》

問1． アリストテレス　**問2．** 4　**問3．** 1　**問4．** 2　**問5．** 1
問6． 4
問7． **ア．** ヘレニズム　**イ．** アレクサンドリア　**ウ．** ムセイオン
エ． アクティウム

II　解答　《7～17世紀の東南アジア》

問1． **A．** マタラム　**B．** マジャパヒト　**問2．** **C**－2　**D**－4
問3． インドネシア　**問4．** (a)－3　(b)－2　**問5．** (a)－1　(b)－6
問6． (a)－1　(b)－4

III　解答　《宗教改革》

問1． 3　**問2．** (a)－2　(b)予定説　**問3．** 長老主義
問4． 対抗宗教改革
問5． **ア．** ヘンリ8世　**イ．** トリエント　**ウ．** イグナティウス＝ロヨラ
エ． イエズス

IV　解答　《資本主義の発展と社会主義思想の展開》

問1． 飛び杼，ジェニー紡績機，ミュール紡績機，綿繰り機などから一つ。
問2． (a)オーウェン　(b)－2・9
問3． 空想　**問4．** 資本論　**問5．** エンゲルス　**問6．** 二月（革命）
問7． メッテルニヒ

地　理

Ⅰ　解答　《世界の森林》

問1． 3
問2． **ア．** 山火事　**イ．** 地中海性　**ウ．** 夏季　**エ．** 永久凍土　**オ．** タイガ
カ． 薪炭　**キ．** プランテーション　**ク．** アブラヤシ　**ケ．** 生物多様
問3． 4

Ⅱ　解答　《アメリカ合衆国の農業》

問1． (a)－2　(b)－2　(c)－3　(d)等高線（耕作）
問2． **i．** フィードロット　**ii．** メジャー　**iii．** 価格
問3． 4　**問4．** (a)**iv．** 多角〔多様〕　**v．** 灌漑　(b)－4
問5． 3　**問6．** バイオエタノール

Ⅲ　解答　《旧ソ連の地誌》

問1． **A．** 黒海　**B．** カスピ海　**C．** ヴォルガ川
D． 東ヨーロッパ平原〔ロシア平原〕　**E．** 西シベリア低地
問2．（国名・位置の順に）**ア．** リトアニア・6
イ． ウズベキスタン・1　**ウ．** ジョージア・3
問3． 2　**問4．** 3　**問5．** 1　**問6．** クリミア

Ⅳ　解答　《佐世保の地形図》

問1． 1　**問2．** **ア**－2　**イ**－4　**問3．** 対馬海流
問4． 波は穏やかだが水は淀まず水質が良く，山からの養分によりプランクトンが豊富だから。(40字以内)
問5． 4　**問6．** 4　**問7．** 1

政治・経済

Ⅰ 解答 《政治参加と選挙制度》

問1. 1 **問2.** (a)―2 (b)―3 **問3.** 無党派層 **問4.** 4
問5. (a)―1 (b)―3 **問6.** 4 **問7.** 2 **問8.** 3

Ⅱ 解答 《教育と学問の自由》

問1. 4 **問2.** 2 **問3.** プログラム規定説 **問4.** 教育基本法
問5. 1 **問6.** 3 **問7.** (a)―2 (b)天皇機関説 **問8.** (a)自治
(b)―3

Ⅲ 解答 《日本の労働問題》

問1. 2 **問2.** 2 **問3.** 4 **問4.** プア **問5.** 4 **問6.** ニート
問7. ブラック **問8.** 2 **問9.** 1 **問10.** 3 **問11.** セクシャル

Ⅳ 解答 《金融》

問1. (a)―3 (b)―4 **問2.** 2 **問3.** 4 **問4.** 信用創造
問5. (a)―3 (b)733.33（億円） **問6.** 不良債権 **問7.** 2 **問8.** 3

数　学

I　解答　《部分集合，共通集合，和集合》

(i)　$A \subset B$ のとき

$$\begin{cases} k-1 \leqq -1 \\ 2 < k+3 \end{cases} \iff \begin{cases} k \leqq 0 \\ k > -1 \end{cases} \iff -1 < k \leqq 0 \quad \cdots\cdots(\text{答})$$

(ii)　$A \cap B = \{5, 7\}$ より，$5 \in A$ なので，

$a=5$ または $a+3=5$ より　　$a=5$ または $a=2$

(ア)　$a=5$ のとき

$$A=\{5, 8, 3, 7\},\ B=\{6-b,\ b+1,\ b+7,\ 5,\ 8\}$$

$8 \in (A \cap B)$ より，これは不適。

(イ)　$a=2$ のとき

$$A=\{2, 5, 3, 7\},\ B=\{3-b,\ b+1,\ b+7,\ 5,\ 8\}$$

$A \cap B = \{5, 7\}$ より，$7 \in B$ なので，

$3-b=7$ または $b+1=7$ または $b+7=7$ より

$$b=-4 \text{ または } b=6 \text{ または } b=0$$

$b=-4$ のとき，$B=\{7,\ -3,\ 3,\ 5,\ 8\}$ で $A \cap B = \{3, 5, 7\}$ より，これは不適。

$b=6$ のとき，$B=\{-3,\ 7,\ 13,\ 5,\ 8\}$ で $A \cap B = \{5, 7\}$ より，これは適する。

$b=0$ のとき，$B=\{3,\ 1,\ 7,\ 5,\ 8\}$ で $A \cap B = \{3, 5, 7\}$ より，これは不適。

よって　　$a=2,\ b=6$

(ア)，(イ)より　　$a=2,\ b=6$　……(答)

このとき，$A=\{2, 3, 5, 7\}$，$B=\{-3, 5, 7, 8, 13\}$ より

$$A \cup B = \{-3, 2, 3, 5, 7, 8, 13\} \quad \cdots\cdots(\text{答})$$

Ⅱ 解答 《2次関数の最小値》

$f(x)=x^2-4x+3$ とすれば　$f(x)=(x-2)^2-1$

頂点の座標は　$(2,\ -1)$

また，このグラフは下に凸である。

(ア)　$a+1<2$　つまり $a<1$ のとき

$a \leqq x \leqq a+1$ において $f(x)$ は $x=a+1$ のとき最小値をとり，その値は

$$f(a+1)=\{(a+1)-2\}^2-1=a^2-2a$$

(イ)　$a \leqq 2 \leqq a+1$　つまり $1 \leqq a \leqq 2$ のとき

$a \leqq x \leqq a+1$ において $f(x)$ は $x=2$ のとき最小値をとり，その値は

$$f(2)=-1$$

(ウ)　$2<a$ のとき

$a \leqq x \leqq a+1$ において $f(x)$ は $x=a$ のとき最小値をとり，その値は

$$f(a)=a^2-4a+3$$

(ア)～(ウ)より

$$\begin{cases} a<1 \text{ のとき } y \text{ は最小値 } a^2-2a \\ 1 \leqq a \leqq 2 \text{ のとき } y \text{ は最小値 } -1 \\ a>2 \text{ のとき } y \text{ は最小値 } a^2-4a+3 \end{cases}$$

をとる。……(答)

Ⅲ 解答 《角の二等分線定理，面積比》

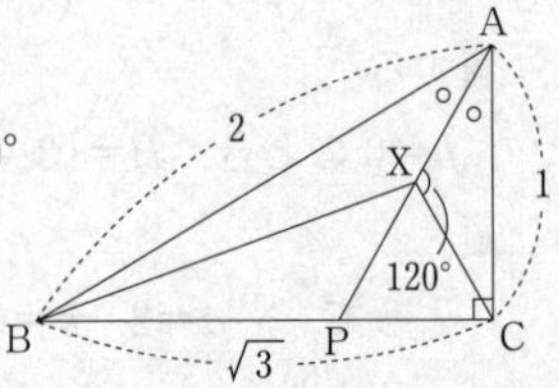

(i)　$AB=2,\ BC=\sqrt{3},\ AC=1$ より

$\angle ABC=30^\circ,\ \angle BAC=60^\circ,\ \angle BCA=90^\circ$

AP は∠A の二等分線なので

$$\angle PAC=\frac{1}{2}\angle BAC=\frac{1}{2}\cdot 60^\circ=30^\circ$$

よって，△APC も $\angle PAC=30^\circ$，$\angle APC=60^\circ$，$\angle ACP=90^\circ$ の直角三角形であるから

$$PC=\frac{1}{\sqrt{3}}AC=\frac{1}{\sqrt{3}}\cdot 1=\frac{\sqrt{3}}{3}$$

$$AP=2PC=2\cdot\frac{\sqrt{3}}{3}=\frac{2\sqrt{3}}{3}\quad\cdots\cdots①$$

$$\angle APC=60^\circ$$

また，$\angle PXC=180^\circ-\angle AXC=180^\circ-120^\circ=60^\circ$ より，$\triangle XPC$ は正三角形である。

$$\therefore\quad XP=PC=\frac{\sqrt{3}}{3}\quad\cdots\cdots②$$

①，②より，$XP=\frac{1}{2}AP$ なので，X は AP の中点である。(証明終)

(ii)　②より

$$PC=\frac{\sqrt{3}}{3},\ BP=BC-PC=\sqrt{3}-\frac{\sqrt{3}}{3}=\frac{2\sqrt{3}}{3}\quad\cdots\cdots(答)$$

別解　△ABC において，角の二等分線定理より

$$BP:PC=AB:AC=2:1$$

よって

$$BP=\frac{2}{3}\cdot BC=\frac{2}{3}\cdot\sqrt{3}=\frac{2\sqrt{3}}{3},\ PC=\frac{1}{3}\cdot BC=\frac{1}{3}\cdot\sqrt{3}=\frac{\sqrt{3}}{3}$$

(iii)

$$\triangle ABX=\frac{AX}{AP}\cdot\triangle ABP=\frac{AX}{AP}\cdot\frac{BP}{BC}\cdot\triangle ABC=\frac{1}{2}\cdot\frac{2}{3}\cdot\triangle ABC=\frac{1}{3}\triangle ABC$$

$$\triangle ACX=\frac{AX}{AP}\cdot\triangle APC=\frac{AX}{AP}\cdot\frac{PC}{BC}\cdot\triangle ABC=\frac{1}{2}\cdot\frac{1}{3}\cdot\triangle ABC=\frac{1}{6}\triangle ABC$$

よって

$$\triangle ABX:\triangle ACX=\frac{1}{3}\triangle ABC:\frac{1}{6}\triangle ABC=2:1\quad\cdots\cdots(答)$$

Ⅳ ―― 解答　《格子状の道順に関する場合の数》

(i)　最短距離で A から B まで行く道順は，→を 5 つと↑を 5 つ並べる順列の総数に等しいので

$$\frac{10!}{5!5!}=\frac{10\cdot9\cdot8\cdot7\cdot6}{5\cdot4\cdot3\cdot2\cdot1}=252\text{ 通り}\quad\cdots\cdots(\text{答})$$

(ii)　AからCまで最短距離で行く道順は，→と↑を並べる順列の総数に等しいので

$$\frac{2!}{1!1!}=2\text{ 通り}$$

CからDまで最短距離で行く道順は，→を3つと↑を3つ並べる順列の総数に等しいので

$$\frac{6!}{3!3!}=\frac{6\cdot5\cdot4}{3\cdot2\cdot1}=20\text{ 通り}$$

DからBまで最短距離で行く道順は，→と↑を並べる順列の総数に等しいので

$$\frac{2!}{1!1!}=2\text{ 通り}$$

よって，求める道順は

$$2\cdot20\cdot2=80\text{ 通り}\quad\cdots\cdots(\text{答})$$

(iii)　「対角線上の点の少なくともどれか1点は通らない」の余事象は「対角線上の点をすべて通る」である。

CからDまでの対角線上の点を順にE，Fとすれば，AからC，E，F，Dをすべて通ってBまで行く道順は

$$2\cdot2\cdot2\cdot2\cdot2=32\text{ 通り}$$

これと(i)より，求める道順の総数は

$$252-32=220\text{ 通り}\quad\cdots\cdots(\text{答})$$

「安易に買わない」ことによって「消費」について何かを主張すること。2、「慎重に買う物を選ぶ」が不適。3、「華美ではないファッション」を支持するかどうかは無関係。4、「時代に逆行しない購買行動を取る」が不適。

問七　「通奏低音」とは〝ある考え方が底流にある〟の意。問題文前半で、デフレ期においては「賢さ」がひろく受け入れられたと述べられており、「正しさ」の言及はない。

問八　「『華美』におこなうこと」や「海外旅行」はどういう意味を持っていたと述べられていたか。第二段落に「かなり高価な商品を買うこと…浪費やみせびらかしをあえておこなうこと…むしろ促す」とある。指定字数から考えて「みせびらかし」を入れるとよい。

問九　3、第九段落の「『嫌消費』的風潮…あくまで慎重に見極める必要がある」「その大部分は収入が減ったことによる避けがたい現象にすぎなかった可能性が高い」に合致している。

解答

問一　(ア)―2　(イ)―1
問二　他者に対してさまざまな駆け引きをし競い合う
問三　2
問四　4
問五　3
問六　1
問七　Y、賢く〔賢く〕　Z、根（底）
問八　みせびらかし
問九　3

解説

問二　「X」というコミュニケーションの側面が存在している」に着目する。第三段落に「他者に対してさまざまな駆け引きをし競い合うそうしたコミュニケーションのゲームの一種」とある。

問三　第二段落に「かつての『賢い消費者』が避けるべきとされた浪費やみせびらかしをあえておこなう…むしろ促す」とある。「浪費やみせびらかし」は「非合理な消費活動」ではないので、2の後半の内容が不適。

問四　傍線部㈢直後の「メタ的なコミュニケーションのゲーム」とあるのに着目する。消費すること自体が「他者とのコミュニケーションのゲーム」であることを利用しているということ。1、「対面での対話」は無関係。2、「販売者を支援」が不適。3、「アイドルや声優を…捉え直す活動」ではない。

問五　「亜種」は生物学的にいうと〝下位分類〟であるが、ここでは〝ほぼ同じだが少し違うもの〟ぐらいの意味である。1、「上位分類」としてあるのではない。2、「取って替わられる」が不適。4、「洗練させた」という意味もない。

問六　「逆説的」とは〝述べていることが一見真理にそむいているようで、実は真理を突いていること〟の意。ここでは不適。2、第十段落に「湿った場所を好むコケ…渓流が大気中の湿度を上げ、小さな飛沫を供給している」とある。3、第十一段落に「一本の樹木に…日当たりのよい…種類が大きく異なる」とある。

問五 後ろから五段落目に「数十センチ・数センチスケールでの環境の違いを考えることで、僕らの研究は深まる」とある。指示された字数でこの内容が含まれた箇所を探せばよい。

問六 「植物」が「最初に与えられた環境で生きていかなければならない」としたら、「動物」はどうなのか。後ろから三段落目に「ネコ」は、「冬は…暖かい場所、夏になるといちばん涼しい場所を探して」とある。これは自ら移動して「環境」を選ぶことができることを示している。

問七 「いくつものスケール」が何の「スケール」なのかを考えること。問五の解説で触れたように、生態学者は「数十センチ・数センチスケールでの環境の違いを考え」ているのである。2、「生物のサイズによって適応できる環境に違いがある」が不適。3、「季節による気候の違い…様々な環境要因を考慮して」が不適。4、「種子の落ち方と成長過程を考慮して」が不適。

問八 **A**、第七段落の終わり「多様性に驚く。」に続いて第八段落で多様性について説明しているが、三文めに「ずっと単調な植生が続くスギの人工林などとは大違いである」と対比の記述がある。

B、2、これは植物にとって場所の選択が動物よりもかなりシビアな理由であり、「生物多様性」とは関係ない。

問九 3、第四段落の内容に合致している。6、後ろから四段落目の「ちょっとした坂道を登りきると急に空気が変わり、風を感じることがある」に合致している。

二

出典 貞包英之『消費社会を問いなおす』〈第三章　私的消費の展開―私が棲まう場所／身体という幻影　1　ゲームの規則〉（ちくま新書）

国語

一

出典　伊勢武史『生態学者の目のツケドコロ―生きものと環境の関係を、一歩引いたところから考えてみた』〈第6章　森を歩いて　奥入瀬の森を歩く〉（ベレ出版）

解答

問一　a―4　b―1　c―3

問二　(ア)―3　(イ)―1

問三　（最初）夏はそれな（最後）っきりした

問四　4

問五　場所が少し違うだけで環境が大きく異なる

問六　移動して環境を変える〔生育環境を自分で選ぶ〕（六字以上十字以内）

問七　1

問八　A、スギの人工林
B―2

問九　3・6

解説

問三　第四段落で、「日本的生態系が維持されるぎりぎりの場所」が「奥入瀬」であり、そこは「冷温帯の自然のうつくしさ」がある場所だと述べている。「冷温帯」がどのような生態系かは、第三段落で説明されている。

問四　1、後ろから三段落目に「一生その場から動くことができない植物」とある。「コケは好む環境を求めて移動」が

一般選抜２月８日実施分：文（英文）・経済（経済法）・社会福祉（心理）学部

問題編

▶試験科目・配点

学部	学科	教科	科目	配点
文	英文	英語	コミュニケーション英語Ⅰ・Ⅱ・Ⅲ，英語表現Ⅰ・Ⅱ（リスニングテストを含む）	200 点
		国語	国語総合（近代以降の文章），現代文Ｂ	100 点
経済	経済法	英語	コミュニケーション英語Ⅰ・Ⅱ・Ⅲ，英語表現Ⅰ・Ⅱ	100 点
		国語	国語総合（近代以降の文章），現代文Ｂ	100 点
		選択	「日本史Ｂ」，「世界史Ｂ」，「地理Ｂ」，「政治・経済」，「数学Ⅰ・Ａ」から１科目選択	100 点
社会福祉	心理	英語	コミュニケーション英語Ⅰ・Ⅱ・Ⅲ，英語表現Ⅰ・Ⅱ	100 点
		国語	国語総合（近代以降の文章），現代文Ｂ	100 点
		選択	「日本史Ｂ」，「世界史Ｂ」，「地理Ｂ」，「政治・経済」，「数学Ⅰ・Ａ」から１科目選択	100 点

英 語

◀文（英文）学部▶

（90 分）

問題Ⅰ Listening Comprehension Test

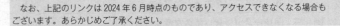

編集部注：リスニング音源は、赤本オンラインで聴くことができます。
https://akahon.net/kkm/hks/index.html

なお、上記のリンクは2024年6月時点のものであり、アクセスできなくなる場合もございます。あらかじめご了承ください。

Part A In this part you will hear several conversations and questions. The conversations and the questions will be played only one time and will not be repeated. You may take notes. After each question, read the four possible answers and choose the best answer. Then on your answer sheet, fill in the correct answer. (配点 26)

For Questions 1 through 4, you will hear four short conversations and one question after each conversation.

Conversation 1

No. 1 ［①］ 1 He is taking a message.
2 He is preparing for a meeting.
3 He is having a meeting.
4 He is talking on the phone.

Conversation 2

No. 2 ［②］ 1 The boss is not nice.
2 It's very tiring.
3 The hours are too long.
4 It doesn't pay very well.

Conversation 3

No. 3 ［③］ 1 At her sister's house.

2 In the office.

3 At home.

4 In the rest room.

Conversation 4

No.4 [④] 1 He wants to turn off the air conditioner.

2 He is getting cold.

3 He wants the window open.

4 The air conditioner isn't working.

For Questions 5 through 9, listen to the following conversation between two club members.

Conversation 5

No.5 [⑤] 1 He took the wrong bus.

2 The bus was late.

3 He missed the bus.

4 The bus didn't come because of the rain.

No.6 [⑥] 1 The twenty-fourth.

2 The twenty-nineth.

3 The thirtieth.

4 The thirty-first.

No.7 [⑦] 1 Monday.

2 Tuesday.

3 Saturday.

4 Sunday.

No.8 [⑧] 1 A sailing club.

2 A mountaineering club.

3 A diving club.

4 A cycling club.

No.9 [⑨] 1 T-shirts.

2 Bicycle parts.

3 Scuba equipment.

4 Cookies.

Part B In this part you will hear one lecture. After the lecture, you will hear six questions. The lecture and the questions will be played only one time and will not be repeated. You may take notes. After each question, read the four possible answers and choose the best answer based on the lecture. Then on your answer sheet, fill in the correct answer. (配点 24)

You May Use This Space for Notes

No. 10 ⑩ 1 A customer.
2 A university teacher.
3 A café owner in Italy.
4 A character in a novel.

No. 11 ⑪ 1 He was a worker in Starbucks.
2 He was the first customer of Starbucks.
3 He taught the owners how to make high-quality tea.
4 He taught the owners how to roast coffee beans.

No. 12 ⑫ 1 It made pamphlets about its products.
2 It gave lectures about its new blends.
3 It created more coffee flavors.
4 It employed more workers.

No. 13 ⑬ 1 Sending workers on business trips.
2 Opening coffeehouses in the U.S.
3 Selling coffee machines in the stores.
4 Changing the name of the company.

No. 14 ⑭ 1 He did not receive support for his idea.
2 He did not like to train workers.
3 He wanted to go on a holiday.
4 He got a job in Italy.

No. 15 ⑮ 1 1983.
2 1987.
3 1996.
4 1999.

放送内容

ただいまから，リスニングテストを始めます。

Part A

In this part you will hear several conversations and questions. The conversations and the questions will be played only one time and will not be repeated. You may take notes. After each question, read the four possible answers and choose the best answer. Then on your answer sheet, fill in the correct answer.

For Questions 1 through 4, you will hear four short conversations and one question after each conversation.

Conversation 1

Man: I have an important message for the president. Can I go in?

Woman: I'm afraid you cannot. The meeting is not to be interrupted for any reason.

Question.

No. 1 What is the president doing?

Conversation 2

Man: How's your new job working out, Cindy?

Woman: The work isn't too tiring, and the boss isn't bad. I just wish I got paid better. I don't know if I want to stay much longer.

Question.

No. 2 What does the woman say about her new job?

Conversation 3

Man: Where were you yesterday?

Woman: I came back home from my sister's house at ten, and then I had lunch and left home at one. I was in the office for the rest of the afternoon.

Question.

No. 3 Where was the woman at noon yesterday?

Conversation 4

Woman: Should I turn on the air conditioner?

Man: No, let's just let some fresh air in.

Question.

No. 4 What does the man mean?

For Questions 5 through 9, listen to the following conversation between two club members.

Conversation 5

Woman: You were late for the club meeting, John.

Man: Yes, the bus was late, and I couldn't get here by bicycle because of the rain. Did I miss anything?

Woman: Not much, but we decided on the date of our sale to raise money for the club.

Man: When is it going to be?

Woman: On the twenty-third of next month if the weather is good. If it rains on that day, we will have to change the date to one week later.

Man: Wouldn't it be easier to do it the next day?

Woman: Yes, it would, but you can't expect a lot of people on a Monday. We must raise enough money for our diving club to buy new scuba equipment.

Man: I know. Do we have enough items for the sale to collect that much money?

Woman: We are selling the T-shirts that we designed last summer. Hopefully, that will be enough. We thought about making and selling cookies, but no one has time to bake cookies.

Questions.

No. 5 Why was John late for the meeting?

No. 6 What day will the sale be changed to if it rains on the twenty-third?

No. 7 What day of the week is the twenty-third?

No. 8 What kind of club are they members of?

No. 9 What are they going to sell at the sale?

Part B

In this part you will hear one lecture. After the lecture, you will hear six questions. The lecture and the questions will be played only one time and will not be repeated. You may take notes. After each question, read the four possible answers and choose the best answer based on the lecture. Then on your answer sheet, fill in the correct answer.

Starbucks is an American company that manages the largest coffeehouse chain in the world. Did you know that Starbucks did not begin as a coffeehouse? In this lecture, you will learn about the history of Starbucks.

Starbucks was started by three men who attended the same university, and they all loved coffee. After working for a few years, they decided to start a coffee business together. In 1971, they opened the first store in Seattle. They named it "Starbucks" after the character, Starbuck, in a famous American novel.

When Starbucks started, it sold high-quality coffee beans from another store called Peet's Coffee and Tea. Peet's Coffee and Tea was owned by Alfred Peet, a Dutch immigrant. Peet was the first person who brought high-quality coffee to the U.S. Peet taught the three Starbucks owners how to roast coffee beans. Then, the three men tried to develop new ways of roasting beans. Soon, Starbucks created their own new kinds of coffee blends and flavors.

A big change came in 1982 when Howard Schultz joined Starbucks. His job was to improve the sale of Starbucks' products. He noticed that first-time customers sometimes felt uncomfortable because they did not know much about these new kinds of coffee, so he worked with store employees on improving customer service. They also made pamphlets about the company's products so that customers could learn about them easily.

Howard Schultz's biggest idea for Starbucks came in 1983 when the company sent him to Italy for a business trip. He was impressed with the cafés in Italy and found that the city he visited had 1,500 coffeehouses. He imagined changing Starbucks from a small business into a national coffeehouse chain. He wanted to open many Starbucks coffeehouses in the U.S. However, the owners were not interested. They did not want Starbucks to change into a different type of business. They wanted Starbucks to continue selling mainly coffee beans and coffee machines, and not become a café that served espressos and cappuccinos. Because the owners did not agree with his café idea, Howard Schultz left Starbucks in 1985 and started his own coffeeshop chain.

In 1987 the owners decided to sell Starbucks, and Howard Schultz bought the company. He worked hard to open many Starbucks cafés in the U.S. In addition, coffee beans, machines, and other things were sold in Starbucks stores. Under Howard Schultz's leadership, Starbucks began opening stores outside North America in 1996, and Starbucks soon became the largest coffeehouse chain in the world.

Questions.

No. 10 Who was Starbucks named after?

No. 11 How did Alfred Peet help Starbucks?

No. 12 How did Starbucks help first-time customers feel more comfortable?

No. 13 What was Howard Schultz's biggest idea for Starbucks?

No. 14 Why did Howard Schultz leave Starbucks in 1985?

No. 15 When did Starbucks begin opening stores outside North America?

これで、リスニングテストを終わります。

問題Ⅱ　次の問い（Part A と Part B）に答えなさい。（配点　32）

Part A　次の英文を読んで，後の英文№1～№4の空欄を埋めるために最も適切なものを，それぞれ1～4の中から一つずつ選びなさい。

It's a decision many parents worry about and one many have felt guilty about, but that guilt is really unnecessary. Day care doesn't only give parents the time they need to provide for their family, it also provides children with important social relations that may improve their behavior.

A study published in 2018 in the Journal of Community Health concludes that "high-quality childcare at day care centers may be linked to lower levels of emotional problems." Basically, being around children their age, under the supervision of professionals, is good for children's emotional and social development.

The study comes from France, a country where nurseries run by the government are well regarded, and where most children start preschool at the age of three.

The researchers followed the development of 1,428 French children from birth to the age of eight to better understand how day care before age three might impact development differently than other common childcare methods in France, like staying home with a parent or family member, or with a babysitter who cares for a small number of children in their home or the child's.

The study found the children who attended high-quality day care centers for at least one year had lower rates of emotional, behavioral, relationship, and attention problems later in life than children who were watched by a family member or babysitter. The study's authors suggest that relations with trained staff in the centers, along with having to follow rules and being stimulated from playing in the caring environment, give children social and behavioral benefits.

The French study's findings didn't surprise some experts. Good early childhood education programs have been proven to have long-term benefits for children, and while society often looks at day care as simply somewhere to place children during the workday, good day care is so much more. It's not just a place that watches over children; it's also a place where they can learn and socialize, too.

The importance of day care is not so much the educational lessons that it provides, but the stable environment that children benefit from, especially when we're talking about children under a year old. A report from 2020 highlights a study in which families were provided with high-quality childcare from birth. The children who were in that day care are adults today, and the results suggest that those adults are affected by fewer health problems than adults who never went to day care.

No.1 A decision that many parents find difficult to make is whether to (⑯).

1 send their children to day care
2 spend more time with their family
3 change their children's behavior
4 teach children the importance of social relations

No.2 The researchers followed the 1,428 children (⑰).

1 to explain the different childcare methods
2 to show that babysitters should care for a small number of children
3 to study the effect of day care on their development
4 to better understand the reasons for staying with family members

No.3 The French study seems to show that (⑱).

1 various problems later in life are caused by poor day care
2 without trained staff, children will certainly develop problems
3 the environment of good day care has a positive effect later in life
4 being watched by family members has more benefits than day care

No.4 Most people in society seem to believe that day care is a place (⑲).

1 where children do nothing but play
2 that teaches children how to be healthy
3 where children wait for someone to take them home
4 that takes care of children while parents are at work

Part B 次の英文を読んで，各問いの答えとして最も適切なものを，それぞれ1～4の中から一つずつ選びなさい。

Many of the world's big cities have problems with congestion. Their roads are very busy and full of cars. There is simply far too much traffic, so governments have to think about how to solve the problem.

When a road is heavily congested, cars can only move very slowly, forming a long line. This situation is called a traffic jam. Traffic jams have a number of negative effects. They cause stress to drivers, which may lead to health problems or anger among drivers. They can also affect businesses because products cannot be delivered on time and employees arrive late for work or meetings. Another worry is that emergency vehicles, like ambulances or fire engines, may not be able to move because of the traffic.

出典追記：No guilt, mama: Day care is good for your child's social + emotional development, Motherly on October 16, 2018

Finally, traffic jams harm the environment in several ways. Traffic jams waste fuel, which in turn produces more CO_2 through the car engines and contributes to global warming.

However, there are a number of steps that can be taken to reduce road congestion. The most obvious solutions involve designing and building structures to improve traffic conditions. This means building more roads with wider lanes so that more cars can travel at the same time. Tunnels and bridges can be built in order to reduce the congestion that happens when cars have to stop at traffic lights. However, the problems with these kinds of solutions are the building costs and the fact that more roads may actually encourage more traffic.

Other, more creative solutions to the congestion problem are to increase tax on fuel so that it is more expensive, or make people pay to travel on certain roads such as in the center of a city or on a highway. If these solutions are used, people are more likely to think carefully about using their cars. However, taxing fuel and roads may mean that some people cannot afford to drive their cars and may have to give up their jobs. Also, governments may not want to increase the fuel tax too much if it is unpopular with voters.

A more popular solution, therefore, would be to encourage other forms of transportation which will lead to fewer cars on the road. One suggestion is to encourage people to cycle more. Although cycling has obvious health benefits and reduces air pollution, it is not very practical in snowy weather and can be dangerous in heavy traffic.

Another possibility is to persuade people to use buses. This means many people can travel in just one vehicle. However, generally, people do not like traveling by bus. A park-and-ride system can allow people to drive to the outer areas of cities, park, and then take a bus to the city center. This allows flexible arrangements for car drivers while reducing city center congestion. However, the buses may not run at night.

Overall, although there are a number of good ways to solve the problem of road congestion, some of them also have negative effects. It would seem that encouraging other forms of transportation is probably the best solution as this solves the congestion problem and reduces the amount of traffic at the same time, which will also have a positive effect on the environment.

№ 1 [⑳] Which of the following is NOT a negative effect of traffic jams?

1 Employees are absent from work.

2 World temperatures slowly increase.

3 Drivers can develop health problems.

4 Emergency vehicles may find it hard to move.

出典追記：Unlock Level 3 Reading and Writing Skills by Carolyn Westbrook, Cambridge University Press

No. 2 ㉑ Why does the author think increasing fuel tax is a creative solution?

1 Because cars will become more expensive.
2 Because the government can make more money.
3 Because people may consider whether to use cars.
4 Because voters can control the government.

No. 3 ㉒ Which of the following opinions would the author most likely agree with?

1 People should not work in the city center.
2 People should cycle or use buses when possible.
3 The government should not care about being popular.
4 The government should spend money building more roads.

No. 4 ㉓ What is the passage mainly about?

1 The reasons why roads are busy.
2 The effects of traffic jams.
3 The types of environmental problems.
4 The ways to reduce road congestion.

問題Ⅲ

次の英文を読んで，各問いの答えとして最も適切なものを，それぞれ1～4の中から一つずつ選びなさい。(配点 28)

I finished my daily asthma[1] treatment and went to the kitchen. "Morning," I said.

"Good morning, Ginger," my mother replied with hardly a smile.

While my mother looked at me, my sister, Cori, secretly grabbed a bag of chocolate chips and walked away. I wanted some of those later.

"Did you do your asthma treatment this morning?" Mom asked.

"Of course," I answered. "I've only been doing this every day for the last eight years."

"Look, I just know that your asthma gets worse in the winter. I want to make sure you stay healthy."

"I can handle it. I do it every day," I said.

"With me watching and helping you."

I tried not to get angry at her.

"Now, eat your breakfast. You girls are going to—"

"—be late," I finished her sentence. She said that every morning. One of the things my parents disliked was people who were late.

"You got some mail, by the way," Mom said with a slight smile.

"I'll grab it on the way out. Why are you so excited?"

She acted like she wasn't excited and said, "Well, it's just from a university called UCLA."

My mouth fell open, and I ran toward the counter where we kept our mail. The big envelope lay there like my ticket to freedom. I tore it open.

The letter said, "Ginger, we are pleased to announce you have been accepted into..."

"I got in!" I screamed.

"What?" Cori and Mom shouted at the same time.

"I got into the UCLA film school!" I cried, jumping up and down.

"Oh, that's wonderful, Ginger!" Cori said.

"I need to call your father," Mom said.

"It's going to be so great," Cori said. "You're going to go to college and meet boys and study how to make films and become a famous director! Oh, and you're going to live in the dorms! I wonder who your roommate will be."

"Cori, you'll still be her roommate," Mom said.

A terrible fear filled my heart. Cori would still be my roommate? "What do you mean?" I asked.

Cori said, "I'm not going to college with her."

"Ginger's going to stay here at home, of course," Mom said very calmly.

"What?" I said, feeling suddenly trapped. I'd been hoping college would be my chance to get away from my parents and all their rules. They never mentioned making me stay at home.

"There's no reason for you to live in the college dorms when you can live at home and we can help you," Mom answered. "The first semester of college is hard, and I don't want you forgetting your asthma treatment and getting sick again."

I closed my eyes. My parents worried about my asthma, but mostly they wanted control. I tried to explain why living in the dorms was the smarter, safer choice.

"It's an hour drive," I said. "Longer in traffic. That's a lot of gas money and time wasted, plus I'll probably be tired. I shouldn't be driving tired."

"You probably won't have college classes every single day," Mom said.

My mouth fell open. I started to argue just when my mom said, "Hi!" into her phone. "Ginger got in!" she said.

While she talked with my dad, Cori met my eyes with a sympathetic look.

I tried not to cry. I turned around and walked out the door, thinking that my entire escape plan had been ruined.

Cori was sitting in the car waiting for me, holding the bag of chocolate chips. "Want one?" she asked. "Or twelve?"

A tear slipped down my cheek as I took a handful. This kind of a morning called for more than a little chocolate.

"I just want you to—" Cori began, but I shook my head and started driving.

"I don't feel like talking," I said as we drove to our high school.

I looked over at Cori as I pulled into the school parking lot and tried to smile. No matter what happened, she understood what I was going through better than anyone else.

"You'll figure it out," Cori said with complete confidence and then got out of the car and caught up with her friends.

(注1) asthma：ぜんそく

No. 1 How long has Ginger had asthma? ㉔

1 Since the winter.
2 For eight years.
3 During high school.
4 All morning.

No. 2 Why does Ginger think the letter from UCLA is her "ticket to freedom"? ㉕

1 She can meet lots of boys at college.
2 She can study film making at college.
3 She can drive to college by herself.
4 She can live apart from her parents at college.

No. 3 What is Cori's first reaction to Ginger receiving the letter from UCLA? ㉖

1 She wants to go to college with Ginger.
2 She worries about Ginger's roommate.
3 She feels very happy for Ginger.
4 She hopes Ginger will study hard.

No. 4 What does Ginger think is the main reason her parents don't want her to live in the college dorms? ㉗

1 They think Ginger needs help with her asthma treatment.
2 They worry that Ginger will get tired driving to college.
3 They think the first semester of college is too hard.
4 They want to control Ginger's life as much as possible.

No. 5 Where does Cori give Ginger some chocolate chips? ㉘

1 In the car.
2 Outside the door.
3 Near the kitchen.
4 At the high school.

No. 6 What is true about Ginger and Cori? ㉙

出典追記：Curvy Girls Can't Date Cowboys by Kelsie Stelting

1 Cori wants Ginger to always be her roommate.

2 Ginger is the boss and Cori must follow her.

3 Cori asks Ginger about her asthma treatment.

4 Ginger thinks Cori understands her best.

No. 7 What is the main theme of this story? ㉚

1 Parents must help their children.

2 Children should not argue with their parents.

3 Parents should choose a college for their children.

4 Children want to become independent of their parents.

問題Ⅳ 次の問い（Part A ～ Part C）に答えなさい。（配点 65）

Part A No. 1～No. 5 の英文を日本文と同じ意味になるように並べ替えたとき，（　　）内の3番目と6番目になる語または語句を，それぞれ語群の1～8の中から一つずつ選びなさい。

No. 1 Everyone（1 live　2 the　3 being　4 of　5 from　6 should　7 free　8 feeling）controlled.

3番目 ㉛，6番目 ㉜

全ての者は抑制されている感覚を持たずに生きるべきだ。

No. 2 Hardship（1 be　2 for　3 out　4 to　5 an　6 turn　7 opportunity　8 can）personal growth.

3番目 ㉝，6番目 ㉞

困難は成長のいい機会となり得る。

No. 3 We can't afford a car,（1 mention　2 have　3 the fact　4 no　5 not　6 that　7 to　8 we）garage.

3番目 ㉟，6番目 ㊱

車庫がないのはもちろん，うちでは自動車を買う余裕はない。

No. 4 Imagine having a chat with（1 help　2 a smart　3 with　4 that　5 you　6 various　7 can　8 computer）things.

3番目 ㊲，6番目 ㊳

様々な事柄を手伝ってくれるスマートコンピュータと会話をするところを想像してみましょう。

No. 5 It's important（1 achieving　2 a long-term goal　3 is　4 realize　5 gender　6 that　7 to　8 equality）that requires sustained commitment and efforts from all sectors of society.

3番目 ㊴ ，6番目 ㊵

ジェンダー間の平等の達成は，社会のあらゆる分野の継続的な取り組みと努力が必要な長期的な目標であることに気づくことが重要です。

Part B　下記No.1～No.5の英文中の（　　）内の語を文脈に合うように正しい形に変えて，解答欄に記入しなさい。【記述解答】

No.1　Winning the speech contest was my greatest high school (achieve).

No.2　I (comparison) two novels for our essay homework last week.

No.3　Abby (quick) ran to the bus stop because she was late.

No.4　It is a well-known fact that eating too much sugar is (harm) to our teeth.

No.5　The (long) of the soccer field is 105 meters.

Part C　空欄（　ア　）～（　コ　）に入る語として最も適切なものを，下の語群より一つずつ選び，必要ならば語形を変えてそれぞれ解答欄に記入しなさい。ただし，各語の使用は一度だけとする。なお，語群内の語は，文頭に来るべき語も小文字で記載している。【記述解答】

Many people think that package tours are the best way to travel (　ア　), especially when traveling to foreign countries where (　イ　) don't speak the language. Package tours are planned in advance and are well-organized. This saves time, money, and effort for the travelers on the tours. (　ウ　) the time that people will stay at each place is carefully decided by the guide, travelers never have to worry about getting lost or feeling like they are (　エ　) time. Travel groups often receive special discounts (　オ　) airplane flights, entrance tickets, and many restaurant (　カ　). The professional guides who lead these tour groups can explain the history of the places they visit, (　キ　) places to shop, and help in the case of an emergency (　ク　) as when someone suddenly becomes ill. Some people think that traveling on their (　ケ　) is more exciting and interesting, but many people prefer the safe and relaxing feeling of traveling in a group of (　コ　) people led by a professional guide.

出典追記：Kayoko Otani, Kay Husky『Points to Paragraphs』マクミランランゲージハウス

語群					
abroad	friend	own	they	because	meal
such	to	everyone	on	suggest	waste

問題V 次の質問に対する答えを，50語程度の英文で解答欄に記入しなさい。(配点 25)

【記述解答】

Explain how you would like Japanese society to change.

◀経済（経済法）・社会福祉（心理）学部▶

（60分）

問題Ⅰ　次の問い（A～C）に答えなさい。（配点　24）

A　No.1～No.4の英文の中で，文法的な誤用が含まれる下線部分を，それぞれ1～4の中から一つずつ選びなさい。

No.1 ① The meeting in which(1) we discuss about(2) a new product is(3) scheduled to be(4) held at two p.m. tomorrow.

No.2 ② Ken's(1) flight will be delayed(2) because(3) the bad weather in Calgary(4).

No.3 ③ I have difficult(1) concentrating(2) on studying(3) because I want to watch the highlights of(4) yesterday's football game.

No.4 ④ That(1) actor over there is someone(2) what(3) I have wanted(4) to see for a long time.

B　No.5～No.8の英文の空欄に入る語(句)として最も適切なものを，それぞれ1～4の中から一つずつ選びなさい。

No.5　Are you for or (⑤) her proposal?

1　supporting
2　disagree
3　against
4　on

No.6　Don't blame her. She has nothing to do (⑥) this problem.

1　away
2　of
3　off
4　with

No.7 The president of the company hopes (⑦) at the age of 70.

1 to retire
2 retiring
3 retired
4 retirement

No.8 We were walking (⑧) the tunnel.

1 at
2 through
3 between
4 for

C No.9～No.12の英文の各下線部に最も近い意味の語(句)として適切なものを，それぞれ1～4の中から一つずつ選びなさい。

No.9 ⑨ I need to leave here <u>right away</u> to catch the last bus.

1 at hand
2 at once
3 at least
4 at last

No.10 ⑩ Did you <u>make</u> a plan for a new product?

1 propose
2 remember
3 design
4 succeed

No.11 ⑪ Can you <u>distinguish</u> between an alligator and a crocodile?

1 make sense
2 predict
3 put out
4 see a difference

No.12 ⑫ My friend was supposed to come with us, but he didn't <u>show up</u>.

1 stop
2 appear
3 leave
4 call

問題Ⅱ　次の会話文を読んで，各問いの答えとして最も適切なものを，それぞれ1～4の中から一つずつ選びなさい。(配点 12)

No. 1　Ryan: Mia, have you thought about working part-time at our school library?

Mia: Hmm... sorry but my schedule is so full this semester.

⑬ Q: What will Mia probably do?

1 She will try her best to get the part-time job.

2 She will work part-time.

3 She won't work part-time.

4 She will give Ryan an answer later.

No. 2　Mia: Someone will have to clean up the room before the party.

Didan: Don't look at me!

⑭ Q: What does Didan mean?

1 He wants to clean the room.

2 He doesn't want to clean the room.

3 He thinks the room looks fine.

4 He doesn't want Mia to clean the room.

No. 3　Mia: Are you going to play tennis with Amanda today?

Didan: I promised that I'd go with her, but I'm not really looking forward to it.

⑮ Q: What does Didan mean?

1 He is excited about playing tennis with Amanda.

2 Amanda is not a very good tennis player.

3 He would rather play golf than tennis.

4 He doesn't want to play tennis with Amanda.

No. 4　Didan: I thought you were open late from Wednesday through Sunday.

Waiter: No, sorry, just Thursday through Sunday.

⑯ Q: On what days does the restaurant stay open late?

1 Only Wednesdays.

2 Wednesday through Sunday.

3 Thursday, Friday, Saturday and Sunday.

4 Only Thursday and Sunday.

No. 5 Mia: What can we do that's special for your birthday next week? Let's do something to make you feel special.

Didan: Hmm. Let me sleep on it. I will let you know tomorrow.

⑰ Q: What does Didan mean?

1 He doesn't feel well and will let Mia know that tomorrow.

2 He wants to go to sleep early tonight so he can get better.

3 He can't decide where he wants to go tomorrow.

4 He will tell Mia tomorrow what he wants to do on his birthday.

No. 6 Didan: That jacket is so you. Why don't you go in and try it on?

Mia: No thanks. The prices in there are a little too rich for me. I'll stick to window shopping.

⑱ Q: What does Mia mean?

1 She doesn't feel like shopping at all.

2 She thinks the display at the window is attractive.

3 She would rather look at the expensive clothes than buy them.

4 She would prefer to buy a sweater, not a jacket.

問題Ⅲ　次の会話文を読んで，各問いの答えとして最も適切なものを，それぞれ1～4の中から一つずつ選びなさい。（配点　16）

(Kaito is from Japan and is studying at a university in South Korea as an exchange student. Yujin is his classmate. They are having a conversation in a café on campus.)

Kaito: So, do you think all high schools should have school uniforms?

Yujin: Yes, definitely. I think having school uniforms is convenient. It's mainly because students don't have to spend time choosing what to wear every day.

Kaito: (　A　) because I like choosing what to wear.

Yujin: Oh. Do you have bad memories or something?

Kaito: Ha ha! My high school in Japan . . . our uniform was really unfashionable. I couldn't stand it. You know, now I am a university student, and I'm so happy that I can choose what to wear.

Yujin: I see your point. Wearing your own clothes is a good way to express your personality. Some of my friends' high schools didn't have school uniforms, and they looked very relaxed and happy.

Kaito: But at the same time, if there's no uniform, some people might be bullied for wearing unfashionable clothes. (　B　).

Yujin: Oh, Kaito! Can't you make up your mind? Well . . . do young people in Japan care a lot about their appearance and want to look cool?

Kaito: I don't know, well, maybe we do . . . in general. But others have different ideas about fashion. One of my friends, Ryo, doesn't care about looking cool. He chooses clothes that are cheap but of good quality. He believes that Japanese teenagers think too much about their fashion.

Yujin: You know, I can relate to this so much. In South Korea, it's the same. We care about our appearance too much. It's stressful sometimes. I think we should think about more important things, right? For example, helping other people and caring for each other.

Kaito: That's true. Well, I'd better run, but that was a good chat, Yujin. Let's talk again.

No. 1　⑲　Which could best fit in (　A　)?

1　Well, I am sure that I agree with your idea
2　Well, I am not sure if I agree with your idea
3　I agree with your idea pretty much
4　I can't agree with you more

No. 2　⑳　Which could best fit in (　B　)?

1 Maybe a uniform is better for everyone

2 In fact, a uniform makes us feel relaxed

3 Probably a uniform is bad for everyone

4 Definitely, a uniform is unfashionable

No.3 According to Kaito, Ryo (㉑).

1 is always fashionable and he always wants to look cool

2 is not fashionable so Kaito is worried about him being bullied

3 knows a lot about the fashion trends of South Korea

4 does not worry about what others think about his appearance

No.4 ㉒ Which best describes Yujin's opinion?

1 Trying to look fashionable could be stressful.

2 Caring for others could be as stressful as being fashionable.

3 School uniforms always make students relaxed.

4 Japanese teenagers worry too much about fashion.

問題Ⅳ

次の英文を読んで，各問いの答えとして最も適切なものを，それぞれ1～4の中から一つずつ選びなさい。（配点 16）

Having a lot of money is a sign of social status and power. However, many average people in developed countries have less money now than they had a few decades ago. On the other hand, a small group of people have become extraordinarily[1] wealthy.

In modern society, some Americans believe that everyone has an equal chance for financial success. They think that the reason people get rich is because they work hard, while poor people are lazy. But is this true? Researchers at the University of California at Berkeley did a study about the psychology of wealth in order to find out the differences between the rich and the poor.

In the study, researchers conducted several different experiments with different groups of volunteers. Participants were randomly[2] divided into two groups: "wealthy" and "poor." In one of the experiments, two people played a board game using play money. The "wealthy" player began the game with more money than the "poor" player. The rules of the game were also unequal in that the "wealthy" player got extra chances to win. In this way, of course the "wealthy" players had a big advantage and always beat the "poor" players. What surprised the researchers was what happened after the games were over. "Wealthy" players actually felt that they had won because they were more skillful players, not just because they had been given an advantage over the "poor" players from the start.

In a further experiment, the scientists left bowls of candy in an empty interview room. The participants were told that the candy was for some children taking part in the next experiment. While alone in the room (being recorded with a hidden camera), the people who had been in the "wealthy" group were more likely to take some of the candy for themselves, while the "poor" people more often left it for the children. What do you think the researchers concluded based on this combination of test results?

（注1） extraordinarily：非常に，並外れて

（注2） randomly：無作為に

No.1 [23] What is the purpose of the study the researchers at the University of California at Berkeley did?

1 To confirm if rich people really work hard.

2 To analyze the differences between rich and poor people.

3 To study the effects of financial success in modern society.

4 To find out the relationship between social status and power.

No.2 [24] According to the passage, why did the "wealthy" players always have an advantage over the "poor" players?

1 The "wealthy" players had more experience playing board games.

2 The "wealthy" players were told how to win a game.

3 The "wealthy" players had more play money to start with.

4 The "wealthy" players had more opportunities to buy well-known items.

No.3 [25] How did the "wealthy" players feel after the games in the board game experiment?

1 They thought they won because they were more skillful.

2 They acknowledged the advantage they had at the start.

3 They believed they won because they had good luck.

4 They thought the "poor" players played poorly.

No.4 [26] What did the experiment with the bowls of candy reveal about the participants?

1 The "wealthy" group took more of the candy for themselves.

2 The "poor" group took more candy than the "wealthy" group for themselves.

3 Both groups were equally likely to take candy for themselves.

4 The participants did not take any candy.

出典追記：卯城祐司，名畑目真吾，長谷川佑介，木村雪乃，濱田彰，Peter Serafin, Xanthe Smith Serafin『Reading Cycle』金星堂

問題V 次の英文を読んで，各問いの答えとして最も適切なものを，それぞれ1～4の中から一つずつ選びなさい。(配点 16)

(The following is a report on the huge number of people who work to train artificial intelligence [AI] and run it.)

We often hear that AI may take many jobs that people now have. Well, today we're going to look at a very large number of people whose jobs were created for AI. They are the people who train AI to use math. They are basically notetakers. I interviewed many of them in writing a magazine article. Here is what I learned.

It's very, very difficult to be sure how many people are doing this kind of work around the world right now. Many people told me that it's at least in the millions. So to present a clear picture of what is happening, let me tell you about one person I spoke to who does this work.

He's a guy named Victor. When Victor first started, he was a student in Nairobi, Kenya. He was very excited about AI. And the work he was doing at first, gathering data for self-driving cars, was going pretty well. But as he kept working, the pay dropped. What is worse, the requests for his work slowed down. Sometimes he would have lots of work that paid well—and then nothing for weeks. When I talked with him, he was labeling elbows and knees in photographs. He didn't know why or for whom he was working. He didn't sleep for 36 hours straight so he could work as much as possible on that task. At the time we last spoke, he was making about US$3 an hour, and he was quite stressed. He wanted to find a stable job but felt alone in his struggle.

In the course of doing my interviews, so many people doing this kind of work told me their stories. I wanted to know if any of them feel like this is a good job with good pay and they're treated fairly. What I found is that some people do enjoy the work. Lately, a lot of it has been going to the U.S. Especially with chat technology and language models, you need people who are fluent in English, who have particular skills. And these jobs can pay fairly well. I spoke to people who are reading chat robot responses for US$30 an hour or more.

So here is an important question. Are we far off from a future where AI will no longer require a very large number of human workers? I finished my writing thinking that we're very far away from a future that does not require human workers. These AI systems can fail very easily. They don't do well when there is something lacking in their training data. And so as the world changes, their training data needs to change, and you need humans for that. It might sound surprising, but a lot of people I spoke with expect this sort of work to increase as AI improves.

No. 1　The writer has learned about training and running AI by (㉗).

1　interviewing people who hire workers in this field

2　taking a job as a recruiter of AI-related workers

3　talking to people who work training and running AI

4　using AI to read the many books and articles about this work

No. 2　The number of people globally working as AI notetakers is (㉘).

1　a secret carefully guarded by large tech companies

2　thought to be increasing a little each year

3　well-known to researchers

4　said to be in the millions

No. 3　Victor's problems in his work included the area of (㉙).

1　workplace safety

2　pay for his work

3　the distance from home to work

4　workers' ages

No. 4　The workers described in this report are paid (㉚).

1　per number of units (pictures, for example) they handle

2　by the hour

3　on a yearly salary basis

4　in a combination of salary and bonuses

出典追記：Behind the secretive work of the many, many humans helping to train AI, NPR on June 26, 2023 by Jonaki Mehta, Patrick Jarenwattananon and Ari Shapiro

問題VI 次の英文を読んで，各問いの答えとして最も適切なものを，それぞれ1～4の中から一つずつ選びなさい。(配点 16)

One thing that will help you in moving from high school to university is understanding your own styles and approaches to learning. Different students learn differently. For example, some do so best through what they see—pictures, flow charts, time lines, and videos, for instance. Others get more out of words—written and spoken explanations. Some students learn most naturally through step-by-step processes. Others move to understanding in large jumps, taking in ideas almost at random without seeing connections between them, then suddenly "getting it." There are various categories of learners besides these.

Among them are active and reflective[1] learners. Active learners tend to understand and keep information in their minds best when they are doing something active with it. Discussing it, using it in a specific situation, and explaining it to others are examples. Reflective learners like to think about it carefully before beginning to use the information.

"Let's try it out and see how it works" is an active learner's phrase. "Let's think it through first" is the reflective learner's response. Sitting through lectures without doing anything physical but take notes is difficult for both learning types, but it is particularly hard for active learners.

Everyone is active sometimes and reflective sometimes. Your feeling of liking one category or the other may be strong, mild, or somewhere in between. It will help you in your university studies if you have a good balance of the two. If you always act before thinking carefully, you can jump into things before you are ready and get into trouble. On the other hand, if you spend too much time thinking, you may never finish your work.

If you are an active learner in a class that has little time for discussion or problem-solving activities, you can try to make up for this in the ways you study. For instance, you can work with a group whose members take turns explaining different topics to each other. You may talk with others about the questions you think you will be asked on the next test and decide how you will answer. You will keep the information in your mind better if you find ways to do something with it.

If you are a reflective learner, in a class that has little time for thinking about new information, you can try to make up for this when you study by not simply reading and committing the data to memory. Stop from time to time to review what you have read. Think of possible questions and ways the ideas you learn link up with real-life situations. You might write short summaries of readings or class notes in your own words. Doing so may take extra time but will make you better able to keep the content of your studies in your mind.

(注1)　reflective：内省的な

No. 1　An active learner will probably say, "When I am learning something, it helps me to (㉛)."

1　think about it
2　talk about it
3　dream about it
4　re-word it in my mind

No. 2　A reflective learner will probably say, "When I am in a group studying something difficult, I am more likely to start by (㉜)."

1　jumping in and giving my ideas
2　staying quiet for a while and then challenging others
3　listening and observing
4　repeating the main points at the end of the discussion

No. 3　The fifth paragraph from the top is about how (㉝).

1　active learners can help themselves
2　reflective learners can help themselves
3　active learners can help reflective learners
4　reflective learners can help active learners

No. 4　According to the article, students who (㉞) have very helpful skills in learning.

1　learn using all five senses—sight, sound, smell, taste, and touch—
2　take both listening-based and step-by-step approaches
3　balance active and reflective approaches well
4　focus on taking in information with their eyes

出典追記：Learning Styles and Strategies by Richard M. Felder and Barbara A. Soloman

日本史

（60分）

問題Ⅰ　次のA～Fは，原始・古代の出土物や文化財の写真を，ほぼ年代順に配列したものである。これらを見て，それぞれ後の問いに答えなさい。（配点　26）

A

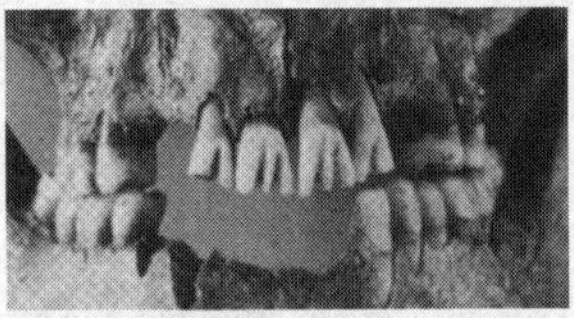

写真：東京大学総合研究博物館提供

問1　Aは縄文時代の出土人骨の頭部の一部である。上顎骨と下顎骨の歯のあり方が注目されており，上顎骨の犬歯２本と，下顎骨の門歯４本が欠落している。明らかに人工的な加工と思われる，このような風習は何と呼ばれるか。最も適切なものを，次の1～4の中から一つ選びなさい。①

1　抜歯　2　犬歯門歯除去　3　門歯加工　4　前歯整形

問2　縄文文化とは**関係のないもの**を，次の1～4の中から一つ選びなさい。②

1　黒曜石・ひすいの遠距離交易　2　土偶・石棒

3　アニミズム　4　方形周溝墓

B

写真：奈良県立橿原考古学研究所提供

問3　Bの銅鏡は，周縁の断面形が三角形であることが特色である。この銅鏡の名称として最も適切なものを，次の1～4の中から一つ選びなさい。③

1　三角縁神竜鏡　2　三角縁青銅鏡　3　三角縁神獣鏡　4　三角縁聖獣鏡

問4　この鏡は，中国で作られたとする説と，倭国の国産であるとする説との対立がある。もし中国で作られたとすれば，その時の王朝名として最も適切なものを，次の1～4の中から一つ選びなさい。④

1　漢(前漢)　2　後漢　3　魏　4　宋

C

問5　Cの仏像の名称と，それが属する文化の名称を連記したものとして最も適切なものを，次の1～4の中から一つ選びなさい。⑤

1　飛鳥寺釈迦如来像・白鳳文化　2　中宮寺半跏思惟像・飛鳥文化

3　法隆寺金堂釈迦三尊像・飛鳥文化　4　法隆寺金堂釈迦三尊像・白鳳文化

問6　Cの仏像がつくられた時代とは**関係のない人物**を，次の1～4の中から一つ選びなさい。⑥

1　蘇我馬子　2　天智天皇　3　舒明天皇　4　鞍作鳥

D

問7　Dの高床式の建築物は，北倉・中倉・南倉の三つの倉に分かれ，それぞれに出入口のある大きな木造建築である。この建物の名称として最も適切なものを，次の1～4の中から一つ選びなさい。⑦

1　唐招提寺講堂　2　東大寺戒壇堂　3　東大寺法華堂　4　正倉院宝庫

問8　この建物には，8世紀のある天皇の遺愛の品々が多数保存された。調度品，楽器，武具など，その内容はさまざまである。この天皇の名称として最も適切なものを，次の1～4の中から一つ選びなさい。⑧

1　聖武天皇　2　元明天皇　3　元正天皇　4　文武天皇

問9　この建物に所蔵されていた武具は，大師(太政大臣)にまで登りつめたある貴族が，孝謙太上天皇と対立して挙兵した時，実際に使用された。この反乱の名称として最も適切なものを，次の1～4の中から一つ選びなさい。⑨

1　藤原広嗣の乱　2　橘奈良麻呂の変　3　長屋王の変　4　恵美押勝の乱

E

問10　Eの人物は，南都(奈良)諸宗と激しく対立しつつ，新しい宗派を開いた。この人物の名称と，彼の開いた宗派を連記したものとして最も適切なものを，次の1～4の中から一つ選びなさい。⑩

1　空海・天台宗　2　最澄・真言宗　3　最澄・天台宗　4　空海・真言宗

問11　やがて平安京の王城鎮護の寺院となり，仏教教学の中心として鎌倉新仏教の開祖たちにも大きな影響を与えた寺院の名称として最も適切なものを，次の1～4の中から一つ選びなさい。⑪

1　教王護国寺　2　金剛峰寺　3　園城寺　4　延暦寺

F

問12　Fは絵巻の一部で，時は11世紀後半，場所は現在の秋田県である。源義家の率(ひき)いる騎馬武者たちが，草原にひそんでいた敵の伏兵を攻撃している様子を描いている。この戦いの名称として最も適切なものを，次の1～4の中から一つ選びなさい。⑫

1　前九年合戦　2　後三年合戦　3　平治の乱　4　平将門の乱

問13　9世紀・10世紀になると，武士の実力は無視できないものとなった。中央でも地方でも武士の武力の組織化が進んだ。このような動向とは**関係のないもの**を，次の1～4の中から一つ選びなさい。⑬

1　滝口の武者　2　館侍(たちざむらい)・国侍(くにざむらい)　3　追捕使・押領使　4　成功(じょうごう)・重任(ちょうにん)

問題Ⅱ　次の文章は伊達千広『大勢三転考』の一節である。この文章を読んで，後の問いに答えなさい。なお，文章は読みやすいように改作してある。(配点　24)

名(な)の代と変わりてより，鎌倉将軍のもとに<u>政所</u>(1)を置きて，別当・令・案主・知家事，公事奉行，<u>侍所別当</u>(2)などありて掟(さだめ)られ，その後，北条氏はからひて，京に<u>南北六波羅</u>(3)を置き，＜泰時・時房始めてこれを司(つかさど)る＞。<u>貞時</u>(4)，執権の時に，鎮西に探題を置きて，もはら西の国々を治めしむ。

足利となりては，はじめに執事あり，後に管領といへり。＜康暦元年(1379)，細川頼之が執事たりしを罷(まか)りて，斯波義将を管領とす＞。かくてぞ，三管領・四職などいふ家，出来(いでき)にける。＜三管領は細川・斯波・［　ア　］，四職は山名・赤松・京極・［　イ　］なり。四職とは侍所の司なり＞。

又鎌倉には，基氏始めて<u>鎌倉管領</u>(5)となり，氏満・満兼と継々(つぎつぎ)て，<u>持氏にいたりしに，この人誅(つみなわ)れし</u>(6)より，東のもののふ，<u>上杉憲実</u>(7)を推して，管領とはなしたるなり。＜後に上杉，ふたつに分かれて，山内・<u>扇谷</u>(8)といへり。天文七年(1538)，小田原なる<u>北条氏康</u>(9)，山内憲政・扇谷朝定とたたかひて，朝定をころし，憲政を降(くだ)らしむ＞。世のさま，いたくうつり変わりて，八省百官，名のみなれば，将軍家につきて，種々の職掌を立てられずは叶(かな)はぬ事なり。かくて足利の末，いたく乱れ，<u>武田・上杉・尼子・大友</u>(10)などを初め，国々の大名弥(いよいよ)広く，弥猛(たけ)く(後略)。

問1　下線部(1)の機関は当初，何と呼ばれたか。最も適切なものを，次の1～4の中から一つ選びなさい。［⑭］

1　問注所　　2　公文所　　3　記録所　　4　雑訴決断所

問2　下線部(2)の初代別当として最も適切な人物を，次の1～4の中から一つ選びなさい。［⑮］

1　和田義盛　　2　大江広元　　3　三善康信　　4　梶原景時

問3　下線部(3)の機関はある事件を契機にして設置された。その事件の適切な名称を，解答欄に記入しなさい。【記述解答】

問4　下線部(4)の人物に**関係しない事項**を，次の1～4の中から一つ選びなさい。［⑯］

1　弘安の役　　2　霜月騒動　　3　平頼綱　　4　御内人

問5　空欄［　ア　］に入る適切な大名家名を，解答欄に記入しなさい。【記述解答】

問6　空欄［　イ　］に入る適切な大名家名を，解答欄に記入しなさい。【記述解答】

問7　下線部(5)は鎌倉公方のことで，室町期における地方機関の長である。その地方機関名として最も適切なものを，次の1～4の中から一つ選びなさい。［⑰］

1　関東管領　　2　奥州探題　　3　鎌倉府　　4　羽州探題

問8　下線部(6)が示している事件として最も適切なものを，次の1～4の中から一つ選びなさい。

［⑱］

1 応永の乱 2 嘉吉の乱 3 明徳の乱 4 永享の乱

問9 下線部(7)が再興した学校名として最も適切なものを，次の1～4の中から一つ選びなさい。 ⑲

1 足利学校 2 金沢文庫 3 勧学院 4 閑谷学校

問10 下線部(8)の適切な読み方を，ひらがなで解答欄に記入しなさい。【記述解答】

問11 下線部(9)の祖父として最も適切な人物を，次の1～4の中から一つ選びなさい。 ⑳

1 北条氏綱 2 北条早雲 3 北条氏政 4 北条高時

問12 下線部(10)に関して，諸大名とその主たる勢力範囲の組み合わせとして，**誤っているものを**，次の1～4の中から一つ選びなさい。 ㉑

1 武田・甲斐 2 上杉・駿河 3 尼子・出雲 4 大友・豊後

問題Ⅲ 次の文章(A)～(C)を読んで，それぞれ後の問いに答えなさい。(配点 25)

(A) 18世紀末になると，日本を取り巻く国際情勢，とりわけ北方情勢が緊迫した。1792年，ロシア使節ラクスマンが，漂流民 ア をともなって根室に来航すると，幕府は紛争を恐れて長崎への入港許可証を与えて帰国させた。

北方でロシアとの緊張が高まると，幕府は蝦夷地政策を本格化させ，千島を調査させた。その後，樺太とその対岸を探査させた。(1)

1804年，ロシア使節 イ が，ラクスマンの持ち帰った入港許可証を持って長崎に来航した。幕府はこの使節を追い返したため，ロシア船は樺太や択捉島を攻撃した。

こうした北方での緊張に加えて，さらに幕府を驚かせたのは，1808年にイギリスの軍艦(2)が長崎に侵入したことであった。

問1 空欄 ア ， イ に入る適切な人名を，それぞれ解答欄に記入しなさい。

【記述解答】

問2 下線部(1)に関連して，この探査を行なった人物として最も適切なものを，次の1～4の中から一つ選びなさい。 ㉒

1 最上徳内 2 間宮林蔵 3 伊能忠敬 4 近藤重蔵

問3 下線部(2)の軍艦名として最も適切なものを，次の1～4の中から一つ選びなさい。 ㉓

1 サスケハナ号 2 モリソン号

3 ディアナ号 4 フェートン号

（B）18世紀後半になると，商品経済の発展によって疲弊した農村を復興させるため，農政家が実地に指導にあたって農政理論を実践した(3)。さらに，19世紀に入ると，国内では様々な問題が生じてきた。1830年代には立て続けに飢饉が発生して各地で一揆や打ちこわしがおこった。このような騒然とした社会情勢のなかで，［ウ］が大坂で武装蜂起して幕府に衝撃を与えたが，半日で鎮圧された。

一方，農村工業の発展という面では，19世紀に入ると，一部の地域では地主や問屋が家内工業を設け，農業から離脱した労働者を集めて分業と協業による［エ］を営むものが現れた。これに対して，新しい経済活動が生み出す利益を積極的に取り込むための様々な方法が取り入れられ，一部でみられた藩営工場や藩専売制(4)などが各地でみられるようになった。

問4　下線部(3)の農政家のうち，勤労・倹約を中心とする事業法を説いて農村の復興に努めた人物として最も適切なものを，次の1～4の中から一つ選びなさい。［㉔］

1　二宮尊徳　2　大原幽学　3　宮崎安貞　4　大蔵永常

問5　空欄［ウ］，［エ］に入る適切な語句を，それぞれ解答欄に記入しなさい。なお，空欄［エ］の解答にあたっては，漢字のほかカタカナでもよい。【記述解答】

問6　下線部(4)に関連して，奄美諸島特産の黒砂糖の専売を強化した人物と，その人物が属する藩の組み合わせとして最も適切なものを，次の1～4の中から一つ選びなさい。［㉕］

1　調所広郷－佐賀藩　2　調所広郷－薩摩藩

3　村田清風－長州藩　4　村田清風－琉球藩

（C）18世紀から表面化した幕藩体制の動揺は，それをどのように克服すればよいかという視点から，古い体制からの脱却を具体的な政策として提言する論者が現れた。例えば，「貿易論」をあらわし，「日本は海国なれば，渡海・運送・交易は，固より国君（将軍の意）の天職最第一の国務」と説いた［オ］が代表的である。

教育の面では，19世紀に入ると，学者たちによる私塾が各地で作られた。なかでも，緒方洪庵が大坂で始めた塾(5)が有名である。またこの時期には，民衆文化も一段と成熟した。芝居小屋がにぎわい，寄席が開かれた。伊勢神宮などへの寺社参詣や巡礼が盛んになった。また日待・月待や［カ］待などの待行事が行われた。

問7　空欄［オ］に入る適切な人名を，漢字で解答欄に記入しなさい。【記述解答】

問8　下線部(5)の塾として最も適切なものを，次の1～4の中から一つ選びなさい。［㉖］

1　適々斎塾　2　松下村塾　3　鳴滝塾　4　咸宜園

問9　空欄［カ］に入る語句として最も適切なものを，次の1～4の中から一つ選びなさい。

［㉗］

1 戊戌　2 壬申　3 庚申　4 戊辰

問題Ⅳ 次の文章を読んで，後の問いに答えなさい。(配点25)

明治維新後の東京では，日刊新聞や雑誌の創刊が相次いだ。世論の高まりのなかで，政治論中心の新聞(1)は，それぞれ独自の政治的主張を展開するとともに，近代文学の育成と普及にも貢献した。また瓦版の伝統を受け継ぎ，報道・娯楽を提供する大衆紙(2)は，戯作文学の復活に寄与した。また，1873年に森有礼・福沢諭吉・西周らが組織した［ア］社が，『［ア］雑誌』を発行したことを発端として，明治後期には『太陽』や『中央公論』などの［イ］雑誌が刊行されるようになった。

文学では，1885(明治18)年に坪内逍遙が西洋の文芸理論をふまえ，人間の内面や世相を客観的・写実的に描写すること(3)を提唱したことをうけ，二葉亭四迷が『浮雲』を［ウ］体で書き，文学作品として結実させた。また明治後期にはヨーロッパの影響をうけて，感情・個性の躍動を重んじるロマン主義が日本でもさかんになり，雑誌『文学界』を拠点に，小説・詩歌などで多くの作品がつくられた。(4)『にごりえ』，『たけくらべ』などの作品で底辺の女性たちの悲哀をえがいた作家の［エ］もこの影響下にある。

大正・昭和初期には，新たな文学潮流が次々にうまれた。人道主義・理想主義をかかげる雑誌『［オ］』を中心とする有島武郎・志賀直哉・武者小路実篤らの［オ］派に対し，芥川龍之介・菊池寛らは新思潮派とよばれ，現実の矛盾を理知的にえぐりだす作品を発表した。(5)また労働者の生活に根ざしたプロレタリア文学運動では，徳永直による自らの体験を素材とした小説作品(6)などがあらわれた。その後，横光利一らの新感覚派が登場し，さらに，日中戦争期には従軍体験などを素材とした戦争文学(7)が人気を博すが，石川達三の『生きてゐる兵隊』は日本軍の残虐行為が描写されているとして発売禁止処分となった。

戦後文学としては，苛烈な戦時体験を描いた大岡昇平の『俘虜記』などがある一方，［カ］の『斜陽』，坂口安吾の『白痴』などの作品が発表され，敗戦で虚脱した人々に衝撃を与えた。そして高度経済成長期にはマス=メディアが発達し，新聞・雑誌・書籍類の出版部数も激増するなかで，「中間小説」とよばれる分野で人気作家が輩出した。(8)

また漫画の分野では，戦後まもなく登場した［キ］によって『鉄腕アトム』などの本格的なストーリー漫画が創作され，漫画・アニメーションの隆盛の基礎がつくられた。

問1 空欄［ア］～［カ］に入る適切な語句を，それぞれ解答欄に記入しなさい。ただし，空欄［イ］は漢字２字で記入すること。【記述解答】

問2 下線部(1)，(2)について，それぞれのジャンルの名称として最も適切な組み合わせを，次の1～4の中から一つ選びなさい。［㉘］

1 (1)上新聞－(2)下新聞　2 (1)大新聞－(2)小新聞

3 (1)官新聞－(2)民新聞　4 (1)外新聞－(2)内新聞

問3 下線部(3)の立場・考えを何と呼ぶか。適切な名称を，漢字4字で解答欄に記入しなさい。

【記述解答】

問4 下線部(4)の作品群について，作者と作品名の組み合わせとして**誤っているもの**を，次の1～4の中から一つ選びなさい。㉙

1 島崎藤村－『若菜集』 2 与謝野晶子－『みだれ髪』

3 森鷗外－『金色夜叉』 4 泉鏡花－『高野聖』

問5 下線部(5)に関連し，芥川龍之介の作品として最も適切なものを，次の1～4の中から一つ選びなさい。㉚

1 『羅生門』 2 『カインの末裔』 3 『痴人の愛』 4 『蒲団』

問6 下線部(6)の作品として最も適切なものを，次の1～4の中から一つ選びなさい。㉛

1 『大菩薩峠』 2 『悲しき玩具』 3 『太陽のない街』 4 『蟹工船』

問7 下線部(7)に関連し，『麦と兵隊』を著した人物として最も適切なものを，次の1～4の中から一つ選びなさい。㉜

1 小林多喜二 2 野間宏 3 谷崎潤一郎 4 火野葦平

問8 下線部(8)に関連し，社会派推理小説で活躍した人物として最も適切なものを，次の1～4の中から一つ選びなさい。㉝

1 松本清張 2 国木田独歩 3 司馬遼太郎 4 三島由紀夫

問9 空欄 キ に入る人物として最も適切なものを，次の1～4の中から一つ選びなさい。㉞

1 長谷川町子 2 田河水泡 3 手塚治虫 4 黒澤明

世界史

（60分）

問題Ⅰ 次の文章を読んで，後の問いに答えなさい。（配点 25）

古代ローマ文化の特徴の一つとして，科学技術の発達が挙げられる。[A]は，イベリア半島からインドまでを実際に旅し，その地理と歴史を『地理誌』にまとめた。ウェスウィウス火山の噴火時に死亡したプリニウスは，『（ ア ）』を著し，そこには天文学や動植物学といった多様な分野の項目が含まれている。天文学の分野では，2世紀頃に天動説が唱えられ(1)，コペルニクスの登場まで権威を持ち続けた。また，カエサルの時代には太陽暦である（ イ ）暦が制定された。

また，古代ローマにおいては，特にカエサルとアウグストゥスの治世に多くの優れた詩人が現れ，その時代はラテン文学の黄金時代と呼ばれる。トロイア滅亡からローマ建国までを描いた叙事詩である[B]や『農耕詩』を記した（ ウ ）や，代表作に『転身譜』（『変身物語』）を持ち，後にアウグストゥスによって追放された[C]などが代表的な人物として挙げられる。また，カエサルが自身の遠征を記録した[D]も，ラテン文学の傑作の一つとされる。

この時代は同時に，多くの歴史叙述が生み出され，（ エ ）が『ローマ建国史』（『ローマ建国以来の歴史』）を，タキトゥスが『年代記』や『ゲルマニア』をそれぞれ著している。また，ギリシア人の著述家[E]の作品として，『対比列伝』（『英雄伝』）と呼ばれる伝記がある。

問1 空欄[A]に入る語句として最も適切なものを，次の1～4の中から一つ選びなさい。 ①

1 ストラボン　2 キケロ　3 イシス　4 セネカ

問2 空欄[B]に入る語句として最も適切なものを，次の1～4の中から一つ選びなさい。 ②

1 『アエネイス』　2 『叙情詩集』　3 『パイドロス』　4 『ゴルギアス』

問3 空欄[C]に入る語句として最も適切なものを，次の1～4の中から一つ選びなさい。 ③

1 ユスティニアヌス　2 ホラティウス
3 グレゴリウス　4 オウィディウス

問4 空欄 [D] に入る語句として最も適切なものを，次の1～4の中から一つ選びなさい。 ④

1 『自省録』 2 『告白録』 3 『ガリア戦記』 4 『ユダヤ戦記』

問5 空欄 [E] に入る語句として最も適切なものを，次の1～4の中から一つ選びなさい。 ⑤

1 プルタルコス 2 パルメニデス

3 トリボニアヌス 4 エウセビオス

問6 空欄（ ア ）～（ エ ）に入る適切な語句を，それぞれ解答欄に記入しなさい。【記述解答】

問7 下線部(1)に関連して，『天文学大全』を著した人物の適切な人名を，解答欄に記入しなさい。【記述解答】

問題Ⅱ 次の文章を読んで，後の問いに答えなさい。（配点 25）

モンゴル帝国は，13世紀はじめにチンギス=ハン（太祖）が建国を始め，フビライ=ハン（世祖）の時代までに，中国東北地方から西アジア，ロシアに至る広大な地域を支配した。チンギス=ハンは，1220年に西トルキスタン・イランを支配する新興国家 [A] 朝を征服し，1227年には（ ア ）を滅ぼした。チンギス=ハンの死後に即位したオゴダイ（太宗）は，1234年に中国東北地方の女真族の国家である（ イ ）を滅ぼした。

フビライ=ハンは，都をカラコルムから大都(1)に移し，国号を中国風に [B] と改めた。続いて南宋を滅ぼし，中国全土を支配した。そのほかにチベットや高麗を属国とし，ビルマ(2)を弱体化させたが，日本，ベトナム(3)，ジャワの遠征には失敗した。

中国統治にあたっては，官僚制(4)や統一通貨などを整備して支配の基礎を確立した。広大な地域の交通網の整備を進め，モンゴル語で [C] と呼ばれる駅伝制を施行した。駅伝制の普及は東西の交流を促し，多くのヨーロッパ人やアラブ人が中国を訪れるようになった。

ヴェネツィア出身のマルコ=ポーロは旅行記『世界の記述』（東方見聞録）を，モロッコ出身の（ ウ ）は『旅行記』（三大陸周遊記）を残している。また，中国の科学者の（ エ ）は授時暦を作成した。

問1 空欄 [A] ～ [C] に入る適切な語句を，それぞれ解答欄に記入しなさい。

【記述解答】

問2 空欄（ ア ）～（ エ ）に入る語句として最も適切なものを，それぞれ次の1～4の中から一つずつ選びなさい。

ア ⑥ 1 西夏 2 遼 3 大越 4 契丹

イ ⑦ 1 金 2 呉 3 蜀 4 燕

ウ ⑧ 1 アブー=バクル 2 マテオ=リッチ
3 プラノ=カルピニ 4 イブン=バットゥータ

エ ⑨ 1 岳飛(がくひ) 2 孫権(そんけん) 3 郭守敬(かくしゅけい) 4 劉備(りゅうび)

問3 下線部(1)は，現在のどの都市に該当するか。最も適切なものを，次の1～4の中から一つ選びなさい。⑩

1 南京 2 天津 3 上海 4 北京

問4 下線部(2)に関連して，ビルマ人が建てたビルマ初の統一王朝として最も適切なものを，次の1～4の中から一つ選びなさい。⑪

1 コンバウン朝 2 パガン朝 3 トゥングー朝 4 アユタヤ朝

問5 下線部(3)に関連して，モンゴルおよび元の攻撃を3度にわたって撃退した北部ベトナムの王朝として最も適切なものを，次の1～4の中から一つ選びなさい。⑫

1 陳朝 2 阮朝 3 北朝 4 六朝

問6 下線部(4)に関連して，財務官僚として登用された中央アジア・西アジアの人々を何と総称したか。最も適切なものを，次の1～4の中から一つ選びなさい。⑬

1 郷紳 2 色目人 3 公行 4 南人

問題Ⅲ

次の文章は X王国 について書かれたものである。これを読んで，後の問いに答えなさい。（配点　25）

ローマ帝国にかわって西ヨーロッパの新しい支配者になったゲルマン民族は，早くからキリスト教に改宗していたが，彼らの多くが信じていたのは，「異端」とされた[　A　]派のキリスト教であった。それに対し，現在のフランス北部の X王国 の王に即位したメロヴィング家の(　ア　)は，「正統」とされる[　B　]派に改宗し，ローマ=カトリック教会(1)とのつながりを深めていった。

8世紀には，イスラーム勢力がアラビア半島から急速に勢力を拡大して地中海世界に侵入，X王国 にも迫りつつあった。イスラーム軍は北アフリカを西に進み，イベリア半島にわたって西ゴート王国を滅ぼし，さらにピレネー山脈をこえてガリアに侵攻しようとした。732年の戦いでイスラーム軍を撃退し，西方のキリスト教世界を守ったのが，メロヴィング朝の宮宰[　C　]であった。

彼の子[　D　]によって開かれたカロリング朝の時代，X王国 とローマ=カトリック教会の関係はさらに強化された。彼は北イタリアに遠征し，ローマ教会を圧迫していたランゴバルド王国からラヴェンナ地方を奪い，教皇に寄進した。これが(　イ　)の起源である。

X王国 は[　D　]の子[　E　]の時代に絶頂期を迎える。彼は800年のクリスマスの日に，ローマ教皇(　ウ　)3世からローマ皇帝の帝冠を与えられ，かつての西ローマ帝国にほぼ匹敵する領土を治める有力な支配者とローマ教皇との連携が決定的なものとなった。しかし[　E　]の死後，領土は三つの国に分割され，これが後のドイツ，フランス，イタリアへとつながっていくことになる(2)。

問1　空欄[　A　]，[　B　]に入る語句の組み合わせとして最も適切なものを，次の1～4の中から一つ選びなさい。⑭

	A	B
1	アタナシウス	アリウス
2	アリウス	アタナシウス
3	アリウス	ネストリウス
4	ネストリウス	アタナシウス

問2　下線部(1)に関連して，同じキリスト教の中でも，ビザンツ皇帝と結びついたコンスタンティノープル教会を中心に発展し，南欧，東欧やロシアに広まったキリスト教会のことを何というか。適切な語句を解答欄に記入しなさい。【記述解答】

〔解答欄〕［　　　　　　教会］

問3　空欄(　ア　)～(　ウ　)に入る適切な語句を，それぞれ解答欄に記入しなさい。【記述解答】

問4　空欄[　C　]～[　E　]に入る語句として最も適切なものを，それぞれ次の1～6の中から一つずつ選びなさい。C ⑮，D ⑯，E ⑰

1　ピピン(小ピピン)　　2　ウィリアム1世
3　カール大帝(シャルルマーニュ)　　4　アルフレッド大王
5　オットー1世　　6　カール=マルテル

問5　下線部(2)に関連して，870年に交わされた王国再分割の条約で，ドイツ・フランス・イタリアの原形が成立した条約として最も適切なものを，次の1～4の中から一つ選びなさい。⑱

1　トルデシリャス条約　　2　カルロヴィッツ条約
3　ウェストファリア条約　　4　メルセン条約

問6　X王国 は何という王国か。適切な王国名を解答欄に記入しなさい。【記述解答】

問題Ⅳ　次の文章を読んで，後の問いに答えなさい。(配点　25)

すでに1904年から翌年の　A　戦争で手痛い軍事的敗北を喫したロマノフ朝(1)の衰退が隠し切れなくなってきた形勢の中で，ロシア帝国が威信回復を目論んで参戦した第一次世界大戦(2)の最中，　B　年11月(ロシア暦10月)にロシア革命(3)が成功すると，レーニン(4)を最高指導者とする社会主義政権には歴史に名を遺す多くの政治家たちが加わった。反革命派を武力で制圧する赤軍を率いたトロツキーや秘密警察を率いて反革命派弾圧に猛威をふるったジェルジンスキー，とりわけ共産党内部の権力闘争に力を発揮したスターリン(5)，社会主義理論家として知られたブハーリン，レーニンの側近として知られたジノヴィエフ，書記長なる党要職の新設を提案してスターリンの台頭に道を開いたカーメネフ，後に天才的軍事指導者と言われたトハチェフスキーなどである。彼らのほとんどは，1930年代後半の悪名高き「大粛清」により一掃(処刑)されたのであった。

問1　空欄　A　に入る語句として最も適切なものを，次の1～5の中から一つ選びなさい。⑲

1　露土　　2　日露　　3　クリミア　　4　七年　　5　北方

問2　下線部(1)の王朝に連なる皇帝(ツァーリ)の中で，現在のサンクト=ペテルブルクに都を構えたことで有名な皇帝は誰か。適切な人名を，解答欄に記入しなさい。【記述解答】

〔解答欄〕　　1世

問3　下線部(2)を惹(ひ)き起こした有名な事件とは何か。適切な事件名を解答欄に記入しなさい。【記述解答】

〔解答欄〕　　事件

問4　下線部(2)に関連して，ロシア帝国を転覆させたソヴィエト政権がこの戦争から離脱することを可能ならしめた条約として最も適切なものを，次の1～5の中から一つ選びなさい。⑳

1　ラパロ条約　　2　ウィーン条約　　3　トリアノン条約

4　ジュネーヴ条約　　5　ブレスト=リトフスク条約

問5　空欄 B に入る適切な西暦年を，算用数字で解答欄に記入しなさい。【記述解答】

問6　下線部(3)の結果，退位を余儀なくされ，やがて家族全員とともに処刑された皇帝は誰か。適切な人名を解答欄に記入しなさい。【記述解答】

〔解答欄〕 ＿＿＿＿＿＿2世

問7　下線部(4)が率いた革命勢力の多数派を名乗る左派は，何と呼ばれたか。適切な呼称をカタカナで解答欄に記入しなさい。【記述解答】

問8　下線部(4)に関連して，レーニン派と対立した反対派の適切な呼称を，カタカナで解答欄に記入しなさい。【記述解答】

問9　下線部(5)は，社会主義革命の西欧への輸出を目指したトロツキーの「世界革命論」に対抗した理論を唱えた。その理論の適切な名称を解答欄に記入しなさい。【記述解答】

〔解答欄〕 ＿＿＿＿＿＿論

地　理

(60分)

問題Ⅰ

図1は，世界(北半球：北米アメリカを除く)の農業形態とある作物の栽培限界等を示したものである。この図を見て，後の問いに答えない。(配点　25)

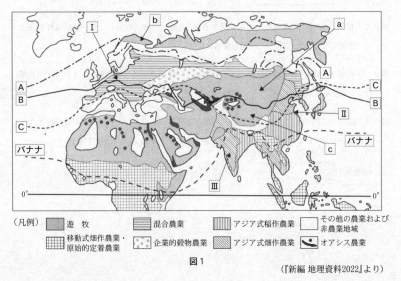

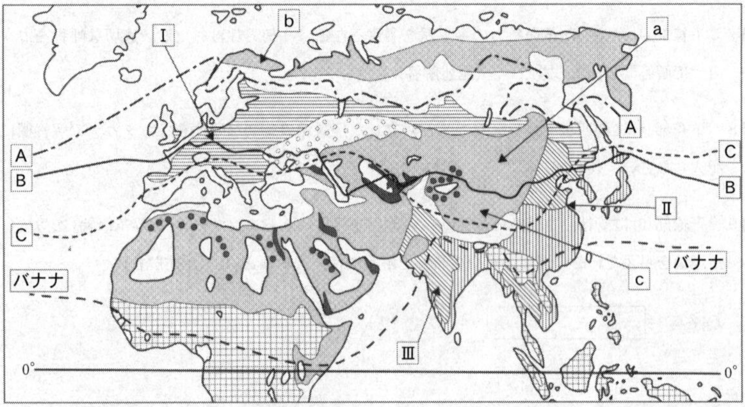

図1

(『新編 地理資料2022』より)

問1　図1中の A ～ C の曲線は，ブドウ，小麦，稲のいずれかの栽培限界線である。A，B，C に該当する作物の組み合わせとして最も適切なものを，次の1～4の中から一つ選びなさい。①

	A	B	C
1	ブドウ	小　麦	稲
2	小　麦	ブドウ	稲
3	ブドウ	稲	小　麦
4	小　麦	稲	ブドウ

問2　図1中の遊牧地域 ▒ について述べた次の文章を読んで，下の(a)～(d)の問いに答えなさい。

遊牧地域は，東アジア，中央アジア，西アジア，北アフリカにかけての乾燥地域(1)，北極圏に沿った寒冷地域(2)，さらにチベット高原など高山地域(3)で見られる。

(a) 下線部(1)の地域では，図1中ののように遊牧地域の中にオアシス農業地域が点在している。そこでは水の蒸発を防ぐため地下水路を活用している地域も見られる。この地下水路をイランや北アフリカでは何と呼んでいるか。適切な名称をそれぞれ解答欄に記入しなさい。

【記述解答】

(b) 下線部(1)の地域の中で，図1中の a のモンゴルの地域では，遊牧民は砂漠周辺のステップを移動しながら馬，羊，ヤギなどの飼育をしている。移動には組み立て住居が用いられているが，モンゴルではこの住居を何と呼んでいるか。適切な呼称を，解答欄に記入しなさい。

【記述解答】

(c) 下線部(2)の地域の中で，図1中の b の地域には，漁労・狩猟・採集やトナカイの放牧を行ってきた先住少数民族がいる。その民族の適切な名称を，解答欄に記入しなさい。

【記述解答】

(d) 下線部(3)の地域の中で，図1中の c の示す地域では，高地に適したある家畜を農耕，荷役，食用として飼育し生計を立てている。その家畜として最も適切なものを，次の1～4の中から一つ選びなさい。 ②

1 アルパカ　2 リャマ　3 ヤク　4 ラクダ

問3 図1の移動式焼畑農業・原始的定着農業について述べた次の文章を読んで，下の(a)，(b)の問いに答えなさい。

移動式焼畑農業では，草原や森林を焼き，草木灰を肥料として，　i　イモ，ヤムイモ，トウモロコシ，キャッサバ，モロコシ(4)，陸稲などを栽培している。地力が消耗すると，他の地域に移動し，また同じ作業を繰り返す。

(a) 空欄　i　に入る適切な語句を，カタカナで解答欄に記入しなさい。【記述解答】

〔解答欄〕 □□ イモ

(b)　下線部(4)の作物の絵として最も適切なものを，それぞれ次の1～5の中から一つ選びなさい。キャッサバ ③，モロコシ ④

1

2

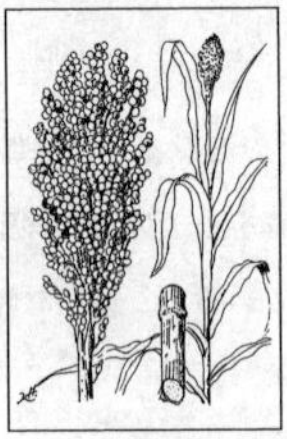

3

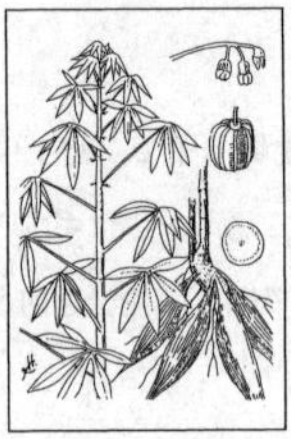

4

5

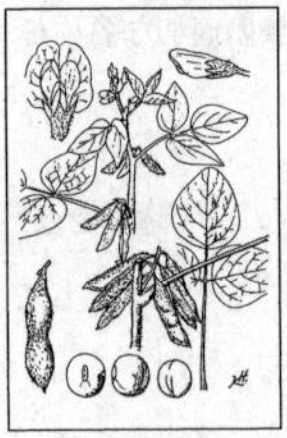

(『データブック オブ・ザ・ワールド 2023』より)

問4　図1中のアジア式稲作農業地域 ▥ は，夏の降水量に支えられている。その降雨をもたらす風の適切な名称を，解答欄に記入しなさい。【記述解答】

問5　図1中の Ⅰ ～ Ⅲ について，下の(a)～(c)の問いに答えなさい。

(a)　Ⅰ の地域で栽培，飼育されている主な作物と家畜の組み合わせとして最も適切なものを，次の1～4の中から一つ選びなさい。⑤

1　大豆，コーヒー豆，サトウキビ，肉牛

2　小麦，綿花，サトウキビ，乳牛

3　テンサイ，小麦，ジャガイモ，豚

4　小麦，綿花，コウリャン，豚

(b)　Ⅱ の曲線は，異なる農業地域の境界線を示している。この境界線は，1月の平均気温の等値線とほぼ一致している。この平均気温として最も適切なものを，次の1～4の中から一つ選びなさい。⑥

1　−10℃　　2　0℃　　3　10℃　　4　20℃

(c)　Ⅲ の高原では綿花の栽培に適した肥沃な土壌が分布している。この高原と土壌の適切な名称を，それぞれ解答欄に記入しなさい。【記述解答】

問題Ⅱ　都市に関する次の文章を読んで，後の問いに答えない。(配点　25)

都市は，様々な機能(1)を担いながら発展してきた。現在の大都市の都心地域では，国家レベルの行政機関や大企業などが集中し，中心業務地区(2)が形成されるとともに，行政域を超えて都市が拡大することで，周辺地域にはベッドタウン(3)などの衛星都市が生まれた。

世界各地では，都市への人口集中(4)が進んでおり，かつては農村人口が多かった発展途上国でも都市人口が増加している。それにともない，送電設備や上下水道など(5)の整備の不足，都心部での気温が郊外よりも島状に高くなる現象(6)も生じている。

国連総会で採択された「持続可能な開発目標(7)」でも“住み続けられるまちづくり”を目標の一つとして解決を目指している。

問1　下線部(1)に関して，次のA～Dの都市グループの歴史的発展を踏まえた上で，各グループを呼び表す名称の組み合わせとして最も適切なものを，次の1～4の中から一つ選びなさい。 ⑦

A：ヴァラナシ，メディナ，ラサ，ソルトレークシティ

B：ケンブリッジ，ハイデルベルク，ボストン，つくば

C：ヨハネスバーグ，マラカイボ，バクー，サドバリ

D：ヴォルフスブルク，デトロイト，ムンバイ，川崎

	A	B	C	D
1	宗教都市	工業都市	鉱業都市	学術都市
2	宗教都市	学術都市	鉱業都市	工業都市
3	鉱業都市	工業都市	宗教都市	学術都市
4	学術都市	宗教都市	工業都市	鉱業都市

問2　下線部(2)の適切な欧文略語を，アルファベット3字で解答欄に記入しなさい。【記述解答】

問3　下線部(3)に関連して，**表1**は2015年における日本の4都府県の昼間と夜間の人口を示している。**ア～ウ**に該当する府県名の組み合わせとして最も適切なものを，次の1～4の中から一つ選びなさい。 ⑧

表1

	昼間人口（千人）	夜間人口（千人）	昼夜間人口比率(%)
東京都	15,920	13,515	117.8
ア	5,582	6,223	89.7
イ	9,224	8,839	104.4
ウ	1,228	1,364	90.0

(『日本国勢図会 2022/23』より)

	ア	イ	ウ
1	大阪府	千葉県	兵庫県
2	千葉県	大阪府	兵庫県
3	大阪府	千葉県	奈良県
4	千葉県	大阪府	奈良県

問4　下線部(4)に関連して，**表2**は2020年の世界と日本および3カ国の都市人口と都市人口比率を示している。表中のａ～ｃに該当する国の組み合わせとして最も適切なものを，次の1～4の中から一つ選びなさい。 ⑨

表2

	都市人口（千人）	都市人口比率（％）
世界	4,378,994	56.2
日本	116,100	91.8
a	875,076	61.4
b	56,495	83.9
c	44,041	42.8

（『世界国勢図会 2022/23』より）

	a	b	c
1	インドネシア	ベトナム	スペイン
2	中　国	ベトナム	エジプト
3	インドネシア	イギリス	スペイン
4	中　国	イギリス	エジプト

問5　下線部(5)に関連して，道路や上下水道などのように社会生活を営むために必要な公共施設や仕組みの総称を何というか。適切な名称を，カタカナで解答欄に記入しなさい。【記述解答】

問6　下線部(6)のような現象を何というか。適切な名称を，解答欄に記入しなさい。【記述解答】

〔解答欄〕 ＿＿＿＿＿＿ 現象

問7　下線部(7)の欧文略語を，アルファベット4字で解答欄に記入しなさい。【記述解答】

問題Ⅲ　図1は中東および周辺地域を示している。図を見て，後の問いに答えなさい。(配点　25)

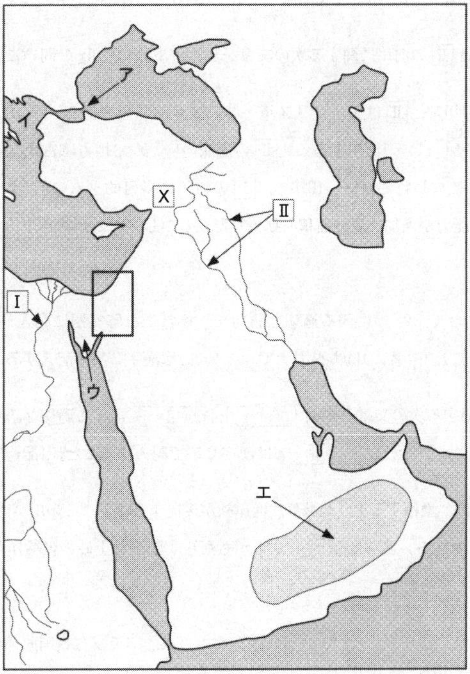

図1

問1　図1中の**ア**(海峡)，**イ**(海)，**ウ**(半島)，**エ**(砂漠)の組み合わせとして最も適切なものを，次の1～4の中から一つ選びなさい。⑩

	ア	イ	ウ	エ
1	ダーダネルス海峡	アドリア海	アラビア半島	ネフド砂漠
2	ボスポラス海峡	エーゲ海	シナイ半島	ネフド砂漠
3	ダーダネルス海峡	アドリア海	アラビア半島	ルブアルハリ砂漠
4	ボスポラス海峡	エーゲ海	シナイ半島	ルブアルハリ砂漠

問2　図1中の X は，2023年2月に発生したトルコ・シリア大地震の震源地である。この地震に関連した下の(a)，(b)の問いに答えなさい。

(a)　地震の発生した X はある新期造山帯に属する。その造山帯の適切な名称を，解答欄に記入しなさい。【記述解答】

〔解答欄〕　　　　造山帯

(b) 地震の発生した X の造山帯に**属さないもの**を，次の1～4の中から一つ選びなさい。 ⑪

1 ピレネー山脈　2 パミール高原　3 フィリピン諸島　4 スマトラ島

問3 **図1**中の Ⅰ と Ⅱ の河川に関する次の文章を読み，下の(a)，(b)の問いに答えなさい。

Ⅰ は（　あ　）川で，Ⅱ はティグリス川・ユーフラテス川である。Ⅰ と Ⅱ は，砂漠など乾燥地域を流れる（　い　）河川である。Ⅱ の流域の（　う　）地方は古代文明の発祥地で，古くから農業がおこなわれてきた。1970年，Ⅰ の河川に多目的ダムの（　え　）ダムが完成し，これにより発電能力が増加，農地面積も拡大した。しかし，(1)ダムができたことによる課題も生じている。

(a) 空欄（　あ　）～（　え　）に入る適切な語句を，それぞれ解答欄に記入しなさい。ただし，（　あ　），（　う　），（　え　）はカタカナで，（　い　）は漢字2字で記入すること。【記述解答】

(b) 下線部(1)に関する次の文章の空欄 i ， ii に入る適切な語句を，それぞれ解答欄に記入しなさい。ただし， ii は漢字2字で記入すること。【記述解答】

ダムの下流では，堆積する土砂が減り，海岸線が後退するので，この川が形成する i 地形の面積も減少する。さらに， ii がもたらす肥沃な土砂の供給がなくなり、河口付近の漁業の衰退も見られる。

問4 **表1**の**ア～エ**は，シリア，サウジアラビア，キプロス，アラブ首長国連邦の国々の2020年の人口，国内総生産（GDP），一人当たり国内総生産（GDP）を表したものである。これらの項目の数値と国名の組み合わせとして最も適切なものを，次の1～4の中から一つ選びなさい。 ⑫

表1

	人口（千人）	国内総生産(GDP)（百万ドル）	一人当たり国内総生産(GDP)（ドル）
ア	9,287	358,869	36,285
イ	35,997	700,118	20,110
ウ	1,238	24,612	28,133
エ	20,773	15,572	890

（『世界国勢図会 2022/23』より）

	ア	**イ**	**ウ**	**エ**
1	サウジアラビア	シリア	キプロス	アラブ首長国連邦
2	キプロス	シリア	サウジアラビア	アラブ首長国連邦
3	サウジアラビア	アラブ首長国連邦	シリア	キプロス
4	アラブ首長国連邦	サウジアラビア	キプロス	シリア

問5　図2は，図1中の[　]で囲った地域を拡大したものである。図を見て，右の(a)～(d)の問いに答えなさい。

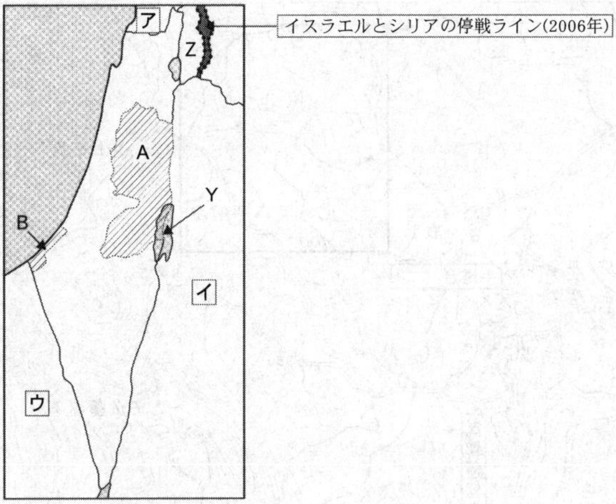

図2

(a)　図2中の[ア]～[ウ]に該当する国名の組み合わせとして最も適切なものを，次の1～4の中から一つ選びなさい。[⑬]

	ア	イ	ウ
1	ヨルダン	レバノン	イエメン
2	レバノン	ヨルダン	エジプト
3	ヨルダン	レバノン	エジプト
4	レバノン	ヨルダン	イエメン

(b)　図2中の湖Yは，湖面の標高が海面下約400mと低いこと，塩分濃度が高いことで知られている。この湖の適切な名称を漢字2字で解答欄に記入しなさい。【記述解答】

(c)　図2中のA地区とB地区は，2023年5月現在のパレスチナ自治区である。地区の適切な名称をそれぞれ解答欄に記入しなさい。【記述解答】

(d)　図2中のZは高原である。この高原では，イスラエルとシリアの停戦ラインに近いため緊張状態が続いている。この高原の適切な名称を，解答欄に記入しなさい。【記述解答】

問題Ⅳ　ナツミさんは夏休みを利用して，石灰岩の多い地域にみられる地形についてまとめ，関連する地形図を活用して特色を調べた。図を見て，後の問いに答えなさい。（配点　25）

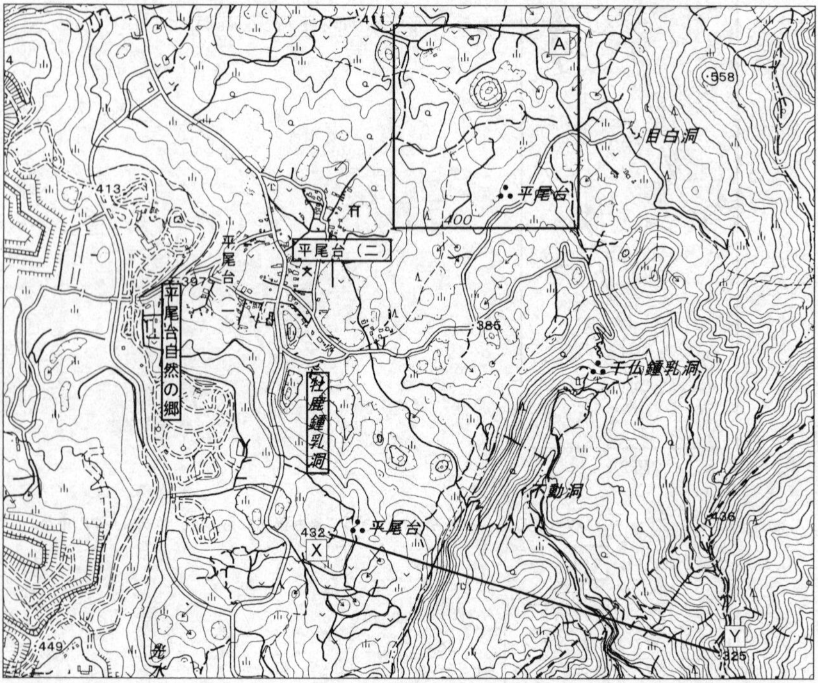

図１

（国土地理院「苅田」1：25,000　145％拡大・一部改変）

（編集部注：編集の都合上，縮小して掲載）

問１　ナツミさんがまとめた**ア**，**イ**の文章を読んで，下の(i)，(ii)の問いに答えなさい。

ア　石灰岩の多い地域で見られる地形を，（　a　）地形という。これは旧ユーゴスラビアの（　b　）の南西部の地方名が由来となっている。石灰岩が水に溶解されて侵食が進むことを（　c　）という。中国の桂林（コイリン）周辺でみられる岩峰は（　d　）とよばれ，観光地として人気がある。

イ　石灰岩の多い地域には，すり鉢状の凹地（おうち）がみられ，これを（　e　）といい，**図１**中の A にもみられる。（　e　）が連結したものを（　f　）とよぶ。これらがさらに連結・拡大し，谷底の面積が数k㎡から数100k㎡をこえる盆地状のものを（　g　）とよぶ。

(i)　**ア**の文章中の空欄（　a　）～（　d　）に入る適切な語句を，それぞれ解答欄に記入しなさい。【記述解答】

(ii) イの文章中の空欄(e)～(g)に入る語句の組み合わせとして最も適切なものを，次の1～4の中から一つ選びなさい。⑭

	e	f	g
1	ウバーレ	ポリエ	ドリーネ
2	ポリエ	ウバーレ	ドリーネ
3	ドリーネ	ウバーレ	ポリエ
4	ウバーレ	ドリーネ	ポリエ

問2　図1から読み取れる事象のうち**誤っているもの**を，次の1～5の中から二つ選びなさい。

⑮，⑯（順不同）

1　石灰岩台地は地表水流が発達しにくいため，畑はみられない。

2　**平尾台自然の郷** の南には果樹園がみられる。

3　**平尾台自然の郷** の周辺には石段が設けられている。

4　図1の西方には石灰岩を採掘した跡が崖のようになっている。

5　**平尾台(二)** の北西には竹林がみられる。

問3　図1は2万5千分の一地形図である。地形図上で **平尾台自然の郷** から **牡鹿鍾乳洞** までの直線距離を測ると約2.5cmであった。実際の距離として最も適切なものを，次の1～4の中から一つ選びなさい。⑰

1　約375m　　2　約625m　　3　約750m　　4　約1,250m

問4　図1中の **平尾台(二)** の北にある ⛩ の位置の標高として最も適切なものを，次の1～4の中から一つ選びなさい。⑱

1　約320m　　2　約360m　　3　約400m　　4　約440m

問5　図1中の X――Y の断面図として最も適切なものを，次の1～4の中から一つ選びなさい。⑲

1

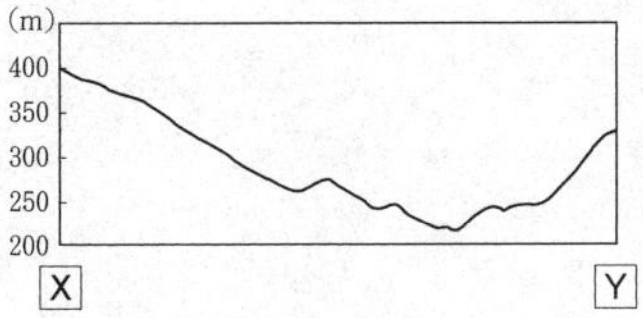

2

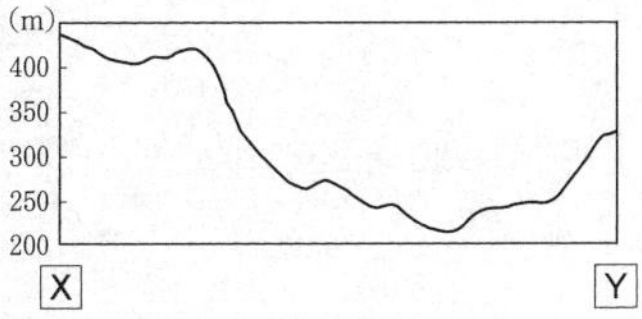

3

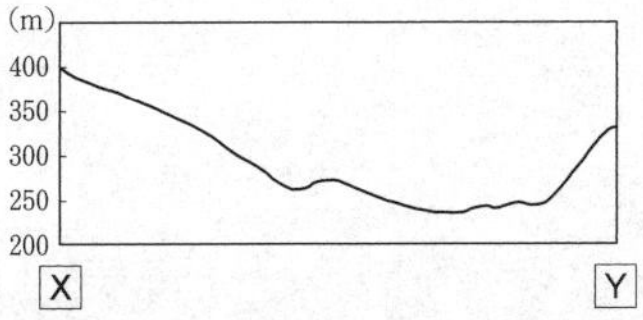

4

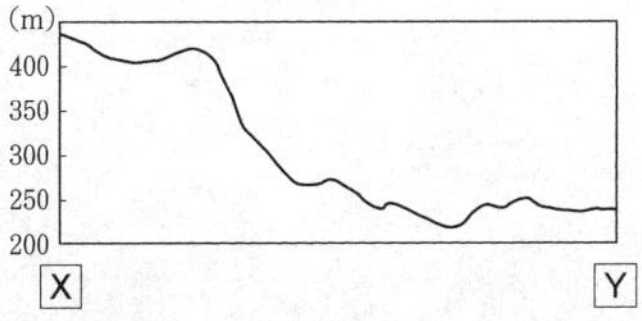

問6　図2は，図1中の［　］で囲った［A］地区を拡大したものである。図2中の［Z］の地点の標高として最も適切なものを，次の1～4の中から一つ選びなさい。［⑳］

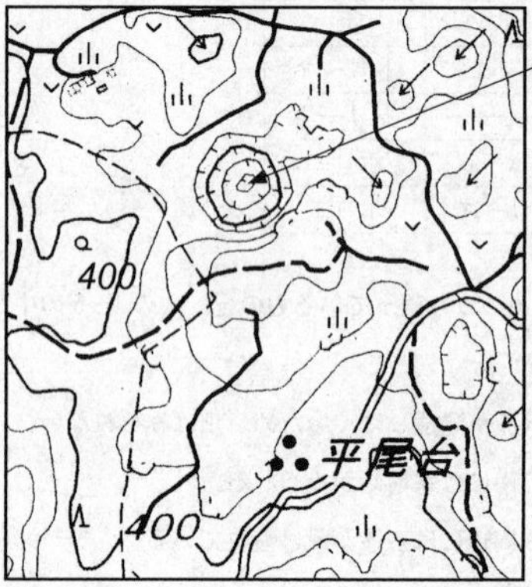

図2

1　約350m　　2　約375m　　3　約425m　　4　約445m

政治・経済

（60分）

問題Ⅰ　次の文章は，インタビュアー（以下「Ｉ」）が専門家（以下「Ｓ」）に難民に関する取材をしたものである。このインタビュー記事を読んで，後の問いに答えなさい。（配点　25）

Ｉ：表にあるように日本の難民の認定(1)は，他の国に比べると極端に少ないと言われていますが，先生はどうお考えですか。

〔表〕

年	2017	2018	2019	2020	2021
認定数（人）	20	42	44	47	74

Ｓ：数だけ見ると少ないですね。世界各地で絶え間なく紛争が起きていて，紛争を逃れて多くの難民が生まれている現状(2)を見ると，日本ももっと難民を受け入れてはどうか，という意見が出るのも当然です。しかし，私たちがイメージする難民と，国際条約上の難民とは，かなり異なることに注意しなければなりません。

Ｉ：それは，どういうことでしょうか？

Ｓ：一般には，難民といえば，紛争や災害などを逃れて他国にやって来た人をイメージします。それに対して，難民条約(3)でいう難民は，もっと限定されています。

Ｉ：どんなふうに限定されているのでしょう。

Ｓ：このパネルを見てください。まず，難民となった理由が重要です。ここにあるように５つの理由に限定されています。紛争に巻き込まれたであるとか，地震による災害で家を失ったであるとかは，難民の理由にはなっていません。

〔パネル〕

【難民の理由】
１．人種　２．宗教　３．国籍　４．特定の社会集団　５．政治的意見

Ｉ：ずいぶん私たちのイメージと違いますね。

Ｓ：そうです。難民条約の制定の背景にあるのは，一つには，第二次世界大戦中のナチスによるユダヤ人の大量虐殺(4)があります。ユダヤ人の場合は，この理由の中の「特定の社会集団」にあたります。

もう一つは，東西冷戦中，政治的な迫害を受けて東側から西側に逃れた人たちのケースですが，(5)これは「政治的意見」による迫害です。

I：他にも難民に該当するための要件はありますか?

S：自分の国で迫害を受けていることです。ただ，この迫害の要件もかなり限定的です。まず，生命や身体に対する危害が及ぶ恐れがあることが必要です。仕事が見つからず，経済的に困窮しているだけではこれに当たりません。また，危害が及ぶ恐れについても，そのような恐怖を持つことに十分な理由がなければなりません。自分がそう思っているだけではだめです。

I：厳しいですね。

S：それに加えて，自分の国籍のある国から逃れて，外国に出なければなりませんし，自分の国では保護が受けられないことも要件です。(6)

I：いくら迫害を受けていても，自分の国にとどまる限り，他国が勝手に難民だと認定はできないからですね。

S：それが国際法の原則(7)ですから。さらに要件があります。それは，難民だと訴えている人自身が迫害の対象となっているという要件です。自分は政府とは異なる政治的な考えを持っているから迫害される恐れがある，といった漠然としたものでは十分ではありません。これは，個別に判断されます。この要件には批判もあります。

I：素人目にも，それを立証するのは難しいですよね。

S：そうです。日本の法律の難民の要件も，基本的には，難民条約に基づいていますから，日本が，誰かを難民と認定して，その人に保護を与えるためには，今まで話してきた要件に当てはまらなければなりません。そのため，日本で難民と認められる人は限られます。しかし，難民の保護という観点からは，緩めた方がいい要件もあります。また，日本が国際的な状況を踏まえて，この要件に当てはまらない人を政策的に難民として扱うことも可能です。(8)

I：本日は，いろいろ貴重なお話をうかがえて，大変勉強になりました。先生，どうもありがとうございました。

問1　下線部(1)に関連して，日本は，難民条約の加入にともない，それまでの法令を［　A　］及び難民認定法に改正した。

空欄［　A　］に入る適切な語句を，漢字5字で解答欄に記入しなさい。【記述解答】

問2　下線部(2)に関連して，2018年の段階で，国別で見たときに難民発生数が最も多い国はどこか。その国名として最も適切なものを，次の1～4の中から一つ選びなさい。［①］

1　アフガニスタン　　2　南スーダン　　3　シリア　　4　ソマリア

問3　下線部(3)に関連して，以下の(a)と(b)の問いに答えなさい。

(a)　1951年に採択された条約の正式な名称は，「難民の［　B　］に関する条約」である。

空欄［　B　］に入る語句として最も適切なものを，次の1～4の中から一つ選びなさい。

②

1 保護　2 地位　3 取り扱い　4 受け入れ

(b) 1967年，上記(a)の条約を補充するために採択された国際的な取り決めの名称として最も適切なものを，次の1～4の中から一つ選びなさい。③

1 難民議定書　2 難民協定書　3 難民決議　4 難民選択議定書

問4　下線部(4)は何と呼ばれているか。その名称として最も適切なものを，次の1～4の中から一つ選びなさい。④

1 ファシズム　2 ナチズム　3 アパルトヘイト　4 ホロコースト

問5　下線部(5)に関連して，1956年，東側において共産党政権に対する民衆の抗議行動が起こったが，その出来事の名称として最も適切なものを，次の1～4の中から一つ選びなさい。⑤

1 プラハの春　2 ハンガリー動乱

3 ポーランド暴動　4 東ベルリン暴動

問6　下線部(6)に関連して，以下の(a)と(b)の問いに答えなさい。

(a) 内戦や自然災害や政治的な迫害などにより自宅から遠くに離れることを余儀なくされているが，国境を越えられずに自国にとどまっている人々は，何と呼ばれるか。その適切な名称を，漢字5字以内で解答欄に記入しなさい。【記述解答】

(b) 国連が採用した「保護する責任」についての説明として，明らかに**誤っているもの**を，次の1～4の中から一つ選びなさい。⑥

1 大規模な人権侵害から住民を保護する責任を国家が果たせない場合に，その責任が国際社会に移るという考えである。

2 コソボ紛争においてNATOが人道的介入を理由に空爆を行ったが，これに対する疑念を契機に提唱された考えである。

3 最後の手段として安全保障理事会の決議により武力行使も認められるとする考えである。

4 アメリカが，タリバン政権による女性に対する人権侵害を理由にアフガニスタンに侵攻した時に主張した考えである。

問7　下線部(7)の国際法の原則は何か。その原則の名称として最も適切なものを，次の1～4の中から一つ選びなさい。⑦

1 内国民待遇　2 主権平等　3 内政不干渉　4 領土不可侵

問8　下線部(8)に関連して，難民を，最初の受け入れ国から別の国に送り，そこで長期的な滞在を認める制度は，何と呼ばれるか。その制度の適切な名称を，解答欄に記入しなさい。

【記述解答】

問題Ⅱ　次の文章を読んで，後の問いに答えなさい。（配点　25）

一般的に，法がどのような形式で存在しているかを意味することを法源という。他方で，法源は具体的な事案を規律する法規範の発見や法知識の獲得の根拠となる資料と捉えることもできる。このような法源の一つが憲法である。

日本国憲法は，その第98条第１項において憲法を国の［　A　］として規定し，「その条規に反する法律・［　B　］，詔勅及び［　C　］に関するその他の行為の全部又は一部は，その効力を有しない。」として憲法の［　A　］性を定めている。ここでいう［　A　］の意味は，国民に対する国家権力の制限という点にあり，したがって，憲法の規定は権力を担う者に向けられたものであるといえる。そのため，第99条では「天皇又は摂政及び［　D　］，国会議員，裁判官その他の［　E　］は，この憲法を尊重し［　F　］する義務を負ふ。」と定めて，国民の権利の侵害や恣意的な国政の運営が起こらないようにしている。

さて，法源性を有する憲法もまた，社会の変化やそれに伴う要求に応じて，改正を行う必要が生じる場合がある。日本国憲法は，先に触れた憲法の［　A　］性から，<u>その改正については第96条において慎重な手続を定めている</u>(1)。そして，この手続に従い発議された憲法改正案の承認には，国民投票または国会の定める選挙の際におこなわれる投票において投票総数の過半数の賛成が必要であるとされている。しかし，<u>この手続をもってしても，憲法の三大基本原理については改正できないと一般的に理解されている</u>(2)。

日本国憲法は，これまで改正のための国民投票を経験していないが，改正をめぐる議論は憲法制定当時から存在した。2000年に衆議院と参議院の両議院に憲法［　G　］会が設置され，2005年にその最終報告書が提出された。その後，<u>国民投票法</u>(3)が成立し，両院に憲法改正の原案を検討する機関として新たに憲法［　H　］会が設置され，憲法［　H　］会は2011年10月から実質的に始動している。しかし，憲法の改正には手続的にも実質的にもかなりの時間と労力が必要とされる。そこで，<u>憲法の条文は改正せずに，社会の実態に適合させる形で条文の意味内容や運用を事実上変更させる</u>(4)ことがある。この手法は，主に第９条に関する政府の見解において見られてきたが，そもそも憲法の条文の表すところをどう理解するかにより見解が異なることから，この手法については常にその正当性が議論されている。

問１　空欄［　A　］に入る適切な語句を，漢字４字で解答欄に記入しなさい。【記述解答】

問２　空欄［　B　］，［　C　］に入る語句の組み合わせとして最も適切なものを，次の１～４の中から一つ選びなさい。［⑧］

１　B：法令 － C：国務　　２　B：法令 － C：国事

３　B：命令 － C：国事　　４　B：命令 － C：国務

問3　空欄 [D] ～ [F] に入る語句の組み合わせとして最も適切なものを，次の1～4の中から一つ選びなさい。 ⑨

1　D：内閣総理大臣 － E：公務員 － F：遵守

2　D：内閣総理大臣 － E：法曹　 － F：履行

3　D：国務大臣　　 － E：公務員 － F：擁護

4　D：国務大臣　　 － E：法曹　 － F：遂行

問4　空欄 [G]，[H] に入る適切な語句を，それぞれ漢字２字で解答欄に記入しなさい。

【記述解答】

問5　下線部(1)に関連して，以下の(a)と(b)の問いに答えなさい。

(a)　改正の手続を法律制定の手続よりも厳格に定めている憲法のことを何と呼ぶか。適切な名称を，漢字４字で解答欄に記入しなさい。【記述解答】

(b)　日本国憲法の改正にあたっては，各議院の（　ア　）の賛成により国会が発議し，国民に提案しなければならない。

空欄（　ア　）に入る語句として最も適切なものを，次の1～4の中から一つ選びなさい。 ⑩

1　総議員の過半数　　　2　総議員の３分の２

3　出席議員の過半数　　4　出席議員の３分の２

問6　下線部(2)を指して，憲法改正の（　イ　）という。

空欄（　イ　）に入る語句として最も適切なものを，次の1～4の中から一つ選びなさい。 ⑪

1　限界　　2　限度　　3　原則　　4　準則

問7　下線部(3)の内容の説明として最も適切なものを，次の1～4の中から一つ選びなさい。 ⑫

1　国民投票法は2007年に成立し，その翌年に施行された。

2　国民投票法は，憲法をはじめとしたあらゆる法律の改正をその対象としている。

3　投票権を有する者は，18歳以上の日本国内居住者に限られる。

4　国民投票法においては，最低投票率の規定がない。

問8　下線部(4)の手法の適切な名称を，漢字４字で解答欄に記入しなさい。【記述解答】

問題Ⅲ　次の文章を読んで，後の問いに答えなさい。(配点　25)

20世紀は，石油が石炭に代わってエネルギー源の中心となった。エネルギー源の転換は，産業や交通を始め人々の生活様式に変化をもたらすため，エネルギー［ A ］と呼ばれる。(1)日本では，1970年代の２度の石油危機を通じて，石油偏重からエネルギー源の多様化へと改められた。また，1955年に原子力基本法が制定されて以降，原子力発電所の建設が進み，第１次石油危機を契機に原子力エネルギーの割合が増加した。2002年にはエネルギーの安定的な確保を目的とするエネルギー政策基本法が制定されたが，その後も，(2)原発の推進は，日本のエネルギー政策の基本方針とされてきた。しかし，1979年のアメリカの［ B ］事故，そして2011年の福島第一原子力発電所事故などの発生は，安全面の課題を多くの人々に示した。日本は，二酸化炭素をはじめとした温室効果［ C ］を排出しない，または排出量を抑えたエネルギーであるクリーンエネルギーの開発や省エネルギーについて，いっそう努力する必要がある。(3)現在，再生可能エネルギーの研究等が進められている。

工場や自動車から排出される硫黄や窒素の酸化物が原因で，［ D ］が生じる。［ D ］が原因で，湖沼の魚の減少や，遺跡や建物の劣化などが引き起こされる。また，地球温暖化は，石油や石炭などの化石燃料の使用によって排出される温室効果［ C ］が大きな要因であると考えられている。1972年のストックホルムの［ E ］で，地球環境問題が初めて国際的検討課題となった。冷房媒体や洗浄剤などに大量に使用されてきたフロンガスは，オゾン層を破壊する。1980年代初めからは，南極上空のオゾン量が極端に少なくなる現象で，オゾン層に穴の空いたような状態であるオゾン［ F ］が観測されるようになった。フロンガスなどオゾン層を破壊する物質の排出に対しては，1987年の［ G ］議定書で国際的に規制されることになった。さらに，2015年に開催された気候変動枠組条約第21回締約国会議(COP21)で，2020年以降の気候変動問題に関する，国際的な枠組みである［ H ］が採択された。

問１　空欄［ A ］に入る適切な語句を，漢字で解答欄に記入しなさい。【記述解答】

問２　空欄［ B ］に入る語句として最も適切なものを，次の1～4の中から一つ選びなさい。 ⑬

1　チェルノブイリ原子力発電所　　2　ウィンズケール原子炉火災
3　ウッドリバー臨界　　4　スリーマイル島原子力発電所

問３　空欄［ C ］に入る適切な語句を，カタカナで解答欄に記入しなさい。【記述解答】

問４　空欄［ D ］に入る語句として最も適切なものを，次の1～4の中から一つ選びなさい。 ⑭

1　酸性雨　　2　ラニーニャ現象
3　ヒートアイランド現象　　4　海洋汚染

問５　空欄 [E] に入る語句として最も適切なものを，次の1～4の中から一つ選びなさい。 ⑮

1　国連環境開発会議(地球サミット)　　2　国連人間環境会議
3　国連貿易開発会議　　4　Ｇ８

問６　空欄 [F] に入る適切な語句を，カタカナで解答欄に記入しなさい。【記述解答】

問７　空欄 [G] に入る語句として最も適切なものを，次の1～4の中から一つ選びなさい。 ⑯

1　名古屋　　2　京都　　3　モントリオール　　4　カルタヘナ

問８　空欄 [H] に入る語句として最も適切なものを，次の1～4の中から一つ選びなさい。 ⑰

1　パリ協定　　2　ウィーン協定
3　ラムサール条約　　4　ワシントン条約

問９　下線部(1)に関連して，次の棒グラフは，日本の第１次エネルギー供給割合の推移を示したものである。グラフの凡例Ｘ～Ｚに該当するエネルギー源の名称の組み合わせとして最も適切なものを，次の1～4の中から一つ選びなさい。 ⑱

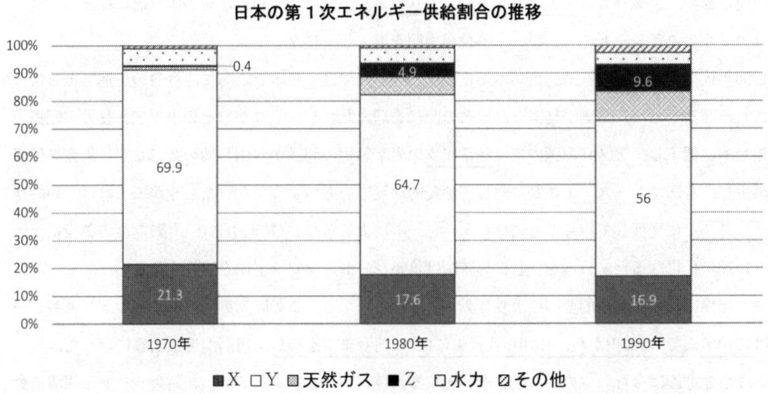

(『日本国勢図会 2021/22』より)

1　Ｘ：石油 － Ｙ：原子力 － Ｚ：石炭
2　Ｘ：石炭 － Ｙ：原子力 － Ｚ：石油
3　Ｘ：石炭 － Ｙ：石油　－ Ｚ：原子力
4　Ｘ：石油 － Ｙ：石炭　－ Ｚ：原子力

問10　下線部(2)に関連して，原子力発電所から排出された使用済み核燃料を再処理して，ウランやプルトニウムを取り出し，再び核燃料として使用する一連の流れのことを，核燃料［ I ］と言う。

空欄［ I ］に入る適切な語句を，カタカナで解答欄に記入しなさい。【記述解答】

問11　下線部(3)に関連して，［ J ］は，サトウキビやトウモロコシなどの農作物から作られ，自動車の燃料に用いられている。

空欄［ J ］に入る語句として最も適切なものを，次の1～4の中から一つ選びなさい。

⑲

1　シェールガス　　2　シェールオイル

3　バイオエタノール　　4　メタンハイドレート

問題Ⅳ　次の文章を読んで，後の問いに答えなさい。（配点　25）

第二次世界大戦後に，為替レートの不安定な動きを抑え，国際貿易を増進するという目標を掲げ，アメリカ合衆国を中心とする世界各国は新たな国際的経済組織を結成した。［ A ］体制とよばれる国際秩序の下で，国際連合（ＵＮ）の専門機関の一つとして［ B ］と［ C ］は設立された。前者は，ＩＢＲＤともいい，戦後疲弊した各国の経済の再起と成長を援助するための機関である。後者の発足当時，アメリカは金１オンスを35アメリカドルに交換できる(1)ことを各国政府に保証し，対アメリカドルの為替レートの［ D ］為替相場制を導入していた。

1950年代後半に各国の経済回復が本格化し，1960年代には，日本とともに，今日の先進国として分類される西ヨーロッパ諸国が経済の高成長の時代を迎えた。しかしながらその中でアメリカの経済力は相対的に低下し，アメリカ国内では経常収支(2)の赤字悪化の問題が台頭し始めた。さらに，金準備高も減少し，各国は［ A ］体制に対して懐疑的な見方をもつようになった。やがてこれは，いわゆる「［ E ］」に発展していくことになり，［ C ］によるＳＤＲ（特別引き出し権）制度の創設に至った。1970年代になると，日本を含む世界各国は為替レートのフロート制を導入することになり，為替レート相場は様々な経済的要因により変動するかたちとなる。この時期の円対アメリカドル為替レートは1970年までの360円から，1970年代後半には210円台まで推移し(3)，円高が進むようになった。

多くの先進国は今なおフロート制を根幹とする為替レートを採用している。為替レートと経済活動の間には密接な関係があり，為替レートの急激な変動は，自国経済へ影響を与えるだけでなく海外にも波及する。為替レートを変動させるものは，ファンダメンタルズにかかわる長期的な要因(4)と，非ファンダメンタルズの短期的な要因(5)に区別される。後者の影響が前者を上回り経済活動を沈滞させないように，為替レートの安定化のための政策が行われている。特に，各国の［ F ］は［ G ］を通じて積極的かつ協調的な取り組み(6)を行っており，2001年のアメリカ同時多発テロ事件の直後や，2011年の東日本大震災後の例がそれにあたる。

問1　空欄 [A] に入る語句として最も適切なものを，次の1～4の中から一つ選びなさい。 [⑳]

1　ルーブル　　2　キングストン

3　スミソニアン　　4　ブレトン=ウッズ

問2　空欄 [B] と [C] に入る語句の組み合わせとして最も適切なものを，次の1～4の中から一つ選びなさい。 [㉑]

1　B：国際通貨基金　－ C：政府開発援助

2　B：政府開発援助　－ C：国際復興開発銀行

3　B：国際復興開発銀行 － C：国際通貨基金

4　B：国際復興開発銀行 － C：世界貿易機関

問3　下線部(1)に関連して，1930年代の世界大恐慌の以前の各国は，自国の通貨の価値を一定の金の重さで表していた。この通貨制度を何というか，適切な名称を漢字4字で解答欄に記入しなさい【記述問題】

問4　空欄 [D] に入る適切な語句を，漢字2字で解答欄に記入しなさい。【記述問題】

問5　下線部(2)に関連して，今日の日本の国際収支の体系は，経常収支，資本移転等収支，そして金融収支などから構成される。経常収支のなかで，「対価を伴わない，外国人が母国への送金」に該当するものとして最も適切なものを，次の1～4の中から一つ選びなさい。 [㉒]

1　貿易収支　　2　サービス収支　　3　第1次所得収支　　4　第2次所得収支

問6　空欄 [E] に入る語句として最も適切なものを，次の1～4の中から一つ選びなさい。 [㉓]

1　ドル危機　　2　財政硬直化　　3　不完全競争　　4　デフレーション

問7　下線部(3)に関連して，円対アメリカドルの為替レートが110円から140円になった場合，日本の国内事情として，明らかに**ふさわしくないもの**を，次の1～4の中から一つ選びなさい。 [㉔]

1　海外ブランド品の国内消費が増える。

2　海外の生産拠点を国内に移す日本企業が増える。

3　海外旅行より日本国内旅行商品の販売が増える。

4　海外の投資家による日本国内企業の株式の購入が増える。

問8　下線部(4)となるファンダメンタルズとして最も適切なものを，次の1～4の中から一つ選びなさい。 [㉕]

1　株価指数　　2　金融収支　　3　インフレ率　　4　自己資本比率

問9　下線部(5)となる非ファンダメンタルズとして最も適切なものを，次の1～4の中から一つ選びなさい。㉖

1　貿易のための通貨の交換　　2　投機のための通貨の交換

3　海外旅行のための通貨の交換　　4　海外援助のための通貨の交換

問10　空欄 F と G に入る語句の組み合わせとして最も適切なものを，次の1～4の中から一つ選びなさい。㉗

1　F：政府　－G：財政政策　　2　F：政府　－G：情報開示

3　F：中央銀行－G：金融政策　　4　F：市中銀行－G：情報開示

問11　下線部(6)に関連して，かつて先進5か国は「プラザ合意」を通じて協調介入により対アメリカドルの為替レートの修正を図ったことがある。以下のグラフを参考に，プラザ合意が行われた時期として最も適切なものを，次の1～4の中から一つ選びなさい。㉘

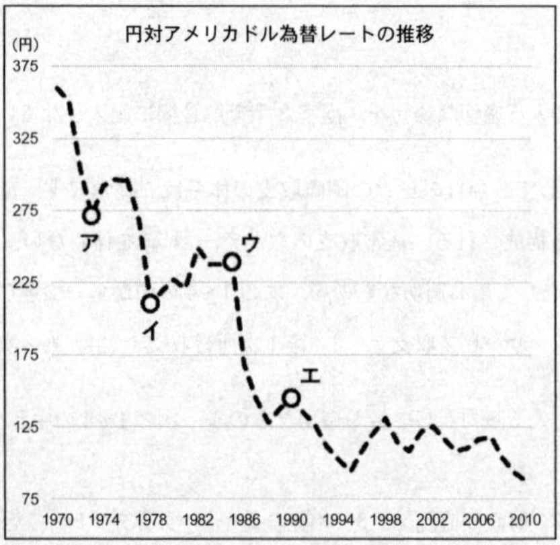

1　ア(1973年)　　2　イ(1978年)　　3　ウ(1985年)　　4　エ(1990年)

数　学

（60 分）

（解答のプロセスも解答用紙に記述すること）

問題 I　（配点　25）

集合 U とその 2 つの部分集合 A と B に対して，$n(U)=50$，$n(A)=25$，$n(B)=20$ であるとする。このとき，$n(A\cap B)$，$n(A\cup B)$のとりうる値の範囲を求めよ。なお，解答のプロセスも解答用紙に記述すること。

問題 II　（配点　25）

2 次関数 $f(x)=x^2+2x$ について，以下の問いに答えよ。なお，解答のプロセスも解答用紙に記述すること。

(i)　$f(x)<0$ を解け。

(ii)　$f(x)\geqq 0$ を解け。

(iii)　$y=|f(x)|$ のグラフをかけ。

〔解答欄〕

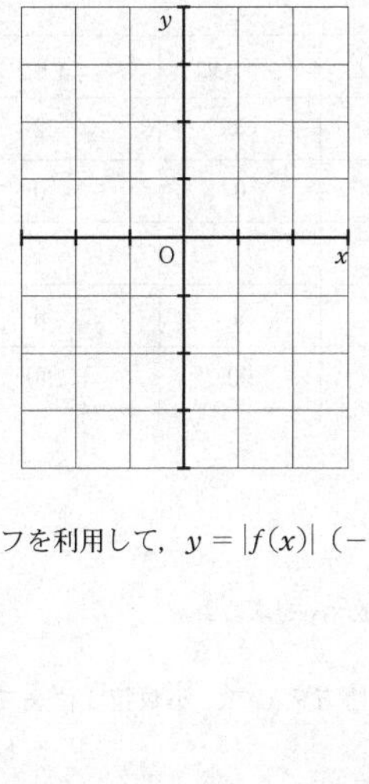

(iv)　(iii) のグラフを利用して，$y=|f(x)|$（$-1\leqq x\leqq 1$）の最大値と最小値を求めよ。

問題Ⅲ　（配点　25）

図のような $\angle B = 90^\circ$，$AB = BC = a$ である直角二等辺三角形 ABC とその内心 I について，以下の問いに答えよ。なお，解答のプロセスも解答用紙に記述すること。

(i)　$\angle AIC$ の大きさを求めよ。

(ii)　内接円の半径 r を a の式で表せ。（分母は有理化して答えよ。）

(iii)　I から辺 BC に下ろした垂線と BC との交点を H とするとき，HC を a の式で表せ。また，この結果を使って $\tan 22.5^\circ$ の値を求めよ。

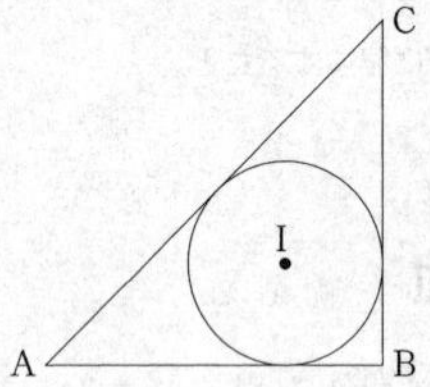

問題Ⅳ　（配点　25）

20人の生徒に10点満点の漢字テストを2回行った結果のデータが表で与えられている。ただし，漢字テストの1回目の得点を x 点，2回目の得点を y 点とし，x，y の平均値をそれぞれ $\overline{x}$，$\overline{y}$ とする。以下の問いに答えよ。なお，解答のプロセスも解答用紙に記述すること。

生徒番号	x	y	$(x-\overline{x})^2$	$(y-\overline{y})^2$	$(x-\overline{x})(y-\overline{y})$
1	6	8	1	4	2
2	7	6	4	0	0
⋮	⋮	⋮	⋮	⋮	⋮
20	3	3	4	9	6
合計	（ア）	（イ）	72	90	30

(i)　表の（ア），（イ）の値を求めよ。

(ii)　x の分散 $s_x{}^2$，y の分散 $s_y{}^2$，x，y の共分散 s_{xy} を求めよ。

(iii)　x と y の相関係数 r を小数第3位を四捨五入して，小数第2位まで求めよ。ただし，$\sqrt{5} = 2.236$ とする。

自然の搾取によって生じる矛盾を時間的に転嫁し、［Ⅲ］ることで、現在世代の繁栄が実現しているから。

問六　空欄［c］に入る言葉として最も適切なものを、次の1〜5の中から一つ選びなさい。なお、空欄［c］は二箇所あり、どちらにも同じ言葉が入る。［⑪］

1　タイムロス　　2　タイムアップ　　3　タイムラグ　　4　タイムリミット　　5　タイムスリップ

問七　空欄［d］に当てはまる〝方法〟〝手段〟を意味する漢字一字を解答欄に記入しなさい。【記述解答】

問八　傍線部㈣「しかしそこには欠けている議論があるようにも思える」と筆者が言うのはなぜか。その説明として最も適切なものを、次の1〜4の中から一つ選びなさい。［⑫］

1　斎藤の主張には、現在世代がすべきことの共同性に関する説明が欠けているから。
2　斎藤の主張には、現在世代がすべきことの具体的な選択肢に関する説明が欠けているから。
3　斎藤の主張には、現在世代がすべきことの妥当性に関する説明が欠けているから。
4　斎藤の主張には、現在世代がすべきことの時間的な影響に関する説明が欠けているから。

問九　本文の内容と合致するものを、次の1〜5の中から一つ選びなさい。［⑬］

1　未来世代への責任という課題を倫理的な判断という観点から考える必要がある。
2　現在世代にも未来世代にもどちらにも利益になるような経済活動を追及すべきだ。
3　自然の自己修復能力を回復させる方向で未来のテクノロジーを構想すべきだ。
4　資本主義がもたらす矛盾に将来世代の声を取り入れる技術を組み込む必要がある。
5　資本主義による矛盾の時間的転嫁が現在世代に負の影響を与えていることを直視すべきだ。

3　人工物が砂や岩と同じように地層を形成しつつあるという点から、地質学的年代という考え方を批判するもの。

4　テクノロジーの発展という点から現代と新生代第四紀完新世を比較し、人間と地球環境の相関性を捉え返すもの。

問二　傍線部㈡「人間の産業に由来する物質が、地球環境の一端を形成しつつあるという事態」とはどういうことか。それを次のように説明する場合、空欄［Ⅰ］、空欄［Ⅱ］に入る最も適切な箇所を本文中から抜き出し、解答欄に記入しなさい。なお、空欄［Ⅰ］は十五字以上十八字以内、空欄［Ⅱ］は五字以上十字以内とする。【記述解答】

［Ⅰ］が［Ⅱ］ようになり始めているということ。

問三　空欄［a］に入る言葉として最も適切なものを、次の1～5の中から一つ選びなさい。⑨

1　表看板　2　喫水線　3　不文律　4　試金石　5　分水嶺

問四　空欄［b］に当てはまるものとして最も適切なものを、次の1～4の中から一つ選びなさい。⑩

1　人間の活動によって傷つけられ得る、有限で、ある意味で脆弱なもの

2　人間の活動によって傷つけられ得る、無限で、ある意味で繊細なもの

3　人間の活動によって大きな影響を被る、自己修復能力を備えた、強靭なもの

4　人間の活動によって大きな影響を被る、自己修復能力の欠けた、貧弱なもの

問五　傍線部㈢「人新世における資本主義社会が未来世代の犠牲の上に成り立っている」とあるが、なぜそのように言えるのか。その理由を次のように説明する場合、空欄［Ⅲ］に当てはまる二十五字以上三十字以内の箇所を本文から抜き出し、その最初の五字を解答欄に記入しなさい。【記述解答】

環境悪化の速度に新技術がおいつかなければ、もはや人類になす［ d ］はなく、未来の世代はお手上げだ。当然、経済活動にも負の影響が出る。つまり、将来世代は、極めて過酷な環境で生きることを余儀なくされるだけでなく、経済的にも苦しい状況に陥る。

（中略）

斎藤は、以上のような資本主義への批判に根ざしながら、未来世代を配慮するために、一人ひとりが行動を変容していくべきだと主張する。㈣しかしそこには欠けている議論があるようにも思える。それは、確かに現在世代が未来世代を脅かしているのだとして、なぜ現在世代が未来世代を配慮しなければならないのか、なぜ未来世代のために自分の利益を手放さなければならないのか、ということだ。

未来世代が脅かされている、と訴えるだけでは、その理由の説明にはならない。それは事実の指摘であって、規範の基礎づけではない。この世界にはあくまでも現在世代の利益を優先し、未来のことなど知ったことではないと考える人々も存在する。そうした人々に対して、それでも何らかの行動を促すためには、たとえ自分の利益にならないのだとしても、私たちが未来世代を配慮するべきだ、と言えるような、何らかの倫理的な指針が必要になるはずだ。だからこそ、未来倫理が必要なのである。

（戸谷洋志『未来倫理』から）

（注）

・マルクス＝ドイツの経済学者・哲学者・革命家。

問一　傍線部㈠「「人新世」という概念」の説明として最も適切なものを、次の1〜4の中から一つ選びなさい。［⑧］

1　現代人が生きている時代と縄文文化が形成されていた過去の時代との連続性を新たな形で捉え返すもの。

2　人工物が地球環境に与えている変化に注目し、現代と新生代第四紀完新世との非連続性を強調するもの。

こうした「転嫁」には、矛盾を別の手段によって置き換える技術的転嫁、矛盾を別の場所に置き換える空間的転嫁があるが、もう一つの別の転嫁のあり方として語られるのが、矛盾を別の時代に置き換える時間的転嫁だ。斎藤は、気候変動を例に取りながら、次のように述べる。

化石燃料の大量消費が気候変動を引き起こしているのは間違いない。とはいえ、その影響のすべてが即時に現れるわけではない。ここには、しばしば何十年にも及ぶ、［ c ］が存在するのだ。そして資本はこの［ c ］を利用して、すでに投下した採掘機やパイプラインからできるだけ多くの収益を上げようとするのである。

こうして、資本主義は現在の株主や経営者の意見を反映させるが、今はまだ存在しない将来の世代の声を無視することで、負担を未来へと転嫁し、外部性を作り出す。将来を犠牲にすることで、現在の世代は繁栄できる。だが、その代償として、将来世代は自らが排出していない二酸化炭素の影響に苦しむことになる。こうした資本家の態度をマルクスは、「大洪水よ、我が亡き後に来たれ！」と皮肉ったのだ。

温室効果ガスを大量に排出しながら産業活動を続けることは、私たちが生きる地球ではそもそも不可能である。それは最初から成り立たない営みである。なぜなら地球は、少なくとも人間が生きていける環境としては、そうした活動を受け入れることができないからだ。つまりここには、地球で活動をしたい人間と、人間の活動を受け入れられない地球との間で、矛盾が生じている。矛盾がある以上、本来なら、人間は温室効果ガスを排出する活動をやめるべきである。そうであるにもかかわらず、現在においてそれが成り立っているかのように見えるのは、現在世代が「負担を未来へと転嫁」し、自分が作り出している矛盾の「ツケ」を、未来世代に押しつけているからである。

（中略）斎藤は次のようにも述べている。

の頃、人類のテクノロジーは急速に発展し、大量の人工物が生産され、また大量に廃棄されるようになった。その過程で大量のエネルギーを消費し、大量の資源を開発することが必要になった。おびただしい数の人工物がこの世界に撒き散らされることになった。そのような活動が地球環境のあり方そのものを変えてしまったのである。

人新世の科学的な妥当性をめぐる議論にはまだ決着がついていない。とはいえ、そこには「自然の支配」という技術観の一つの帰結が示されている。（中略）近代以前の自然観において、自然は人間を凌駕する圧倒的な力を持ち、人知を超えた自己修復能力を持っていると考えられていた。しかし、人新世において、人間は自然が生分解することのできない人工物を作り出し、しかもそれが地球環境そのものを更新している。それは、自然が人間の活動による影響を修復できなくなっているということ、つまり人間の産業活動が自然の自己修復能力を超えてしまっている、ということを意味する。そうである以上、自然はもはや人間を凌駕する圧倒的な存在などではない。むしろ［ b ］として捉えられなければならない。

人新世において、現在世代が自然に対して与えた影響は、自然によって修復されず、未来世代にまで継承される。したがって現在世代が自然を傷つければ、それは、その自然とともに生きることになる未来世代を間接的に脅かすことを意味する。このようにして現在世代による未来世代への脅威という事態が成立するのだ。

経済思想家の斎藤幸平は、主としてマルクス(注)を参照しながら、(三)人新世における資本主義社会が未来世代の犠牲の上に成り立っている、と指摘する。

マルクスは、資本主義が抱える根本的な矛盾を指摘し、資本家による労働者の搾取を批判したことで知られている。しかし、斎藤によれば、資本主義において搾取されるのは労働者だけではなく、地球環境そのものでもある。「人間を資本蓄積のための道具として扱う資本主義は、自然もまた単なる掠奪（りゃくだつ）の対象とみなす」。人新世という概念の出現はそうした「掠奪」の一つの帰結に他ならない。

では、そうした自然の搾取はどのように引き起こされるのだろうか。資本主義の大きな特徴は、それが「自らの矛盾を別のところへ転嫁し、不可視化する」ものでありながら、「その転嫁によって、さらに矛盾が深まっていく泥沼化の惨状が必然的に起きる」ということである。

問九　次のア、イについて、本文の内容と合致するものには「1」、合致しないものには「2」をそれぞれマークしなさい。

ア　経済が発展した現代では、生存のための資源の奪い合いは起こらなくなった。　ア ⑥

イ　現代人が孤独や不安を感じてしまう原因として、自立の規範になじんでいることが挙げられる。　イ ⑦

問題二

「人新世（ひとしんせい）」という概念から導き出される問題について論じた次の文章を読んで、後の問いに答えなさい。（配点50）

化学者のパウル・クルッツェンは、地質学における新しい年代を指す概念として、(一)「人新世」という概念を提唱した。この概念はテクノロジーと人間の関係を考えるための重要なキーワードとして大きな注目を集め、各所で議論を巻き起こしている。

これまで、現在が属しているのは約一万年前から続く「新生代第四紀完新世」であると考えられてきた。約一万年前と言えば、長い氷河期が終わりを告げ、現在に至る地理的条件が形作られた時期だ。日本では広葉樹の森林が誕生し、秋になると一面にドングリが落ちるようになった頃にあたる。このドングリを料理するために、人々は土器を作り出し、やがて縄文文化が形成されることになる。私たち現代人もそうした縄文人たちと同じ地質学的年代に生きている、と見なされているのである。

これに対して「人新世」という概念は、現代人が生きている時代を、その地球環境の条件において、新生代第四紀完新世から区別しようとするものだ。両者を断絶させているのは、(二)人間の産業に由来する物質が、地球環境の一端を形成しつつあるという事態である。

例えば、プラスチック、コンクリート、ガラスなどは、自然に生分解することがなく、地層にそのままの姿で堆積されていく。それらは砂や岩と同じように、人工物が地層を構成するようになり始めている。こうしたことは縄文時代には全く起こり得なかったのだ。

このような事態はいつから始まったのだろうか。人新世をめぐる議論では、一般的にその［ａ］は産業革命の時期に引かれている。こ

1　森に依存しない生計手段を得ることにより、集落全体が豊かになったことで何者にも頼らずに自活することができるようになった。
2　環境保護や生物多様性への意識が高まり、森林の伐採など、森に依存する行動は行われなくなった。
3　貨幣経済が集落に浸透することにより、集落外を意識した工業や観光業が発展するようになった。
4　森林や集落の仲間への依存度は低下したが、市場経済に取り込まれ、貨幣や市場に依存するようになった。
5　熱帯林の保護を重視するようになり、国立公園の拡大やダム建設などの公共施設整備に積極的に協力するようになった。

問六　空欄［イ］には同じ文中にある「建前」の対義語で、「口に出して言うことがはばかられる正直な気持ち」という意味の言葉が入る。最も適切な言葉を漢字二字で解答欄に記入しなさい。【記述解答】

問七　傍線部㈤について、「それぞれの依存」が「閉じて」しまうのはなぜか。次の空欄［A］に当てはまる表現を六字以上八字以内で解答欄に記入しなさい。【記述解答】

実際には［A］にすぎないことを、他者との関係を必要としない自立と認識してしまうから。

問八　傍線部㈥について、「争わない社会」を作るために必要な「依存」の具体的なあり方について次のようにまとめた。空欄［B］、［C］に当てはまる表現として適切な箇所を、本文中から抜き出して解答欄に記入しなさい。なお、空欄［B］は六字以上十字以内、空欄［C］は十字以上十五字以内とする。【記述解答】

対立や衝突を避けるための［B］ができるように、あらかじめ［C］をもとうとしておくこと。

問三　傍線部㈢「自立や競争」を追求した結果、どのようなことが起きたか。その説明として最も適切なものを、次の1～5の中から一つ選びなさい。③

1　富が拡大すると同時に深刻な地球環境の変化や経済格差が生じ、しばしば地球規模の争いが起きるようになった。
2　経済が発展したことと引き換えに、生産活動に必要なエネルギーが枯渇し、限られた資源をめぐる貧しさの中の争いが再び生じるようになった。
3　グローバル経済の進展とともに絶対的な貧困が見えにくくなり、表面的な「豊かさの中の争い」だけが注目されるようになった。
4　資本主義経済が一般化した結果として、略奪よりも生産に人々のエネルギーが振り向けられるようになり、争いが起きなくなった。
5　企業や国家への「依存」が嫌われるようになり、市場経済の中でそれらから独立した個人として富を得るための働き方が望まれるようになった。

問四　空欄 ア に当てはまる最も適切な表現を、次の1～4の中から一つ選びなさい。④

1　抵抗するための規範
2　全面的に任せるための手段
3　うまく依存する方法
4　あえてかかわらない態度

問五　傍線部㈣について、このような「援助」は「森に暮らす人々」にどのような変化もたらしたか。その説明として最も適切なものを、次の1～5の中から一つ選びなさい。⑤

（注）

・アクター＝関係者

問一 傍線部㈠の指す内容として最も適切なものを、次の1～6の中から一つ選びなさい。 ①

1 戦争
2 戦争による年間死亡率
3 年間死亡率
4 国家
5 国家のなかった時代
6 時代

問二 傍線部㈡「そこに参加する人々」に求められることの説明として**不適切なもの**を、次の1～4の中から一つ選びなさい。 ②

1 中央からの指示がなくても自分のことは自分で判断ができること
2 地球規模で展開する経済のなかで何かしらの役割を担えること
3 社会全体の利益を求めて国家や企業を優先する選択ができること
4 拡大する市場経済のなかで他の人々と競争ができること

その結果、人々の暮らしはどうなったか。森林から直接的に薪(たきぎ)や生活資源を取り出す頻度は減ったが、同時に集落の仲間を頼りにする機会も減った。その代わり、現金所得と、市場から商品を買い付けにくる仲買人への依存を深めた。収穫期に労働を貸し借りする習慣は後退し、代わりに賃金労働で人を雇うことが一般化した。大局的に見ると、かつて森に依存していた人々は、その依存先を貨幣や市場に変えただけのことなのである。こうした変化をもって、人々が「自立した」と言えるのだろうか。これが私の問題意識だった。

視野をもう少し広げてみよう。森に依存していたのは現場の村人たちだけではない。政府や企業も、それぞれの方法で森林に依存している。森林面積を国土の四割に増やすことを国家目標に掲げていた政府は、生物多様性の保護という建前に観光資源の確保という［　イ　］を含ませながら、各地に国立公園などを拡張しては森に暮らす地域住民の排除を試みた。度重なる森林火災や洪水によって国民の森林保護への意識も大きく高まっていた中で、企業は木材資源やリゾートやダム開発地の確保をもくろみ、農民は新たな農地をもとめて「国有地」への侵食を繰り返した。

問題は、(五)「それぞれの依存」が、各々で閉じてしまっているために、利害関係者の間の開かれた交渉や妥協がほとんど見られないことであった。閉じた依存関係は往々にして暴力的な争いに発展してしまったのである。森に最も近接して暮らしていた村人たちは森に依存し続けることを許されず、森に入ろうものなら「盗伐」の誹(そし)りを受けた。その一方で政府の森林局は「環境保護」をスローガンに各地の森林を次々と囲い込んでいく。地方では土地の利用権をめぐる当局と地域住民の暴力的な争いが頻発し、森林保護は全国的な紛争の焦点に発展した。様々なアクター(注)がそれぞれの自立を目指した結果、土地や森林をめぐる争いは現在も各地でくすぶっている。

「依存」は、相手が自然であれ、人間であれ、自分とは異なる相手と関係性をもとうとするからこそ成り立つ。世界が、自分中心、自国中心であって当然であるような風潮に包まれている昨今、周りに頼る作法を根本から考え直すことは、(六)争わない社会をつくっていく上できっと何らかの手がかりになるに違いない。

（佐藤仁『争わない社会』から）

自立と競争に基づく経済発展と社会のあり方は、富の拡大という輝かしい成果を伴う反面、深刻な気候変動や経済格差をもたらしてきた。ならば、現代世界を脅かしているこれらの課題を、「個人の選択」と競争原理で解決していくことはできるのだろうか。人種や民族などのアイデンティティに基づくヘイト、覇権競争や領土の奪い合いなどは、それまで生産活動へと逸らされていた人間のエネルギーを再び争いへと向かわせている。民族や資源エネルギーをめぐる紛争、領土をめぐる対立など地球規模の争いが生じる頻度は、「豊かさ」の中でさらに高まっているのではないだろうか。

そこで私が目をつけたのが、(三)自立や競争というスローガンの陰で嫌われてきた「依存」という概念である。依存は他者とのかかわり方を表す表現の一つである。「自分のことは自分でやる」という自立の規範に長くさらされてきた私たちは、他者とのかかわり方を忘れてしまった結果として、孤独や不安にさいなまれているのではないか。弱った人が他者にすがろうにも、その受け皿さえない。現代社会の問題の多くは、個人の選択というよりは、特定の選択肢をつくり出している国家や企業のあり方、そして、そうした諸集団に［ア］を忘れた私たちが自ら生み出してしまっている側面があるのではないだろうか。

私が「依存」という概念に興味を引かれたのは、もう三十年も前の大学院生の頃であった。一九九〇年代は、ちょうど地球環境問題に注目が集まり始めた頃であり、熱帯地域から木材を大量輸入していた日本は、環境団体などから集中砲火を浴びていた。そんな中で「現場はどうなっているのか」という点に関心をもった私は、東南アジアのタイに赴き、森林破壊の根本原因を自分なりに考えてみることにした。具体的には、「貧しい」とされる奥地の森に暮らす村人が、森林資源にどれくらい依存して生活を成り立たせているのか、そしてその依存状況と熱帯林減少の関係を明らかにしてみたいと考えた。

当時、貧困と森林保全の関係に対する専門家らの主張は、やや単純化すれば次の通りであった。「貧しい人々は森林に頼らなくてはいけないので、違法と知りながら開墾や伐採などの破壊的な行為に走ってしまう。だから、この村人たちが森林に依存しなくて済むように、彼らを自立させなくてはならない」。(四)海外の援助機関はこの主張に沿って、換金作物の栽培や手工芸品の製作などを彼らに教え込み、森に暮らす人々に、森に頼らない生計手段を与えようとした。

国語

（六〇分）

（注）記述解答では、句読点や（ ）、記号も一字として数える。

問題一 次の文章を読んで、後の問いに答えなさい。（配点 50）

紛争のニュースが絶えない昨今の現状からは信じられないことかもしれない。専門家によれば、人類史の長いスケールで見ると、「国家の時代」の戦争による年間死亡率は、狩猟採集が生業だった「国家のなかった時代」の(一)それに比べて大幅に減少しているのだという。その理由の一つと考えられるのが、経済の発展に伴って、人々が限られた資源を奪い合う貧しさゆえの争いから解放され、略奪よりも生産にエネルギーを向けられるようになったことである。生きるための資源の奪い合いは、現在もないわけではない。だが、絶対的な貧困が大きく軽減している地域では、かつてのような貧しさの中の争いとは異なる「豊かさの中の争い」が生じている。

この「豊かさ」をもたらしたのは、市場経済の拡大と、(二)そこに参加する人々の間で展開される自由競争である。人々は今やグローバル化した経済という舞台で、何か一役担うことを期待される存在になった。経済規模を拡大しようとすれば、中央からの指示がなくても、自分のことは自分でできる「自立した個人」があちらこちらに育つ必要がある。現代の資本主義社会では、そうした諸個人を市場経済で互いに競争させることが、社会全体にとっての利益になるという考え方が主流だ。

解答編

英語

◀文（英文）学部▶

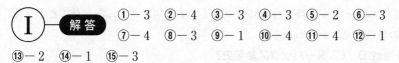

I 解答　①－3　②－4　③－3　④－3　⑤－2　⑥－3
⑦－4　⑧－3　⑨－1　⑩－4　⑪－4　⑫－1
⑬－2　⑭－1　⑮－3

解説

Part A. ①　男性が「社長に伝えたい重要なことがあります。入室していいですか？」と聞いて，女性が「できません。どんな理由でも会議の邪魔をすることはできません」と答えている。社長がしていることは3の「彼は会議を行っている」が適切。

②　男性が「新しい仕事はどう？」と尋ね，女性が「仕事も疲れすぎないし，上司も悪くない。でももう少し給料が良かったらと思うわ」と答えている。女性は新しい仕事について，「給料があまり良くない」と考えており，4が適切。

③　男性が「昨日どこにいたの？」と尋ね，女性が「10時に妹の家から自宅へ帰ってきて，それから昼食をとって，1時に家を出たわ。午後の残りの時間はずっと会社にいました」と返している。正午（at noon）に彼女がいたのは，3の「自宅」が適切。

④　女性が「エアコンを入れましょうか？」と尋ね，男性が，「いや，新鮮な空気を入れよう」と答えている。男性は，「窓を開けたいと思っている」ということを伝えたいので，3が適切。

⑤　ジョンが会議に遅れた理由は，男性（ジョン）の1番目の発言（Yes, the bus …）から2の「バスが遅れた」が適切。

⑥　もし23日に雨だった場合，女性の3番目の発言（If it rains …）において，一週間後にすると言っているので，23日の一週間後の3の「30日」が適切。

⑦　女性の4番目の発言（Yes, it would, …）で，月曜日はあまりお客さんが見込めないと言っており，その前の男性の発言（Wouldn't it be …）から，当初予定されていた曜日の翌日（the next day）が月曜日だとわかる。よって，当初予定されていたのは，4の「日曜日」が適切。

⑧　女性の4番目の発言の第2文（We must raise …）で，彼らの所属しているクラブは，3の diving club「ダイビングクラブ」だとわかる。

⑨　女性の最後の発言（We are selling …）から，彼らが売ろうとしているのは，1の「Tシャツ」が適切。4の「クッキーを作って売る」も案としてはあったが，誰も作る時間がなく，その案はボツになったことが女性の最後の発言からわかる。

Part B.《スターバックス創業史》

⑩　第2段最終文（They named it …）から4の「小説の登場人物」が適切。

⑪　第3段第4文（Peet taught the …）から4の「彼はオーナーたちにコーヒー豆のローストの仕方を教えた」が適切。

⑫　第4段最終文（They also made …）より，1の「スターバックスは，商品についての小冊子を作った」が，新規顧客が快適に感じるように行った取り組みとして最も適切。

⑬　第5段第3文（He imagined changing …）により，2の「米国内にコーヒー店をオープンさせる」が適切。

⑭　第5段最終文（Because the owners …）から，オーナーたちはハワード・シュルツの考えに同意しなかったことがわかるので，1の「彼は自分の考えに対する支持を得ることができなかった」が適切。

⑮　最終段最終文（Under Howard Schultz's …）から，1996年に初めて北アメリカ以外の地域に出店したことがわかるので，3が適切。

Ⅱ　解答

⑯－1　⑰－3　⑱－3　⑲－4
⑳－1　㉑－3　㉒－2　㉓－4

解説

Part A.《質の高い集団保育がもたらすプラスの影響》

⑯　第1段第1・2文（It's a decision …）において，乳幼児を託児所に預けることに罪の意識を感じている親が多いことが指摘されている。よって，多くの両親にとって，決断するのが難しいものとは，1の「自分の子どもを託児所に預ける」である。

⑰　第4段において，1,428人の子どもを出生から8歳まで追跡調査した研究が取り上げられており，その目的は3歳未満の時期を託児所で過ごすことが，例えば家族やベビーシッターと過ごすことと比べて，子どもの発達にどのような違いをもたらすかを明らかにすることだ，とある。よって，3の「子どもの発達に関しての託児所の影響を研究すること」が適切。

⑱　第5段第1文（The study found …）より，質の高い集団保育を少なくとも1年以上受けた子どもは，のちに情緒面・行動面・人間関係面の問題や注意散漫などの問題が現れる割合が低かったことが述べられている。よって，3の「良い託児所の環境は，後の人生に対して良い影響をもたらす」が適切。

⑲　第6段第2文（Good early childhood …）の後半（and while society often …）に，一般的に託児所は，親が仕事をしている時間に子どもの面倒をみるだけの場所だと思われていると述べられている。よって，4が適切。

Part B.《交通渋滞の解消法》

⑳　交通渋滞の悪影響として，正しくないものを選ぶ。第2段第5文（They can also …）で，働く人が仕事や会議に遅れるということは指摘されているが，1の「従業員たちは，仕事を休んでしまう」というのは，書かれていない。2・3・4については，それぞれ第2段に言及がある。

㉑　第4段第2文（If these solutions …）に，「もしこれらの解決策（燃料税を上げるなど）を使えば，人々は車を使うことそのものについて慎重に考えるだろう」とあるので，燃料税を上げることが独創的な解決策であると筆者が考える理由は，3の「人々は車を使うかどうかをよく考えるかもしれないから」が適切。

㉒　交通渋滞を減らすために，筆者は第5段で自転車を，第6段でバスを使うことを提案している。さらに第7段第2文（It would seem …）で

「車以外の他の移動手段を奨励することが，渋滞を緩和し，同時に環境にもよいので，最良かもしれない」とまとめている。よって，筆者が最も同意しそうであるのは，2の「人々は可能な限り自転車やバスを使うべきだ」という主張である。

㉓　本文の主題を選ぶ問題。交通渋滞の悪影響と解決方法について論評がなされていたので，4の「交通渋滞を減らす方法」が適切。2の「交通渋滞の影響」は，一部に述べられているが，主題としては不十分。

Ⅲ 解答

㉔－2　㉕－4　㉖－3　㉗－4　㉘－1　㉙－4　㉚－4

解説

《自由への切符と姉妹の絆》

便宜上，全体を5段落に分ける。第1段（I finished my daily …. ～ One of the things my parents ….），第2段（"You got some mail, …. ～ Cori, you'll still be her ….），第3段（A terrible fear …. ～ "The first semester of college ….），第4段（I closed my eyes. ～ I turned around and walked ….），最終段（Cori was sitting in the car …. ～ "You'll figure it out," ….）とする。

㉔　第1段第8文に（"I've only been …）とあるので，8年間ぜんそくの薬を飲み続けていることがわかる。よって，2が適切。

㉕　第3段第7文（I'd been hoping college …）から，主人公ジンジャーは，大学に入れば親元から離れ，親のルールから逃れることができると考えていた。これが，ticket to freedom「自由への切符」の内容なので，4が適切。

㉖　第2段第12文（"Oh, that's wonderful, Ginger!" Cori said.）と同段第14文（"It's going to be so great," Cori said.）から，コリーは，姉の進学を喜んでいることがわかる。よって，3が適切。

㉗　第4段第2文（My parents worried about …）後半から，両親は自分を支配下に置きたいのだと，ジンジャーが感じていることがわかる。よって，4が適切。

㉘　最終段第1文（Cori was sitting in the car …）から，2人の姉妹は，車の中にいることがわかる。よって，1が適切。

㉙　最終段第9文（No matter what happened,…）から，ジンジャーはコリーが自分の気持ちを誰よりも理解してくれていると感じていることがわかる。よって，4が適切。

㉚　物語の主題を選ぶ問題。姉が親から独立したい気持ちに対して，妹が強く共感している話なので，4の「子どもは親から独立したいものだ」というのが適切。

Ⅳ　解答

Part A. ㉛－7　㉜－8　㉝－3　㉞－5　㉟－1　㊱－8　㊲－4　㊳－5　㊴－6　㊵－8

Part B. No. 1. achievement　**No. 2.** compared　**No. 3.** quickly　**No. 4.** harmful　**No. 5.** length

Part C. ア. abroad　**イ.** they　**ウ.** Because　**エ.** wasting　**オ.** on　**カ.** meals　**キ.** suggest　**ク.** such　**ケ.** own　**コ.** friendly

解説

Part A. No. 1. (Everyone) should live free from the feeling of being (controlled.)

与えられている日本語が，「生きるべきだ」なので，should live はすぐ作れるだろう。「～なしで」free from *A*,「抑制されている感覚」the feeling of being controlled とつなげる。

No. 2. (Hardship) can turn out to be an opportunity for (personal growth.)

turn out to *do*「～であることがわかる，判明する」

No. 3. (We can't afford a car,) not to mention the fact that we have no (garage.)

not to mention ～「～は言うまでもなく」

No. 4. (Imagine having a chat with) a smart computer that can help you with various (things.)

help *A* with *B*「*A*（人）を *B*（モノ）で手伝う」

No. 5. (It's important) to realize that achieving gender equality is a long-term goal (that requires sustained commitment and efforts from all sectors of society.)

realize that SV「～であることに気づく」 It は形式主語で，to realize

以下が真主語。

Part B.

No. 1. 動詞 was の補語として，ここでは名詞の achievement に変える。「スピーチコンテストで優勝したことは私の高校時代の最大の成果だ」

No. 2. compared に変える。動詞の位置にあるので動詞に変えるが，文末に last week があるので過去形にする。「私は先週の作文の宿題で2つの小説を比較した」

No. 3. 副詞 quickly に変える。「アビーは遅れていたのでバス停まで急いで走った」

No. 4. 形容詞 harmful に変える。「砂糖を食べすぎると歯に悪いのはよく知られた事実だ」

No. 5. 名詞 length に変える。「サッカーコートの縦の長さは105メートルだ」

Part C.《パック旅行の魅力》

ア. テーマは package tours「パックツアー旅行」。空欄のあとに traveling to foreign countries という表現があるので，海外旅行の話である。よって abroad を形を変えずに入れる。

イ. 海外の話をしているので，旅行者の言葉が通じない国の場合に，という意味。よって，they をそのままの形で入れる。

ウ. 後ろに理由が来ているので，Because を入れる。B は大文字。

エ. 後ろに time が来ているので，waste time「時間を無駄にする」。前が are なので，wasting と形を変えて現在進行形にする。

オ.「～に関する」という意味の on を入れる。discounts「割引」

カ. many restaurant meals「多くのレストランでの食事」とする。複数形の -s を忘れないように。

キ. places to shop「買いものをする場所」を「提案する」と考えて suggest を入れる。主語は The professional guides who lead these tour groups で，can の後に explain と suggest と help が並列している。

ク. in the case of an emergency「緊急の場合」空欄の後ろに as があるので such を入れると，「誰かが突然病気になった時のような緊急時」となる。such as「例えば，～のような」

ケ. on *one's* own「自分自身で」 own を入れる。

コ. traveling in a group of friendly people と people にかかるように形容詞に変えて入れる。

V 解答例

〈解答例１〉I would like the Japanese to have shorter working hours as long working hours are a serious social problem. Workers need leisure time and parents should have more time with their children. This will make people happy, improve work performance, and also improve the nation. (50 語程度)

〈解答例２〉I wish Japanese society was kinder to those with different opinions and backgrounds. Many international students and workers reside here; occasionally they feel that the Japanese do not understand them well. We should improve relationships with them. Japan will become a happier place if we do. (50 語程度)

解説

「日本社会はどのように変わってほしいか説明しなさい」という問題。肯定的な変化について語るほうが無難であろう。注意してほしいのは，Japanese society と「日本社会」が主語になっているので，社会的なことがらに焦点をあてて書くことである。50 語程度なので 45～55 語で書く。３文程度になるだろう。結論→理由→展望という形で，平易な英語で文章をつなげていきたい。

〈解答例１〉過労死，長時間労働の問題を取り上げた。

〈解答例２〉異文化理解，異文化交流，特に在日の外国人に対する理解を深めていくことの必要性を取り上げた。

◀経済（経済法）・社会福祉（心理）学部▶

I 解答 A. ①−2 ②−3 ③−1 ④−3
B. ⑤−3 ⑥−4 ⑦−1 ⑧−2
C. ⑨−2 ⑩−3 ⑪−4 ⑫−2

解説

A. ① discuss「～について議論する」は他動詞なので，2の about は不要。「我々が新製品について話し合う会議は，明日の午後2時に行われることになっている」の意味になる。

② 3の because の後ろは SV が来るが，本文は the bad weather と名詞句が来ているので，because を because of または due to に変える必要がある。よって，3が正解。「ケンが搭乗予定のフライトはカルガリーでの悪天候のため遅れるようだ」

③ have difficulty (in) *doing*「～することに苦労する，困難を有する」よって，1を difficulty に変える必要があり，1が正解。「昨日のサッカーの試合のハイライトを見たくて，勉強に集中できない」

④ I have wanted to see の see は目的語が2の someone なので，3を関係代名詞 what ではなく，目的格の関係代名詞 whom または that に変える。あるいはこれらが入るものとして省略してもいいだろう。「あそこにいる俳優は，私が長年お会いしたかった人だ」

B. ⑤「彼女の提案に賛成ですか，反対ですか？」for or against「賛成か反対か」よって，3が適切。

⑥「彼女を責めないで。彼女はその問題とは無関係よ」have nothing to do with *A*「*A* と無関係である」よって，4が適切。

⑦「その社長は，70歳で引退したいと思っている」hope to *do*「～したいと思う」よって，1が適切。

⑧「私たちはトンネルを歩いて通り抜けていた」walk through *A*「*A* を通り抜ける」よって，2が適切。

C. ⑨ right away「今すぐに」2が適切。1. at hand「手元に」 3. at least「少なくとも」 4. at last「ついに」

⑩「新製品の計画を策定しましたか？」3が適切。

⑪ 「alligator と crocodile の違いを説明できますか？」 4 が適切。
※alligator 南北アメリカ・中国に生息するワニ。口先が幅広く，口を閉じると歯が見えない。crocodile アフリカ・アジア・オーストラリア・南北アメリカに生息するワニ。口先が細長く，口を閉じても下顎の第四歯が見える。
⑫ 「友だちが一緒に来るはずだったが，彼は現れなかった」 2 が適切。

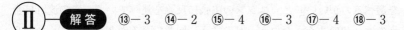

Ⅱ 解答 ⑬－3 ⑭－2 ⑮－4 ⑯－3 ⑰－4 ⑱－3

解説

⑬ ライアンは，ミアに「学校の図書館でアルバイトをしないか」と聞くが，ミアは，「今学期はすでに予定が詰まっている」と答えているので，3 の「ミアはアルバイトをしそうにない」が適切。
⑭ ミアはディダンに，「パーティの前に誰かが部屋を片付けなくちゃ」と言い，ディダンは「こっちを見ないで」と返している。つまり，ディダンは，2 の「彼は部屋を掃除したくない」が適切。
⑮ ミアがディダンに，「アマンダと今日テニスをするの？」と聞き，ディダンは，「彼女と約束したけど，楽しみではないんだよな」と答えている。よって，4 の「彼は，アマンダとテニスをしたくない」が適切。
⑯ ディダンがウェイターに「水曜から日曜までこのお店は遅くまで営業していると思っていた」と言い，ウェイターは，「申し訳ありません，木曜から日曜までです」と答えているので，閉店時間が遅いのは，3 が適切。
⑰ ミアがディダンに「来週のあなたの誕生日のために何か特別なことができるかしら。あなたを特別な気分にすることをしましょうよ」と提案し，ディダンは「一晩考えさせて。明日伝えるよ」と返している。よって，4 が適切。sleep on *A*「*A* を一晩寝て考える。*A* の決定を翌日まで延ばす」
⑱ ディダンがミアに「そのジャケット，君にとても合いそうだよ。店に入って，試着してみたら」と聞き，ミアが「やめておくわ。値段が高すぎるから，ウィンドウ・ショッピングにしておくわ」と答えている。よって，3 が適切。you「いかにもあなたらしい物」 This is (so) you.「よくお似合いですよ」（店員などが試着中の客に言う褒め言葉）

Ⅲ 解答 ⑲－2 ⑳－1 ㉑－4 ㉒－1

解説

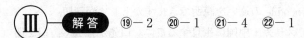

《学校に制服を導入すべきかどうか》

⑲ ユジンは1番目の発言の第2文（I think having …）において，学校での制服に賛成の立場を表明し，第3文（It's mainly because …）で理由を述べている。それに対し，カイトは，空欄Aの後で「自分の着る服を選べるのがいい」と，ユジンの主張に反論を述べている。この流れに合うのは，2の「そうだねえ，君の考えに同意できるかどうかはよくわからない」が適切。

⑳ カイトは4番目の発言（But at the …）で，「もし制服がないと，ダサい服を着ているからと誰かがいじめられるかもしれない」と，制服のメリットを述べている。よって，空欄Bには，制服に肯定的な意見である，1の「制服はみんなにとってより良いかもしれない」が適切。2も制服に肯定的ではあるが，ユジンの3番目の発言の第3文（Some of my …）よりリラックスできるのは，制服より私服なので，ふさわしくない。

㉑ カイトは，5番目の発言で友人のリョウの意見を紹介し，その第3文（One of my …）にリョウは「自分をカッコよく見せることに関心がない」と述べたとある。よって，4が適切。

㉒ ユジンは5番目の発言の第3・4文（We care about …）で自分の意見を述べており，これと合致するのは，1の「カッコよく見せようとするのはストレスのたまることになりえる」である。

Ⅳ 解答 ㉓－2 ㉔－3 ㉕－1 ㉖－1

解説

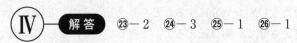

《お金持ちの心理－お金持ちとそうでない人では行動がどう変わるのか》

㉓ 第2段最終文（Researchers at the University …）において「金持ちと貧しい人の間の違いを明らかにするために，富がもたらす心理的影響について研究を行った」とあるので，2が適切。

㉔ 第3段第4文（The "wealthy" player began …）で，実験のゲームでは，金持ち役の参加者は貧しい人役の参加者より最初からゲーム用マ

ネーが多かったことが説明されている。よって，3が適切。

㉕ 第3段最終文（“Wealthy” players actually …）において，金持ち役の参加者は自分がゲームに勝ったのは，自分がゲームが上手だったからであると考えることが指摘されているので，1が適切。実際には，ゲームの上手さではなく，スタート時点からの優位性によるものだが，その点を金持ち役の参加者は見過ごしてしまう。

㉖ 最終段第3文（While alone in the …）の特に後半部分（the people who …）から，金持ち役の被験者は，自分自身のためにキャンディーをとる可能性が高いことが報告されているので，1が適切。

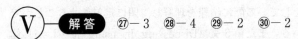

V 解答 ㉗－3 ㉘－4 ㉙－2 ㉚－2

解説

《AIトレーナーの仕事の不安定さ》

㉗ 第1段第3文（They are the people …）および第5文（I interviewed many of …）から，筆者がインタビューしたのは，AIに数学を使う方法を訓練する人たちであることがわかる。よって，適切なものは3の「AIを訓練し動かすことを仕事としている人と話すことによって」。1は，interviewという語が使われているが，「その分野で労働者を雇う人たちにインタビューすること」となり，インタビューの対象が異なるため不適。

㉘ 第2段第2文（Many people told me …）から，4の「数百万人と言われている」が適切。

㉙ 第3段でビクターの例が述べられている。第4文（And the work he …）で彼は初めのうち高給を得たが，次の第5文（But as he kept …）で給料が下がり，第7文（Sometimes he would have …）で給料が不安定なことが述べられている。よって2の「仕事に対する給料」がビクターの抱える問題。なお，問題とは直接関係ないが，同段第8文のWhen I talked with him, he was labeling elbows and knees in photographs.「私と話している間，彼は写真画像の中の肘と膝にラベルを付けていた」とは，AIの画像認識のための教師データ（お手本）を作成するための作業を行っているものと思われる。しかし，次の文（He didn't know …）にあるように，この作業が一体どんなAIのどんな機能を強化，訓練して

いるのか，ビクターは知らない。

㉚ 第3段後ろから2文目（At the time we …）および第4段最終文（I spoke to …）から，AIトレーナーはどちらもUS$～per hour「時給～ドル」と時間当たりで給料が支払われているので，2が適切。

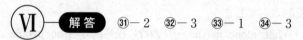

Ⅵ 解答 ㉛－2 ㉜－3 ㉝－1 ㉞－3

解説

《積極的学習スタイルと内省的学習スタイルのバランスの重要性》

㉛ 第2段第2文（Active learners tend to …）で，積極的学習者は，何か活動的なことをしている際に情報を理解し，頭に定着させることができると説明されている。また第3文（Discussing it, using it …）が具体的な活動となるから，2の「事柄について話すこと」が適切。

㉜ 第3段第2文（"Let's think it through first" …）で，内省的学習者は，まずじっくり考えて，情報を取り入れることが説明されているので，3の「よく聞いて，観察する」が適切。2の「しばらくの間黙っていて，それから他人に異議を唱える」は，後半部分が誤り。

㉝ 第5段では，積極的学習者が，活動的な学習が少ない授業でどのように効果的に学習を進めていくかについてアドバイスしている。よって，1が適切。

㉞ 第4段第3文（It will help you …）で，積極的学習スタイルと内省的学習スタイルの両方をバランス良く保つことが大学での学習においては重要であることが指摘されているので，3の「積極的手法と内省的手法双方のバランスを保つ」が適切。

日本史

Ⅰ 解答 《原始・古代の出土物や文化財》

問1. 1　**問2.** 4　**問3.** 3　**問4.** 3　**問5.** 3　**問6.** 2
問7. 4　**問8.** 1　**問9.** 4　**問10.** 3　**問11.** 4　**問12.** 2
問13. 4

Ⅱ 解答 《「大勢三転考」―鎌倉・室町時代の政治史》

問1. 2　**問2.** 1　**問3.** 承久の乱　**問4.** 1　**問5.** 畠山
問6. 一色　**問7.** 3　**問8.** 4　**問9.** 1　**問10.** おうぎがやつ
問11. 2　**問12.** 2

Ⅲ 解答 《18世紀以降の外交・社会経済史》

問1. **ア.** 大黒屋光太夫　**イ.** レザノフ　**問2.** 2　**問3.** 4　**問4.** 1
問5. **ウ.** 大塩平八郎　**エ.** 工場制手工業〔マニュファクチュア〕
問6. 2　**問7.** 本多利明　**問8.** 1　**問9.** 3

Ⅳ 解答 《明治時代から戦後の文学》

問1. **ア.** 明六　**イ.** 総合　**ウ.** 言文一致　**エ.** 樋口一葉　**オ.** 白樺
カ. 太宰治
問2. 2　**問3.** 写実主義　**問4.** 3　**問5.** 1　**問6.** 3
問7. 4　**問8.** 1　**問9.** 3

世界史

Ⅰ 解答 《古代ローマ文化》

問1. 1 **問2.** 1 **問3.** 4 **問4.** 3 **問5.** 1
問6. **ア.** 博物誌 **イ.** ユリウス **ウ.** ウェルギリウス **エ.** リウィウス
問7. プトレマイオス

Ⅱ 解答 《モンゴル帝国の発展》

問1. **A.** ホラズム＝シャー **B.** 元 **C.** ジャムチ
問2. **ア**－1 **イ**－1 **ウ**－4 **エ**－3
問3. 4 **問4.** 2 **問5.** 1 **問6.** 2

Ⅲ 解答 《フランク王国の興亡》

問1. 2 **問2.** ギリシア正（教会）
問3. **ア.** クローヴィス **イ.** 教皇領 **ウ.** レオ
問4. **C**－6 **D**－1 **E**－3 **問5.** 4 **問6.** フランク王国

Ⅳ 解答 《ロシア革命》

問1. 2 **問2.** ピョートル（1世） **問3.** サライェヴォ（事件）
問4. 5 **問5.** 1917 **問6.** ニコライ（2世） **問7.** ボリシェヴィキ
問8. メンシェヴィキ **問9.** 一国社会主義（論）

地 理

I 解答 《世界の農業形態》

問1. 2

問2. (a)イラン：カナート　北アフリカ：フォガラ　(b)ゲル

(c)サーミ　(d)－3

問3. (a)タロ（イモ）　(b)キャッサバ：3　モロコシ：2

問4. モンスーン〔季節風〕

問5. (a)－3　(b)－2　(c)高原：デカン高原　土壌：レグール

II 解答 《都市》

問1. 2　**問2.** CBD　**問3.** 4　**問4.** 4

問5. インフラストラクチャー〔インフラ〕

問6. ヒートアイランド（現象）　**問7.** SDGs

III 解答 《中東の地誌》

問1. 4　**問2.** (a)アルプス＝ヒマラヤ（造山帯）　(b)－3

問3. (a)**あ.** ナイル　**い.** 外来　**う.** メソポタミア　**え.** アスワンハイ

(b)**i.** デルタ〔三角州〕　**ii.** 洪水（氾濫も可）

問4. 4

問5. (a)－2　(b)死海　(c)A地区：ヨルダン川西岸　B地区：ガザ

(d)ゴラン高原

IV 解答 《平尾台の地形図》

問1. (i)**a.** カルスト　**b.** スロベニア　**c.** 溶食〔溶蝕〕

d. タワーカルスト　(ii)－3

問2. 1・3　**問3.** 2　**問4.** 2　**問5.** 2　**問6.** 2

政治・経済

I 解答 《難民に関する国際的問題》

問1． 出入国管理　**問2．** 3　**問3．** (a)－2　(b)－1　**問4．** 4
問5． 2　**問6．** (a)国内避難民　(b)－4　**問7．** 3　**問8．** 第三国定住

II 解答 《憲法改正をめぐる問題》

問1． 最高法規　**問2．** 4　**問3．** 3　**問4．** **G．** 調査　**H．** 審査
問5． (a)硬性憲法　(b)－2　**問6．** 1　**問7．** 4　**問8．** 解釈改憲

III 解答 《地球環境問題》

問1． 革命　**問2．** 4　**問3．** ガス　**問4．** 1　**問5．** 2　**問6．** ホール
問7． 3　**問8．** 1　**問9．** 3　**問10．** サイクル　**問11．** 3

IV 解答 《国際金融》

問1． 4　**問2．** 3　**問3．** 金本位制　**問4．** 固定　**問5．** 4　**問6．** 1
問7． 1　**問8．** 3　**問9．** 2　**問10．** 3　**問11．** 3

2024年度 一般選抜 2月8日 数学

数　学

I　解答　《集合の要素の個数》

$n(U)=50$，$n(A)=25$，$n(B)=20$ より

(ア)　$A\cap B=\varphi$ のとき

$n(A\cap B)$ は最小で

$n(A\cap B)=n(\varphi)=0$

$n(A\cup B)$ は最大で

$n(A\cup B)=25+20=45$

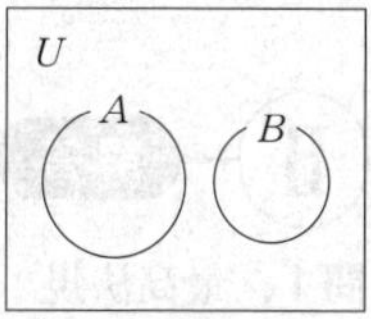

(イ)　$n(A)>n(B)$ より $A\supset B$ となることも考えられ，このとき

$n(A\cap B)$ は最大で

$n(A\cap B)=n(B)=20$

$n(A\cup B)$ は最小で

$n(A\cup B)=n(A)=25$

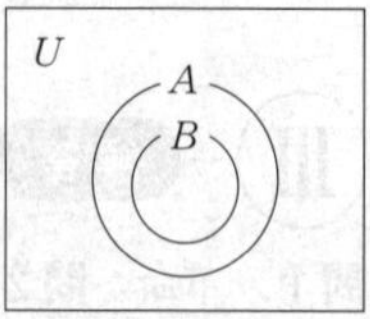

(ア)，(イ)より

$0\leqq n(A\cap B)\leqq 20$　……(答)

$25\leqq n(A\cup B)\leqq 45$　……(答)

II　解答　《絶対値を含む 2 次関数のグラフ，最大値・最小値》

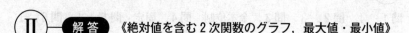

(i)　$f(x)<0 \Longleftrightarrow x^2+2x<0$

$\Longleftrightarrow x(x+2)<0$

$\Longleftrightarrow -2<x<0$　……(答)

(ii)　$f(x)\geqq 0 \Longleftrightarrow x^2+2x\geqq 0$

$\Longleftrightarrow x(x+2)\geqq 0$

$\Longleftrightarrow x\leqq -2,\ x\geqq 0$　……(答)

(iii)　(i)，(ii)より

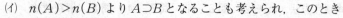

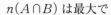

$$|f(x)|=\begin{cases} f(x) & (x\leqq -2,\ x\geqq 0) \\ -f(x) & (-2<x<0) \end{cases}$$

$$=\begin{cases} x^2+2x & (x \leqq -2,\ x \geqq 0) \\ -x^2-2x & (-2<x<0) \end{cases}$$

$$=\begin{cases} (x+1)^2-1 & (x \leqq -2,\ x \geqq 0) \\ -(x+1)^2+1 & (-2<x<0) \end{cases}$$

よって，$y=|f(x)|$ のグラフは下図のようになる。

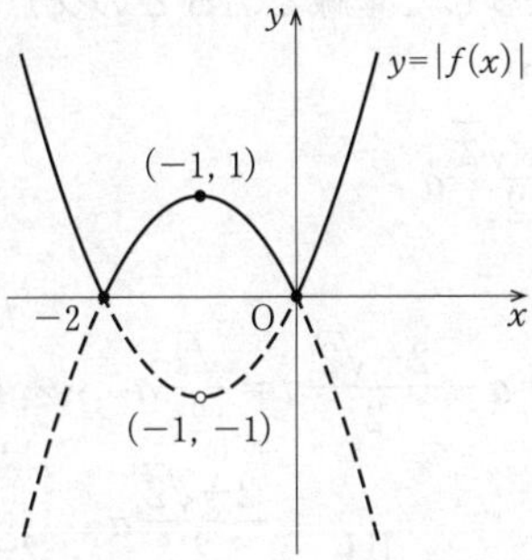

(iv)　$|f(1)|=1^2+2\cdot1=3$ より，$y=|f(x)|$ のグラフは点 $(1,\ 3)$ を通る。

これと(iii)のグラフより，$y=|f(x)|\ (-1\leqq x\leqq 1)$ は

$x=1$ のとき最大値 3，$x=0$ のとき最小値 0 をとる。　……(答)

III 解答 《内接円，三角比》

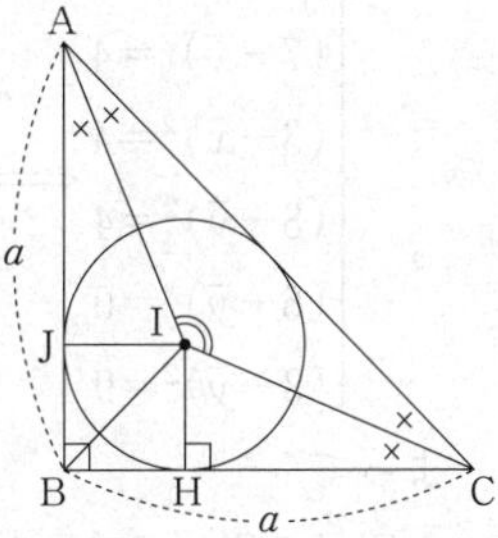

(i)　I は△ABC の内心より

$$\angle IAC=\angle IAB=\frac{1}{2}\angle BAC=\frac{1}{2}\cdot45^\circ=22.5^\circ$$

$$\angle ICA=\angle ICH=\frac{1}{2}\angle ACB=\frac{1}{2}\cdot45^\circ=22.5^\circ$$

よって

$$\angle AIC=180^\circ-\angle IAC-\angle ICA$$
$$=180^\circ-22.5^\circ-22.5^\circ=135^\circ \quad \cdots\cdots(答)$$

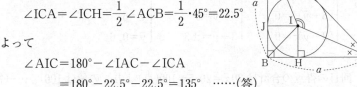

(ii)　△ABC は $AB=BC=a$ の直角二等辺三角形なので

$AC=\sqrt{2}a$

$\triangle ABC=\triangle IAB+\triangle IBC+\triangle ICA$

$$\iff \frac{1}{2}\cdot AB\cdot BC=\frac{1}{2}\cdot AB\cdot r+\frac{1}{2}\cdot BC\cdot r+\frac{1}{2}\cdot AC\cdot r$$

$$\iff \frac{1}{2}\cdot a\cdot a=\frac{1}{2}\cdot a\cdot r+\frac{1}{2}\cdot a\cdot r+\frac{1}{2}\cdot\sqrt{2}a\cdot r$$

$$\iff a^2=ar(2+\sqrt{2})$$

$a>0$ より $\quad r=\dfrac{1}{2+\sqrt{2}}a=\dfrac{2-\sqrt{2}}{2}a$ ……(答)

(iii) Iから辺ABに下ろした垂線とABとの交点をJとするとき，四角形JBHIは正方形なので

$$BH=JI=r=\frac{2-\sqrt{2}}{2}a$$

よって

$$HC=BC-BH=a-\frac{2-\sqrt{2}}{2}a=\frac{\sqrt{2}}{2}a \quad \text{……(答)}$$

$$\tan 22.5^\circ=\tan\angle ICH=\frac{IH}{HC}=\frac{\frac{2-\sqrt{2}}{2}a}{\frac{\sqrt{2}}{2}a}=\frac{2-\sqrt{2}}{\sqrt{2}}=\sqrt{2}-1 \quad \text{……(答)}$$

IV 解答 《分散，共分散，相関係数》

(i) 生徒番号 1，2，20 の生徒に注目すると

$$\begin{cases}(6-\bar{x})^2=1\\(7-\bar{x})^2=4\\(3-\bar{x})^2=4\\(8-\bar{y})^2=4\\(6-\bar{y})^2=0\\(3-\bar{y})^2=9\end{cases}\iff\begin{cases}6-\bar{x}=\pm1\\7-\bar{x}=\pm2\\3-\bar{x}=\pm2\\8-\bar{y}=\pm2\\6-\bar{y}=0\\3-\bar{y}=\pm3\end{cases}\iff\begin{cases}\bar{x}=5,7\\\bar{x}=5,9\\\bar{x}=1,5\\\bar{y}=6,10\\\bar{y}=6\\\bar{y}=0,6\end{cases}\iff \bar{x}=5,\ \bar{y}=6$$

よって

1回目の得点の合計は $20\bar{x}=20\cdot5=100$(点) より(ア)の値は 100 ……(答)

2回目の得点の合計は $20\bar{y}=20\cdot6=120$(点) より(イ)の値は 120 ……(答)

(ii) $\quad {s_x}^2=\dfrac{72}{20}=3.6,\ {s_y}^2=\dfrac{90}{20}=4.5,\ s_{xy}=\dfrac{30}{20}=1.5$ ……(答)

(iii) $\quad r=\dfrac{s_{xy}}{\sqrt{{s_x}^2}\sqrt{{s_y}^2}}=\dfrac{1.5}{\sqrt{3.6}\sqrt{4.5}}=\dfrac{1.5}{1.8\sqrt{5}}=\dfrac{\sqrt{5}}{6}=\dfrac{2.236}{6}=0.372\cdots$

よって $\quad r=0.37$ ……(答)

問五　空欄dの前の段落に、「産業活動を続ける」ことが「成り立っているかのように見える」のは、「現代世代が『負担を未来へと転嫁』し…未来世代に押しつけているから」だと説明している。「時間的に転嫁」にあたるのが「負担を未来へと転嫁」である。

問六　空欄c直前の「その影響のすべてが即時に現れるわけではない」から考える。

問八　最終段落で「私たちが未来世代を配慮するべきだ、と言えるような、何らかの倫理的な指針が必要になる」と述べている。この「何らかの倫理的な指針」を説明している選択肢はどれか。「共同性」「具体的な選択肢」「時間的な影響」はその「指針」にはあたらない。

問九　1、最終段落の内容に合致している。問八の解説も参照のこと。2、「どちらにも利益になるような経済活動」をすべきだとは言っていない。3、「未来のテクノロジー」には触れていない。4、「将来世代の声を取り入れる技術」には言及していない。5、「現在世代に負の影響を与えている」が不適。

解答

問一　2

問二　Ⅰ、自然が生分解することのできない人工物
Ⅱ、地層を構成する

問三　5

問四　1

問五　自分が作り

問六　3

問七　術

問八　3

問九　1

解説

問一　第三段落に「『人新世』という概念…その地球環境の条件において、新生代第四紀完新世から区別しようとするもの」とある。ここで言う「地球環境の条件」とは、次段落で述べているように「人工物が地層を構成するようになり始めている」ことである。2の内容が合致している。

問二　傍線部(二)の直後の段落で説明されている。簡潔に抜き出すと「人工物が地層を構成するようになり始めている」という箇所である。後は指定字数にあてはまる部分を探せばよい。問一の解説も参照のこと。

問四　空欄bの直前に「人間の産業活動が自然の自己修復能力を超えてしまっている」とある。あくまでも「自己修復能力を超えて」いるのであるから、「自己修復能力の欠けた」とした4は不適。また、「圧倒的な存在などではない」のであるから、3の「強靱なもの」は不適。1か2であるが、「自然」は「修復できなくなっている」のであるから、2の「無限」はおかしい。

問二　傍線部㈡を含む段落の内容を押さえること。「グローバル化した経済という舞台で、何か一役担うことを期待される存在」が2、「中央からの指示がなくても、自分のことは自分でできる」が1、「個人を市場経済で互いに競争させる」が4に合致している。

問三　傍線部㈢の前の段落で説明されている。「富の拡大という輝かしい成果を伴う反面、深刻な気候変動や経済格差をもたらしてきた」「地球規模の争いが生じる頻度は…さらに高まっている」とあり、1の内容が合致している。

問四　この段落で「依存」について触れていることと、「他者とのかかわり方を忘れてしまった結果」から考える。

問五　傍線部㈣の次段落冒頭に「その結果」とあるのに着目する。「森林から直接的に薪や生活資源を取り出す頻度は減った」「同時に集落の仲間を頼りにする機会も減った」「その代わり、現金所得と、市場から商品を買い付けにくる仲買人への依存を深めた」とある。4の内容が合致している。

問七　実際には自立ではない「［A］にすぎないこと」を、「自立と認識してしまう」という流れを押さえること。第七段落に「依存先を貨幣や市場に変えただけ…人々が『自立した』と言えるのだろうか」とあるのをヒントにする。

問八　第九段落の「閉じた依存関係」によって「利害関係者の間の開かれた交渉や妥協がほとんど見られな」くなり、「暴力的な争いに発展してしまった」という文脈を押さえること。また、最終段落に「依存」は「自分とは異なる相手と関係性をもとうとするからこそ成り立つ」とあるので、その「関係性」が大切なことがわかる。

問九　ア、第一段落に「生きるための資源の奪い合いは、現在もないわけではない」とある。イ、第四段落の「自立の規範に長くさらされてきた…結果として、孤独や不安にさいなまれている」に合致している。

㈡

出典　戸谷洋志『未来倫理』〈第二章　未来倫理はなぜ必要なのか？〉（集英社新書）

国語

一

出典　佐藤仁『争わない社会―「開かれた依存関係」をつくる』〈はじめに〉（NHKブックス）

解答

問一　2
問二　3
問三　1
問四　3
問五　4
問六　本音
問七　依存先の変更（六字以上八字以内）
問八　B、開かれた交渉や妥協
C、自分とは異なる相手と関係性
問九　ア―2　イ―1

解説

問一　冒頭の「紛争のニュースが絶えない昨今の現状からは信じられない」に着目する。3の「年間死亡率」ではなく、「戦争による年間死亡率」が大幅に減少しているのである。これを入れると、後の「限られた資源を奪い合う貧しさゆえの争いから解放され」にも合致する。

////////////////////// · memo · //////////////////////

//////////////////// · memo · ////////////////////

2023年度

問題と解答

■一般選抜2月6日実施分：経済（経済）・社会福祉（心理）・短期大（生活創造）学部

問題編

▶試験科目・配点

学部	学 科	教 科	科 目	配 点
経済	経 済	英 語	コミュニケーション英語Ⅰ・Ⅱ・Ⅲ，英語表現Ⅰ・Ⅱ	100点
		国 語	国語総合（近代以降の文章），現代文B	100点
		選 択	「日本史B」,「世界史B」,「地理B」,「政治・経済」,「数学Ⅰ・A」から1科目選択	100点
社会福祉	心 理	英 語	コミュニケーション英語Ⅰ・Ⅱ・Ⅲ，英語表現Ⅰ・Ⅱ	100点
		国 語	国語総合（近代以降の文章），現代文B	100点
		選 択	「日本史B」,「世界史B」,「地理B」,「政治・経済」,「数学Ⅰ・A」から1科目選択	100点
短大	生活創造	国 語	国語総合（近代以降の文章），現代文B	100点
		選 択	「日本史B」,「世界史B」,「地理B」,「政治・経済」,「数学Ⅰ・A」から1科目選択	100点

▶備 考

学力試験の成績および主体性等の評価によって選抜を行う。

主体性等の評価：これまで主体的に取り組んだ学びや活動について，大学は5点満点，短期大学部は3点満点で評価する。主体性等については，出願時に200字程度で入力すること（上限は300字まで）。

英語

（60 分）

問題Ⅰ　次の問い（A～C）に答えなさい。（配点　24）

A　No.1～No.4 の英文の中で，文法的な誤用が含まれる下線部分を，それぞれ 1～4 の中から一つずつ選びなさい。

No.1 ① The boxes are(1) too(2) heavy for those children(3) to carry it(4).

No.2 ② Having attended(1) college since(2) three years, Josh is quite(3) good at writing(4) papers.

No.3 ③ Paul is always worried about(1) being(2) late, so he leaves early(3) than anyone else(4).

No.4 ④ She agreed(1) letting(2) us use(3) her car while she was traveling abroad(4).

B　No.5～No.8 の英文の空欄に入る語(句)として最も適切なものを，それぞれ次の 1～4 の中から一つずつ選びなさい。

No.5　Please telephone me as soon as he (⑤).

1　will arrive
2　arrived
3　had arrived
4　arrives

No.6　I came (⑥) an old friend of mine on my way home.

1　in
2　across
3　out
4　up

No.7　Would you like to go (⑦) a ride?

1　with

2　enjoy

3　for

4　take

No. 8　As he is being allowed to stay in the country on a (⑧) basis, he will have to leave soon.

1　long-term

2　beneficial

3　necessary

4　temporary

C　No. 9～No. 12 の英文の各下線部に最も近い意味の語(句)として適切なものを，それぞれ１～４の中から一つずつ選びなさい。

No. 9　⑨　Can you <u>illustrate</u> how to use the machine?

1　paint over

2　make it available

3　draw my attention

4　show me

No. 10　⑩　The moon will start to <u>emerge</u> from the earth's shadow in an hour.

1　appear

2　shine

3　rotate

4　elevate

No. 11　⑪　I didn't realize you two had met <u>before</u>.

1　previously

2　primary

3　properly

4　priority

No. 12　⑫　Qatar is one of the <u>richest</u> countries in the Middle East.

1　heaviest

2　highest

3　wealthiest

4　farthest

問題Ⅱ 次の会話文を読んで，各問いの答えとして最も適切なものを，それぞれ1～4の中から一つずつ選びなさい。(配点 6)

Interviewer: Hikaru, you are a high school teacher, and also you are now a well-known author of the book *My Journey to Kibanga*. Tell us about the trip that changed your life. Where were you going?

Hikaru: Well, it was in the summer of 2016, and I decided to have a holiday of a lifetime, and to go to Africa. I went to Uganda to see the mountain gorillas. About half way through the trip, the car broke down. So the driver had to find a mechanic to come and help fix it.

Interviewer: And then what happened?

Hikaru: As soon as we stopped, lots of children came and surrounded us. I could see some buildings nearby, so I asked the children what they were, and they said in English, "That's our school." I was very curious to see what a Ugandan school was like, so I asked them to show it to me.

Interviewer: What was it like?

Hikaru: I was shocked when I first saw it. The walls were falling down, the blackboards were broken, and there weren't many desks. But the children were so friendly. They asked me to teach them a Japanese song. I started teaching them some songs, and almost immediately the classroom filled up with children of all ages and they all wanted to learn. I was amazed by how quickly they learned the songs!

Interviewer: Did you meet the teachers?

Hikaru: Yes, I did, and the head teacher, too. He explained that the school was a community school for orphans, very poor children and refugees. I asked him what the school needed. I thought that he might say, "We need books, or paper" and then later we could send them to him. But actually he said, "What we need is a new school." And I thought, "(X) These children need to have better conditions than this to learn in." So when I got back home, I decided to establish an organization for fund raising.

Interviewer: So, Kibanga Community School was born. How long did it take to raise the money for the new school?

Hikaru: Amazingly enough, not long really, only about two years. The school opened in 2018 with 53 children. Today it has nearly 200 children.

No. 1 ⑬ What was Hikaru's impression about the school and the children?

1 The condition of the building was bad, but the children were eager to learn.
2 There were not enough desks, but the children were happy about it.
3 The children were friendly, and they were amazed by how quickly they learned songs.
4 The children really enjoyed teaching Hikaru some songs in English.

No. 2 ⑭ Which sentence could best fit to (X)?

1 Yes, the school is nice.
2 Yes, of course he is right.
3 No, it's not possible.
4 No, probably he is wrong.

No. 3 ⑮ What did Hikaru do after coming back to Japan?

1 She constructed a new school in her own town.
2 She sent books and paper to the orphans, poor children, and refugees.
3 She introduced the head teacher to an organization for building a school.
4 She set up an organization to raise money for building a school.

問題Ⅲ

次の英文を読んで，各問いの答えとして最も適切なものを，それぞれ１～４の中から一つずつ選びなさい。（配点　16）

Elvis Presley is one of the most famous names in the world. As of 1990, his records were still selling millions of copies every year, and everywhere pop music of all kinds shows his influence. Elvis was called The King by his millions of admirers. For more than 20 years he was the most important single figure in popular music: even the Beatles, the Rolling Stones, and other rock groups of the 1960s and 1970s said that Elvis was the man they admired most.

His hair, clothing and movements when performing on stage made the older generation feel uncomfortable, but the younger generation loved it. When he appeared on national television in the United States, his body movements were considered too sexy. So he appeared only from the chest upwards! The same reaction happened when the Beatles performed just eight years later, but by then, Elvis was the greatest pop star in the world, a movie star, a very rich man, and a face everyone knew.

Elvis Presley died, at his home Graceland, in Memphis in the state of Tennessee, on August 16th 1977. He was 42 years old. Millions of people all over the world were shocked to hear of the death of The King. They did not believe he was dead. They said the man who made rock ‘n’ roll popular could never die. There are still people who believe that Elvis is actually alive today. There is a lot of evidence which, they say, proves he is not dead. There is even a recording of him speaking. Was he speaking after he ‘died’? In this way, Elvis is still present in the minds and hearts of many people around the world.

No. 1　⑯　Which of the following best describes the article’s main focus?

1　How pop music and rock ‘n’ roll were invented.

2　The mystery of how Elvis Presley died.

3　Who Elvis Presley is and why he’s famous.

4　Why Elvis Presley is believed to still be alive.

No. 2　⑰　Based on the article, why was Elvis Presley considered to be so influential in pop music?

1　His records are still selling well.

2　He appeared on television very frequently.

3　He became a face everyone knew.

4　He was liked and respected by other bands.

No. 3　⑱　According to the author, which of the following statements is NOT true?

1　People of all ages greatly appreciated Elvis Presley’s style.

2　Elvis Presley died at a young age.

3　Some people think there is proof Elvis Presley didn’t die in 1977.

4　Elvis Presley was famous for his movies.

No. 4　After Elvis Presley died, (⑲) was a mystery to many people.

1　why he was so famous

2　whether or not he actually died

3　why he made some people uncomfortable

4　why people called him The King

出典追記：The Elvis Mystery by John McRae, Edward Arnold

問題Ⅳ　次の英文を読んで，各問いの答えとして最も適切なものを，それぞれ1～4の中から一つずつ選びなさい。（配点　20）

Are you a cat person or a dog person? There have been many claims about the significance of the choice of a pet. Some people say pet owners look like their pets. Or is it that pets look like their owners? Other people suggest your choice of pet can provide an understanding into your personality. According to research carried out by the University of Texas at Austin, USA, in 2013, there may be some truth to these ideas. The online survey first asked people to state whether they preferred cats or dogs. The questions which followed were designed to find out about their personality. Here are some of the findings of the survey.

First, let's look at the numbers. The survey showed that 46% of the people who responded preferred dogs, while only 12% said they preferred cats. The survey also showed that 28% liked both and 14% liked neither.

What are typical dog people? Dog people have a strong sense of duty and responsibility. They are enthusiastic, positive and have a lot of energy. Dog people are trusting, kind, loving and social. Dog people were approximately 12% more likely than cat people to have this kind of personality. Dogs love human contact. They may well live up to their name as man's, or even woman's, best friend. On the downside, dogs bark, bite, jump up, need to be washed and don't always do what they are told. They need training and a lot of care.

Typical cat people, on the other hand, like to spend time on their own, and are always willing to try something new. Cat people were 11% more likely to be curious, creative, artistic and non-traditional than dog people. However, cat people are easily stressed and worry a lot. This may be why they prefer a pet which is low-maintenance and independent. Cats don't need to be taken for walks, they are happy on their own and they love to get close to their owners. Researchers have recorded reduced levels of stress and blood pressure in people who can hold a soft, warm, furry, relaxed cat in their arms.

The author of the survey, psychologist Dr. Sam Gosling, is quick to point out that the differences between the two groups are small but significant. And if you come into the 14% of people who don't like either, there are always fish, birds, mice, rabbits, and many other options.

No. 1 ［⑳］ According to the study, which of the following sentences is true?

1 There are more dog people than cat people.

2 There are more cat people than dog people.

3 There are equal numbers of dog and cat people.

4 There are equal numbers of people who liked neither.

出典追記：Speed Readings for ESL Learners 3000 BNC by Sonia Millett, Victoria University of Wellington

№2 The main purpose of this article is to (㉑).

1 make recommendations for what sort of pet people should have

2 explain why owners look like their pets

3 suggest pet preferences are connected with personality

4 show that surveys are good for understanding pet preferences

№3 ㉒ According to the survey findings, which of the following people is most likely to own a cat?

1 An energetic sports coach who feels great responsibility towards her pets.

2 An easy-going office worker who likes routines.

3 A very relaxed retired person who likes to spend time with others.

4 A busy and nervous painter who lives by herself.

№4 The article claims that dogs (㉓).

1 do not reduce stress

2 have a strong sense of humor

3 need to be taught well

4 are less preferred than cats

№5 The article claims that cats (㉔).

1 cannot listen to commands

2 can easily become stressed

3 eat fish, birds, mice and rabbits

4 can make people relaxed

問題Ⅴ

次のNo.1～No.5の英文が日本文の意味になるように，空欄に入れるべき適切な単語を（　　）の指示に従って，それぞれ解答欄に記入しなさい。【記述解答】（配点　10）

No.1　The snow was so heavy (　　) I had to stop driving.
雪があまりにも降ったので，運転をやめなければならなかった。（tで始まる単語）

No.2　I want to use Room 500 (　　) it is being used already.
既に使われていないのであれば，500号室を使いたい。（uで始まる単語）

No.3　You have an option (　　) write a report, instead of taking the exam.
試験を受ける代わりに，レポートを書くという選択肢があります。（tで始まる単語）

No.4　The program has the same number of applicants (　　) last year.
そのプログラムは去年と同じ数の応募者がいる。（aで始まる単語）

No.5　While you are at university, find (　　) you feel passionate about.
大学にいるうちに，夢中になれることを見つけてください。（sで始まる単語）

問題Ⅵ

次のNo.1～No.6の英文の（　　）内の語を正しく並べ替えて，それぞれ日本文の意味に相当する適切な英文を，解答欄に記入しなさい。なお，（　　）内の語は，文頭に来るべき語も小文字で記載している。【記述解答】（配点　24）

No.1　(have, long, in, how, been, you) Japan?
日本に来てどれくらいになりますか。

No.2　We (pictures, top, taken, at, had, these, the) of Mt. Fuji.
わたしたちは富士山の頂上でこれらの写真をとってもらった。

No.3　There are (who, things, about, bad, enjoy, people, saying) others.
他人の悪口を言って楽しんでいる人々がいる。

No.4　My son (nor, at, was, neither, school) at home when I came back from my business trip.
出張から戻ると，息子は学校にも家にもいなかった。

No.5　What do you think (to, I, going, you, to, am, say)?
私があなたに何を言おうとしていると思いますか。

No.6　We (hill, with, went, a, up, covered) snow.
私たちは雪で覆われた丘を登った。

日本史

（60 分）

問題Ⅰ　次の１～８の原始・古代に関する文章を読んで，正しいものを四つ選び，その番号を解答欄に記入しなさい。【記述解答】（順番は問わない）（配点　16）

1　草創期の縄文土器は世界で最も古い土器の一つとされている。この時代の人々は，更新世（氷河時代）から完新世にかけての海面の上昇によって形成された日本列島において，新しい文化を生み出した。彼らは釣針や銛（もり）などの骨角器，さらには網を使用しての漁労にはげみ，外洋航海術を持っていた。陸上では弓矢や落し穴でニホンシカやイノシシをとらえ，黒曜石などを求めて，かなり遠方の人々とも交易した。

2　卑弥呼は魏の皇帝から「親魏倭国王」の称号と金印をおくられ，倭の五王も中国北朝の皇帝から「安東大将軍倭国王」の称号をおくられた。しかし，推古天皇時代の倭国は，隋の皇帝から，倭国の正統な支配者であることを公認してもらうような称号を求めなかった。８世紀の倭国は，唐の皇帝から，国号を「日本」と称することと，その王は「天皇」と称することを公認してもらった。

3　６世紀前半から７世紀前半の飛鳥では，大王（おおきみ）の宮殿が次々に造営された。大伴氏・物部氏・蘇我氏などの中央豪族も，大王宮のすぐ近くに自分たちの邸宅を移建した。こうして藤原京の原形ともいえる宮都が成立し，ここに国際色ゆたかな仏教文化が開花した。帰国した遣隋使の指導により最新の仏教彫刻が広まり，隋の文化の影響は厩戸王（聖徳太子）の建立した法興寺や法隆寺，蘇我氏の建立した四天王寺などにも強く反映している。

4　奈良・平安時代の結婚は，男性が女性の家に通う妻問婚で開始されたようである。夫婦は結婚しても同姓とはならず，夫も妻も自分の財産を持っていたから，女性の発言権は強かったと考えられる。平安時代の貴族社会においても，夫は妻の父をたよりにし，子供は母方で養育された。子供が母の父（外祖父）や母の兄弟と親しくなるのは当然であり，摂政・関白は天皇の外戚として大きな権力を持つことができた。

5　奈良時代の諸天皇は，孝謙（称徳）女帝まで，全て壬申の乱に勝利した天武天皇の子孫である。天武天皇は庚午年籍を作成して，統治下の全人口を把握した。さらに八色の姓を定めて貴族を統制し，藤原京に遷都して律令国家の基礎を固めた。天武天皇は仏教興隆にはあまり熱心でなかったが，孫の聖武天皇は国分寺建立や大仏造立の詔を出すなど，仏教の振興にはきわめて熱心であった。

6　多賀城･胆沢城が蝦夷の伊治呰麻呂によって焼き払われたことは，中央政府にとって大事件であった。光仁天皇・桓武天皇父子は，紀古佐美・坂上田村麻呂らを派遣して蝦夷を軍事的に制圧しようとした。しかし，蝦夷の抵抗は激しく，東北地方での戦争は五十年近くにわたり，志波城・秋田城の建設が完了したのは9世紀半ばのことである。

7　摂政は天皇が幼少の時，その政務を代行し，関白は天皇が成人になったあと，後見役として政務を補佐するのが役目である。このような役職は，太政大臣・左大臣・右大臣などとちがって，大宝令や養老令に規定がなく，まさに令外の官であると言える。藤原北家で最初に摂政となったのは良房，最初に関白となったのは基経である。

8　11世紀の開発領主たちの中には，国衙（こくが）の課す重い税負担から逃れるため，自分の所領を国司よりも力のある中央の権力者に寄進する者があった。彼らの所領は，その権力者を領主とする荘園となり，その開発領主の中には預所（あずかりどころ）や下司（げし）などの荘官となる者もあった。寄進を受けた権力者は領家と呼ばれ，荘官からの年貢を受け取った。領家の荘園は，さらに力のある権力者に寄進されることもあった。

問題Ⅱ

次のＡ～Ｅの文章または史料を読んで，それぞれ後の問いに答えなさい。なお，史料はわかりやすいように改作したところがある。（配点　10）

A　倭の五王の時代から7世紀にかけて，倭国は国家の組織を整えてゆく。漢字による過去と現在の記録，手工業の技術者集団の整備，支配のために必要な技術や新思想の導入など多くのことが必要とされた。

問1　上記の文章の内容とは**関係のないもの**を，次の1～4の中から一つ選びなさい。 ①

1　儒教・仏教・医術・暦法などの伝来

2　陶作部・錦織部・鞍作部などの組織化

3　太占（ふとまに）の法や盟神探湯（くかたち）の実施

4　｢帝紀｣｢旧辞｣の筆録

B　8世紀の税制は成年男子を主対象とした。成年男子や，これに準ずる男子は，正丁･次丁(老丁)･中男(少丁)に3区分され，調と雑徭の負担には差があった。

問2　調と雑徭の負担の割合を，正丁を1とし，次丁・中男の割合として最も適切に示しているものを，次の1～4の中から一つ選びなさい。 ②

1　正丁1－次丁1/2－中男1/4　　2　正丁1－次丁1/4－中男1/8

3　正丁1－次丁2/3－中男1/3　　4　正丁1－次丁2/3－中男1/4

C 8世紀の天平期を中心とした時代の彫刻には，今日でも評価の高い作品が少なくない。

問3 この時代の**作品ではないもの**を，次の1～4の中から一つ選びなさい。 ③

1 唐招提寺の鑑真像　　2 興福寺阿修羅像

3 東大寺戒壇堂広目天像　　4 室生寺弥勒堂釈迦如来坐像

D 「今日(＝旧暦の1018年10月16日)，女御藤原威子(いし)を以(もっ)て皇后に立つるの日なり。(中略)，太閤，下官(＝自分，藤原実資)を招(まね)き呼びて云(いわ)く，『和歌を読まむと欲す。必ず和すべし』者(てえり)(＝と言えり)。(中略)『この世をば我が世とぞ思ふ望月(もちづき)の　欠けたることも無しと思へば』。」

(『小右記』)

問4 上の史料で「太閤」(下線付き)と呼ばれ，『この世をば‥‥』と和歌を詠んだ人物として最も適切なものを，次の1～4の中から一つ選びなさい。 ④

1 藤原忠平　2 藤原冬嗣　3 藤原道長　4 藤原頼通

E 平安時代中期の貴族たちは吉凶を気にかけた。彼らの日常の生活においても，吉凶にもとづく多くの制約が設けられた。

問5 このような貴族たちの，日常における具体的な行動として最も適切なものを，次の1～4の中から一つ選びなさい。 ⑤

1 成功・重任　　2 物忌(ものいみ)・方違(かたたがえ)

3 浄土教の信仰と出家　　4 末法思想に傾倒

問題Ⅲ　日蓮の生涯について述べた次の文章を読んで，後の問いに答えなさい。（配点　24）

日蓮は1222年(1)に安房国に誕生した。12歳の時に古郷の清澄寺に入り，16歳で出家した。その後，比叡山・高野山をはじめ京畿の諸寺を遊学し，再び清澄寺に戻った。1253年，釈迦の本懐は法華経にあり，その題目を唱和(2)することにより救済されると主張し始めた。翌1254年には鎌倉に赴き，法華経の弘通を中心とした宗教活動を展開した。

当時の鎌倉は天災の頻発，疫病の流行などのために深刻な社会不安に見舞われていた。日蓮は［　A　］を著し，執権退任後も幕府の実権を握っていた北条時頼(3)に呈上した。その書では，法華経に帰依すれば災害などが克服でき，邪法である余経に帰せば内乱・外寇により国が亡びる，と予言していた。

日蓮は他宗を攻撃(4)し，幕府の宗教政策を批判したため，以後たびたび法難に見舞われることになった。1268年に蒙古からの国書が到来し来襲(5)が現実化すると，日蓮は予言が的中したとして再び［　A　］を幕府の要人に呈上したり，諸方面にその趣旨を書き送ったりした。そのため平頼綱(6)に捕えられ斬首されかけたが，故あって佐渡に流されることになった。1274年に赦免され鎌倉に戻ったが，日蓮の意は受け入れられることはなかったため鎌倉を去り，甲斐の身延山(7)に隠棲し弟子の指導などに当たった。1282年の療病のための旅の途次，武蔵の池上邸で入滅した。

問1　下線部(1)「1222年」の前年に起こった内乱の適切な名称を，解答欄に記入しなさい。

【記述解答】

問2　下線部(2)「題目を唱和」の意味の説明として最も適切なものを，次の1～4の中から一つ選びなさい。［⑥］

1　「南無阿弥陀仏」と唱えること　　2　法華経の正式経典名を唱えること
3　可能な限りの経典名を唱えること　　4　様々な神仏名を唱えること

問3　空欄［　A　］に入る適切な書名を，解答欄に記入しなさい。【記述解答】

問4　下線部(3)「北条時頼」に**関係しない事項**を，次の1～4の中から一つ選びなさい。［⑦］

1　宝治合戦　　2　貞永式目制定
3　引付衆設置　　4　親王将軍を迎える

問5　下線部(4)「他宗を攻撃」に関して，日蓮は「念仏無間，禅天魔，真言亡国，律国賊」と当時の他宗を攻撃した。このうち「律」は幕府の外護を受け鎌倉極楽寺を拠点としていた律僧らの活動を指しているとされる。それらの律僧らのうち，社会事業にも尽くした極楽寺の僧侶の名を，解答欄に記入しなさい。【記述解答】

問6　下線部(5)「来襲」に関して，二度にわたる蒙古襲来時の執権として最も適切なものを，次の1～4の中から一つ選びなさい。［⑧］

1　北条時宗　　2　北条重時　　3　北条泰時　　4　北条義時

問7 下線部(6)「平頼綱」は，得宗専制体制を支える有力者となるが，彼に**関係しない事項**を，次の1～4の中から一つ選びなさい。⑨

1 内管領　2 霜月騒動　3 北条貞時　4 正中の変

問8 下線部(7)「身延山」に建てられた寺院として最も適切なものを，次の1～4の中から一つ選びなさい。⑩

1 永平寺　2 建仁寺　3 久遠寺　4 本願寺

問9 日蓮とほぼ同時代及び鎌倉後半期の仏教の動向に関して，下の(i)，(ii)の問いに答えなさい。

(i) 日蓮とほぼ同時代の僧侶で，踊念仏を取り入れ，定住することなく全国を布教して歩いた念仏者として最も適切なものを，次の1～4の中から一つ選びなさい。⑪

1 一遍　2 無学祖元　3 重源　4 親鸞

(ii) 鎌倉末期に著された日本仏教通史として最も適切なものを，次の1～4の中から一つ選びなさい。⑫

1 愚管抄　2 元亨釈書　3 水鏡　4 大鏡

問10 日蓮没後の教団の動向に関して，下の(i)，(ii)の問いに答えなさい。

(i) 室町6代将軍足利義教の頃に出て，京都で戦闘的な布教活動を行ったため迫害を受けた日蓮宗の僧侶の名を，解答欄に記入しなさい。【記述解答】

(ii) 中世後期の日蓮教団の動向についての説明として最も適切なものを，次の1～4の中から一つ選びなさい。⑬

1 都市の信者であった商工業者は，法華一揆を結んで一向一揆や延暦寺と対決した。

2 高野山と衝突した法華一揆は，天文法華の乱で焼き討ちを受け京都を追われた。

3 日蓮教団は主に農村に進出し，しばしば国一揆をおこし自治支配を行った。

4 日蓮教団は幕府の保護を受け，五山と呼ばれる体制を確立した。

問題Ⅳ

次の田口卯吉著『日本開化小史』第10章の１節を読んで，後の問いに答えなさい。なお，文章は読みやすいように一部改変してある。（配点　25）

一たび不良の宰相，天下の政を握るに至らば，その政治には必ず私ありて，人民その害をこうむるに至るべし。この弊習は四代将軍家綱の時(1)より徳川政府の内部にあらわれたり。［四代将軍疾革(あらた)まり，継嗣いまだ定まらず。大老(2)酒井忠清，鎌倉の故事(3)によりて，有栖川幸仁親王を請い得て嗣となさんとす。］継ぎて五代将軍（　A　）の時に至りて，その弊きわめて多し。［大老堀田正俊専横にして，若年寄稲葉正休のために斬らる。その後に至りては牧野成貞，柳沢吉保(4)などこれに続きて政を乱る。徳川氏ほとんど危うし。］六代将軍家宣，七代将軍家継治世の際には，重臣専横の弊を見ずといえどもまた弊習のなお浸染するもの多し。［六代将軍の時，新井白石重用せられ，政事大いに改まる(5)。しかれども勘定奉行（　B　）の奸あり。七代将軍幼冲(注1)にして死去す。間部詮房(6)，月光氏(注2)に通ず。しかれども政事上に及ぼしたる大害なし。］

（注１）幼冲：幼いこと
（注２）月光氏：月光院（家宣の側室）

問１　下線部(1)「四代将軍家綱の時」の出来事として**適切ではないもの**を，次の１～４の中から一つ選びなさい。⑭

1　殉死の禁止　　2　慶安の変　　3　明暦の大火　　4　一国一城令

問２　下線部(2)「大老」の説明として最も適切なものを，次の１～４の中から一つ選びなさい。⑮

1　非常時の際に，老中の代わりに置かれた。
2　非常時の際に，老中の補佐役として置かれた。
3　非常時の際に，老中の上位に置かれた。
4　非常時の際に，最高職として置かれたが，政治的権限はなかった。

問３　下線部(3)「鎌倉の故事」の説明として最も適切なものを，次の１～４の中から一つ選びなさい。⑯

1　皇族から将軍を迎えたこと
2　権限を将軍から執権へ移行したこと
3　幕府滅亡後に鎌倉府が置かれたこと
4　皇位継承の調停策として両統迭立の方式がとられたこと

問４　下線部(4)「柳沢吉保」が就いていた役職として適切な名称を，解答欄に記入しなさい。

【記述解答】

問5　下線部(5)の「新井白石」に関して，下の(i)，(ii)，(iii)の問いに答えなさい。

(i)　新井白石による政治刷新として**適切ではないもの**を，次の1～4の中から一つ選びなさい。 ⑰

1　閑院宮家創設　　2　長崎新令発布

3　朝鮮通信使の待遇の簡素化　　4　オランダとの貿易廃止

(ii)　宣教師シドッチの尋問をもとに著されたものとして最も適切なものを，次の1～4の中から一つ選びなさい。 ⑱

1　読史余論　　2　采覧異言　　3　古史通　　4　折たく柴の記

(iii)　新井白石の一連の政治改革は当時使用された元号を冠して「(　　　)の政治」と呼ばれる。この空欄(　　　)に入る適切な元号を，解答欄に記入しなさい。【記述解答】

問6　下線部(6)「間部詮房」の適切な読み方を，**平がな**で解答欄に記入しなさい。【記述解答】

問7　空欄(　A　)，(　B　)に入る適切な人名を，それぞれ解答欄に記入しなさい。【記述解答】

問8　空欄(　A　)の人物の在職時期に該当するものとして最も適切なものを，次の1～4の中から一つ選びなさい。 ⑲

1　禁中並公家諸法度の発布　　2　生類憐みの令の廃止

3　赤穂事件　　4　分地制限令

問9　『日本開化小史』が示した問題文のような治世は，それまでの「武断政治(武断主義)」に対して何と呼ばれるか。適切な名称を，解答欄に記入しなさい。【記述解答】

問題V　次のA～Gの文章を読んで，それぞれ後の問いに答えなさい。(配点　25)

A　アヘン戦争に清国が敗れると，欧米諸国の軍事的優位が明らかになった。こうした事情を踏まえて，幕府は1842年に天保の(　ア　)を発した。しかし幕府は，鎖国政策そのものは続行することにしており，1846年にアメリカ東インド艦隊を率いて(　イ　)が浦賀に来航した際にも開国を拒否した。1853年6月のペリーの来航時も，開国要求に対する回答は翌年送りにしてひとまず日本を退去させた。同年7月には，ロシア使節(　ウ　)が来航して開国と国境の画定を要求した。

問1　空欄(　ア　)～(　ウ　)に入る語句として最も適切なものを，それぞれ次の1～3の中から一つずつ選びなさい。

ア ⑳　1　海船互市新例　2　薪水給与令　3　防穀令

イ ㉑　1　フィルモア　2　ハリス　3　ビッドル

ウ ㉒　1　ラクスマン　2　プチャーチン　3　ロバノフ

B　明治政府は，発足とともに朝鮮に国交樹立を求めたが，当時鎖国政策をとっていた朝鮮は正式な交渉には応じなかった。これに対して，1873年に留守政府の首脳であった(　エ　)らは征韓論を唱えたが挫折した。その後，1876年には(　オ　)を締結して朝鮮を開国させた。またロシアとの間では，1875年に樺太・千島交換条約をむすび，(　カ　)を日本領とした。

問2　空欄(　エ　)～(　カ　)に入る語句として最も適切なものを，それぞれ次の1～3の中から一つずつ選びなさい。

エ ㉓　1　西郷隆盛　2　大久保利通　3　岩倉具視

オ ㉔　1　漢城条約　2　日韓協約　3　江華条約

カ ㉕　1　択捉島以南　2　千島全島　3　樺太

C　1900年に清国で扶清滅洋をとなえる(　キ　)が勢力を拡大して北京の公使館を包囲した。列国は連合軍を派遣してこれを鎮圧し，翌1901年に参戦国と清国との間で(　ク　)が結ばれた。この事件を契機に，ロシアは満州を占領したため，日本はロシアとの協調政策を変更し始めた。当時政府部内ではロシアとの協調路線も模索されたが，(　ケ　)は日英同盟を選択してロシアと対抗した。

問3　空欄(　キ　)～(　ケ　)に入る語句として最も適切なものを，それぞれ次の1～3の中から一つずつ選びなさい。

キ ㉖　1　太平天国　2　義和団　3　東学

ク ㉗　1　北京議定書　2　下関条約　3　南京条約

ケ ㉘　1　桂内閣　2　伊藤内閣　3　西園寺内閣

D　1919年にパリで第一次世界大戦の講和会議が開催され，(　コ　)条約が調印され，アメリカ大統領(　サ　)の提唱で国際連盟の創設が決まった。また日本はこの条約によって，(　シ　)の旧ドイツ権益を継承したが，中国では同権益の直接返還を求める反日国民運動である(　ス　)がおきた。

問4　空欄(　コ　)～(　ス　)に入る語句として最も適切なものを，それぞれ次の1～3の中から一つずつ選びなさい。

コ	㉙	1　ヴェルサイユ	2　ポーツマス	3　ロンドン
サ	㉚	1　ローズヴェルト	2　フーヴァー	3　ウィルソン
シ	㉛	1　遼寧省	2　河北省	3　山東省
ス	㉜	1　三・一運動	2　五・四運動	3　五・三〇事件

E　1931年9月，関東軍は，近い将来に日米両国間で世界最終戦争が戦われると予言していた参謀(　セ　)らの計画で，奉天郊外の(　ソ　)で南満州鉄道の線路を爆破，これを中国軍の仕業であるとして軍事行動を開始した。中国側は直ちにこの事件を国際連盟に提訴したが，関東軍は，全満州を軍事的制圧下におくべく戦線を拡大したため，事態の収拾に自信を失った(　タ　)は総辞職した。

問5　空欄(　セ　)～(　タ　)に入る語句として最も適切なものを，それぞれ次の1～3の中から一つずつ選びなさい。

セ	㉝	1　板垣征四郎	2　河本大作	3　石原莞爾
ソ	㉞	1　柳条湖	2　万宝山	3　鞍山
タ	㉟	1　犬養内閣	2　若槻内閣(第2次)	3　斎藤内閣

F　第二次世界大戦後，いわゆる冷戦が激化すると，アメリカは日本の経済自立をすすめるとともに，再軍備を強く求めてこれまでの政策の転換を進めていった。1948年10月に第2次(　チ　)内閣が成立すると，GHQは経済安定9原則の実行を指令した。そしてこれを実行するために，翌年銀行家の(　ツ　)が派遣されて一連の施策を指示した。また1ドル=(　テ　)とする単一為替レートが設定されて輸出振興がはかられた。

問6　空欄(　チ　)～(　テ　)に入る語句として最も適切なものを，それぞれ次の1～3の中から一つずつ選びなさい。

チ	㊱	1　吉田茂	2　鳩山一郎	3　池田勇人
ツ	㊲	1　シャウプ	2　マーシャル	3　ドッジ
テ	㊳	1　360円	2　240円	3　120円

G　朝鮮戦争がはじまると，在日アメリカ軍が戦争に動員されて，その空白を埋めるために(　ト　)が新設された。また，この戦争で日本のアジアにおける戦略的価値を再認識したアメリカは，日本を早期に西側陣営に引き入れたいと考え，アメリカの外交顧問(　ナ　)らは講和準備をすすめた。日本国内では中国やソ連を含むすべての交戦国との講和である(　ニ　)講和を主張する動きもあったが，結局日本は1951年9月に48ヵ国とのあいだでサンフランシスコ平和条約を締結した。なお，この会議に(　ヌ　)は招かれなかった。

問7　空欄(　ト　)～(　ヌ　)に入る語句として最も適切なものを，それぞれ次の1～3の中から一つずつ選びなさい。

ト ㊴　1　自衛隊　　2　保安隊　　3　警察予備隊

ナ ㊵　1　トルーマン　　2　ダレス　　3　キッシンジャー

ニ ㊶　1　共同　　2　両面　　3　全面

ヌ ㊷　1　中華人民共和国　　2　インド　　3　ソ連

世界史

（60分）

問題Ⅰ　次の文章を読んで，後の問いに答えなさい。（配点　25）

メッカの町に生まれた商人ムハンマドは，610年頃に啓示を受けて預言者であると自覚し，唯一神(1)への絶対的帰依を意味するイスラームを説いた。しかし富の独占を批判するムハンマドはメッカの大商人による迫害を受け，622年に少数の信者を率いてヤスリブ（後のメディナ）に移住した。この出来事のことを［　A　］という。

630年，ムハンマドはメッカを無血で征服し，多神教の神殿であった［　B　］をイスラームの聖殿に定めた。その後，アラブ諸部族は次々とムハンマドの支配下に入り，アラビア半島のゆるやかな統一が実現した。

ムハンマドの死後，イスラーム教徒は共同体の指導者として［　C　］をカリフに選出，カリフの指導の下，大規模な征服活動を開始する。しかし，間もなくカリフ権をめぐってイスラーム教徒間に対立が起こり，第４代カリフの［　D　］が暗殺されると，彼と敵対していたシリア総督の［　E　］は，661年，ダマスクスに（　ア　）朝を開いた。

（　ア　）朝は，イベリア半島に進出して，711年に［　F　］王国を滅ぼした後，しばしばフランク王国に侵入したが，732年に［　G　］でフランク軍に敗れ，ピレネー山脈の南に退いた。

イスラームの聖典『（　イ　）』は，ムハンマドにくだされた神のことばの集成であり，アラビア語で記されている。その教義は，信仰生活だけでなく，政治的・社会的・文化的活動のすべてに及び，後世の学者たちがイスラーム教徒の信仰と行為の内容を簡潔にまとめたものが，［　H　］である。

問１　下線部(1)「唯一神」は，アラビア語で何というか。適切な語句をカタカナで解答欄に記入しなさい。【記述解答】

問２　空欄［　A　］，［　B　］に入る語句として最も適切なものを，それぞれ次の１～６の中から一つずつ選びなさい。A ［①］，B ［②］

１　ヒジュラ　　２　ジズヤ　　３　ウンマ

４　カーバ　　５　シャリーア　　６　ハラージュ

問３　空欄［　C　］～［　E　］に入る語句として最も適切なものを，それぞれ次の１～６の中から一つずつ選びなさい。C ［③］，D ［④］，E ［⑤］

1　アリー　2　マンスール　3　ムアーウィヤ

4　カザン=ハン　5　アブー=バクル　6　ウマル

問4　空欄（　ア　），（　イ　）に入る適切な語句を，それぞれ解答欄に記入しなさい。

【記述解答】

問5　空欄［　F　］に入る語句として最も適切なものを，次の1～4の中から一つ選びなさい。⑥

1　東ゴート　2　西ゴート　3　ヴァンダル　4　ランゴバルド

問6　空欄［　G　］に入る語句として最も適切なものを，次の1～4の中から一つ選びなさい。⑦

1　タラス河畔の戦い　2　ニハーヴァンドの戦い

3　トゥール・ポワティエ間の戦い　4　レヒフェルトの戦い

問7　空欄［　H　］に入る語句として最も適切なものを，次の1～4の中から一つ選びなさい。⑧

1　八正道　2　六信五行　3　五経正義　4　四書五経

問題Ⅱ　次の文章を読んで，後の問いに答えなさい。（配点　25）

10世紀以降の中国の経済発展によって，中国商人の海上進出が活発化し，とくに，宋(1)・元(2)の時代には，「海の道」による交易が著しく発展した。

中国商人によるジャンク船が東南アジアでの交易(3)で活躍したのもこの時代である。こうした東アジア・東南アジアの海域世界の広がりとともに，各地には港市国家(4)ができ，港市を中心に交易が活発化する。

問1　下線部(1)に関して，下の(i)～(iii)の問いに答えなさい。

(i)　宋の交易品の説明として最も適切なものを，次の1～4の中から一つ選びなさい。⑨

1　白磁や青磁などの生産が盛んとなり，交易品として輸出した。

2　コーヒーやダイヤモンドなどの生産が盛んとなり，交易品として輸出した。

3　香料や象牙などの生産が盛んとなり，交易品として輸出した。

4　石炭や硫黄などの生産が盛んとなり，交易品として輸出した。

(ii)　宋の貨幣の説明として最も適切なものを，次の1～4の中から一つ選びなさい。⑩

1　初の郡県制が敷かれ，貨幣や度量衡制が整備された。

2　均輸・平準などの経済統制によって，貨幣制度が著しく後退した。

3 銀本位制を維持したが，銀が下落したため，国内経済に打撃を受けた。

4 貨幣制度が発展し，大量の銅銭が発行され，主貨幣として流通した。

(iii) 宋(南宋)は誰に滅ぼされたか。最も適切なものを，次の1～4の中から一つ選びなさい。 ⑪

1 元のフビライ=ハン　　2 元のオゴダイ=ハン

3 元のモンケ=ハン　　4 元のチンギス=ハン

問2 下線部(2)に関して，下の(i)，(ii)の問いに答えなさい。

(i) 元の支配領域における交通システムの説明として最も適切なものを，次の1～4の中から一つ選びなさい。 ⑫

1 駅伝制が整備された。　　2 荘園制が整備された。

3 イクター制が整備された。　　4 逓信制が整備された。

(ii) 元の紙幣は，何と呼ばれていたのか，適切な名称を漢字で解答欄に記入しなさい。【記述解答】

問3 下線部(3)に関連して，ムスリム商人がインド洋や東南アジアとの交易で使用した船の適切な名称を，カタカナで解答欄に記入しなさい。【記述解答】

問4 下線部(4)に関して，下の(i)～(iv)の問いに答えなさい。

(i) 港町を中心に建設された国家のことであり，(　ア　)貿易や内陸からの物産の輸出によって栄えた。

空欄(　ア　)に入る語句として最も適切なものを，次の1～4の中から一つ選びなさい。

⑬

1 国境　2 中継　3 南蛮　4 保護

(ii) シュリーヴィジャヤ王国は，中国の史料では「室利仏逝(しつりぶっせい)」と呼ばれ，スマトラ島南部を中心に栄えた王国であった。この王国の現在の国名として最も適切なものを，次の1～4の中から一つ選びなさい。 ⑭

1 フィリピン　2 カンボジア　3 インドネシア　4 タイ

(iii) マレー半島の南西岸に位置し，鄭和の南海遠征の補給基地となり，15世紀半ばには東南アジアのイスラーム化の拠点となった王国の適切な名称を，カタカナで解答欄に記入しなさい。

【記述解答】

(iv) 古くは1世末には，東南アジア最古の国家とされるメコン川下流域の(　イ　)が，2世紀頃にはインドシナ半島の東南部に(　ウ　)人が建国し中国名を林邑とする国家が，港市国家として栄えた。

空欄(　イ　)，(　ウ　)に入る語句として最も適切なものを，それぞれ次の1～4の中から一つずつ選びなさい。

イ ⑮ 1 占城　2 扶南　3 環王　4 琉球

ウ ⑯ 1 チャム　2 クメール　3 ユダヤ　4 フン

問題Ⅲ 次の文章を読んで，後の問いに答えなさい。(配点 25)

ヨーロッパ人のアジアへの関心は，13世紀にモンゴル帝国がヨーロッパにまで支配領域を拡大しようとした過程において否応なく喚起されることとなった。フビライに仕えたイタリア人商人［A］の旅行記『世界の記述』(『［B］』)がきっかけとなり，未知なる世界への好奇心が高まっていった。古い起源を有する「［C］」は，15世紀イタリアのトスカネリにより改めて唱えられ，彼から海図を受領した［D］は1492年新大陸発見(1)を成し遂げた。ポルトガル人の［E］は，スペイン国王カルロス1世の支援を受け，西回りの世界一周航海に乗り出し，［E］本人は経由したフィリピンで殺害されたものの，部下たちがこの偉業を達成したのであった。

スペインとポルトガルは，ローマ教皇アレクサンデル6世により1493年に両国海外植民地の境界線として定められた「教皇子午線」を修正の上，翌年，［F］条約を締結した。15世紀以降の両国の海外権益獲得競争は，西アフリカの探検などにより当初ポルトガルが優位を占めたが，後にスペインが新大陸の植民地化で巻き返した。ポルトガルの航海王子［G］や国王ジョアン2世，スペインの国王イサベル，カルロス1世，フェリペ2世などは，このような推移の中で探検家たちの後援者として大きな役割を果たした。

問1 空欄［A］～［G］に入る適切な語句を，それぞれ解答欄に記入しなさい。

【記述解答】

問2 下線部(1)に関連して，ポルトガル領となった地域として最も適切なものを，次の1～5の中から一つ選びなさい。⑰

1 ペルー　2 チリ　3 ブラジル

4 アルゼンチン　5 エクアドル

問3 同じく下線部(1)に関連して，この地域のポルトガル植民地化に大いに貢献した探検家として最も適切なものを，次の1～6の中から一つ選びなさい。⑱

1 アメリゴ=ヴェスプッチ　2 カブラル　3 バルボア

4 ヴァスコ=ダ=ガマ　5 バルトロメウ=ディアス　6 カボット

問題Ⅳ　次の文章を読んで，後の問いに答えなさい。（配点　25）

1300年頃，アナトリアに建国されたオスマン帝国は，16世紀までには三つの大陸にまたがる世界帝国に発展したが，1571年レパントの海戦でヨーロッパ勢に敗れ，1529年と1683年の二度のウィーン包囲に失敗した後，急速に衰退期に入った。1699年の［　A　］条約では，統治下にあったハンガリーやトランシルヴァニアをオーストリアに割譲せざるを得ず，18世紀後半にはロシアに大敗してクリミア半島を含む黒海北岸を奪われた。

19世紀に入るとバルカン半島では1829年に（　ア　）が独立し，エジプトでは総督（　イ　）が事実上自立してオスマン帝国と二度にわたりエジプト=トルコ戦争を戦った。オスマン帝国第31代スルタンのアブデュルメジト１世は，西欧型の近代化を目指す（　ウ　）と呼ばれる大規模な司法・行政・財政・軍事の改革に取り組んだが，保守派の抵抗で十分な成果は上がらなかった。1876年に発布されたオスマン帝国最初のいわゆる（　エ　）憲法も，わずか２年後に停止された。1877～78年のロシア=トルコ（露土）戦争でもオスマン帝国は敗れ，バルカンの大半の領土を失った。20世紀に入ると，1908年に「青年トルコ人」を名乗る青年将校らがマケドニアで無血革命に成功し，（　エ　）憲法を復活させ，1913年にはクーデタで政権を獲得したが，政情は不安定なままであった。

オスマン帝国の命運が尽きる切っ掛けは，(1)<u>第一次世界大戦にドイツ・オーストリア(=ハンガリー)の同盟国側で参戦したことであった</u>。敗戦の結果，協商国側からは1920年にトルコにとって非常に不利な内容の［　B　］条約が押し付けられたが，軍人ムスタファ=ケマルを中心にアンカラで招集されたトルコ大国民議会はその批准を拒否，議会軍は侵入した外国の軍隊を撃退してトルコの国家体制を維持した。1922年に最後のスルタンのメフメト６世が亡命したので、ムスタファ=ケマルはスルタン制を廃止した。翌1923年にはトルコ共和国の成立を宣言し，ムスタファ=ケマルみずから初代大統領に就任した。ムスタファ=ケマルは［　B　］条約に代わる，不平等性のより少ない［　C　］条約を連合軍側と結び，トルコの独立を確保した。彼はまた，(2)<u>政教分離に基づく西洋型の近代化を目指し，さまざまな改革を行った</u>。ムスタファ=ケマルには後に，「父なるトルコ人」を意味する（　オ　）の称号が贈られる。

問１　空欄［　A　］～［　C　］に入る語句として最も適切なものを，それぞれ次の１～８の中から一つずつ選びなさい。A ［⑲］，B ［⑳］，C ［㉑］

１　ヴェルダン　　２　カルロヴィッツ　　３　セーヴル
４　トリアノン　　５　トルコマンチャーイ　　６　ベルリン
７　メルセン　　８　ローザンヌ

問２　空欄（　ア　）～（　オ　）に入る適切な語句を，それぞれ解答欄に記入しなさい。

【記述解答】

問3　下線部(1)に関連して，第一次世界大戦で，ドイツ，オーストリア(=ハンガリー)の同盟国側で参戦したもう一つの国として最も適切なものを，次の1～6の中から一つ選びなさい。 ㉒

1　チェコ=スロバキア　　2　日本　　3　フィンランド

4　ブルガリア　　5　ポーランド　　6　ルーマニア

問4　下線部(2)に関連して，ムスタファ=ケマルが行った改革に**含まれないもの**を，次の1～5の中から一つ選びなさい。 ㉓

1　アラビア文字に代わり，ローマ字のアルファベットを導入した。

2　太陰暦のイスラム暦に代わり，太陽暦の西暦を採用した。

3　国民皆兵制度を確立し，女性にも兵役を義務付けた。

4　女性の参政権を認めた。

5　一夫多妻制を廃止し，一夫一婦制を定めた。

地理

（60 分）

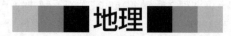

問題Ⅰ　小麦について書かれた次の文章を読んで，後の問いに答えなさい。（配点　25）

小麦は米と比べると貿易量が多い農作物である。秋に種をまき，初夏に収穫する（　A　）小麦と，春に種をまき，秋に収穫する（　B　）小麦に分けられる。より高緯度の地域では，［　ア　］の問題があるために（　C　）小麦が主に栽培される。しかし冷涼な気候でも生育できることから，ロシアやカナダの主産地は（　D　）気候の地域に広がっている。一方，フランス，ドイツなどの主産地は（　E　）気候である。また小麦は成熟期の乾燥を好むため，ロシア南部やウクライナでは（　F　）気候の地域でも栽培されている。これらの地域は，寒冷な氷期に風で運ばれた（　G　）と呼ばれる細粒堆積物に覆（おお）われ，そこが［　イ　］することで，ウクライナに分布する（　H　）のように有機物に富んだ黒色土が形成されたことも重要である。

下の図１は，小麦の主要な輸出国（2018年）を示したものである。ロシアもウクライナも<u>輸出国の５位までに</u>(1)入っていることから，両国の戦争により，小麦の生産や輸送が阻害され，<u>これまで主にこの両国から小麦を輸入してきた国々</u>(2)での食料危機が心配されている。

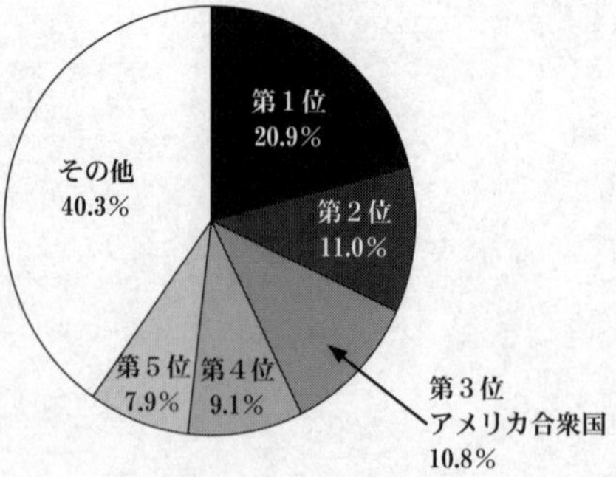

図１

（『新詳地理資料 COMPLETE 2022』より，一部改変）

問１　空欄（　A　）～（　H　）に入る適切な語句を，それぞれ解答欄に記入しなさい。ただし，同じ語句が入る場合がある。【記述解答】

問2　空欄［ア］に入る最も適切なものを，次の1～5の中から一つ選びなさい。［①］

1　土壌凍結　　2　土壌塩類化　　3　土壌流出　　4　土壌乾燥化　　5　ポドゾル化

問3　空欄［イ］に入る最も適切なものを，次の1～4の中から一つ選びなさい。［②］

1　森林化　　2　砂漠化　　3　草原化　　4　裸地化

問4　下線部(1)に関して，図1の円グラフは小麦を輸出している国々（上位5か国を含む）の輸出量の割合を示している。第1位，第2位，第4位，第5位に該当する国の組み合わせとして最も適切なものを，次の1～4の中から一つ選びなさい。［③］

	第1位	第2位	第4位	第5位
1	ウクライナ	ロシア	フランス	カナダ
2	ロシア	ウクライナ	カナダ	フランス
3	カナダ	フランス	ウクライナ	ロシア
4	ロシア	カナダ	フランス	ウクライナ

問5　下線部(2)に該当するものとして最も適切なものを，次の1～4の中から一つ選びなさい。［④］

1　黒海からボスポラス海峡などを経て地中海から船で輸送できるエジプトなどの国々

2　ドニエプル川の舟運（しゅううん）と運河を利用して輸送できるポーランドなどの国々

3　ドナウ川の舟運（しゅううん）と運河を利用して輸送できるドナウ川流域の国々

4　発達した道路網と鉄道によって輸送できるフィンランドなどの国々

問題Ⅱ　ヨーロッパの工業に関して，後の問いに答えなさい。（配点　25）

問1　図1中の1～6の　の部分は，ヨーロッパにおける主要な工業地域を示したものである。下の(i)～(iii)の問いに答えなさい。

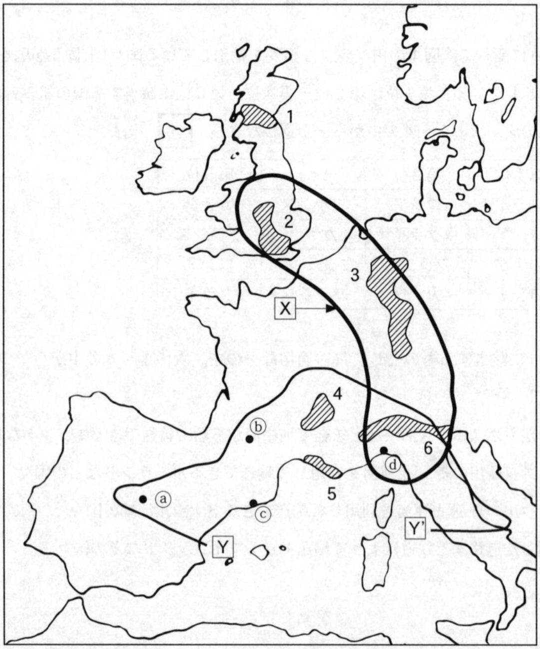

図1

(i)　工業地域の特色について述べたア～カの文に該当する最も適切な地域　を，図1中の1～6の中からそれぞれ一つずつ選びなさい。

ア　⑤　伝統的に繊維工業が盛んで，特に絹織物工業が有名である。自動車・航空機・電機などの巨大企業が集中している。

イ　⑥　伝統的に鉄鋼業や造船業が栄えてきた。これらの工業は不振となったが，近年はエレクトロニクスなどの新しい工業の立地が見られる。

ウ　⑦　国内最大の消費地を抱えているため，日用消費財の生産をはじめ，印刷機械などの工業が発達する総合的な工業地域である。

エ　⑧　かつては豊富な水力を利用して工業化が進展した。首都に次ぐ大都市圏を形成し，自動車・機械・電子工業や化学工業などが発達している。

オ　⑨　石油輸入の基地になっている。埋め立てた工業用地が造成され，大規模な石油化学コンビナートが建設された。

カ ⑩ 大規模な炭田の存在や水運の便を背景に，鉄鋼業や機械工業，化学工業が発達したが，石炭産業の斜陽化により，再開発が進められている。

(ii) 図1中の X で囲まれたイギリス南部からドイツ西部とフランス東部を経て北イタリアにいたる各種工業が集積している地域は、何とよばれているか。適切な語句を解答欄に記入しなさい。【記述解答】

(iii) 図1中の Y ―― Y' 以南は，航空機やエレクトロニクス産業などの先端技術産業が集積していることから，ヨーロッパのサンベルトとよばれている。ヨーロッパ各国で生産された部品を組み立て，航空機を国際共同生産している都市として最も適切なものを，次の1～4の中から一つ選びなさい。⑪

1 バルセロナ　　2 トゥールーズ　　3 マドリード　　4 ジェノヴァ

また，上記に該当する都市の適切な位置を，図1の ⓐ ～ ⓓ の中から一つ選び，記号を解答欄に記入しなさい。【記述解答】

問2 図2は，イギリス，イタリア，ドイツ，オランダの工業生産額(2017年)とその内訳(%)を示したものである。a ～ d に該当する国名の組合わせとして最も適切なものを，次の1～4の中から一つ選びなさい。⑫

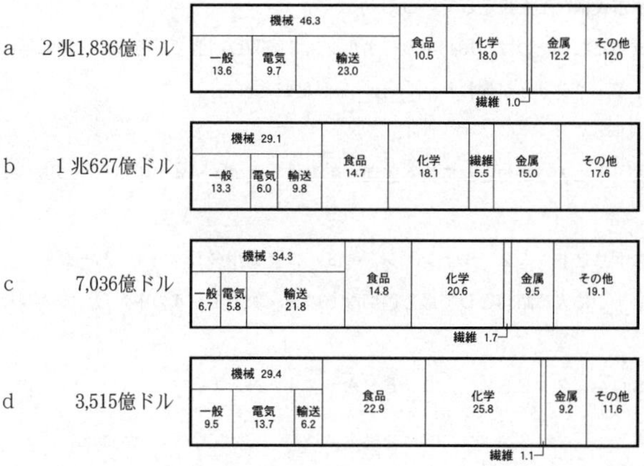

図2

(『新詳地理資料 COMPLETE 2022』より)

	a	b	c	d
1	イギリス	イタリア	ドイツ	オランダ
2	イタリア	ドイツ	オランダ	イギリス
3	ドイツ	イタリア	イギリス	オランダ
4	オランダ	イギリス	ドイツ	イタリア

問3　次の表は，ヨーロッパのある国のおもな輸出品と輸出先の割合を示したものである。該当する国名として最も適切なものを，次の1～4の中から一つ選びなさい。⑬

表

おもな輸出品とその割合（2020年）

自動車	15.4%
機械類	12.5%
野菜と果実	7.2%
医薬品	4.6%
衣類	3.9%

おもな輸出先とその割合（2020年）

フランス	15.4%
ドイツ	10.8%
イタリア	7.5%
ポルトガル	7.3%
イギリス	6.0%

（『データブック オブ・ザ・ワールド2022年度版』より作成）

1　ポーランド　　2　スイス　　3　デンマーク　　4　スペイン

問4　次の文を読んで，下の(i)，(ii)の問いに答えなさい。

1992年にオランダの［　A　］で行われたＥＣ（ヨーロッパ共同体）首脳会議で合意されたヨーロッパ連合条約は，ＥＵ（欧州連合）の創設，経済・通貨同盟の設定，共通の外交・安全保障政策，欧州市民権などを規定している。

ＥＣのモデルになったのは，1948年のベネルクス３国関税同盟で，その後，1952年にフランス・旧西ドイツ・イタリアが加わり，［　B　］が結成された。

(i)　空欄［　A　］に入る語句として最も適切なものを，次の1～4の中から一つ選びなさい。⑭

1　マーストリヒト　　2　シェンゲン　　3　ロッテルダム　　4　ハーグ

(ii)　空欄［　B　］に入る語句として最も適切なものを，次の1～4の中から一つ選びなさい。⑮

1　ＥＣＳＣ　　2　ＥＥＺ　　3　ＥＰＡ　　4　ＮＡＴＯ

問題Ⅲ　カナダの自然，文化，産業について述べた次の文章を読んで，後の問いに答えなさい。

（配点　25）

カナダは北アメリカ大陸の高緯度に位置し，五大湖(1)など（　A　）の侵食を受けた地形が各地に見られる。国土の面積はロシアに次いで世界で２番目に大きく，森林地帯が多い。

カナダは，世界でも最初に多文化主義を掲げた国で，アメリカ合衆国同様に（　B　）国家でもある。農業では，プレーリーで主に小麦が栽培され，その西側に広がる乾燥した（　C　）では大規模に小麦の栽培や牛・羊の放牧がおこなわれている。漁業は大西洋北西部が好漁場(2)となっており，ニシン・タラ漁などがおこなわれている。

カナダは鉱産資源に恵まれている。鉱産資源の中で，原油生産が伸びており，埋蔵量も多い。最近では西部で（　D　）サンドが開発され，注目が集まっている。

人口と都市は南部の国境沿いに集中している(3)。工業は五大湖周辺とその北東部，太平洋沿岸の国境付近で発達している。政治・経済面でアメリカ合衆国との結びつきは強い。

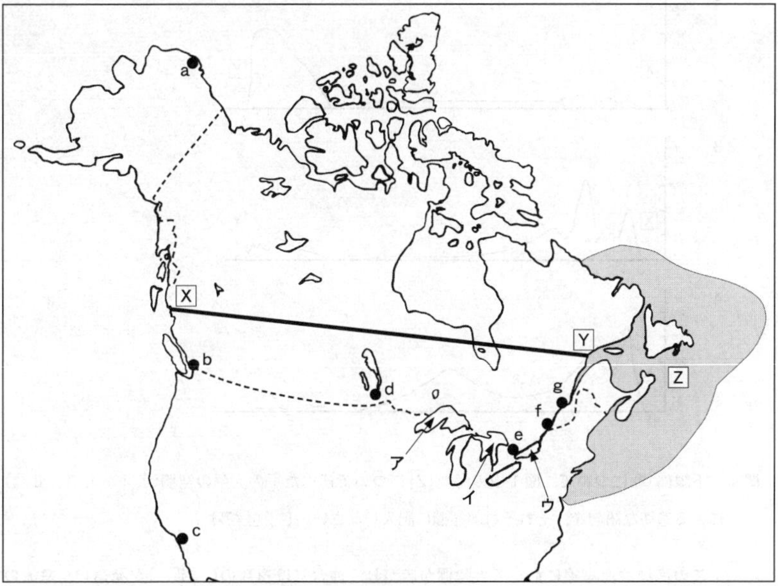

図１

問１　空欄（　A　）～（　D　）に入る適切な語句を，それぞれ解答欄に記入しなさい。ただし，（　A　）は漢字２字，（　B　）は漢字３字，（　C　）と（　D　）はカタカナで記入すること。

【記述解答】

問２　下線部(1)について，図１中の**ア**～**ウ**の湖の名称の組み合わせとして最も適切なものを，次の１～４の中から一つ選びなさい。 ⑯

	ア	イ	ウ
1	エリー湖	オンタリオ湖	ヒューロン湖
2	スペリオル湖	ヒューロン湖	オンタリオ湖
3	ミシガン湖	オンタリオ湖	エリー湖
4	エリー湖	ミシガン湖	スペリオル湖

問3 図1中の X ―― Y の地形図の横断図として最も適切なものを，次の1～4の中から一つ選びなさい。 ⑰

1

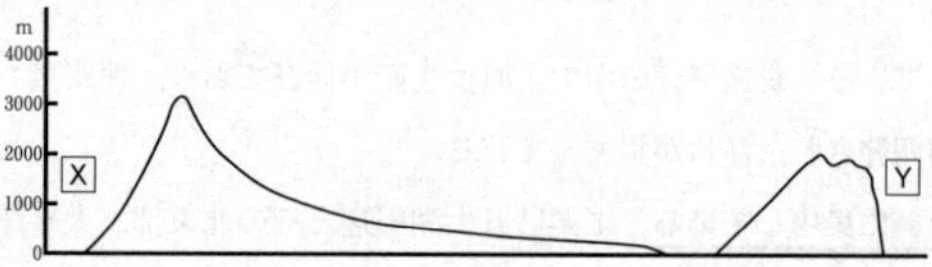

2

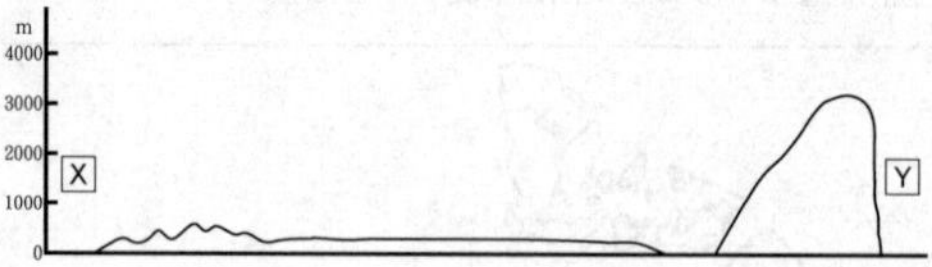

3

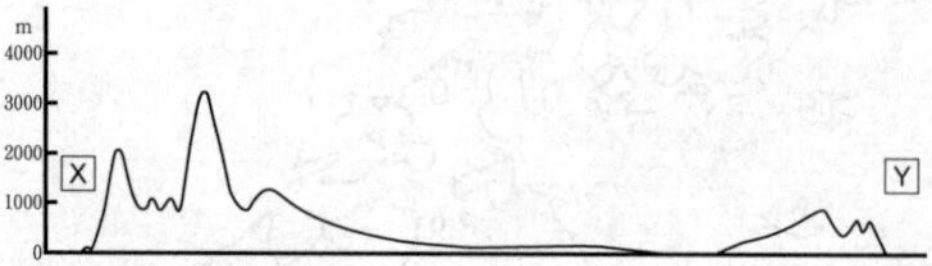

4

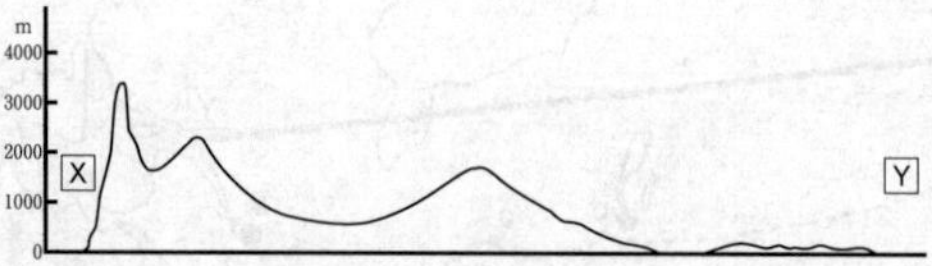

問4 下線部(2)について，図1中の海域 Z について述べた下の文章の空欄(　i　)，(　ii　)に入る適切な語句を，それぞれ解答欄に記入しなさい。【記述解答】

この海域は海岸線に沿って大陸棚が広がり，沖合には複数の(　i　)が発達し，寒流の(　ii　)海流と暖流のメキシコ湾流がぶつかる漁場である。

問5 下線部(3)について，下の **ア** ～ **ウ** の文は，都市の特色について簡潔に述べたものである。それぞれの都市名と，その位置を図1中の a ～ g の中から一つずつ選び，解答欄に記入しなさい。【記述解答】

ア カナダ最大の人口を有する商工業都市。農業機械・自動車・パルプ工業に加え，金融・保険業の中心地でもある。

イ　カナダ有数の港湾・商工業都市。パルプ・製紙・造船などの工業が発達し，小麦・木材の積出港でもある。近年は IT 産業も立地する。

ウ　フランス系住民の多い商工業都市。繊維工業，製材・パルプなどの工業が発達，「北米のパリ」といわれている観光都市でもある。

問 6　下の**ア**～**エ**は，図 1 中の都市 a ～ d の雨温図である。**ア**～**エ**に該当する都市の組み合わせとして最も適切なものを，次の 1 ～ 4 の中から一つ選びなさい。 ⑱

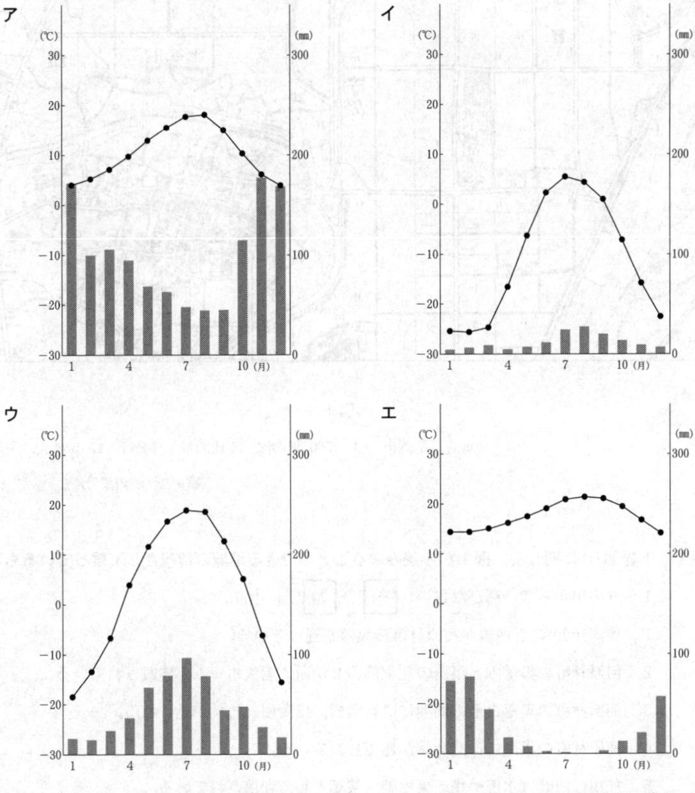

（『理科年表 2022』より作成）

	ア	イ	ウ	エ
1	a	d	c	b
2	b	a	d	c
3	c	b	a	d
4	d	a	b	c

問題Ⅳ　次の【Ⅰ】,【Ⅱ】の文章を読んで，それぞれ後の問いに答えなさい。（配点　25）

【Ⅰ】　ひなたさんは，地理の自由研究課題として京都府亀岡市を対象とし，最初に地形図（図１）を使って地形や土地利用などを調べ[1]，その後，撮影時期が異なる２枚の航空写真（図２，３）も加えて見比べることで地域の変化を調べました[2]。

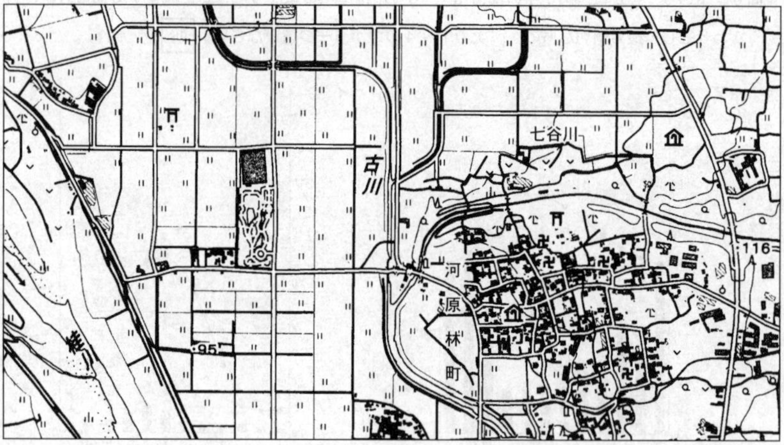

図１

（国土地理院「亀岡市」 1：25000地形図　平成30年１月発行　178％拡大，一部改変）

編集部注：編集の都合上，72%に縮小

問１　下線部⑴に関して，図１から読み取ることができる地域の情報として**誤っているもの**を次の１～６の中から二つ選びなさい。 ⑲ ， ⑳ （順不同）

1　標高100mの計曲線が河原林町の集落を通っている。

2　河原林町の集落内と集落の北東部の２か所に老人ホームが建設されている。

3　河原林町の集落とその周囲には針葉樹，広葉樹，竹林が見られる。

4　河原林町の集落には記念碑が建てられている。

5　桂川の河畔は水田や畑，果樹園，茶畑として利用されている。

6　２つの神社はもとの地形図上では4.5㎝離れており，実際の距離はおよそ2.3㎞である。

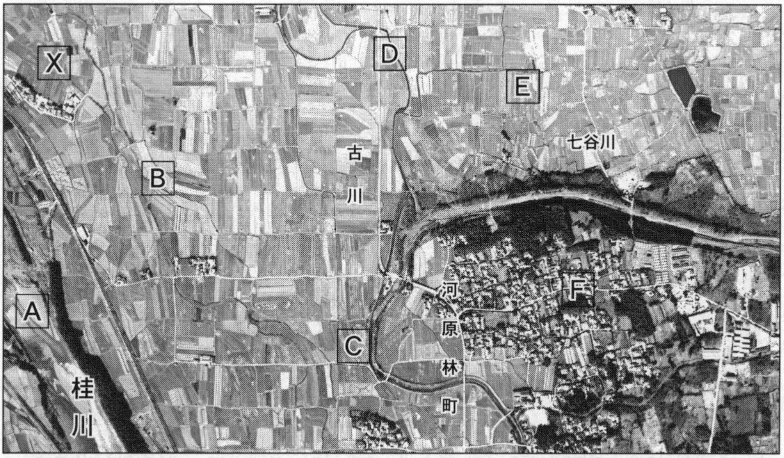

図2　「亀岡市周辺」航空写真　1975年撮影（一部改変，国土地理院ウェブサイト）

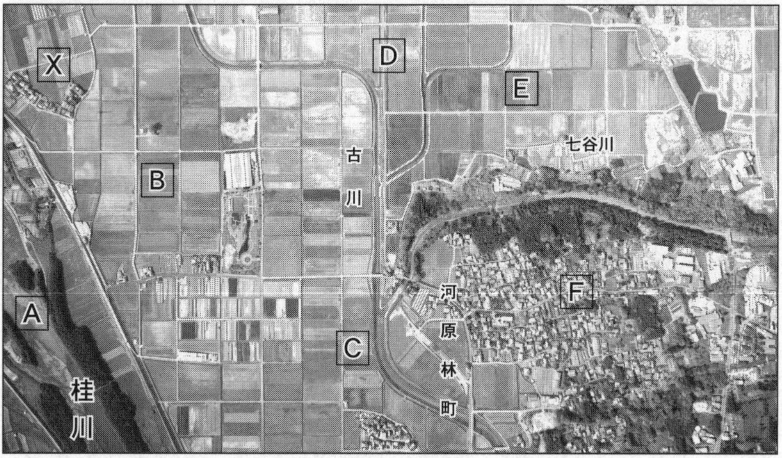

図3　「亀岡市周辺」航空写真　2008年撮影（一部改変，国土地理院ウェブサイト）

問2　下線部⑵に関して，2枚の航空写真(図2，図3)を見比べてみた。A～F付近の説明として，**誤っているもの**を二つ選びなさい。㉑，㉒(順不同)

1　A付近の桂川河畔での植物群落の分布範囲は，1975年時から2008年時にかけて大きく縮小している。

2　B付近では，1975年時には形も大きさもばらつきがあった水田区画が2008年時には方形状に整備されている。

3　C 付近の古川と七谷川が合流してからの河道は，1975年時と2008年時では違いは見られない。

4　D 付近の古川とその支流では，1975年時から2008年時までの間に河川改修工事がおこなわれた。

5　E 付近では，2008年時には農道が整備されており，それぞれの水田区画への移動の便が向上した。

6　F 付近の河原林町の集落分布は1975年時と2008年時を比較してもほとんど変わっていない。

問３　図２，図３とも X の南側付近には桂川に沿って細長くのびた集落が見られる。この集落が形成された地形の名称を，漢字４字で解答欄に記入しなさい。【記述解答】

【Ⅱ】 地理情報システム(1)とは，コンピュータを用いて様々なデータを加工・分析し地図上に表現する仕組みである。これにより，例えば，撮影時期が異なる航空写真(2)を重ね合わせて土地利用変化の分析が可能になり，デジタル標高地図を用いて立体的な画像(3)を作ることもできる。

問４　下線部(1)に関して，「地理情報システム」はアルファベット３字の略称で呼ばれている。その適切な略称をアルファベット３字で解答欄に記入しなさい。【記述解答】

問５　下線部(2)に関連して，「航空機や人工衛星から写真や電磁波などを用いて地球を観測すること」を何というか。適切な語句を，カタカナで解答欄に記入しなさい。【記述解答】

問６　下線部(3)に関連して，「地表を斜め上空から見下ろすような視点で，地表の起伏や事象を立体的にとらえるように描いた地図」を何というか。適切な語句を解答欄に記入しなさい。

【記述解答】

政治・経済

(60分)

問題Ⅰ　次の文章を読んで，後の問いに答えなさい。(配点　25)

新型コロナウイルスの感染が拡大する中，国会の本会議への「オンライン出席」について議論されている。憲法は，「両議院は，各々その総議員の〔　A　〕分の一以上の出席がなければ，議事を開き議決することができない」(第56条１項)とし，衆参両議院において議事を開き，議決するための要件(1)について規定している。感染症のまん延や大規模災害が発生し，本会議への出席者が〔　A　〕分の１に満たない場合も想定される。このような緊急時において，議員がオンラインによって国会の議事に参加することも，憲法が定める「出席」とみなすことができるかが問題となる。

もちろん，日本国憲法が制定された当時には，オンライン出席を技術的に可能とするような情報通信技術はなく，憲法制定者(2)も，インターネットを介してのオンライン出席を想定し，憲法第56条を制定したわけではない。生身の議員が国会の議場に現れ，議事に直接参加することは当然の前提であった。また，両議院の議院規則(3)も，「議場にいない議員は，表決に加わることができない」と明記している。

憲法第56条の「出席」という文言をどのように解釈するかに関して，専門家の間でも意見が分かれている。まず，オンライン出席も憲法が定める出席と認めてもよいとする立場は，次のように論ずる。オンラインであっても，本会議の審議に参加して表決を行い，その様子が国民に公開されるならば(4)，議会制に不可欠な要素を満たすものであり，出席とみなしてよい。ただし，例外的な場合に限定されるべきである。また，衆参両議院には，会議の運営方法を決める〔　B　〕的権限があるから，憲法の枠内で議院規則を改正すれば，議員の出席の方法を変更することもできる。

これに対して，憲法はオンライン出席を許容していないとする立場は，次のように論ずる。国会議員の「出席」の意義は，第43条が定める「〔　C　〕」の代表者としての国会議員の地位(5)と密接不可分である。国会議員は，本会議に「出席」(present)することで，〔　C　〕を「代表する」(represent)のである。この原則からすれば，国民に見える形で議員が物理的に議場に存在する必要がある。また，憲法によって国家の権力を縛るという考え方(6)からしても，立法権という国家権力の行使の要件を緩めることには慎重であるべきである。

このように，オンライン出席を憲法上認めるべきか否かという問題は，議会制の本質は何か，国民代表とは何か，という議会制民主主義の理解に関する原理的な問題とつながっているのである。

問１　空欄〔　A　〕に入る数字として最も適切なものを，次の１～４の中から一つ選びなさい。　①

1 二　2 三　3 四　4 五

問2 空欄〔 B 〕に入る語句として最も適切なものを，次の1～4の中から一つ選びなさい。 ②

1 自発　2 自主　3 自律　4 自立

問3 空欄〔 C 〕に入る語句として最も適切なものを，次の1～4の中から一つ選びなさい。 ③

1 主権者　2 有権者　3 全国民　4 奉仕者

問4 下欄部(1)の要件は何と呼ばれるか。適切な名称を，漢字3字で解答欄に記入しなさい。
【記述解答】

問5 下線部(2)に関連して，日本国憲法の制定過程の説明として最も適切なものを，次の1～4の中から一つ選びなさい。 ④

1 憲法改正案は，憲法改正のために特別に設置された憲法制定会議の審議を経て，いくつかの修正を加えて可決された。

2 憲法改正案は，松本烝治を委員長とする憲法問題調査委員会の憲法改正要綱をもとに日本政府が作成した。

3 憲法改正案は，政党や憲法研究会などの民間の団体の憲法草案を日本政府が取りまとめて作成した。

4 憲法改正案は，連合国軍総司令部の民政局が作成したマッカーサー草案をもとに日本政府が作成した。

問6 下線部(3)に違反した議員は懲罰の対象となるが，議員懲罰権の説明として最も適切なものを，次の1～4の中から一つ選びなさい。 ⑤

1 議員の除名には，出席議員の3分の2以上の賛成が必要である。

2 議員の除名には，国会に弾劾裁判所が設けられる。

3 議員の除名には，両院協議会の開催が必要になる。

4 議員の除名には，最高裁判所による承認が必要となる。

問7 下線部(4)に関連して，議会の公開についての説明として最も適切なものを，次の1～4の中から一つ選びなさい。 ⑥

1 秘密会とするためには，出席議員の5分の1以上の賛成が必要である。

2 秘密会とするためには，出席議員の3分の2以上の賛成が必要である。

3 秘密会の議事の内容は，議事録においても一切公開されない。

4 秘密会の議事の内容は，会期後に特別報告書によりすべて公開される。

問8　下線部(5)に関連して，国会議員の特権に関する以下の(a)と(b)の問いに答えなさい。

(a)　不逮捕特権に関する説明として最も適切なものを，次の1～4の中から一つ選びなさい。⑦

1　国会議員は，会期中，現行犯であっても逮捕されることはない。

2　国会議員は，会期中，重大犯罪を除き逮捕されることはない。

3　会期中でも，所属する議院の許諾があれば，国会議員を逮捕できる。

4　会期中でも，法務大臣による許諾があれば，国会議員を逮捕できる。

(b)　国会議員は，議院での演説・討論・表決について院外で責任を問われることはないが，この特権は何と呼ばれるか。適切な名称を漢字2字で解答欄に記入しなさい。【記述解答】

問9　下線部(6)の考え方は立憲主義と呼ばれるが，「権利の保障が確保されず，権力の分立が規定されていないすべての社会は，憲法をもつものではない」と規定し，この考え方を宣明した文書として最も適切なものを，次の1～4の中から一つ選びなさい。⑧

1　権利章典

2　バージニア権利章典

3　アメリカ独立宣言

4　フランス人権宣言

問題Ⅱ

次の文章を読んで，後の問いに答えなさい。（配点　25）

日本国憲法の基本的人権についての規定は，過去の歴史のなかで国家によって侵害されることの多かった重要な権利や自由を列挙したもので，すべての人権を余すところなく条文に定めているわけではありません。社会の大きな変化に伴い，憲法の条文には定められていなくても，個人の尊厳を守るために憲法で保護すべき重要な法的利益があることに人々は気づきました。そこで，憲法第13条などを根拠として，「新しい人権」が主張されるようになりました。

憲法第13条は，まず，「すべて国民は，個人として〔　A　〕される」と規定し，一人ひとりの個人を大切にする「個人の〔　A　〕」の原理を表明しています。これは，個人が自由であり幸福になるために社会や国家が存在するのであって，決して社会や国家のために個人が存在するのではない，という考え方です。

憲法第13条の後半に規定されている権利は，通常は，〔　B　〕権と呼ばれています。憲法が制定されて間もない頃，この〔　B　〕権は，第14条以下に列挙されている個別の人権をひとまとめにして呼んだもので，それ自体に特別な意味があるとは考えられていませんでした。しかし，1960年代以降の激しい社会・経済の変動や技術の進歩などによって生じたさまざまな社会問題に対処するため，第13条の解釈も変化してきました。現在では，第13条は，①憲法に列挙されていない新しい人権の根拠となるものであり，② 第13条から導かれる新しい人権も，憲法で列挙された他の人権と同様に法的に保障される権利である，と考えられています。

これまでに，新しい人権として，(1)プライバシーの権利，(2)環境権，(3)自己決定権などさまざまな権利が主張されてきました。プライバシーの権利は，当初，〔 C 〕しておいてもらう権利＝〔 D 〕をみだりに公開されない権利として理解されていました。しかし，情報社会の進展とともに，国や企業によって個人のさまざまな情報が収集・管理され，それによって，保護されるべき個人の秘密が脅かされる事態が生じています。そのため，プライバシーの権利を「自己に関する情報を〔 E 〕する権利」と捉え，それによって，国などが保有している個人情報について保護や開示を要求できると考えられるようになっています。プライバシーの権利をめぐって争われた裁判に，(4)『宴のあと』事件や『石に泳ぐ魚』事件があります。自己決定権は，「自分のことは自分で決めるという権利」ともいわれ，自分自身に関する重要な事柄を自分自身で決める権利を意味します。自己決定権については，(5)権利として保障される範囲が問題になります。

この他に，(6)知る権利も，新しい人権として説明されることがあります。

問1 空欄〔 A 〕に入る適切な語句を，漢字２字で解答欄に記入しなさい。【記述解答】

問2 空欄〔 B 〕に入る適切な語句を，漢字４字で解答欄に記入しなさい。【記述解答】

問3 空欄〔 C 〕，〔 D 〕に入る語句の組み合わせとして最も適切なものを，次の１～４の中から一つ選びなさい。⑨

1 C：自由に － D：行動
2 C：そっと － D：私生活
3 C：秘密に － D：個人情報
4 C：ひとりに － D：居所

問4 空欄〔 E 〕に入る適切な語句を，６字で解答欄に記入しなさい。【記述解答】

問5 下線部(1)に関連する法律として，明らかに**誤っているもの**を，次の１～４の中から一つ選びなさい。⑩

1 個人番号(マイナンバー)法
2 情報の自由法
3 通信傍受法
4 特定秘密保護法

問6 下線部(2)に関連する法律として，明らかに**誤っているもの**を，次の１～４の中から一つ選びなさい。⑪

1　公害対策基本法

2　自然環境保全法

3　環境保護基準法

4　環境アセスメント(環境影響評価)法

問7　下線部(3)に関連のある事項として最も適切なものを，次の1～4の中から一つ選びなさい。 ⑫

1　インフォームド・コンセント

2　嫌煙権

3　反論権

4　住民基本台帳ネットワーク(住基ネット)

問8　下線部(4)の事件で，裁判所は，プライバシーの権利の保護に関して，どのような判断を示したか。その内容を，50字以内で解答欄に記入しなさい。【記述解答】

問9　下線部(5)についての説明として最も適切なものを，次の1～4の中から一つ選びなさい。 ⑬

1　服装や髪型など「個人の身なりに関する自由」は自己決定権として憲法が保障する対象とはならない，ということには異論がない。

2　自己決定権の保障範囲は，ライフスタイルや趣味，嗜好などにも広く及ぶという見解もある。

3　患者の希望による延命治療の辞退を容認することは，「死ぬこと」を権利として認めることになり，人権の否定となるから，自己決定権としても認められないというのが最高裁の判例である。

4　臓器移植，安楽死，人工妊娠中絶，代理母・代理出産など，生命倫理に関連する事柄の多くが，自己決定権の対象として手厚く保障されている。

問10　下線部(6)についての説明として，明らかに**誤っているもの**を，次の1～4の中から一つ選びなさい。 ⑭

1　捜査情報についての犯罪被害者の「知る権利」は，古くから憲法で保障されており，そのような人権を保障するものとして犯罪被害者等基本法がある。

2　マス・メディアの「報道の自由」が保障されなければ，「知る権利」の実現は困難となる。

3　知る権利は，行政機関に対して積極的に情報の公開を求める権利としての性格を有している。

4　知る権利は，憲法第21条の「表現の自由」を情報の受け手の側から捉え直したものと考えられている。

問題Ⅲ　次の文章を読んで，後の問いに答えなさい。(配点　25)

1929年に発生した世界恐慌の影響を受けて，1930年代に資本主義列強は，金本位制を離脱し，自国と植民地等を集めて形成された閉鎖的で排他的な経済圏としての〔　A　〕経済を形成した。排他的な市場の形成によって世界貿易が縮小したため，対外膨張へと向かい，第二次世界大戦に突入していった。1944年に，連合国の代表がアメリカのブレトンウッズに集まり，〔　B　〕(ＩＭＦ)と〔　C　〕(ＩＢＲＤ)の設立を決めた。また，貿易に対する制限の撤廃と貿易促進を目的として，1947年に，〔　D　〕と貿易に関する一般協定(ＧＡＴＴ)が締結された。

(1)第二次世界大戦後の世界経済の枠組みは，アメリカ経済の安定とドルに対する信用を前提条件としていた。しかし，1960年代に日本やヨーロッパが経済復興するにつれて，アメリカの貿易黒字が減少した。くわえて，対外経済援助が膨張し，〔　E　〕への軍事介入によって軍事支出も増大した。アメリカの国際収支は悪化を続け，ドル価値に対する信頼が揺らぎはじめた。また，各国は，ドルの金への交換を要求したため，アメリカの金保有量が減少し，(2)1971年には，アメリカは，金・ドル交換を停止した。そして，1973年に，主要各国は，変動為替相場制に移行した。(3)1976年には，変動為替相場制の承認とともに，金にかわってＩＭＦの特別引き出し権(ＳＤＲ)の役割を拡大することが決められた。1980年代に入ると，アメリカは，レーガン大統領の経済政策のもと，ドル高が進み，(4)財政赤字と貿易赤字が膨張した。1985年には，Ｇ５によって，ドル高を是正するために，各国が為替市場へ協調介入をおこなうという〔　F　〕合意がかわされた。これを境に，日本は急激な(5)円高・ドル安による円高不況に陥った。

(6)ＧＡＴＴの多角的貿易交渉は，ラウンドと呼ばれる。また，ＧＡＴＴは，1995年に設立された世界貿易機関(ＷＴＯ)に発展改組された。ＷＴＯ体制下では，発展途上国を含めてほぼすべての国が自由貿易体制に統合されるようになった。

問１　空欄〔　A　〕に入る適切な語句を，カタカナで解答欄に記入しなさい。【記述解答】

問２　空欄〔　B　〕と〔　C　〕に入る語句の組み合わせとして最も適切なものを，次の１～４の中から一つ選びなさい。⑮

1　B：国際復興開発銀行　—　C：国際通貨基金
2　B：国際開発協会　—　C：国際標準化機構
3　B：国際金融公社　—　C：経済協力開発機構
4　B：国際通貨基金　—　C：国際復興開発銀行

問３　空欄〔　D　〕に入る語句として最も適切なものを，次の１～４の中から一つ選びなさい。⑯

1　関税　　2　為替　　3　通貨　　4　自由

問４　空欄〔　E　〕に入る語句として最も適切なものを，次の１～４の中から一つ選びなさい。⑰

1　シリア内戦　　2　湾岸戦争　　3　ベトナム戦争　　4　南北戦争

問5　空欄〔　F　〕に入る適切な語句を，カタカナで解答欄に記入しなさい。【記述解答】

問6　下線部(1)に関連して，外国との経済取り引きにおいて，その決済手段として用いられる通貨で，なおかつ各国通貨の価値基準となる通貨のことを，〔　G　〕と言う。空欄〔　G　〕に入る語句として最も適切なものを，次の1～4の中から一つ選びなさい。⑱

1　仮想通貨　　2　預金通貨　　3　現金通貨　　4　基軸通貨

問7　下線部(2)は，〔　H　〕大統領が発表して世界にショックを与えたことから，〔　H　〕・ショックと呼ばれた。空欄〔　H　〕に入る適切な人名を，カタカナで解答欄に記入しなさい。

【記述解答】

問8　下線部(3)の決定後の1978年から発効した国際通貨体制のことを，〔　I　〕体制と呼ぶ。空欄〔　I　〕に入る語句として最も適切なものを，次の1～4の中から一つ選びなさい。⑲

1　固定相場
2　キングストン
3　ジャスト=イン=タイム
4　ルーブル

問9　下線部(4)を称して，〔　J　〕と言う。空欄〔　J　〕に入る語句として最も適切なものを，次の1～4の中から一つ選びなさい。⑳

1　二重構造
2　第二の予算
3　双子の赤字
4　統治二論

問10　下線部(5)に関連して，例えば1ドル＝120円から1ドル＝80円になった場合を考える。自動車を1台1万2500ドルで輸出している企業は，受け取るドルを円に交換すると〔　K　〕万円から100万円になる。空欄〔　K　〕に入る適切な数字を，解答欄に記入しなさい。【記述解答】

問11　下線部(6)に関連して，1964年から1967年にかけておこなわれた〔　L　〕や，1973年から1979年にかけておこなわれた〔　M　〕では，成果を上げた。空欄〔　L　〕と〔　M　〕に入る語句の組み合わせとして最も適切なものを，次の1～4の中から一つ選びなさい。㉑

1　L：ウルグアイ・ラウンド　—　M：ケネディ・ラウンド
2　L：ケネディ・ラウンド　—　M：東京ラウンド
3　L：ドーハ・ラウンド　—　M：ウルグアイ・ラウンド
4　L：東京ラウンド　—　M：ドーハ・ラウンド

問題Ⅳ　次の文章を読んで，後の問いに答えなさい。（配点　25）

個々の財とサービスの価格を総合して計算される物価は，経済全体の状況を理解するための重要な判断材料となる。物価の指標として消費者物価指数と企業物価指数がある。前者は平均的な家計が最終的に使用するために購入した品目を対象に調査された統計で，わが国では〔　A　〕がこれを担当する。後者は主に企業間で取り引きされ，企業の生産活動のために消費される財貨の価格を基準に〔　B　〕が公表している。一般に企業が生産した商品を家計が消費することになるため，(1)(a)消費者物価指数は(b)企業物価指数の影響を受ける。物価指数が前期に比べどれほど変化したかを百分率で表したものをインフレ率といい，インフレ率が継続的に正の値を持つ場合をインフレーション，逆に負の値であるとデフレーションとよぶ。

健全な経済においては，緩やかなインフレーションが維持され，通常２％水準の持続的なインフレーションは消費と投資活動を促進し，経済の成長や発展に好循環を誘導することが知られている。一方で，実体経済の水準とかけ離れた急激なインフレーションは〔　C　〕の原因となりうる。

他方，デフレーションは将来の物価の追加的な下落を予期させ，消費や投資活動の減退を引き起こす。「需要〔　D　〕供給」の経済状態の下，企業は価格の引き上げを諦め，結果的に賃金の下落や研究開発のような投資活動の縮小によって競争力を弱める。弱体化した企業の消極的な経済活動は失業率を高め，デフレーションの悪化を招く。デフレーションが固着化することを〔　E　〕とよぶ。

物価の変動の原因としては，まず実物的要因があげられる。一般的に政府支出，民間の消費と投資活動が増えれば，財とサービスへの需要が〔　F　〕し，物価が〔　G　〕する傾向がある。これを〔　H　〕プルインフレーションという。特に，海外から輸入される原材料の価格が物価変動を触発することがある。たとえば，わが国で９割以上を輸入に依存している〔　I　〕の世界的な需要増加による価格上昇は，国内の物価上昇につながる。

物価変動のもう一つの要因としては貨幣的なものがある。中央銀行が市場に貨幣を供給すると〔　J　〕が増加し，貨幣の希少性が〔　K　〕することとなり物価が上昇することがある。逆に貨幣の供給が減るとデフレーションが起きやすくなり，この場合，貨幣の価値は〔　L　〕する。

問１　空欄〔　A　〕に入る語句として最も適切なものを，次の１～４の中から一つ選びなさい。　㉒

１　経済産業省　　２　消費者庁　　３　総務省　　４　財務省

問２　空欄〔　B　〕に入る語句として最も適切なものを，次の１～４の中から一つ選びなさい。　㉓

１　厚生労働省　　２　証券取引所　　３　日本銀行　　４　金融庁

問3 空欄〔 C 〕に入るものとして，明らかに**誤っているもの**を，次の１～４の中から一つ選びなさい。㉔

1 金利上昇による企業の借り入れの回避　2 不安定な物価による消費者心理の委縮

3 資産価格の暴騰と投機の助長　4 購買力平価に基づく実質賃金の急増

問4 空欄〔 D 〕に入る記号として最も適切なものを，次の１～４の中から一つ選びなさい。㉕

1 <　2 >　3 ＝　4 ≒

問5 空欄〔 E 〕に入る適切な語句を，カタカナで解答欄に記入しなさい。【記述解答】

問6 空欄〔 F 〕,〔 G 〕に入る語句の組み合わせとして最も適切なものを，次の１～４の中から一つ選びなさい。㉖

1 F：増加 ― G：上昇　2 F：増加 ― G：下落

3 F：減少 ― G：上昇　4 F：減少 ― G：下落

問7 空欄〔 H 〕に入る語句として最も適切なものを，次の１～４の中から一つ選びなさい。㉗

1 マッチング　2 サプライ　3 デマンド　4 コスト

問8 空欄〔 I 〕に入る語句として最も適切なものを，次の１～４の中から一つ選びなさい。㉘

1 自動車　2 原油　3 木材　4 米

問9 空欄〔 J 〕に入る語句として最も適切なものを，次の１～４の中から一つ選びなさい。㉙

1 マイクロファイナンス　2 マネーストック

3 サンクコスト　4 マーケットシェア

問10 空欄〔 K 〕,〔 L 〕に入る語句の組み合わせとして最も適切なものを，次の１～４の中から一つ選びなさい。㉚

1 K：増加 ― L：増加　2 K：増加 ― L：減少

3 K：減少 ― L：増加　4 K：減少 ― L：減少

問11　下線部⑴が説明するグラフ（縦軸は物価指数を，横軸は時間を表す）として最も適切なものを，次の１～４の中から一つ選びなさい。 ㉛

1

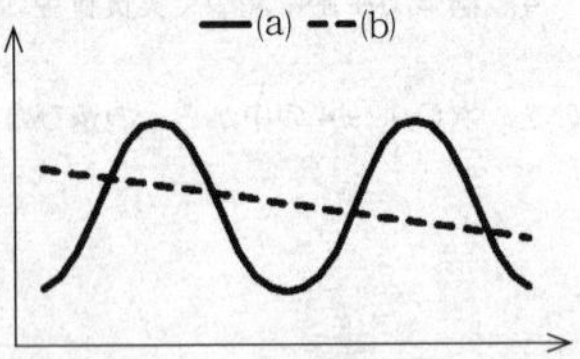

2

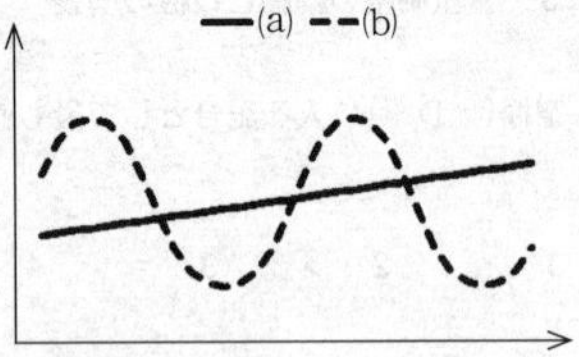

3

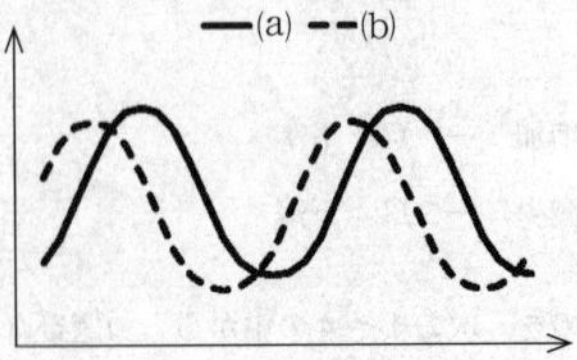

4

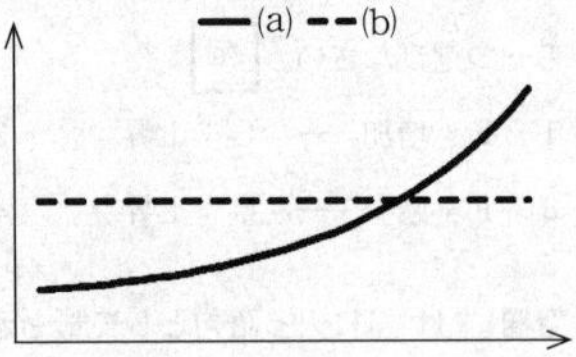

数学

（60 分）

（解答のプロセスも解答用紙に記述すること）

問題 I （配点　25）

次の 7 つの式について，その番号を要素とする全体集合を $S = \{(1), (2), (3), (4), (5), (6), (7)\}$ とする。a，b は実数とする。

(1) $\sqrt{a^2} = |a|$　　(2) $\sqrt{(1-\sqrt{2})^2} = 1 - \sqrt{2}$　　(3) $\sqrt{(a-b)^2} = a - b$

(4) $\sqrt{(-a)^2} \geqq 0$　　(5) $|a| + |b| \leqq |a + b|$

(6) $|a| - |b| \leqq |a - b|$　　(7) $|a - b| \leqq a - b$

以下の問いに答えよ。

(i) 正しくない 4 つの式の番号を要素とする集合 A を書け。

(ii) 集合 A の補集合 $\overline{A}$ を書け。

(iii) 正しくない 4 つの式の番号を選び，次の ⓐ，ⓑ，ⓒ のいずれかを用いて，正しい式に直せ。

ⓐ 左辺を直す

ⓑ 右辺を直す

ⓒ 等号・不等号を直す（ただし，等号の否定 “≠” は使わないこととする）

ただし，以下の手順で解答用紙に記入すること。

1) Xの欄には，(1)～(7) のうち，「正しくない式の番号」を記入する。

2) Yの欄には，訂正方法を上記の ⓐ～ⓒ の中から一つ選び，その記号を記入する。

3) Zの欄には，訂正後の式を記入する。

問題Ⅱ　(配点　25)

2 次関数 $y=2x^2+4ax+b$ が以下 2 つの条件を満たしている。ただし a, b は定数で, $a>0$ とする。

<条件 1> x 軸と点(1, 0)で交わる。

<条件 2> 頂点が直線 $y=3x-3$ の上にある。

以下の問いに答えよ。

(i)　<条件 1>を用いて, a, b の関係式を導け。

(ii)　2 次関数の右辺を平方完成して, 頂点の座標を a, b で表せ。

(iii)　<条件 2>を用いて, a, b の関係式を導け。

(iv)　(i), (iii) の結果を用いて a, b の値を求めよ。

問題Ⅲ　(配点　25)

円に内接する四角形 ABCD において, $\mathrm{AB}=\mathrm{BC}=\sqrt{2}$, $\mathrm{BD}=\sqrt{3}$, $\angle\mathrm{ABC}=120°$, $\mathrm{AD}>\mathrm{CD}$ とする。

以下の問いに答えよ。

(i)　AC の長さを求めよ。

(ii)　AD と CD の長さを求めよ。

(iii)　四角形 ABCD の面積 S を求めよ。

問題Ⅳ　(配点　25)

次のデータは 5 人の学生の統計学の試験結果である。

34, a, 40, b, c（単位は点）

このデータでは, 次の 4 つの性質が成り立っている。

(i)　$34<a<40<b<c$

(ii)　第 3 四分位点は42点

(iii)　平均値は39点

(iv)　分散は10

このとき, a, b, c の値を求めよ。

問六　傍線部㈢「心理学的不適格、性格の遺伝などの特別な理論」とは、どのようなことを目的とする理論か。適切な表現を文中から三十五字以内で抜き出し、その最初と最後の七字をそれぞれ解答欄に記入しなさい。【記述解答】

問七　傍線部㈣について、著者はベッカーの考え方に批判的であるが、どのような理由でそのように考えているのか。最も適切なものを、次の１～４の中から一つ選びなさい。⑬

1　ひとつの理屈だけで人間の行動を説明するのは、今までの研究史を役立てておらず、学問的に誠実ではないから。
2　効率のよい考え方に見えるが、他にも考慮すべき面がありそうなため、慎重に検討したいから。
3　ベッカーの説明はシンプルでわかりやすいため、一般の人はベッカーの考え方を信じてしまうから。
4　犯罪と刑罰を決める際に必要な条件としては適切だが、社会における公平性を維持できなくなるから。

問八　傍線部㈤「犯罪行為は長い人生の中の一つの出来事なのだ」とはどのようなことを説明した表現か。最も適切なものを、次の１～４の中から一つ選びなさい。⑭

1　犯罪者にはそれぞれの長い人生があり、そこには様々な物語があるということ。
2　一般的に模範囚とされるような犯罪者であっても、ホモ・エコノミクスとして行動しているということ。
3　犯罪を取り締まる警官たちは取り締まりの目的がわからず、犯罪者の一面しか見ていないということ。
4　犯罪に至るまでには長い人生があり、犯罪は一時的な計算によるものではないということ。

問九　空欄［ｃ］に当てはまる語を二字で本文中から抜き出し、解答欄に記入しなさい。【記述解答】

2　差別の度合い
3　雇用の充足度
4　雇用の成否
5　採用の規模
6　採用の難易度

問四　空欄 b に当てはまる一文として最も適切なものを、次の1～4の中から一つ選びなさい。⑪

1　被害者は労働力であり、個人の技能の差は影響しない。
2　被害者の家族にとって、被害者は家計を支える存在だったのだ。
3　社会の人々は被害者を直接知らず、特別な感情を抱かない。
4　社会は殺人によって所得の生産者を失ったのだ。

問五　傍線部(二)「かなり戸惑うのだが」とあるが、著者はなぜ戸惑うのか。最も適切なものを、次の1～4の中から一つ選びなさい。⑫

1　ベッカーの論文では今まで経済学で考察されてきた概念が無視されているから。
2　ベッカーの考え方では、実際には犯罪を撲滅することはできないから。
3　ベッカーの想定している人間像はすべての人には当てはまらないから。
4　ベッカーの考察は冷酷な印象を与えるため、世の中から拒絶される可能性が大きいから。

問一　二重傍線部(ア)「定量的」、(イ)「自足的」のここでの意味として最も適切なものを、それぞれ次の1～4の中から一つずつ選びなさい。

(ア)「定量的」 ⑧

1　連続する数値の変化に着目して状態をとらえること
2　分量が決まっており変化しないこと
3　経済学の概念を用いて説明できること
4　人間活動だけではなく自然界にも適用できること

(イ)「自足的」 ⑨

1　偽善的で他の観点からの検証を受け付けないこと
2　有機栽培などの農業的技法を用いていること
3　規模が小さく、自家消費のために行なわれていること
4　必要なものを自ら持ち合わせてその中で充足していること

問二　傍線部(一)「受忍されるコスト」は、犯罪者から見た時には具体的にどのように説明できるか。空欄 Ⅰ ・ Ⅱ に当てはまる表現をそれぞれ七字以内で本文中から抜き出し、解答欄に記入しなさい。【記述解答】

犯罪者にとっては Ⅰ と Ⅱ がコストを決めており、そのコストより犯罪の収益が大きい際に犯罪を犯す。

問三　空欄 a に当てはまる表現として最も適切なものを、次の1～6の中から一つ選びなさい。 ⑩

1　差別の原因

警察だって何のために取り締まりをしているのか、費用対効果とどの程度関係がある活動なのかよく分からない。警官たちはやりたくもない職質をして、どんどん陰険なことを聞かなくてはいけなくなる。その果てには「ランボー First Blood」(注)の意地悪保安官のような人物ができ上がるかもしれない。あの保安官の行動は費用対効果ではまったく説明ができない。当人にとって損害が無限大であるだけでなく、警察にとっても社会にとっても大損害だ。警察署も大破してしまった。もっともベッカーなら、保安官の差別へのtaste(注)の証拠としてその死に至るすべての費用を計上するのかもしれないが。いずれにしても、犯罪と刑罰をめぐる長い長い物語に対して、費用と収益が［ c ］する点が刑事政策の最適解とは、あまりに抽象的で、あまりに現実離れした設定ではないだろうか。

（重田園江『ホモ・エコノミクス――「利己的人間」の思想史』から）

（注）
・アノミー＝社会的規範の動揺、弛緩、崩壊などによって生じる混沌状態。
・新自由主義＝政府の財政政策による経済への介入を批判し、市場の自由競争によって経済の効率化と発展を実現しようとする思想。
・ベンサム＝イギリスの法学者・思想家。
・ベッカリーア＝イタリアの刑法学者。
・「ランボー First Blood」＝ベトナム帰還兵ランボーと、ランボーを排除しようとする保安官の戦いなどを描いた映画。
・taste＝差別に対する好み。

力の統計をもとに主張する。では、どのくらいの数の警官をどの場所に配置するのが最適なのか。これは社会にとっては予算や費用対効果の問題である。一方の犯罪者にとっては、非合法活動と合法活動とを捕まるリスクと稼げる金額との関係で合理的に配分する際の根拠となる。つまり、取り締まる側も含めて犯罪行為に関わるすべての当事者が、ホモ・エコノミクスとして経済的最適解を求めて行動しているという想定である。

こうなると、骨相学も悪名高い生来的犯罪者説も、優生学も能力のベルカーブ論も、ラベリング理論も社会環境説も、犯罪学の歴史を築いてきた幾多の理論は何もいらなくなる。これらはすべて、犯罪者の人間性や内面やその人格的特徴について説明するための理論であったが、それが不要になるとはどういうことだろう。ベッカーの犯罪と処罰の議論によるなら、(四)ホモ・エコノミクスの人間像に基づく単純明快な心理学、つまり金銭的な損得勘定というシンプルな行動動機だけによって、犯罪と刑罰をめぐる資源の「あるべき」社会的配分を決定できるということになる。

ここには「議論されざる前提」があることに注意が必要だ。それは、犯罪を犯す人間をなんら特別な存在ではなく、費用便益計算に長けたごく普通の人間と見なすという前提である。つまり犯罪者はホモ・エコノミクスだという想定なのだが、本書のこれまでの議論からすると、そもそもこの人間像が、犯罪と縁のない人間についてもはたして妥当なのか疑わしい。それをさらに拡張し、人間行動の基準＝尺度＝モデルとすることで、ベッカーはますます現実離れした、かつ(イ)自足的な新自由主義(注)の眼鏡をかけて見た世界像を作り上げていったように見える。

たしかに、犯罪者が犯罪と刑罰との比較考量を行うことは十分ありうる。ベンサム(注)だってベッカリーア(注)だってそう言っている。警察に金をかければ取り締まりはさかんになるだろう。だがそれは事柄のごく一部でしかない。犯罪者が犯罪者に「なる」までには途方もない道のりがある。人にはそれぞれ幼少期からの人生の物語があって、その上にいまのその人があるのだから。映画「プリズン・サークル」を観ると、一般的に模範囚とされる島根あさひ社会復帰促進センターの受刑者たちに、揃いも揃ってこんな過去があるのかと驚かされる。(五)犯罪行為は長い人生の中の一つの出来事なのだ。そこに、ある時点での資源の最適配分の「解」として捉えられる要素は少ない。

は、「どのくらいの資源と処罰が、さまざまな法を執行するのに用いられるべきか。別の言い方をするなら、どのくらいの法律違反が容認され、どのくらいの法律違反者が処罰されないままでいていいか」（Becker, 'Crime and Punishment,' p.2）である。

この問いへの答えは、犯罪によって社会が被る損失と、犯罪を取り締まるために社会が必要とする費用との最適な均衡が得られる点まで、ということになる。ここで最適点とは、「法律違反による（犯罪者の（引用者））収入がもたらす社会的損失が最小になる」（p.43）点である。

ベッカーの観点からすると、アメリカ全土における犯罪の経済規模はかなり大きく、それによる損害も甚大である。したがって犯罪の制御は、社会にとって大きな経済的課題となる。

そしてここで、たとえば殺人による損害は、被害者がそののち生きたであろう人生において稼いだはずの金額で測られる。［ b ］犯罪者の行為動機について見るなら、犯罪からの利得 gain が動機を与え、反対に刑罰という損害 harm は犯行を思いとどまらせる。一方社会の側では、犯罪者を摘発し収監するのは利得となるが、そのための費用を賄わなければならない。ではどの程度の刑罰を、いくら使って執行するのが適切なのか。

(二)かなり戸惑うのだが、ベッカーにとってこれは犯罪と処罰をめぐる「規範的」な問いであるらしい。そして、費用と収益の最適なバランスを見出すことが、社会が負担する処罰の限界を定めるという意味で「何をなすべきか」への答えになっているというのだ。つまり、人間行動はすべて費用対効果の観点から計測することができるので、そこから得られる最適解（＝採られるべき犯罪政策）はいくつかの方程式を解くことで与えられる。

こうして「犯罪行動についての有用な理論は、アノミー(注)や、(三)心理学的不適格、性格の遺伝などの特別な理論なしですますことができる。それは、経済学者がごく普通に使っている選択の分析を拡張するだけでいい」（p.43）。そして「ある人が「犯罪者」になるのは、他の人と基本的な動機が異なるからではなく、犯罪の便益と費用が異なるからである」（p.9）。犯罪者も一人のホモ・エコノミクスなのだ。

ベッカーはまた、厳罰化はあまり効果がなく、むしろ捕まる可能性が高くなることの方が犯罪を思いとどまらせるのに効果的だと、アメリ

問題二

次の文章はホモ・エコノミクス（自分の経済的・金銭的な利益や利得を第一に考えて行動する人）という概念に基づいて行なわれたベッカーの研究を紹介しつつ、それを批判したものである。読んで、後の問いに答えなさい。（配点　50）

ベッカーは、一見経済計算とは異質な原理に基づく人間行動であっても、「得られたはずの利得」や「受忍されるコスト」など(一)の考えを導入することで、それを経済学的に理解できるとする。つまり、非金銭的な事柄についても変数や相関係数を設定することで（たとえば「差別相関係数」など）、通常の経済取引と同じように定量的(ア)な研究が可能であると考えた。それを最初に示したのが、「差別の経済学」だということになる。（中略）

ここで彼が取っている立場を、ホモ・エコノミクスの扱いという観点から見てみよう。ベッカーにとって、人間は特段の理由がなければ経済合理的な判断を行うはずである。つまり標準的には人はホモ・エコノミクスとしてふるまうので、能力が高く会社に多くの収益をもたらしてくれるなら、人種や性別などの属性に関係なく労働者を雇用するはずである。ところが現実には、人種によって雇用状況や給与に大きな差が見られる。この偏りから、差別の大きさや広がりの度合いを知ることができるのだ。つまり、経済主体がホモ・エコノミクスとしてふるまったならば達成されたはずの効率的資源配分（ここでは人的資本の最適配分）と現実の資源配分との差が、差別への対価として捉えられる。

このようにベッカーにおいては、差別を計測するための基準として、ホモ・エコノミクスによって織り成される通常の経済活動が用いられる。そして、標準的経済活動を尺度（＝基準）として、そこからの偏差として［ a ］が計られている。

差別の経済学につづいてベッカーは、政治的利益集団、犯罪と刑罰、人的資本、家計や家族へと関心を広げ、二〇〇〇年代には臓器売買に市場システムを導入する提言も行っている。こうして見るとびっくりするほど赤裸々な市場主義者なのだが、ここでは犯罪と刑罰、そして人的資本について取り上げる。

ベッカーは一九六八年の論文「犯罪と処罰」において、犯罪現象を経済学の用語で捉える試みを行っている。はじめに設定される問い

4　フィットネスクラブが一般化した背景には、日常生活の場とは別に健康増進の場を設けざるを得ないという現代都市の事情があるから。

問八　傍線部(五)「いかなる社会と集団心理を生みつつあるのか」とあるが、筆者はどのような状態になることを心配しているか。次の空欄　Ⅱ　に当てはまる形で二十五字以上三十字以内でまとめ、解答欄に記入しなさい。ただし、解答には「ヘルスケア」「過剰」「制圧」という語を含めること。【記述解答】

　Ⅱ　してしまう状態。

問九　傍線部(六)では、この文章の前半と後半で述べられた健康に対する二つの現代的な捉え方を表すキーワードがまとめられている。空欄　Y　に入る表現として最も適切なものを本文中から二字で抜き出し、解答欄に記入しなさい。【記述解答】

問十　技術の進歩によってもたらされた最も大きな変化として著者が挙げているものは以下のうちどれか。最も適切なものを、次の1～4の中から一つ選びなさい。⑦

1　インターネットの発達によって、誰もが医療情報に手軽にアクセスできるようになった。
2　遺伝子工学の発達によって、出生前から健康状態を左右する手がかりが得られるようになった。
3　フィットネス器具の進歩によって、多くの人が健康を手に入れられるようになった。
4　ワクチン技術の進歩によって、様々な病気のパンデミックを鎮められるようになった。

1　病気の兆しにすぐに気付くために、人々が日常的に自らの感覚を研ぎ澄ませるトレーニングをすること。
2　国家が国民の健康状態に干渉することを人々が容認し、規範として内面化すること。
3　身体が発するちょっとしたサインを見逃さず、医療情報を積極的に入手して活用すること。
4　感覚だけに頼らずに、機器を用いるなどして自らの健康状態を日常的に測定・観察し続けること。

問六　傍線部(三)「健康とは制作可能性の限界に位置しています」とあるが、どうしてか。本文中で述べられているガダマーの論に照らして最も適切なものを、次の１〜４の中から一つ選びなさい。⑤

1　健康状態を測定する基準は多岐にわたるため、すべてを把握するのが難しいから。
2　健康を明確に測量したり自然科学的に定義したりするのは容易ではないから。
3　健康は心理的・社会的な「状態」なので、物理的基準ではなく言葉でしか表せないから。
4　優れた医師の技能をもってしても健康を取り戻せない人は存在するから。

問七　傍線部(四)「フィットネスクラブこそが現代社会を象徴する空間に思えてきます」とあるが、どうしてか。その理由として最も適切なものを、次の１〜４の中から一つ選びなさい。⑥

1　フィットネスクラブに集う人たちは、ただただトレーニングによって健康を作り出すという目的に向かって邁進しているから。
2　フィットネスクラブで行われる機械的な運動には、最小のコストで目的を達成しようとする現代社会のありさまが凝縮されているから。
3　私的空間／私的身体の集合体として設計されたフィットネスクラブでは、公共空間でありながら他者との交流が失われてしまっているから。

問一　「命にかかわる」という意味の熟語になるように、空欄［a］に入る最も適切な漢字一字を、解答欄に記入しなさい。【記述解答】

問二　空欄［b］、［c］に入る表現として最も適切なものを、次の1〜5の中からそれぞれ一つずつ選びなさい。　b［①］　c［②］

b　1　身につまされ　2　駆り立てられ　3　呼び起こされ　4　説き伏せられ　5　押し戻され

c　1　喧伝　2　肉薄　3　喫緊　4　顧慮　5　臨機

問三　空欄［X］に入る語として最も適切なものを、次の1〜4の中から一つ選びなさい。［③］

1　人権主義
2　民権主義
3　利権主義
4　父権主義

問四　傍線部㈠とあるが、「「感じること」と「知ること」の裂け目に直面」するとはどういうことか。次の説明の空欄［I］に入る最も適切な表現を、本文中から二十字以上三十字以内で抜き出し、解答欄に記入しなさい。【記述解答】

［I］こと。

問五　傍線部㈡「日常生活の自発的医療化」とはどういうことか。最も適切なものを、次の1〜4の中から一つ選びなさい。［④］

があり、その場にふさわしい装いがありますが、フィットネスクラブはそれらすべてを排した空間であり、隣人をじろじろ見たり話しかけたりするのは、マナー違反です。そこは公共的な空間でありながら、徹底して孤独な私的空間／私的身体の集合体として設計されており、ユーザーは自らを機械的な運動に委ねながら、まるで隣に誰もいないかのように振る舞わねばなりません。

……と、偉そうなことを言いつつ、私も数年前にはジムに通っていたのですが、案の定続きませんでした。ただ、誤解のないように言えば、私は健康の追求を一概に否定しようとは思いません。自分や家族から病気を遠ざけたいと思うのは、いたって自然なことです。私自身、フロイトやダゴニェに従って、問題に取り組む意欲としての「健康」を保ちたいと常々願っています。もともと医療資源には限りがある以上、幼少期から生活習慣を適切に整えることも、必要な取り組みだと思います。

ただ、ヘルスケアの要求の高まりが、(五)いかなる社会と集団心理を生みつつあるのかについては、冷静な検証が必要です。なぜなら、感覚の不確かさを突きつける癌や新型コロナウイルスのショックに見舞われるとき、(六)健康の規範化や［ Y ］化は歯止めを失い、結果として社会全体のデザインを歪(ゆが)めかねないからです。そもそも、高齢化の進行が避けられない以上、今後は全面的な健康社会よりも、不健康な人間たちがそこそこうまくやっていける社会を目指すほうが、結局は健康的ではないでしょうか。そのような問いを練り上げていくとき、カントやガダマーの洞察は重要な足場になるはずです。

（福嶋亮大『感染症としての文学と哲学』から）

（注）

・プライマリ・ヘルスケア＝予防や早期発見策も含めた病気の初期治療。

健康を目に見える形で測量することは困難です。そのため、二〇世紀の哲学者ハンス＝ゲオルク・ガダマーは、健康とは自然科学的に定義できる「事実」ではなく、社会的・心理的な「状態」だと述べています。便利な日本語で言い換えれば、健康とは「モノ」ではなく「コト」だというわけです。モノならば制作し計測することができますが、コトを目に見えるものとして制作することはできません。

それゆえ、ガダマーによれば、(三)健康とは制作可能性の限界に位置しています。医師は自らの技能に酔いしれることはできません。なぜなら「医師の課題は『作ること（Machen）』ではなく、人々の健康を取り戻し、生活への復帰を容易にするための補助作業にある」からです。「医学は究極的には何ものも作り出さず、自己自身を再生し、自己を再び調和させる生命の驚異的な能力を明らかに頼りにしなければならない唯一の科学である」とガダマーは力強く断言しています。

ガダマーが言うように、医学は健康を「はっきりと目に見えるもの」として「制作」するのではなく、あくまで患者の「補助」をするだけです。医師は何も新たに発明しませんし、健康を物理的に仕上げることもできません。患者の意欲や生命の能力に頼らざるを得ないという点で、医師とはもともと、多くの限界を抱えた弱い存在と言うべきです。

しかし、現代の医療システムはまさにそのような限界を振り切ろうとしています。「健康な主体であれ」というヘルスケアの呼びかけは、健康を制作可能な「モノ」に近づけています。さらに、何にもまして根源的な変化は、遺伝子工学が健康の制作――遺伝子レベルでの身体増強や障害の根絶――を出生前の着床の時点でやろうとしていることです。健康に関わるテクノロジーは、今や人類をその生の手前で包囲しているのです。

そう考えると、アメリカの評論家マーク・グライフも言うように、(四)フィットネスクラブこそが現代社会を象徴する空間に思えてきます。なぜなら、そこでは「健康の制作」が一切の留保なく推進されているからです。

この深夜もぴかぴかと明るい空間のなかで、薄着の男女がお互いに目を交わさずに機械に接続して黙々とトレーニングに励む光景は、実に奇妙です。それは近代ヨーロッパの公共空間のモデル、例えばカフェとはまったく異なります。カフェには語らいや議論があり、視線の交換ことに［b］ずにはいられません。私は先ほど「患うこと」がインターネット上で集団化されていると述べましたが、インターネットは徴候を際限なく肥大化させるメディアでもあります。身体の発するちょっとしたサインが不安になり、検索をかけても正解が分からずいっそう不安になる――現代人はこういう負の螺旋（らせん）に頻繁に入り込んでいるはずです。

健康であるかどうかは、感覚だけでは決定できない――そのため、現代社会においては、いわば(二)日常生活の自発的医療化が常態となっています。つまり、感覚を過信せずに、自分で自分を日々モニタリングするように、社会の側が仕向けているわけです。生活習慣病から新型ウイルスの感染症まで、その予防も含めたヘルスケアの呼びかけはますます強固になっています。ケアは今や新種の道徳です。国家が魂（心）の領域に干渉することがパターナリズム（［X］）として忌避されるようになったぶん、身体への配慮が公共的問題として浮上してきたのだと言えるでしょう。

むろん、個人にとって、医療情報に気軽にアクセスできるようになったことは、基本的には福音です。我が家にも幼い息子がいるので、インターネットの情報にはたびたび助けられてきました。さらに、地球単位のプライマリ・ヘルスケア(注)の観点から言っても、誰もが満足な医療を受けられるような体制や貧困地域の健康を確立することは、［c］の課題です。例えば、パンデミックを鎮めるワクチン接種が先進国に偏向しているのは大問題であり、WHOが強調するように、より公正な配分が必要なのは明らかでしょう。

ただ、それとともに、ヘルスケアの要求がとめどなく膨張することには罠もあります。心身のケアは必要ですが、それはややもすれば過剰なものとなり、誰も逆らえない規範として社会を制圧することになります。好むと好まざるとにかかわらず、健康は今や権力の源泉であり、IT産業にも関わる巨大なビジネスチャンスです。健康を「感じる」ことと「知る」ことのあいだのカント的ギャップが、このような事態をいっそう加速させるのです。

繰り返せば、身体感覚は病を認識するにあたって必ずしもあてになりません。初期の癌や無症状のウイルス感染が患者にショックを与えるのは、感覚と病が直結しないから、つまり健康であるという「感じ」が手ひどく裏切られるからです。

国語

（六〇分）

（注）記述解答では、句読点や（ ）、記号も一字として数える。

問題一 次の文章を読んで、後の問いに答えなさい。（配点 50）

カントが言うように、健康であると「感じる」ことと「知る」ことのあいだには、埋めがたいギャップがあります。特に、癌（がん）はそのギャップを際立たせるものであり、だからこそ医療システムは早期に癌を「知る」ことを強く推奨します。われわれはふだん感覚をあてにして生きていますが、癌はしばしば遅れて感覚にやってくる――これがときに[a]命的な時差になるのです。癌の大きな特徴は「感覚をあてにするな」という、万人をまごつかせる命令を突きつけてくることにあります。カントの洞察は、まさに癌が死因の第一位になるような現代の日本社会にこそ、よく当てはまるでしょう。

あるいは、新型コロナウイルスもこのギャップと無縁ではありません。周知のように、このウイルスの患者の多くは無症状であり、それゆえに感染が容易に収まらないのです。無症状なのにコロナ陽性と診断された患者は、(一)「感じること」と「知ること」の裂け目に直面して、ショックと困惑に見舞われたのではないでしょうか。

感覚と知のあいだに横たわる深淵は、ひとを否応なく不安にさせます。日頃は知的に怠惰（たいだ）な人間でも、いざ病の徴候（ちょうこう）に出会うと「知る」

解答編

■英語■

I 解答　A．①－4　②－2　③－3　④－2
B．⑤－4　⑥－2　⑦－3　⑧－4
C．⑨－4　⑩－1　⑪－1　⑫－3

解説　A．①「この箱は重すぎてその子供たちには運べない」の意味で，4の it は不要。too ～ to *do*「～すぎて…できない」

②「3年間大学に通っているので，ジョンは論文を書くのがとても上手だ」の意味で，2を期間を表す for に変える。

③「ポールはいつも遅刻することを心配しているので，誰よりも早くに家を出ることにしている」の意味で，3を earlier に変える。

④「彼女は自分が海外旅行に行っている間，私たちが彼女の車を使うことを許可することに同意した」の意味で，2を to let に変える。agree to *do*「～することに同意する」

B．⑤「彼が到着したらすぐに電話をください」～ as soon as …「…したらすぐに～する」の…の部分において，未来の出来事は現在形で表す。よって，4の arrives が適切。

⑥come across ～「～（人）にばったり出くわす」 よって，2が適切。

⑦go for a ride「乗り物で出かける」 よって，3が適切。

⑧「彼はその国に一時的にとどまることを許可されているので，しばらくして出国しなければならないだろう」 on a ～ basis「～単位で」 前後の文を考えると，「一時的に」という意味の4の temporary が適切。

C．⑨illustrate「～を説明する，示す」 4の show me「私に教える」が近い。

⑩emerge from ～「～から姿を現す」 1の appear が適切。

⑪before「以前」 1の previously が適切。

⑫one of the richest countries「最も豊かな国の一つ」 3の wealthiest

が適切。

Ⅱ 解答 ⑬―1 ⑭―2 ⑮―4

解説 ≪アフリカで学校を作った高校教師にインタビュー≫

⑬ヒカルの3番目の発言の第1～4文（I was shocked … a Japanese song.）に注目。学校の施設は古かったが，子供たちは友好的で，日本語の歌を教えるように頼んできたことが語られている。よって，1の「建物の状況はよくなかったが，子供たちは学ぶ意欲にあふれていた」が適切。

3は，「彼ら（子供たち）は，いかに自分たちが早く歌を覚えたかに驚いた」となっているが，子供たちの習得の速さに驚いたのは，子供たちではなく，ヒカル。

⑭空欄の前後に着目。直前で，現地の校長先生が「必要なのは新しい学校だ」と言っている。直後に，ヒカルは，「この子供たちには，学ぶためのもっとよい場所が必要だわ」と思っているので，校長先生の発言に同意している2が適切。

⑮ヒカルの4番目の発言の最終文（So when I got …）に注目。「そして私は帰国して，お金を集めるための組織を立ち上げることに決めました」そして，次のインタビュアーの発言から，そのお金は新しい学校を作るためだとわかるので，4の「彼女は学校を作る資金を集めるための組織を立ち上げました」が適切。1は，彼女の住んでいる町ではなく，キバンガに学校を作ったので不適。

Ⅲ 解答 ⑯―3 ⑰―4 ⑱―1 ⑲―2

解説 ≪伝説のロックスター，エルビス＝プレスリーの功績と生涯≫

⑯文章全体の主題を問う問題。全文を通じてエルビス＝プレスリーの人気と活躍，そして彼の死後も忘れ去られることなくファンに信奉されている様子が述べられているので，3の「エルビス＝プレスリーとはどんな人物で，なぜ彼は有名であるのか」が適切。1・2は本文に記載がない。4は，最終段に述べられているが，エルビスの人気の高さを裏付けるためのサポートであるので，主題としては不適。

⑰第1段第4文（For more than …）に注目。「20年以上もの間，彼はポップ音楽の世界でもっとも重要な人物（the most important single figure）であった」とエルビスは死後も影響力をもち続けていたことが示されている。そのあと：(コロン）で補足説明として，ビートルズやローリング・ストーンズなどの他のバンドも彼のことを称賛していたことが述べられており，これが，エルビスが影響力をもち続けた理由である。よって，4が適切。1は本文に記載がない。2・3は本文に記載があるか，容易に事実と推測されるが，ポップ音楽に影響をもち続けた理由としては，不十分。

⑱本文に合わない文を選ぶ問題。第2段第1文（His hair, clothing …）に注目。「エルビスの髪型や衣装そして動きは…年配の世代を不快にさせる一方，若者世代には広く受け入れられた」とあり，1の「すべての年代の人々がエルビスのパフォーマンススタイルを高く評価した」という記述は正しくない。2・3は本文中に記述があり，4についても第2段最終文で a movie star という表記があるので正しい。

⑲第3段第6・7文（There are still … is not dead.）に「今日でもエルビスは生きていると信じている人がおり，その人たちは，彼が死んでいないとする証拠もふんだんにあると言っている」とあるので，2が適切。

Ⅳ　解答　⑳－1　㉑－3　㉒－4　㉓－3　㉔－4

解説　≪犬好きと猫好きでの性格の違い≫

⑳調査内容に一致するものを選ぶ。第2段第2文（The survey showed …）に「46％の人が犬好きであり，12％の人が猫好きであると答えた」とあるので，1の「犬好きの人のほうが猫好きの人より多い」が適切。

㉑この記事の主な目的を選ぶ。第1段第8文（The questions which …）に「後に続く質問は被験者の性格を明らかにするように作られていた」とあるので，3の「動物の好みと性格の関連を示唆する」が適切。2の look like は「見た目が似ている」という意味で，本文の冒頭にも記載があるが，第3段以降は性格の話をしているので不適。

㉒猫を飼っていそうな人を本文に即して選ぶ。第4段第2・3文（Cat people were … worry a lot.）に注目。「猫好きの人は，犬好きの人よりも

11％多く好奇心があり，独創性があり，芸術家肌で慣例にとらわれない」とあり，一方で「すぐにストレスを感じ，心配症である」とあるので，これに該当するのは4。「一人で生活している忙しくて神経質な画家」が当てはまる。

㉓第3段最終文（They need training…）に注目。「犬はしつけられ，手間のかかる世話が必要だ」と書かれているので，3の「うまくしつけられる必要がある」が適切。1・2は記載がなく，4は本文に矛盾する。

㉔第4段最終文（Researchers have recorded…）に注目。「研究者は，柔らかで温かくふわふわで落ち着いている猫を抱っこできる人のストレスのレベルと血圧が低下することを記録した」とあるので，4の「人々をリラックスさせる」が適切。1・3は本文に記載がなく，2は猫好きの人の性格についての記載。

V　解答

No. 1.　that　No. 2.　unless　No. 3.　to
No. 4.　as　No. 5.　something

解説　No. 1.　so ～ that…「あまりに～なので…」

No. 2.　unless「～でなければ」

No. 3.　an option to *do*「～するという選択肢」

No. 4.　as last year「昨年と同様の」

No. 5.　something you feel passionate about「（何か）夢中になれること」

VI　解答

No. 1.　How long have you been in（Japan?）

No. 2.（We）had these pictures taken at the top（of Mt. Fuji.）

No. 3.（There are）people who enjoy saying bad things about（others.）

No. 4.（My son）was neither at school nor（at home when I came back from my business trip.）

No. 5.（What do you think）I am going to say to you(?)

No. 6.（We）went up a hill covered with（snow.）

解説　No. 1.「日本に来てどれくらいになりますか？」→「どれくらい日本にいますか？」be動詞を現在完了形にして用いることで，継続して日本にいる期間を尋ねる表現にする。

No.2. have O *done* は「～してもらう（受益）」を表す。these pictures と take の関係は受け身関係なので，taken となる。一見 had taken these pictures も成立しそうに見えるが，過去完了形を使う必要がないことと，had taken these pictures だと「写真をとり終えていた」の意味になり，日本文の「とってもらった」という受益の意味を表すことができないため不適。

No.3. enjoy *doing*「～することを楽しむ」，say bad things about～「～について悪口を言う」 この2つの表現と関係代名詞 who を主格で用いて主語の people を先頭にもってくる。

No.4. neither *A* nor *B*「*A* も *B* もない」 ここでは *A*，*B* に入る場所を表す副詞句。at school「学校に」

No.5. do you think「あなたは～と思っていますか」という挿入が What の直後に入ることで，think の後ろは平叙文の語順になる。say *A* to *B*「*B*（人）に *A*（物事）を言う」 be going to *do*「～しかけている」

No.6. go up～「～を登る」 covered with～「～で覆われている」

日本史

Ⅰ 解答 ≪原始・古代の正誤判定≫

1・4・7・8

Ⅱ 解答 ≪古代の小問集合≫

問1．3　問2．1　問3．4　問4．3　問5．2

Ⅲ 解答 ≪日蓮の人物史≫

問1．承久の乱　問2．2　問3．立正安国論　問4．2
問5．忍性〔良観〕　問6．1　問7．4　問8．3
問9．(i)－1　(ii)－2　問10．(i)日親　(ii)－1

Ⅳ 解答 ≪徳川家綱から徳川家継の政治≫

問1．4　問2．3　問3．1　問4．側用人
問5．(i)－4　(ii)－2　(iii)正徳　問6．まなべあきふさ
問7．A．綱吉〔徳川綱吉〕　B．荻原重秀　問8．3
問9．文治政治〔文治主義〕

Ⅴ 解答 ≪幕末から戦後の外交史≫

問1．ア－2　イ－3　ウ－2　問2．エ－1　オ－3　カ－2
問3．キ－2　ク－1　ケ－1　問4．コ－1　サ－3　シ－3　ス－2
問5．セ－3　ソ－1　タ－2　問6．チ－1　ツ－3　テ－1
問7．ト－3　ナ－2　ニ－3　ヌ－1

世界史

Ⅰ 解答 ≪イスラームの成立と拡大≫

問1．アッラー　問2．A－1　B－4

問3．C－5　D－1　E－3

問4．ア．ウマイヤ　イ．コーラン〔クルアーン〕

問5．2　問6．3　問7．2

Ⅱ 解答 ≪「海の道」の発展≫

問1．(i)－1　(ii)－4　(iii)－1

問2．(i)－1　(ii)交鈔　問3．ダウ

問4．(i)－2　(ii)－3　(iii)マラッカ　(iv)イ－2　ウ－1

Ⅲ 解答 ≪大航海時代≫

問1．A．マルコ＝ポーロ　B．東方見聞録　C．地球球体説

D．コロンブス　E．マゼラン　F．トルデシリャス　G．エンリケ

問2．3　問3．2

Ⅳ 解答 ≪オスマン帝国の衰退とトルコ共和国の成立≫

問1．A－2　B－3　C－8

問2．ア．ギリシア　イ．ムハンマド＝アリー　ウ．タンジマート

エ．ミドハト　オ．アタテュルク

問3．4　問4．3

地理

Ⅰ　解答　≪小麦の輸出入と栽培環境≫

問1．A．冬　B．春　C．春　D．亜寒帯湿潤　E．西岸海洋性
F．ステップ　G．レス　H．チェルノーゼム
問2．1　問3．3　問4．4　問5．1

Ⅱ　解答　≪ヨーロッパの工業・貿易とEU≫

問1．(i)ア－6　イ－1　ウ－2　エ－4　オ－5　カ－3
(ii)ブルーバナナ〔青いバナナ〕 (iii)都市：2　位置：ⓑ
問2．3　問3．4　問4．(i)－1　(ii)－1

Ⅲ　解答　≪カナダの地誌≫

問1．A．氷河　B．多民族　C．グレートプレーンズ
D．オイル（タールも可）
問2．2　問3．3　問4．i．バンク（浅堆も可）　ii．ラブラドル
問5．（都市名・位置の順に）ア．トロント・e
イ．ヴァンクーヴァー・b　ウ．モントリオール・f　問6．2

Ⅳ　解答　≪京都府亀岡市の地形図と航空写真，GIS≫

問1．5・6　問2．1・3　問3．自然堤防
問4．GIS　問5．リモートセンシング　問6．鳥瞰図

政治・経済

I　解答　≪日本国憲法と国会≫

問1．2　問2．3　問3．3　問4．定足数　問5．4
問6．1　問7．2　問8．(a)－3　(b)免責　問9．4

II　解答　≪日本国憲法と基本的人権≫

問1．尊重　問2．幸福追求　問3．2　問4．コントロール
問5．2　問6．3　問7．1
問8．プライバシー権を守るために出版差し止めなど表現の自由を制限する必要があるが，その判断は慎重にすべき。(50字以内)
問9．2　問10．1

III　解答　≪国際経済と金融≫

問1．ブロック　問2．4　問3．1　問4．3
問5．プラザ　問6．4　問7．ニクソン　問8．2　問9．3
問10．150　問11．2

IV　解答　≪物　価≫

問1．3　問2．3　問3．4　問4．1
問5．デフレスパイラル　問6．1　問7．3　問8．2　問9．2
問10．3　問11．3

数学

I　解答　≪真偽判定，平方根，絶対値≫

(i)　$A=\{(2),\ (3),\ (5),\ (7)\}$　……(答)

(ii)　$\overline{A}=\{(1),\ (4),\ (6)\}$　……(答)

(iii)

X	Y	Z
(2)	ⓑ	$\sqrt{(1-\sqrt{2})^2}=\sqrt{2}-1$

X	Y	Z
(3)	ⓑ	$\sqrt{(a-b)^2}=\|a-b\|$

X	Y	Z
(5)	ⓒ	$\|a\|+\|b\|\geqq\|a+b\|$

X	Y	Z
(7)	ⓒ	$\|a-b\|\geqq a-b$

……(答)

別解

X	Y	Z
(2)	ⓒ	$\sqrt{(1-\sqrt{2})^2}\geqq 1-\sqrt{2}$

X	Y	Z
(3)	ⓒ	$\sqrt{(a-b)^2}\geqq a-b$

X	Y	Z
(5)	ⓐ	$\|a\|-\|b\|\leqq\|a+b\|$

X	Y	Z
(7)	ⓑ	$\|a-b\|\leqq\|a\|+\|b\|$

II　解答　≪放物線の決定≫

(i)　〈条件 1〉より，$y=2x^2+4ax+b$ は $(1,\ 0)$ を通るので

$$0=2\cdot1^2+4a\cdot1+b \Longleftrightarrow b=-4a-2 \quad \cdots\cdots(\text{答})$$

(ii)　$y=2x^2+4ax+b=2(x+a)^2-2a^2+b$ より，

求める頂点の座標は　$(-a,\ -2a^2+b)$　……(答)

(iii)　(ii)と〈条件 2〉より，$(-a,\ -2a^2+b)$ は $y=3x-3$ 上にあるので

$$-2a^2+b=3\cdot(-a)-3 \Longleftrightarrow b=2a^2-3a-3 \quad \cdots\cdots(\text{答})$$

(iv)　(i)，(iii)より

$$-4a-2=2a^2-3a-3 \Longleftrightarrow 2a^2+a-1=0$$

$$\Longleftrightarrow (a+1)(2a-1)=0$$

$a>0$ より　　$a=\frac{1}{2}$　……(答)

このとき　　$b=-4$　……(答)

Ⅲ　解答　≪円に内接する四角形≫

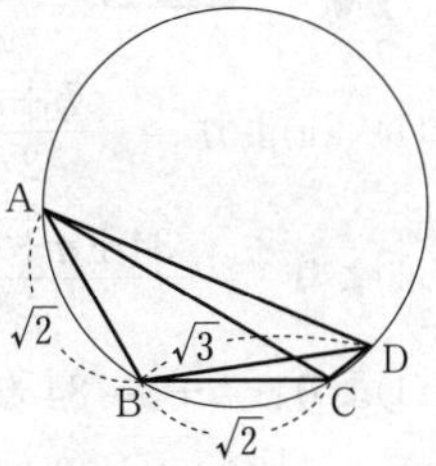

(i)　△ABC において余弦定理より

$$AC^2=(\sqrt{2})^2+(\sqrt{2})^2-2\cdot\sqrt{2}\cdot\sqrt{2}\cdot\cos 120^\circ$$
$$=2+2-2\cdot\sqrt{2}\cdot\sqrt{2}\cdot\left(-\frac{1}{2}\right)$$
$$=6$$

$AC>0$ より　　$AC=\sqrt{6}$　……(答)

(ii)　AB＝BC より，△ABC は二等辺三角形であり，

$\angle ABC=120^\circ$ から　　$\angle ACB=\angle BAC=30^\circ$

円周角の定理より　　$\angle ADB=\angle ACB=30^\circ$，$\angle BDC=\angle BAC=30^\circ$

△ABD において余弦定理より

$$(\sqrt{2})^2=AD^2+(\sqrt{3})^2-2\cdot AD\cdot\sqrt{3}\cdot\cos 30^\circ$$
$$\iff 2=AD^2+3-2\cdot AD\cdot\sqrt{3}\cdot\frac{\sqrt{3}}{2}$$
$$\iff AD^2-3AD+1=0$$
$$\iff AD=\frac{3\pm\sqrt{5}}{2}$$

同様にして，△BCD において余弦定理より

$$(\sqrt{2})^2=CD^2+(\sqrt{3})^2-2\cdot CD\cdot\sqrt{3}\cdot\cos 30^\circ\iff CD=\frac{3\pm\sqrt{5}}{2}$$

$AD>CD$ より　　$AD=\frac{3+\sqrt{5}}{2}$，$CD=\frac{3-\sqrt{5}}{2}$　……(答)

(iii)　四角形 ABCD は円に内接しているので

$$\angle ADC=180^\circ-\angle ABC=180^\circ-120^\circ=60^\circ$$
$$S=\triangle ABC+\triangle ACD$$
$$=\frac{1}{2}\cdot\sqrt{2}\cdot\sqrt{2}\cdot\sin 120^\circ+\frac{1}{2}\cdot\frac{3+\sqrt{5}}{2}\cdot\frac{3-\sqrt{5}}{2}\cdot\sin 60^\circ$$

$$=\frac{\sqrt{3}}{2}+\frac{\sqrt{3}}{4}$$

$$=\frac{3}{4}\sqrt{3}$$ ……(答)

Ⅳ 解答 ≪代表値，分散≫

(ⅰ)，(ⅱ)より $\frac{b+c}{2}=42$ ……①

(ⅲ)より $\frac{34+a+40+b+c}{5}=39$ ……②

①より，$b+c=84$ なので，②に代入して

$$\frac{34+a+40+84}{5}=39$$

よって　$a=37$ （これは $34<a<40$ を満たす） ……(答)

また，①より $b=84-c$ なので，$a=37$ および(ⅳ)より

$$\frac{1}{5}[(34-39)^2+(37-39)^2+(40-39)^2+\{(84-c)-39\}^2+(c-39)^2]=10$$

$$\iff (-5)^2+(-2)^2+1^2+(45-c)^2+(c-39)^2=50$$

$$\iff 25+4+1+2025-90c+c^2+c^2-78c+1521=50$$

$$\iff c^2-84c+1763=0$$

$$\iff (c-41)(c-43)=0$$

$$\iff C=41,\ 43$$

このとき　$(c,\ b)=(41,\ 43),\ (43,\ 41)$

$b<c$ より　$b=41,\ c=43$ ……(答)

る」から考える。犯罪者にとって、犯罪によって得られる収益よりも大きければ困るものとは何になるか。第七段落に「刑罰という損害」は「犯行を思いとどまらせる」、第十段落に「捕まる可能性…犯罪を思いとどまらせる」とある。

問三　直前で述べられていることからわかるように、「差別を計測するための基準」として「標準的経済活動を尺度（＝基準）」としたのである。

問四　この段落では、犯罪者側の損得と社会側の損得とが説明されている。「殺人による損害」は「被害者…人生において稼いだはずの金額」になる。

問五　後ろから三段落目に「犯罪を犯す人間…費用便益計算に長けたごく普通の人間」「そもそもこの人間像が、犯罪と縁のない人間についてもはたして妥当なのか疑わしい」とある。

問六　傍線部直後の「…なしですますことができる」に着目する。ここは二段落後の「こうなると、骨相学も…犯罪学の歴史を築いてきた幾多の理論は何もいらなくなる」と対応しており、その直後で「これらはすべて…説明するための理論であった」と述べている。ここが「理論」の「目的」ということになる。

問七　直前に「それ（＝犯罪学の歴史を築いてきた幾多の理論）が不要になるとはどういうことだろう」とある。つまり、ベッカーの考え方は効率のよいものに見えるが、それだけですべてを説明できるわけではないだろうと筆者は考えている。

問八　前後の内容から正解を導き出すとよい。「人にはそれぞれ幼少期からの人生の物語があって、その上にいまのその人がある」「ある時点での資源の最適配分の『解』として捉えられる要素は少ない」とある。1も微妙な選択肢だが、「一つの出来事」に触れていないので不適。

問九　ベッカーの考え方は、「費用と収益の最適なバランスを見出すこと」が「『何をなすべきか』への答え」になっている（第八段落）のである。「バランス」を二字で言い換えるとどうなるか。

になるのか。

問十　「最も大きな変化」とあるのに注意する。3と4は「健康を手に入れられるようになった」「パンデミックを鎮められるようになった」とは言っていないので不適。1と2が残るが、第十一段落で「何にもまして根源的な変化は、遺伝子工学が健康の制作…を出生前の着床の時点でやろうとしていること」と述べているので2を選択するのが妥当である。

一

出典　重田園江『ホモ・エコノミクス――「利己的人間」の思想史』〈第三部　ホモ・エコノミクスの席捲　1　差別・犯罪・人的資本〉（ちくま新書）

解答

問一　(ア)－1　(イ)－4

問二　Ⅰ、捕まるリスク（捕まる可能性）　Ⅱ、刑罰という損害　（Ⅰ・Ⅱは順不同）

問三　2

問四　4

問五　3

問六　（最初）犯罪者の人間性　（最後）するための理論

問七　2

問八　4

問九　均衡

解説　問一　(ア)「定量的な研究」は、ここでは人間行動を数値化して分析するという意味。(イ)「自足的」は「自ら足る」ということ。この語意に合うのは3と4だが、3は思想ではなく生産業の説明になるので文脈に合わない。

問二　第十段落の「犯罪者…捕まるリスクと稼げる金額との関係で合理的に配分する…経済的最適解を求めて行動してい

問三　「パターナリズム」は〝強い立場の者が、弱い立場の者の利益になるようにと、その本人の意思を無視して干渉してくる〟意。

問四　傍線部の「裂け目」と「ショックと困惑」を考えるのがこの設問のポイント。直前に「このギャップ」とある。これは本文冒頭の「健康であると『感じる』ことと『知る』ことのあいだ」にある「埋めがたいギャップ」のことである。「健康である」という「感じ」は、病気であると「知る」ことでどうなるのか。

問五　直後の「つまり」に着目する。「感覚を過信せずに、自分で自分を日々モニタリングする」とある。4の「感覚だけに頼らず」が「感覚を過信せず」に、「自らの健康状態を日常的に測定・観察し続ける」が「自分で自分を日々モニタリングする」に対応している。

問六　ガダマーが「健康とは自然科学的に定義できる『事実』ではなく…『状態』だ」と述べていることに着目する。1、「すべてを把握するのが難しい」とは言っていない。3、「言葉でしか表せない」が不適。4、「健康を取り戻せない人」の存在の有無については触れていない。

問七　傍線部直後で「なぜなら、そこでは『健康の制作』が一切の留保なく推進されているから」と述べていることに着目する。「健康の制作」に触れている選択肢は1である。2、「最小のコストで目的を達成」が不適。3、「他者との交流」は関係ない。4、「日常生活の場」と「健康増進の場」を区別していることは本文とは無関係。

問八　「ヘルスケアの要求の高まり」については第六段落で、「ヘルスケアの要求がとめどなく膨張する…過剰なものとなり、誰も逆らえない規範として社会を制圧することになります」と述べている。ここにキーワードがすべて含まれているので、制限字数内にまとめるとよい。

問九　第七段落までが前半で、「健康」が「誰も逆らえない規範として社会を制圧する」ようになることについて触れており、第八段落以降で「健康とは『モノ』ではなく『コト』」で、本来は「モノ」のように「制作」することはできないと述べている。本来制作できない「コト」である健康を制作しようというのは、「健康」を何のように扱うこと

国語

一

出典　福嶋亮大『感染症としての文学と哲学』〈第一章　治癒・宗教・健康〉（光文社新書）

解答

問一　致
問二　b－2　c－3
問三　4
問四　健康であるという「感じ」が手ひどく裏切られる（こと。）
問五　4
問六　2
問七　1
問八　ヘルスケアの欲求が膨張して過剰となり、規範として社会を制圧（してしまう状態。）（二十五字以上三十字以内）
問九　モノ
問十　2

解説　問二　b、「日頃は知的に怠惰な人間」が「身体の発するちょっとしたサインが不安」になり、「検索」せずにはいられなくなることを言っている。c、「誰もが満足な医療を受けられるような体制」や「貧困地域の健康を確立すること」はどういう課題だというのか。「喫緊」は〝差し迫って大切なこと〟の意。「喫緊の課題」は慣用的な言い方で、他の選択肢は「（　）の課題」という形では使えない。

■一般選抜2月7日実施分：文（心理・応用コミュニケーション）・経済（経営情報）・短期大（英文）学部

問題編

▶試験科目・配点

学部	学 科	教 科	科 目	配 点
文	心理・応用コミュニケーション	英 語	コミュニケーション英語Ⅰ・Ⅱ・Ⅲ，英語表現Ⅰ・Ⅱ	100点
		国 語	国語総合（近代以降の文章），現代文B	100点
		選 択	「日本史B」，「世界史B」，「地理B」，「政治・経済」，「数学Ⅰ・A」から1科目選択	100点
経 済	経営情報	英 語	コミュニケーション英語Ⅰ・Ⅱ・Ⅲ，英語表現Ⅰ・Ⅱ	100点
		国 語	国語総合（近代以降の文章），現代文B	100点
		選 択	「日本史B」，「世界史B」，「地理B」，「政治・経済」，「数学Ⅰ・A」から1科目選択	100点
短 大	英 文	英 語	コミュニケーション英語Ⅰ・Ⅱ・Ⅲ，英語表現Ⅰ・Ⅱ（リスニングテストを含む）〈省略〉	150点

▶備 考

学力試験の成績および主体性等の評価によって選抜を行う。

主体性等の評価：これまで主体的に取り組んだ学びや活動について，大学は5点満点，短期大学部は3点満点で評価する。主体性等については，出願時に200字程度で入力すること（上限は300字まで）。

英語

◀文（心理・応用コミュニケーション）・経済（経営情報）学部▶

（60分）

問題Ⅰ　次の問い（A～C）に答えなさい。（配点 24）

A　No.1～No.4の英文の中で，文法的な誤用が含まれる下線部分を，それぞれ1～4の中から一つずつ選びなさい。

No.1 [①] A：Do you mind **if I borrow**(1) your eraser?

B：**Yes**(2), you may **have**(3) mine as **long**(4) as you want.

No.2 [②] I wanted to arrive **at**(1) the station **on**(2) time, but I missed the train **for**(3) 5 minutes, and needed to wait for 30 **more**(4) minutes.

No.3 [③] I have a math test **at**(1) school tomorrow, **but**(2) I really feel nervous. **So**(3), I am **on**(4) a loss what to do.

No.4 [④] The weather news says it **was**(1) going to be **rainy**(2) tomorrow, so I **am**(3) not going outside tomorrow, and plan to watch TV **in**(4) the living room.

B　No.5～No.8の英文の空欄に入る語として最も適切なものを，それぞれ次の1～4の中から一つずつ選びなさい。

No.5　I cannot put（ [⑤] ）with the noise outside my house.

1　right

2　left

3　down

4　up

No.6　Do it right now. Don't put (⑥) your work just because you don't want to do it now.

1　on

2　up

3　off

4　to

No.7　I'm really hungry, and I feel (⑦) eating pizza with coffee tonight.

1　good

2　favorite

3　out

4　like

No.8　When in Rome, do (⑧) the Romans do.

1　that

2　for

3　as

4　not

C　No.9～No.12の英文の各下線部に最も近い意味の語として適切なものを，それぞれ1～4の中から一つずつ選びなさい。

No.9　⑨　I had a good <u>chat</u> with my uncle yesterday.

1　chance

2　for

3　as

4　talk

No.10　⑩　*ASAP* <u>stands for</u> "as soon as possible."

1　hurries

2　means

3　orders

4　needs

No. 11　⑪　The government <u>did away with</u> the policy.

1　changed

2　ended

3　decided

4　proposed

No. 12　⑫　They finally <u>solved</u> the difficult mystery.

1　understood

2　confronted

3　abandoned

4　met

問題Ⅱ　次の会話文を読んで，各問いの答えとして最も適切なものを，それぞれ1～4の中から一つずつ選びなさい。（配点　6）

(The following takes place at a customer service desk near the baggage claim[1] area in an airport. Jill is a customer service representative.[2])

Noriko: Excuse me. I need to find my friends. They are supposed to meet the rest of our group here in the baggage claim area, but I think they left and went outside. I need to go out and look for them. If I leave from that exit over there, is it OK to come back in?

Jill: Sorry. You are free to leave, but no re-entry is permitted.

Noriko: Oh, I see. Well, maybe I could call them. I think one of them has a phone that works here, but I don't. I'm planning to rent one after I leave here.

Jill: You are with a group, right? Maybe you could find someone traveling with you who could call or send a text message for you.

Noriko: Oh, but I already tried that. No one else in our group has a phone that is set up to work now. And we've spent 20 minutes looking all over this area. We were hoping they might still be in the baggage claim area.

Jill: Maybe they're in the restroom over there. Sometimes there are lines of people waiting, and it can take some time for them to get in.

Noriko: We thought of that, too, and someone went to check. But they aren't there. They probably went outside and now can't come back in. Could you make an announcement everyone can hear? If you tell our friends to wait outside the baggage claim area, we can meet them there.

Jill: We can only try that if there is a true emergency. This isn't an emergency situation really. Besides, once you go out those doors, you enter an outdoor shopping area. Your friends might not hear the announcement very easily anyway.

Noriko: Well, could you send someone outside to look for them? I'm afraid they are really getting worried.

Jill: Sorry. We can't do that. Look, we're not finding any great solutions here, and you're just losing more of your time. Maybe it's easier if the whole group just leaves together. You'll probably find them waiting outside for you.

Noriko: OK. I guess that's the best we can do. I'll talk with the others. Thank you.

Jill: No problem. I hope everything works out.

（注１） baggage claim：手荷物受取所

（注２） customer service representative：顧客サービス担当者

No. 1 [⑬] What is Noriko's main problem?

1 She left the shopping area and cannot get back inside.

2 She cannot contact her friends, who left the baggage claim area.

3 Some of the travelers have phones that work, and some don't.

4 She and Jill have trouble understanding each other's English.

No. 2 When Jill says that no re-entry is permitted, she is ([⑭]).

1 making a rule about entering and exiting the area

2 giving Noriko advice about going into the shopping center

3 suggesting that Noriko send someone outside

4 not allowing Noriko to come back inside

No. 3 Jill gives Noriko some ideas that might help with her problem. The first one is ([⑮]).

1 for Noriko to use her (Jill's) personal phone

2 that Noriko ask another traveler to loan her a phone

3 to ask someone in Noriko's group to call for them

4 volunteering to make an announcement for Noriko

問題Ⅲ　次の英文を読んで，各問いの答えとして最も適切なものを，それぞれ1～4の中から一つずつ選びなさい。（配点　16）

Southeastern pocket gophers[1] have a strange secret, only recently uncovered by scientists: They glow.[2]

These little animals spend most of their lives underground in the tunnels they dig in South Georgia and neighboring states.

But stick one under a black light,[3] and it lights up.

"It's a blend of purple and blue and pink," said JT Pynne, who made the discovery when he was studying pocket gophers at the University of Georgia.

In the past couple of years, researchers have found other animals that glow under a certain type of light.

Pynne, after reading about the flying squirrels, decided to check animals he had access to as part of his research. That included his specialty, the southeastern pocket gophers. His paper describing the glowing gophers was recently published in *The American Midland Naturalist.*

Southeastern pocket gophers almost never come up from underground, Pynne said. But they play an important ecological[4] role in the forests where they live. They put air into the soil underground, supporting a diversity of plants and providing homes for other animals that use their tunnels.

"My crazy little pocket gophers are so strange," Pynne said. Though small, they're also very tough fighters. "I've always described them as really angry potatoes. But now they're really angry potatoes that glow."

But Pynne doesn't know why the gophers glow.

He said it could be diet-related. It may be a form of communication among gophers, or a way to hide from other animals. Or, there could be no reason for it.

Allie Kohler, a student at Colorado State University, said, "It shows that there's so much that's still out there left to discover, and who knows what could be hiding right in front of us."

As more animals like the southeastern pocket gopher are discovered, it may become easier for scientists to see a pattern among them, and to find a reason behind the glow—if there is one. For instance, almost all the glowing animals they know about so far are awake at night rather than during the day, or they live in low-light conditions.

Pynne, who now works at the Georgia Wildlife Federation, said more glowing animal discoveries could also just open up even more questions. But he's happy that the pocket gophers he loves are part of the glowing animal club.

（注1）pocket gopher：ホリネズミ（北米西部・南東部および中米に分布する齧歯類）

（注2）glow：光を放つ

（注3）black light：不可視光線（赤外線・紫外線）

（注4）ecological：環境保護の

出典追記：Southeastern pocket gophers glow, but no one knows why, Wabe on September 27, 2021 by Molly Samuel

No.1　JT Pynne (⑯).

1　raises various kinds of glowing animals

2　discovered that a type of animal glows and wrote about it

3　said that there might be something to discover right in front of us

4　studied many types of animals that live in low-light conditions

No.2　Southeastern pocket gophers (⑰).

1　live underground and rarely come up to ground level

2　live mainly above ground but sleep underground at night

3　sleep during the day sometimes and other times at night

4　sleep wherever they are, whether on the ground or under it

No.3　JT Pynne says it is possible that southeastern pocket gophers glow (⑱).

1　because of things they drink

2　to hide from other gophers

3　as a way of giving messages to other types of animals

4　for no reason in particular

No.4　Based on this article, if you met a southeastern pocket gopher, you could expect it to (⑲).

1　run away quickly

2　begin shining a light

3　make a soft, music-like sound

4　fight you very hard

問題Ⅳ 次の英文を読んで，各問いの答えとして最も適切なものを，それぞれ1～4の中から一つずつ選びなさい。（配点 20）

One remarkable fact about Africa is that it has a short coastline[1] compared to Europe's, even though Africa on the whole is larger. Africa is second only to Asia in size, but its coast is shorter than any other continent's. This is because, although Europe and other large land masses have natural bays and harbors,[2] which make their coastlines curvier, Africa's are straight by comparison. As a result, in Africa there are fewer ports where ships can load and unload their goods in places protected from the rough seas. This difference was one factor making it easier for European countries to become nations with international shipping trades much earlier in their histories, when contrasted with those of Africa.

In addition to a lack of good natural harbors, Africa has suffered from having shallow waters in many areas near the coast. Ships have often had to unload their goods onto boats which could then take them to land—a slow and expensive process. Partly as a result of this, African economies in general have not had a sea trade orientation. Importing and exporting have made up a small part of economic life in Africa compared to that of other continents. Likewise, African cultures have been impacted on a more limited scale by interaction with a wide variety of people from around the world.

Another reason for <u>these outcomes</u> is the small number of rivers large enough for ships or bigger boats to pass through them to inland[3] areas. Sandbars[4] have blocked some of the large entrance points from the sea into rivers. In other cases, the rivers with open access have connected to sections of the continent which have not been very productive and so not able to offer much in trade.

The flatter areas along African coasts are only 20 miles wide on average. Going beyond them from the sea, the land rises quickly. This limited amount of easily accessible and workable land has not provided a strong base for building up international trade.

Rainfall has been another challenge, with low and irregular amounts feeding rivers and streams at many times of the year. Even when full, they have often been deep enough to handle only boats, not ships entering or exiting for ocean travel.

Where the water levels are deep enough to handle ocean-going vessels, waterfalls[5] and sections of rivers and streams with water running too fast to travel safely have presented difficulties. The Zaire River, for example, is 2,900 miles long and has a volume of water second only that of the Amazon River. But rapid-flowing sections of it near the sea, as well as waterfalls, prevent ships from entering it from the ocean and reaching inland. As a result, the Zaire River has not been able to play the role of helping to develop port cities, and building up the economy of the region around it, as other great rivers of the world have.

The unchanging facts of geography have impacted Africa's economic development significantly. They go a long way toward explaining the difficulties many African nations have had in growing their economies.

（注1）coastline：海岸線
（注2）harbor：港

出典追記：Conquests and Cultures by Thomas Sowell, Basic Books

(注3) inland：内陸
(注4) sandbar：砂州
(注5) waterfall：滝

No.1 This article (⑳).

1 gives advice on how to build up African economies
2 supplies information useful for world business leaders in Africa
3 provides guidelines for government leaders to use in Africa
4 describes the challenges geography has made for Africa's economy

No.2 According to this article, in many parts of the ocean around Africa, the water is (㉑).

1 deep
2 shallow
3 rapid-flowing
4 slow-flowing

No.3 This article includes information on Africa's (㉒).

1 long coastlines and tree lines in the mountains
2 few natural bays and the difficulty in accessing its rivers
3 wide, flat areas near its coasts and great amounts of rainfall
4 Zaire River, including the large variety of fish in it

No.4 The meaning of "these outcomes" in the first line of the third paragraph is that (㉓).

1 Africa's economies and cultures have not been so globally-oriented
2 Africa's economy has focused on exports but not imports
3 Africa's economy has focused on imports but not exports
4 the slow, expensive process of unloading goods to boats has, in the end, helped Africa's economies

No.5 The information in this article would likely be most useful in (㉔).

1 measuring how pure the air is in Africa
2 thinking about shipping goods to Africa
3 designing an advertisement for a resort in Africa
4 deciding whether or not to stop a telephone service in Africa

問題Ⅴ 次の№.1～№.5の英文が日本文の意味になるように，空欄に入れるべき適切な単語を（　　）の指示に従って，それぞれ解答欄に記入しなさい。【記述解答】（配点 10）

№.1 In Japanese culture, we sometimes (　　　) green objects as blue, such as "blue" mountains.
日本の文化には例えば「青い」山脈のように，時折緑色を青色として描写することがあります。（d から始まる単語）

№.2 I cannot (　　　) agreeing with your opinion about the theme.
私はそのテーマに関して，あなたの意見に同意せざるを得ない。（h から始まる単語）

№.3 It goes without saying that (　　　) problems are important ones that we face today.
言うまでもなく，環境問題は私たちが今日直面する重要な問題です。（e から始まる単語）

№.4 He may (　　　) got lost on his way to this bus stop.
彼はこのバス停に来る途中で道に迷ったかもしれない。（h から始まる単語）

№.5 The City of Sapporo celebrated its 100th (　　　) in 2022.
札幌市は2022年で100周年を迎えました。（a から始まる単語）

問題Ⅵ　次のNo.1～No.6の英文の（　　）内の語(句)を正しく並べ替えて，それぞれ日本文の意味に相当する適切な英文を，解答欄に記入しなさい。なお，（　　）内の語は，文頭に来るべき語も小文字で記載している。【記述解答】(配点　24)

No.1　We tend (an, regard, STEM education, as, to) especially important area in Japanese education.
日本の教育でも，STEM教育を特に重要な領域とみなす傾向があります。

No.2　Because I have time today, I (go, and, visit, will, downtown) the bookstore.
今日は時間があるので，街へ行って，そして本屋を訪れるつもりです。

No.3　We can (by, have, a, having, positive, more, life) hope.
希望を持つことで，私たちはより前向きな生活を過ごすことができます。

No.4　We are (a, going, to, trip, looking, on, forward) to Australia next Friday.
私たちは，来週の金曜日にオーストラリアへと旅行に行くことを楽しみにしています。

No.5　After we begin to work in society, we (on, to, keep, acquire, studying, must) new knowledge and skills.
社会で働き始めた後も，私たちは新しい知識やスキルを獲得するために学び続けなければならない。

No.6　I have a teacher whom I really (my, the, respect, heart, of, bottom, from), and I hope to be a wonderful teacher like that one in the future.
私は心の底から尊敬する先生がいて，私も将来にその先生のような素晴らしい先生になることを希望しています。

日本史

(60分)

問題Ⅰ

次のＡ～Ｆは，原始・古代の遺跡や文化財の写真を，ほぼ時代順に配列したものである。これらを見て，それぞれ後の問いに答えなさい。（配点 26）

A

著作権の都合により，類似の写真と差し替えています。

問1 Ａは弥生時代の北九州の集落の遺跡(復元)である。２重の環濠をめぐらし，外敵からの防御を強く意識していることがわかる。この遺跡の名称と，所在の県を連記しているものとして最も適切なものを，次の１～４の中から一つ選びなさい。 ①

1 田村遺跡・佐賀県　　2 吉野ヶ里遺跡・佐賀県

3 板付遺跡・福岡県　　4 立屋敷遺跡・福岡県

問2 弥生時代とは**関係のないもの**を，次の１～４の中から一つ選びなさい。 ②

1 「クニ」の出現　　2 多量の副葬品をもつ甕棺(かめかん)

3 『後漢書』東夷伝　　4 『宋書』倭国伝

B

問3 Ｂは飛鳥時代を代表する工芸品の一つである。仏教説話の絵画が描かれていることでも有

名である。この工芸品の名称として最も適切なものを，次の１～４の中から一つ選びなさい。 ③

1　獅子狩文様厨子　　2　天寿国繡帳厨子

3　玉虫厨子　　4　螺鈿蒔絵厨子（らでんまきえ）

問４　この工芸品が作られた時代とは**関係のないもの**を，次の１～４の中から一つ選びなさい。 ④

1　中宮寺半跏思惟像　　2　法隆寺百済観音像

3　飛鳥寺（法興寺）　　4　唐招提寺

C

著作権の都合により，類似の写真と差し替えています。
出典：ColBase（https://colbase.nich.go.jp/）

問５　Cは水を入れる仏具である。表面に貴金属をはりつけた，白鳳文化を代表する工芸品である。この水さしの名称として最も適切なものを，次の１～４の中から一つ選びなさい。 ⑤

1　金鍍龍首水瓶　　2　銀鍍龍首水瓶

3　金銀鍍水瓶　　4　金銀鍍龍首水瓶

問６　白鳳文化に**属さないもの**を，次の１～４の中から一つ選びなさい。 ⑥

1　法隆寺金堂壁画　　2　高松塚古墳壁画

3　薬師寺金堂薬師三尊像　　4　薬師寺吉祥天像

D

問７　Dは唐から来日して戒律を伝えた名僧の彫刻である。この僧の名称と，この彫刻の技法を連記しているものとして，最も適切なものを，次の１～４の中から一つ選びなさい。 ⑦

1　鑑真・乾漆像　　2　鑑真・塑像

3　行基・乾漆像　　4　行基・塑像

問8 この名僧が来日した世紀には**属さないもの**を，次の1～4の中から一つ選びなさい。⑧

1 『古事記』『日本書紀』編纂　2 神仏習合思想

3 飛鳥浄御原令の施行　4 長岡京へ遷都

E

問9 Eの建物の名称として最も適切なものを，次の1～4の中から一つ選びなさい。⑨

1 法界寺阿弥陀堂　2 法成寺阿弥陀堂

3 平等院鳳凰堂　4 醍醐寺阿弥陀堂

問10 阿弥陀堂の建設が流行していた時代とは**関係のない**宗教・思想や人物を，次の1～4の中から一つ選びなさい。⑩

1 末法思想　2 浄土教　3 空也と源信　4 最澄と空海

問11 Eの建物を建設した人物の父親は，4人の娘を天皇や皇太子の妻とし，朝廷で絶大な権力を持った。この父親の氏名として最も適切なものを，次の1～4の中から一つ選びなさい。⑪

1 藤原道長　2 藤原実資　3 藤原頼通　4 藤原冬嗣

F

問12 Fの絵巻は，武士団が成長してきた時代の地方豪族の家の様子を描いている。堀と，それにかかる橋があり，門前には弓矢を持つ武士の姿が見える。このような武士の名称として最も適切なものを，次の1～4の中から一つ選びなさい。⑫

1 足軽　2 御家人　3 郎党(郎等・郎従)　4 地頭

問13 成長してきた武士たちは，清和源氏や桓武平氏を棟梁として武士団を形成した。彼らは時には反乱をおこし，時には反乱を鎮圧した。このような武士団の動向とは**関係のないもの**を，次の1～4の中から一つ選びなさい。⑬

1　藤原純友の乱　　2　藤原広嗣の乱

3　平将門の乱　　4　平忠常の乱

問題Ⅱ

次のA～Cの史料を読んで，それぞれ後の問いに答えなさい。なお，読みやすいように一部改変したものもある。(配点　24)

A　(　　　)の事，是非に及ばず成敗を加ふべし。但し，取り懸るといえども，堪忍せしむるの輩に於ては，罪科に処すべからず。

問1　空欄(　　　)に入る語句として最も適切なものを，次の1～4の中から一つ選びなさい。⑭

1　私闘　　2　喧嘩　　3　犯科　　4　所領争い

問2　Aの規定の目的に関する説明として最も適切なものを，次の1～4の中から一つ選びなさい。⑮

1　紛争を家臣相互で解決することを禁止し，大名による裁判に委ねることで領国の平和を維持するため

2　他の領国からの侵略を防ぐため

3　自国の犯罪を撲滅するため

4　領国間の紛争が拡大しないように第三者に解決をゆだねるため

問3　Aの法を制定した大名に関係する事項として**不適切なもの**を，次の1～4の中から一つ選びなさい。⑯

1　信玄堤の築造　　2　金山開発　　3　川中島の戦い　　4　将軍義昭の追放

問4　Aを載せる法令名として最も適切なものを，次の1～4の中から一つ選びなさい。⑰

1　今川仮名目録　　2　塵芥集　　3　甲州法度之次第　　4　六角氏式目

問5　**問4**の選択肢1～4のような領国支配の法は何と呼ばれるか。適切な名称を，解答欄に記入しなさい。【記述解答】

B　定　安土山下町中

一，当所中楽市(1)として仰せ付けらるるの上は，諸座・諸役・諸公事等，ことごとく免許の事

一，普請免除の事

一，分国中，徳政これを行うといえども，当所中免除の事

問6　Bの適切な法令名を，解答欄に記入しなさい。【記述解答】

問7　Bの法令の適切な発布者を，解答欄に記入しなさい。【記述解答】

問8　下線部(1)「楽市」の説明として最も適切なものを，次の1～4の中から一つ選びなさい。⑱

1　座の制約が免除された自由市場である。
2　商売上の特権が認められた。
3　営業税が課せられた。
4　第三条目に見られるように徳政が適用された。

C　一　諸国百姓，刀，脇指，弓，槍，鉄砲，その外武具の類（たぐい）所持候事，堅く御停止候。その子細は，入らざる道具をあひたくはへ，年貢・所当を難渋せしめ，自然，一揆を企て，給人にたいし非儀のはたらきをなす族，もちろん成敗あるべし。（後略）

一　右取をかるべき刀，脇指，ついえにさせらるべき儀にあらず候の間，今度大仏(2)御建立の釘，鎹（かすがい）に仰せ付けらるべし。（後略）

問9　Cの適切な法令名を，解答欄に記入しなさい。【記述解答】

問10　Cの法令に関する説明として**誤っているもの**を，次の1～4の中から一つ選びなさい。⑲

1　検地と共に身分の固定化が推進された。
2　前年に行われたバテレン追放を徹底化する意図があった。
3　兵農分離政策の一環をなした。
4　文中に「一揆」とあることから，百姓一揆の防止が実際の目的であった。

問11　下線部(2)「大仏」が安置された寺院の適切な名称を，解答欄に記入しなさい。【記述解答】

問12　この寺の鐘銘文の一部が問題とされて起こった戦乱として最も適切なものを，次の1～4の中から一つ選びなさい。⑳

1　関ヶ原の合戦　　2　島原の乱　　3　大坂の陣　　4　本能寺の変

問題Ⅲ　次の文章を読んで，後の問いに答えなさい。（配点　25）

元禄期(1)(1688～1704年)を中心にし，その前後の時期を含む上方を中心に栄えた文化は元禄文化と呼ばれ，文芸・美術・学問など多彩な分野の文化が展開した。

文芸分野では井原西鶴(2)，松尾芭蕉とその門下，近松門左衛門らがいる。美術分野では絵画の菱川師宣(3)，尾形光琳，土佐光起，住吉如慶・具慶父子，陶芸の野々村仁清，染物の宮崎友禅らが活躍した。演劇分野では歌舞伎の市川団十郎(4)，坂田藤十郎らの名優が人気を博し，近松の作品を人形遣いで演じた人形浄瑠璃(5)が広く民衆に受け入れられた。

この時期には諸学も興隆し大きく展開した。儒学では朱子学を奉ずる林鵞峰(6)・鳳岡父子が林家の幕府内の地位を確立し，木下順庵，山崎闇斎らは多くの弟子を養成した。一方，朱子学に対し陽明学を学んだ中江藤樹，熊沢蕃山，朱子学を批判した伊藤仁斎(7)，仁斎派らを受け継いだ荻生徂徠らの活動により，儒学は多方面に展開した。

後に国学として成長する国文学研究もこの時期から始まり，中世的歌学を批判した戸田茂睡，茂睡説の正しさを継承し和歌研究を行った契沖(8)，『源氏物語』などの古典注釈に貢献した北村季吟らが出た。

史書の編纂が盛んに行われ始めたことも見逃せない。水戸光圀の主導により『大日本史』の編纂(9)が軌道に乗り，山鹿素行の『中朝事実』が成立し，林鵞峰により『本朝通鑑』が完成した。

また，自然科学分野では農学，天文・暦学，和算，本草学(10)などが中国・朝鮮からの渡来書籍の影響のもとに独自の展開を遂げた。

問1　下線部(1)「元禄期」に関連して，元禄期以前である寛永期を中心とした江戸初期の文化の説明として最も適切なものを，次の1～4の中から一つ選びなさい。[21]

1　武士が文化の担い手として活躍し，江戸の武家出身の本阿弥光悦はその代表であった。
2　桃山文化は全く継承されなかった。
3　豪華な装飾彫刻がほどこされた霊廟建築が流行した。
4　書院造を取り入れた草庵風な茶室は衰退していった。

問2　下線部(2)の「井原西鶴」の作品**ではないもの**を，次の1～4の中から一つ選びなさい。[22]

1　日本永代蔵　　2　好色一代男　　3　武道伝来記　　4　曽根崎心中

問3　下線部(3)「菱川師宣」により確立された民衆的風俗画の様式は何と呼ばれるか。適切な名称を，解答欄に記入しなさい。【記述解答】

問4　下線部(4)「市川団十郎」が演じた演劇形式は何と呼ばれるか。適切な名称を，解答欄に記入しなさい。【記述解答】

問5　下線部(5)「人形浄瑠璃」の語りは，独立した音曲に成長していく。創始者の名にちなんだその音曲の流派の適切な名称を，解答欄に記入しなさい。【記述解答】

問6　下線部(6)「林鵞峰」の父で家康に用いられ，林家の祖とされる人物の氏名を，解答欄に記入しなさい。【記述解答】

問7　下線部(7)の学派名として最も適切なものを，次の1～4の中から一つ選びなさい。㉓

1　崎門学派　　2　薩南学派　　3　古学派　　4　南学派

問8　下線部(8)の「契沖」は『(　　　)集』を研究し，『(　　　)代匠記』を著した。空欄(　　　)に入る適切な語句を，解答欄に記入しなさい。【記述解答】

問9　下線部(9)の「水戸光圀」が『大日本史』編纂のため江戸の藩邸に設置した修史局として最も適切なものを，次の1～4の中から一つ選びなさい。㉔

1　花畠教場　　2　彰考館　　3　閑谷学校　　4　金沢文庫

問10　下線部(10)の諸学問に関して，下の(i)，(ii)，(iii)の問いに答えなさい。

(i)　農学者で『農業全書』を著した人物として最も適切なものを，次の1～5の中から一つ選びなさい。㉕

1　渋川春海　　2　宮崎安貞　　3　貝原益軒

4　関孝和　　5　大蔵永常

(ii)　「本草学」の説明として最も適切なものを，次の1～4の中から一つ選びなさい。㉖

1　飢饉対策の一環として植物の食用の適否について研究する学問

2　博物学的性格を有した学問

3　堆肥としての植物の効用を研究する農学の補助学問

4　「塵劫記」は本草学を代表する書である

(iii)　下線部(10)の諸学問とは**関係のない人物**を，次の1～5の中から一つ選びなさい。㉗

1　渋川春海　　2　宮崎安貞　　3　貝原益軒

4　関孝和　　5　一条兼良

問題Ⅳ　次の文章を読んで，後の問いに答えなさい。(配点　25)

1937年7月の盧溝橋事件をきっかけに日中戦争がはじまった。当時日本では，近衛文麿が第1次内閣を組織していたが，この内閣は，二・二六事件(1)によって岡田啓介内閣が総辞職し，つづく広田弘毅内閣(2)，林銑十郎内閣を経て誕生した内閣であった。

第1次近衛内閣は，1937年10月から国民の戦争協力を促進するために(　ア　)運動を展開した。また同じ10月には，戦時動員の計画・立案・調整を任務とする(　イ　)が設置された。

日中戦争の早期終結が見通せないなか，近衛首相は，1938年1月に「(　ウ　)を対手とせず」という声明をだし，(　ウ　)との交渉による和平への道を自ら断ち切った。さらに近衛は，同年末に戦争の目的は日・満・華の3国連帯による(　エ　)の建設にあることを声明した。

近衛内閣のもとで，1938年4月には国家総動員法(3)が制定され，翌年には同法にもとづく(　オ　)によって一般国民が軍需産業に動員されることになった。また同年度から物資動員計画が作成され，軍需品が優先的に生産された。このため，重化学工業が中心の新興財閥(4)ばかりではなく，既成財閥も軍需生産に積極的に乗り出した。

1939年10月には，国家総動員法にもとづいた価格等統制令が出され，公定価格制が導入された。そのうえで，国民の消費は切り詰めを強要され，1940年には，砂糖やマッチなどの消費を制限する(　カ　)が敷かれた。

日中間の戦争が全面化するなか，米・英の中国での権益が侵害されると，アメリカ合衆国は1939年7月に日本に対して(　キ　)条約の廃棄の通告をおこない，同条約は半年後に失効した。

問1　下線部(1)に関する説明文A，Bについて，正誤の組み合わせとして最も適切なものを，次の1～4の中から一つ選びなさい。 ㉘

A　事件の背景には，軍部の強力な統制のもとで，総力戦体制の構築をめざす皇道派と，北一輝の思想に共鳴して天皇親政を確立しようとする統制派との抗争があった。

B　この事件によって，斎藤実内大臣，井上準之助大蔵大臣，真崎甚三郎教育総監らが殺害された。

1　A：正，B：正

2　A：正，B：誤

3　A：誤，B：正

4　A：誤，B：誤

問2　下線部(2)の内閣に関する説明文A，Bについて，正誤の組み合わせとして最も適切なものを，次の1～4の中から一つ選びなさい。 ㉙

A　「国策の基準」によって大陸での日本の地歩を確保する一方で，南方へ漸進的に進出する方針を決定した。

B　陸軍の要求にしたがって，軍部大臣現役武官制を復活させた。

1　A：正，B：正

2　A：正，B：誤

3　A：誤，B：正

4　A：誤，B：誤

問3　空欄（　ア　）に入る適切な語句を，解答欄に記入しなさい。【記述解答】

問4　空欄（　イ　）に入る語句として最も適切なものを，次の1～4の中から一つ選びなさい。㉚

1　企画院　　2　資源局　　3　企画庁　　4　軍需省

問5　空欄（　ウ　）に入る語句として最も適切なものを，次の1～4の中から一つ選びなさい。㉛

1　冀東防共自治委員会　　2　延安政府　　3　国民政府　　4　北京政府

問6　空欄（　エ　）に入る適切な語句を，漢字5字で解答欄に記入しなさい。【記述解答】

問7　下線部(3)に関する説明文A，Bについて，正誤の組み合わせとして最も適切なものを，次の1～4の中から一つ選びなさい。㉜

A　この法律によって，政府は議会の承認なしに戦争遂行に必要な物資や労働力を動員する権限を与えられた。

B　この法律と同時に臨時資金調整法が公布され，政府は軍拡予算を議会の承認なしに編成することができるようになった。

1　A：正，B：正

2　A：正，B：誤

3　A：誤，B：正

4　A：誤，B：誤

問8　空欄（　オ　）に入る適切な語句を，解答欄に記入しなさい。【記述解答】

問9　下線部(4)に該当するものとして最も適切なものを，次の1～4の中から一つ選びなさい。㉝

1　三井　　2　日窒　　3　安田　　4　日鉄

問10　空欄（　カ　）に入る語句として最も適切なものを，次の1～4の中から一つ選びなさい。㉞

1　代用制　　2　登録制　　3　供出制　　4　切符制

問11　空欄（　キ　）に入る適切な語句を，解答欄に記入しなさい。【記述解答】

世界史

（60分）

問題Ⅰ　次の文章を読んで，後の問いに答えなさい。（配点　25）

ラテン人の一派によって，イタリア半島のティベル川のほとりに建設された都市国家であるローマは，はじめ先住民の［　A　］人の王に支配されていたが，紀元前6世紀末に王を追放して［　B　］となった。

ローマでは，貴族と，主に中小農民である平民の身分差があり，最高官職である任期1年，2名の〔　a　〕(執政官)は貴族から選ばれていた。〔　a　〕を指導して実質的な支配権を握っていたのは，貴族の会議である(　ア　)であった。

中小農民は，［　C　］として国防に重要な役割を果たすようになると，貴族による政権独占に対して次第に不満を持つようになり，貴族との身分闘争が起こった。その結果，紀元前5世紀前半には，〔　a　〕や(　ア　)の決定に拒否権を行使できる平民出身の(　イ　)と，平民だけの民会である平民会が設けられた。紀元前5世紀半ばには，慣習法をはじめて成文化した(　ウ　)法が制定された。紀元前367年には(　エ　)法により，〔　a　〕のうち一人は平民から選ばれるようになった。そして紀元前287年には(　オ　)法により，平民会の決議が(　ア　)の認可なしに全ローマの国法となることが定められ，平民と貴族との政治上の権利は同等となった。

平民にも参政権が与えられると，従来の貴族に一部の富裕な平民が加わって新しい支配階層が成立して，政権を独占するようになった。また実質的には(　ア　)が指導権を持ち続け，非常時には〔　b　〕(独裁官)が独裁権を行使することができた。

問1　空欄［　A　］に入る語句として最も適切なものを，次の1～4の中から一つ選びなさい。①

1　エトルリア　　2　ギリシア　　3　アーリヤ　　4　ゲルマン

問2　空欄［　B　］に入る語句として最も適切なものを，次の1～4の中から一つ選びなさい。②

1　僭主政　　2　共和政　　3　民主政　　4　帝政

問3　空欄(　ア　)～(　オ　)に入る適切な語句を，それぞれ解答欄に記入しなさい。【記述解答】

問4 空欄 [C] に入る語句として最も適切なものを，次の1～4の中から一つ選びなさい。 ③

1 傭兵 2 騎兵 3 長弓兵 4 重装歩兵

問5 空欄〔 a 〕，〔 b 〕に入る語句として最も適切なものを，それぞれ次の1～6の中から一つずつ選びなさい。a ④，b ⑤

1 コンスル 2 プレブス 3 コロヌス 4 パトリキ

5 ディクタトル 6 プリンケプス

問題Ⅱ 次の文章を読んで，後の問いに答えなさい。（配点 25）

スカンディナヴィア半島周辺を原住地とする北ゲルマン諸部族のうち，[A] 人と呼ばれる部族は，交易のみならず略奪・海賊行為でも悪名を轟(とどろ)かせ，「[B]」なる呼称でもあまねく知られることとなった。今日のスウェーデンからバルト海を渡りスラヴ人の居住地域(今日のロシア領)に侵入した彼らの中でも，[C] を首領とする部族は862年に至り「ノヴゴロド国」を成立させ，彼の後継者オレーグは [D] 川流域を南下して882年に「キエフ公国」の建国も成し遂げた。その後 [A] 人(ルーシ)の先住民族への同化(スラヴ化)が進んだ。

ロシアの起原とも位置付けられるノヴゴロド国は，中世後期に北ドイツの諸都市を中心として結成された [E] 同盟の一員として毛皮の取引などで繁栄したが，キエフ公国に統合され，1240年にバトゥ率いる [F] 帝国軍の侵攻を受けてキエフは陥落・荒廃した。1480年に [G] の軛(くびき)から脱却するに先立ってモスクワ大公国が勢力を拡大すると，1478年にモスクワ大公<u>イヴァン3世</u>(1)がノヴゴロド民会の鐘をモスクワに運び去るなど，同国によって征服されてしまったのである。

問1 空欄 [A] ～ [E] 及び空欄 [G] に入る適切な語句を，それぞれ解答欄に記入しなさい。【記述解答】

問2 空欄 [F] に入る国名として最も適切なものを，次の1～10の中から一つ選びなさい。 ⑥

1 ハザール 2 ビザンツ 3 モンゴル 4 ペルシア 5 キタイ

6 オスマン 7 アヴァール 8 ムガル 9 ティムール 10 リトアニア

問3 下線部(1)が初めて名乗ったことで知られる称号は何か。適切な称号名を解答欄に記入しなさい。【記述解答】

問4 前問に関連して，イヴァン3世の孫で，反対派に対する苛烈な弾圧を行って「雷帝」と恐れられた人物として，最も適切なものを次の1～8の中から一つ選びなさい。 ⑦

1　アレクサンドル3世　2　ピョートル2世　3　ニコライ1世

4　ヴラディミル3世　5　フョードル2世　6　パーヴェル3世

7　イヴァン4世　8　ドミトリー1世

問題Ⅲ　次の文章を読んで，後の問いに答えなさい。（配点　25）

16世紀前後，ポルトガルやスペインは，アジアの商業ブームのなかで，アジアと直接交易できる航路の開拓に乗り出した。いわゆる「大航海時代」である。ポルトガルのヴァスコ=ダ=ガマは，（　ア　）南端の喜望峰を経由して，1498年に（　イ　）のカリカットに到着した。その後，ポルトガルはゴアを拠点にアジア進出を本格化させた。1511年には東南アジアの交易要地であった（　ウ　）王国を占領し，モルッカ諸島との香料交易を開始した。

さらに，ポルトガルは中国の（　エ　）に，日本の（　オ　）に拠点を構え，中国や日本との貿易の主力となった。日本においては，これが南蛮貿易と呼ばれ，この貿易に関わる日本の大名たちのなかには，ポルトガル人の布教する［　A　］教に改宗する者もいた。

一方，朝鮮では，日本の豊臣秀吉による2度の侵攻を受けたことで，国土が荒廃した。この日本による侵攻を「文禄・慶長の役」(1)という。江戸幕府になった日本は，当初は東南アジアへの［　B　］貿易を促進し，その結果，東南アジア各地に日本町(2)が形成された。

その後，オランダ商人がアジア貿易に参入し，オランダの［　C　］会社がジャワのバタヴィアに商館を置き，さらに台湾(3)から日本に至る貿易網を拡大していった。オランダの進出によって，次第にポルトガルは，アジアでの勢力を失っていくことになった。

問1　空欄（　ア　）～（　オ　）に入る語句として最も適切なものを，それぞれ次の1～4の中から一つずつ選びなさい。

ア［⑧］　1　北アメリカ　2　南アメリカ　3　オーストラリア　4　アフリカ

イ［⑨］　1　マレーシア　2　インド　3　ビルマ　4　タイ

ウ［⑩］　1　チャンパー　2　アンコール　3　マラッカ　4　マジャパヒト

エ［⑪］　1　香港（ホンコン）　2　北京（ペキン）　3　澳門（マカオ）　4　寧波（ニンポー）

オ［⑫］　1　函館　2　新潟　3　福岡　4　長崎

問2　空欄［　A　］～［　C　］に入る適切な語句を，それぞれ解答欄に記入しなさい。

【記述解答】

問3 下線部(1)は，朝鮮では「壬辰・丁酉倭乱」と呼ばれている。日本の侵攻に抵抗した武将として最も適切な人物を，次の1～4の中から一つ選びなさい。⑬

1 黄宗羲 2 呉三桂 3 李舜臣 4 林則徐

問4 下線部(2)に関連して，**写真1**は，かつて日本町があったホイアンの来遠橋(日本橋)で，1999年に世界文化遺産に登録された。当時は阮氏の支配下にあった地域である。現在のどこの国か，最も適切なものを，次の1～4の中から一つ選びなさい。⑭

1 マレーシア 2 タイ 3 ベトナム 4 フィリピン

写真1

著作権の都合により，類似の写真に差し替えています。ユニフォトプレス提供

問5 下線部(3)「台湾」において，1661年にオランダ勢力を駆逐した武将は誰か，最も適切なものを，次の1～4の中から一つ選びなさい。⑮

1 鄭芝龍 2 李成桂 3 鄭成功 4 李自成

問題Ⅳ　次の文章を読んで，後の問いに答えなさい。（配点　25）

20世紀の前半，現在のベトナム，カンボジア，（　ア　）に当たる地域はフランスの植民地で，「インドシナ」と呼ばれていた。しかし，第二次世界大戦でフランス本国がナチス=ドイツに占領されると，東南アジアの資源を求めていた大日本帝国がこの地域に軍を進駐させた。しかし，共産主義者の［　A　］はベトナム独立同盟会（ベトミン）を結成して抵抗運動を続け，大戦終了直後に北部で「ベトナム民主共和国」の独立を宣言，初代大統領に就任した。

すると，植民地の維持を図るフランスは，ベトナムの最後の皇帝［　B　］を傀儡（かいらい）として「ベトナム国」を発足させ，民主共和国とインドシナ戦争（1946～54年）を戦った。しかし，フランスはベトナム北西部の（　イ　）で大敗。〔　a　〕休戦協定で北緯17度線が南北両ベトナムの軍事境界線と決まった。東南アジアの共産主義化を恐れた米国は，フランスに代わってベトナム情勢に積極的に介入するようになった。1955年，南部で［　C　］がクーデタにより「ベトナム共和国」（南ベトナム）を建国，初代大統領に就任すると，米国はこれを支持して事実上傀儡政権化し，軍事支援した。

これに対し，南ベトナムの反政権主義者たちは1960年，北ベトナムの支援のもと，「南ベトナム解放民族戦線」を結成して抵抗運動を開始した。1964年，米国は自軍の駆逐艦がベトナム側からの魚雷攻撃を受けたとするいわゆる「トンキン湾事件」を自作自演し，翌1965年には報復を口実に（　ウ　）を開始し，また南ベトナムへの米国地上軍の派遣に踏み切った。以降，約10年間にわたってベトナム戦争が続く。

米国は延べ180万人以上の兵員を投入したが，北ベトナム軍と解放民族戦線は密林に隠れてゲリラ戦を展開し，抵抗を続けた。多大な物的・人的損失や内外の反戦運動，国内の厭戦気分等に追い詰められた米国は1973年に〔　b　〕でベトナム和平協定を結んだ。この協定により北ベトナムおよび解放民族戦線との停戦と米国軍の撤退が決まり，当時の米国大統領（　エ　）はそれを実現させた。米国の後ろ盾を失った南ベトナム政府と南ベトナム軍は急速に弱体化し，1975年には首都サイゴンが陥落。これによってベトナム戦争は終結し，ベトナムは統一された。翌1976年，南北統一選挙が実施され，ベトナム（　オ　）共和国が成立した。

問1　空欄（　ア　）～（　オ　）に入る適切な語句を，それぞれ解答欄に記入しなさい。ただし，空欄（　オ　）は漢字4字で記入すること。【記述解答】

問2　空欄［　A　］～［　C　］に入る人名として最も適切なものを，それぞれ次の1～8の中から一つずつ選びなさい。A ⑯，B ⑰，C ⑱

1　グエン=カオ=キ　　2　ゴ=ディン=ジエム　　3　シハヌーク
4　ドアン=クエ　　5　バオダイ　　6　ホー=チ=ミン
7　ポル=ポト　　8　ラナリット

問3 空欄〔 a 〕，〔 b 〕に入る地名として最も適切なものを，それぞれ次の1～6の中から一つずつ選びなさい。a ⑲，b ⑳

1 サンフランシスコ　2 ジュネーヴ　3 パリ
4 ベルリン　5 マドリッド　6 ロンドン

地理

（60分）

問題Ⅰ　図1で示された中国とその周辺国における河川・高原に関する次の文章を読んで，後の問いに答えなさい。（配点　25）

河川（　a　）の流域では，近年，流量の減少が大きな社会問題となっている。この河川の流域の（　b　）高原とその周辺では，土壌が雨滴・流水・風などの作用によって流され飛散する現象(1)が進行しており，周辺国にも深刻な影響(2)を及ぼしている。一方で河川（　c　）の中流・下流域の人びとは昔から洪水被害に悩まされてきた。そこで1990年代から，世界でも有数の大きさを誇る三峡ダム(3)の建設が進められてきた。また，この河川流域では近年の工業発展に伴って酸性雨(4)の被害も増加している。河川（　d　）は国際河川(5)であり，その河口部は（　e　）国に位置している。

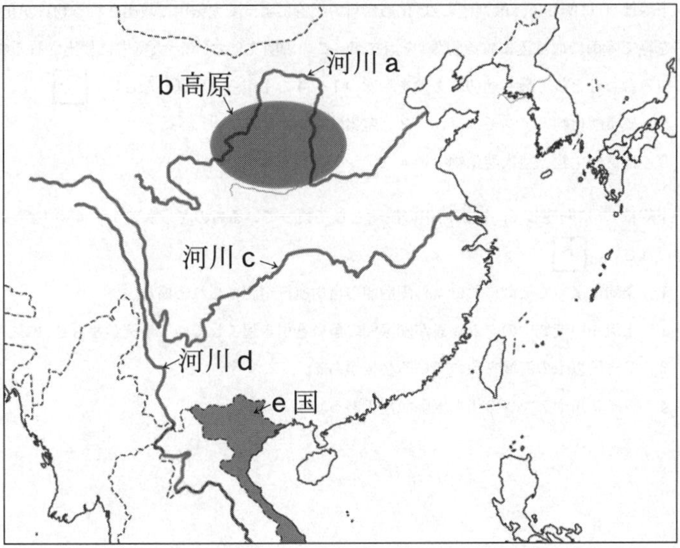

図1

問1　空欄（　a　）～（　e　）に入る適切な語句を，それぞれ解答欄に記入しなさい。

【記述解答】

問2　下線部(1)に関して，この現象を示す語句として最も適切なものを，次の１～４の中から一つ選びなさい。 ①

1　土壌侵食　　2　土壌汚染　　3　土壌塩類化　　4　土壌酸性化

問3　下線部(2)に関連して，日本では「黄砂」という現象が発生している。黄砂の説明として**誤っているもの**を，次の１～４の中から一つ選びなさい。 ②

1　黄砂は日本に飛来する細粒の塵(ちり)そのものを指すこともある。

2　黄砂は夏から秋にかけて最も多く飛来する。

3　近年は黄砂が観測される日数が飛躍的に増加している。

4　大量の黄砂は航空機の運行に影響することもある。

問4　下線部(3)の説明として，**誤っているもの**を次の１～４の中から一つ選びなさい。 ③

1　建設にあたって非常に多くの住民が移住を余儀なくされた。

2　建設によって流域における生態系の破壊が懸念されてきた。

3　このダムは洪水調整が目的であり水力発電の機能は有していない。

4　建設によって河口部における砂泥の堆積量が減少した。

問5　下線部(4)に関して，酸性雨とは「化石燃料の燃焼によって大気中に放出される物質が化学反応を経て降雨に取り込まれる現象」を指すが，この説明文における「大気中に放出される物質」の組み合わせとして最も適切なものを，次の１～４の中から一つ選びなさい。 ④

1　硫黄酸化物とアンモニア　　2　窒素酸化物とオゾン

3　硫黄酸化物と窒素酸化物　　4　アンモニアとオゾン

問6　下線部(5)に関連して，国際河川の説明として**誤っているもの**を，次の１～４の中から一つ選びなさい。 ⑤

1　条約によって流域における外国船舶の自由航行が認められている。

2　上流・中流域でのダム建設が国家間の争いを引き起こしている事例が報告されている。

3　３ヵ国以上の流域を流れている必要がある。

4　ライン川やアマゾン川も国際河川である。

問題Ⅱ　世界の食料問題に関する次の文章を読んで，後の問いに答えなさい。（配点　25）

世界の食料の需要と供給には地域的なかたより(1)が見られ，アフリカやアジアなどの発展途上国では，多くの人々が食料不足や飢餓に苦しんでいる。その要因として，人口増加に追いつかない食料供給，低い食料生産力(2)，干ばつ，過耕作・過放牧による農地の（　A　）化などがあげられる。植民地時代から特定の（　B　）の栽培を優先させられ，自給穀物の食料増産に力を入れられなかったこともあげられる。課題解決のための食料を支援し，自立した農業を確立させるため，先進国が中心となり国際支援(3)を行ってきた。一方，北アメリカ，ヨーロッパなどの先進国では，豊かな食料生産を維持している国もあれば，食料を大量に輸入している国もある(4)。食生活の多様化が進み，肉類の消費増に伴い，トウモロコシなど多くの（　C　）用作物が必要となるという課題や，食べることのできるものを廃棄するという問題(5)もある。

問1　文中の空欄（　A　）～（　C　）に入る適切な語句を，それぞれ解答欄に記入しなさい。ただし，（　A　）と（　C　）は漢字2字，（　B　）は漢字4字で記入すること。【記述解答】

問2　下線部(1)に関連して，**表1**は，世界各国のトウモロコシと肉類の貿易の輸出，輸入を表したものである。**表1**中の（　a　）と（　b　）に該当する国として最も適切なものを，それぞれ次の1～5の中から一つずつ選びなさい。a ⑥ ，b ⑦

表1

トウモロコシの貿易

	2019年	万トン	%
輸出	（ a ）	4,275	23.3
	アメリカ	4,156	22.6
	アルゼンチン	3,608	19.6
	ウクライナ	2,446	13.3
	ルーマニア	668	3.6
	世界計	**18,375**	**100.0**
輸入	日本	1,599	8.8
	メキシコ	1,547	8.5
	ベトナム	1,145	6.3
	韓国	1,137	6.3
	スペイン	1,001	5.5
	世界計	**18,178**	**100.0**

肉類の貿易

	2018年	万トン	%
輸出	アメリカ	792	15.6
	（ a ）	714	14.1
	ドイツ	356	7.0
	オランダ	344	6.8
	スペイン	253	5.0
	世界計	**5,077**	**100.0**
輸入	（ b ）	368	7.9
	日本	341	7.4
	ドイツ	270	5.8
	イギリス	238	5.1
	アメリカ	231	5.0
	世界計	**4,638**	**100.0**

（『データブック オブ・ザ・ワールド 2022年度版』より）

1　フランス　　2　ブラジル　　3　ロシア　　4　中国　　5　オーストラリア

問3　下線部(2)に関連し，図1中のA～Dは，アメリカ合衆国，ナイジェリア，アルゼンチン，中国のいずれかの国の2018年の「耕地・収穫面積1haあたりの肥料消費量と穀物収穫量」を表したものである。A～Dに該当する国の組み合わせとして最も適切なものを，次の1～4の中から一つ選びなさい。 ⑧

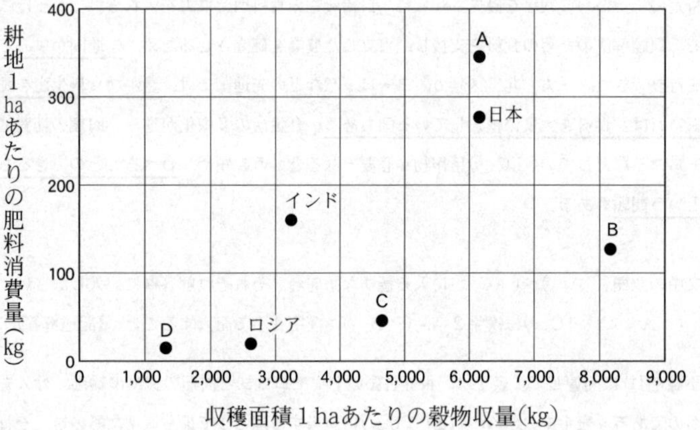

図1

(『世界国勢図会 2021/22』より作成)

	A	B	C	D
1	アメリカ合衆国	アルゼンチン	ナイジェリア	中国
2	アルゼンチン	ナイジェリア	中国	アメリカ合衆国
3	ナイジェリア	中国	アメリカ合衆国	アルゼンチン
4	中国	アメリカ合衆国	アルゼンチン	ナイジェリア

問4　下線部(3)についての説明として**誤っているもの**を，次の1～4の中から一つ選びなさい。 ⑨

1　国連は国連食糧農業機関を通じて，各国の食糧や農産物の増産・分配などを図っている。

2　ネリカ米は，アフリカ種の稲とアジア種の稲を交配し開発した新種の稲である。

3　1960年代の「緑の革命」によりアフリカでは穀物が飛躍的に増産された。

4　日本の国際協力機構(JICA)では，農業技術支援で青年海外協力隊員を派遣している。

問5　下線部⑷に関連して，**図2**の**ア**～**エ**は，フランス，日本，カナダ，イギリスのいずれかの国の「食料自給率」の推移である。**ア**～**エ**に該当する国の組み合わせとして最も適切なものを，次の1～4の中から一つ選びなさい。 ⑩

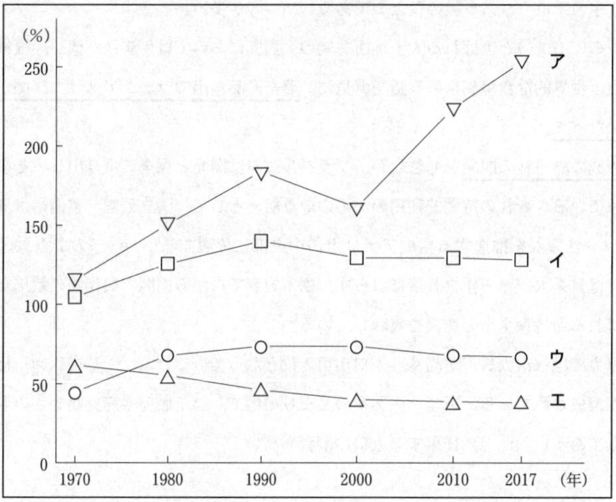

＊ 食料自給率(カロリーベース)は，総供給熱量に占める国産供給熱量の割合

図2

(『世界国勢図会 2021/22』より作成)

	ア	イ	ウ	エ
1	フランス	日本	カナダ	イギリス
2	カナダ	イギリス	フランス	日本
3	フランス	カナダ	日本	イギリス
4	カナダ	フランス	イギリス	日本

問6　下線部⑸のような状況を何とよんでいるか。適切な語句を5字以内で，解答欄に記入しなさい。【記述解答】

問題Ⅲ　ラテンアメリカに関する次の文章を読んで，後の問いに答えなさい。（配点　25）

16世紀以降，ヨーロッパから中央・南アメリカに移住したのはおもにラテン系の人々であった。そのため，(　a　)語を公用語とするブラジルのほか，ペルーやベネズエラなど(　b　)語を公用語にする国が多く，宗教ではキリスト教のひとつである(　c　)が多い。

アルゼンチンの(　d　)とよばれる大土地所有制の大農園においては生産性が低く，機械化も十分に進まなかった。世界的な食糧価格の高騰を背景に，(1)農畜産品輸出でラテンアメリカ諸国が高い割合を占めるようになった。

(2)アマゾン川流域の熱帯林の開発が進むなか，ブラジル政府は開発と保全に乗り出し，その行方は世界から注目されている。森林の持続的利用のための取り組みとして，国立公園の整備や世界遺産登録によってエコツーリズムを推進する中央アメリカの中央部に位置する(　e　)のような国も見られる。アマゾンでは日系人が単一作物栽培によらず，樹木を育てながら樹間で農作物の栽培などを行う(　f　)とよばれる環境保全型の農業を実践している。

ラテンアメリカでは都市人口率が高く，人口が第1位となっている(　g　)都市への一極集中が見られ，スラムが形成されている。近年，失業率の高まりの中で，路上販売や廃棄物やごみ収集など不安定な経済活動である(　h　)に従事する人口の割合も高い。

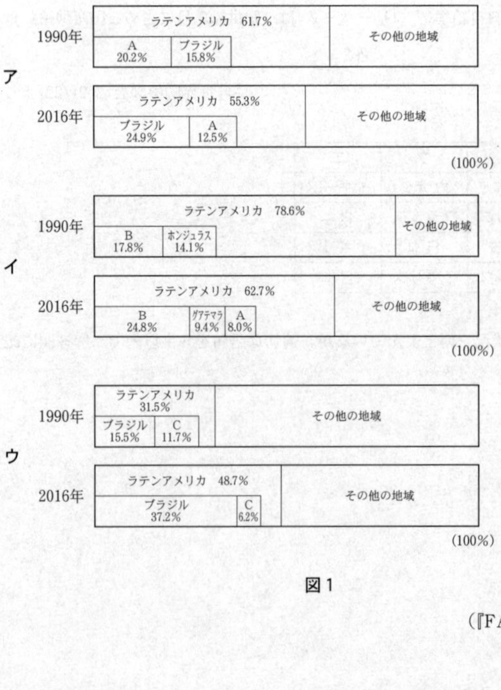

図1

（『FAOSTAT 2017年』より作成）

問1　空欄(　a　)〜(　h　)に入る適切な語句を，それぞれ解答欄に記入しなさい。ただし，(　g　)については漢字２字，他はカタカナで記入すること。【記述解答】

問2　下線部(1)に関連して，**図１**は世界のコーヒー・大豆・バナナの輸出に占めるラテンアメリカの割合(1990年と2016年)を示したものである。また，**図１**中のＡ，Ｂ，Ｃはラテンアメリカの国を示している。**ア〜ウ**に該当する農産品の組み合わせとして最も適切なものを，次の１〜４の中から一つ選びなさい。⑪

	ア	イ	ウ
1	コーヒー	大豆	バナナ
2	バナナ	コーヒー	大豆
3	大豆	バナナ	コーヒー
4	コーヒー	バナナ	大豆

問3　下線部(2)に関する説明として**誤っているもの**を，次の１〜４の中から一つ選びなさい。⑫

1　アマゾン横断道路を建設し，土地を持たない農民やスラムに暮らす人々を移住させた。

2　アマゾン川の支流には多くのダムが建設され，熱帯林がダム湖に沈んだ。

3　カラジャス鉄山などの鉱産資源の開発によって，熱帯林破壊や土壌侵食が進んだ。

4　先住民の伝統的な焼畑農業が，熱帯林の大規模な破壊につながった。

問4　次の**ア〜カ**の文は，ラテンアメリカの自然について述べたものである。**ア〜カ**の中で下線部分が**誤っているもの**を二つ選び，その記号と訂正した適切な語句を，それぞれ解答欄に記入しなさい。【記述解答】

ア　アンデス山脈は変動帯に属しており，岩峰や氷河谷が各所にみられ険しい。

イ　ブラジル高原に広く分布する草丈の長い草原をカンポという。

ウ　アマゾン盆地の中心は熱帯雨林気候で，リャノと呼ばれる熱帯雨林が茂っている。

エ　ラプラタ川下流地域は温暖湿潤気候で肥沃な黒色土のパンパが広がる。

オ　チリ中部には地中海性気候，その南側には西岸海洋性気候が見られる。

カ　アンデス山脈の最南部はパタゴニアとよばれ，貿易風の影響を強く受ける。

問題Ⅳ　次の文章を読んで，後の問いに答えなさい。（配点　25）

夏休みに木曽山脈の山麓にあるおじさんの家に行くことになった。家は◯をつけたあたり（図1右側中央）で，２万5000分の１の地形図（図１）で調べてみると，家は，山脈から流れてくる川のそばの高い崖の上にある。

まず，おじさんの家のまわりの土地利用について，地図から調べてみた。(1) 実際に行って，地図と同じになっているかどうか確かめてみたい。川をはさんで，A――B断面図をつくり，(2) また川の方向に沿って，C――Dの断面図をつくって，地形のできかたを考えてみた。(3) E（⚡）地点にある施設まで，道があるので，行ってみて，そこから台地の上までのびているF（-------）のような施設の役割について，前もって考えたことが当たっているか，確かめてきたい。(4)

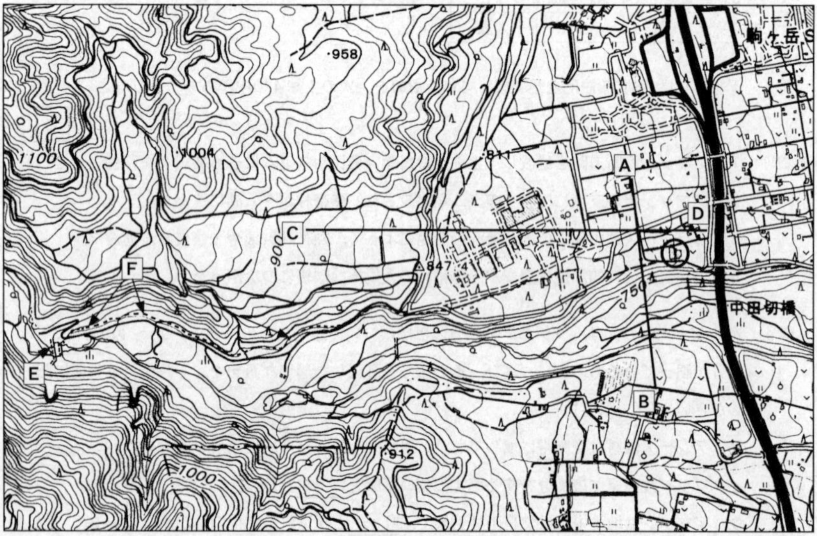

図１

（国土地理院「赤穂」1：25,000　平成28年１月発行　150％拡大）

編集部注：編集の都合上，75%に縮小

問１　下線部(1)に関して，崖の上の台地面になっているA，Bのまわりの土地利用について，**誤っているもの**を，次の１～４の中から一つ選びなさい。⑬

1　水田や果樹園が見られる。

2　畑も一部に見られる。

3　植生は，主に広葉樹林である。

4　農地が多いが，一部には大きな建物が見られる。

問2　下線部(2)に関して，A――Bの断面図を描いてみると，どのようなことがわかるか，**誤っているものを**，次の1～4の中から一つ選びなさい。⑭

1　A，B地点は，ともに西から東にゆるやかに傾斜する河岸段丘面の上にある。

2　A――B断面で，最も低い地点の標高は，約740mである。

3　A，B地点の標高は，ほぼ770mである。

4　A，B地点のある台地面は，同じ時期にできた河岸段丘面と考えられる。

問3　下線部(3)に関して，C――Dの地形断面図として最も適切なものを，次の1～4の中から一つ選びなさい。⑮

1
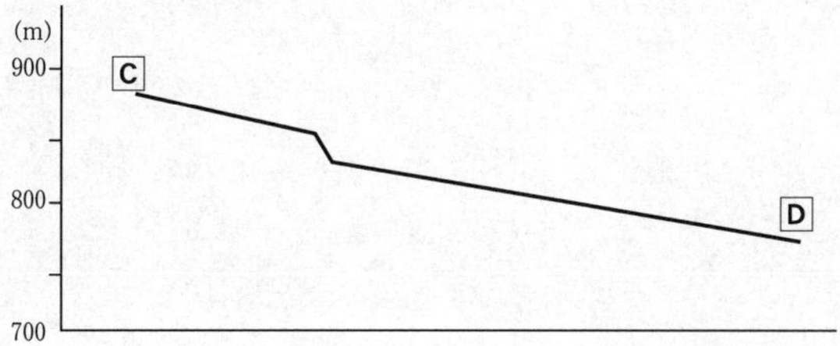

2
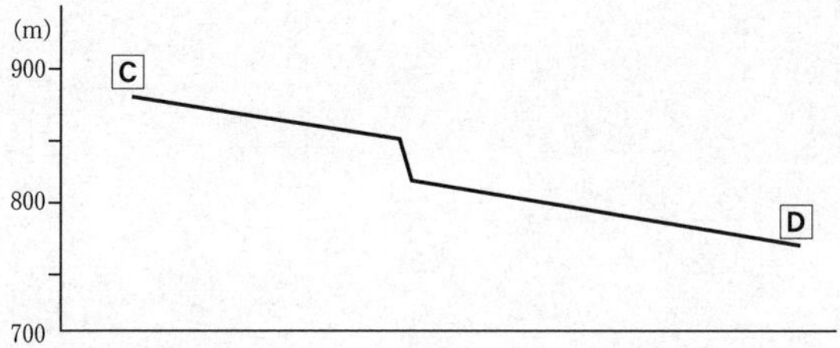

3
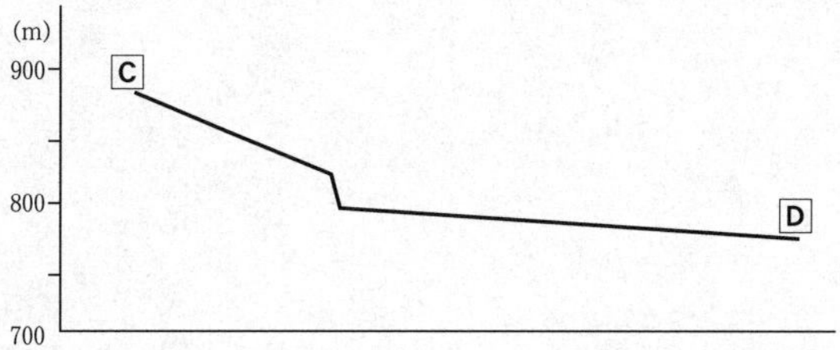

4
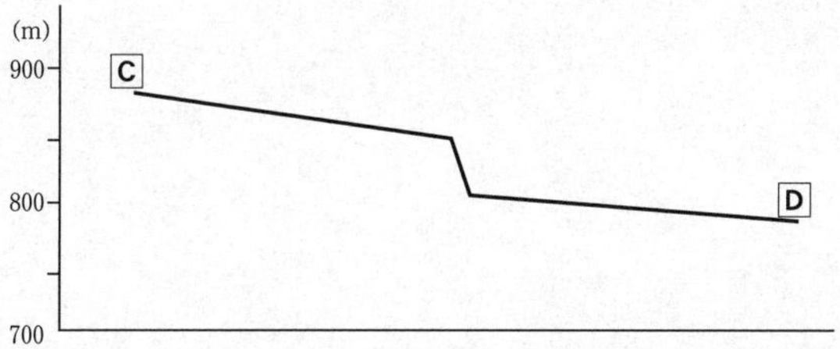

問4　C —— D の断面図を描いた結果，この地形は，途中に見られる崖で，２つの部分に分かれることがわかった。崖より左(西)側の部分と，崖より右(東)側の部分が，かつては一続きの同じ段丘面だったとすると，この崖は何によってできたと考えられるか。最も適切な要因(原因)を，次の１～４の中から一つ選びなさい。⑯

1　河川の侵食　　2　山崩れ　　3　断層運動　　4　人工的な地形改変

問5　下線部(4)に関して，E([illegible])の施設と，そこからほぼ道に沿って，台地上までのびているF(-------)のような施設は何か。適切な名称を，それぞれ解答欄に記入しなさい。

また，これらの施設(E及びF)がつくられた目的を，４字以内で解答欄に記入しなさい。

【記述解答】

政治・経済

(60分)

問題 I

次の会話文を読んで，後の問いに答えなさい。(配点　25)

教員：新型コロナウイルスの感染(1)が2020年の初めに日本でも確認されて以来，日本の学校の様子も大きく変わりましたね。

学生：僕が高校２年生になってすぐ，緊急事態宣言が出されて，高校が休校になってしまいました。その時は，勉強が遅れるのではないかとか，部活の大会はどうなるんだろうかとめちゃくちゃ不安でした。これは，「何とか特措法(2)」とか呼ばれる法律に基づく措置だった気がするんですけど。

教員：ああ，新型インフルエンザ等対策特別措置法(3)という法律ですね。この法律は，2009年に世界的に流行した新型インフルエンザへの対応が混乱したことを教訓に，いろいろ議論がなされて，2012年に制定されました。今回，この法律が改正されて，新型コロナウイルス感染症も適用の対象とされたことから，規定にあった緊急事態宣言が出されました。

学生：ニュースなどを見ていると，国と地方自治体の関係(4)がいまひとつわからないんですけど。国と知事とが何か揉めてるような印象もあるんですが。どうなんでしょう。

教員：少しわかりにくいですよね。まず，緊急事態を宣言する権限を持つのは，政府対策本部長である首相ですね。宣言の要件は２つあって，① 国民の生命や健康に著しく重大な被害を与える恐れがあることと，② 全国的かつ急速なまん延により国民生活と経済に甚大な影響を及ぼす恐れがあることです。宣言を出す際には，首相は専門家の意見を聞くことになっています。ただ，自治体の要請が必要なわけではありません。

学生：では自治体の役割(5)は何ですか。

教員：緊急事態宣言は，都道府県単位で出されます。指定された都道府県の知事は，不要不急の外出の自粛や飲食店の休業を要請したり，学校や福祉施設といった施設の使用制限を指示したり，臨時の医療施設を開設したりするなどの権限を持ちます。知事がこのような権限を持つのは，地域の実情に合わせて，いろいろな措置を講ずることができるようにするためですね。(6)

学生：そうか，それで僕の高校が休校になったんですね。それと，僕もよく行くカラオケのお店や映画館も閉まってしまいました。その説明のために，知事がよく記者会見を開いていたんですね。

教員：それ以外にも，自治体独自でいろいろな「宣言」を出しました。(7)

学生：そういえば，「まん防」っていうのもありましたね。これについても聞きたいのですが，今日はもう頭が一杯一杯なのでまた今度にします。

教員：まん延防止等重点措置のことですね。それについては，また質問に来てください。

問１　下線部(1)に関連して，感染症の問題に関する以下の(a)と(b)の問いに答えなさい。

(a)　アメリカから輸入した非加熱血液製剤の投与により血友病の患者がウイルスに感染した事件は何か。その事件名として最も適切なものを，次の１～４の中から一つ選びなさい。①

1　サリドマイド薬害事件　　2　薬害エイズ事件

3　スモン事件　　4　薬害Ｃ型肝炎事件

(b)　「らい予防法」(1996年廃止)によって強制隔離された〔　A　〕病の元患者などが，人権を侵害されたことを理由に起こした国家賠償請求訴訟で，2001年，熊本地方裁判所は，国の責任を認め損害賠償を命ずる判決を下した。空欄〔　A　〕に入る適切な語句を，カタカナ４字で解答欄に記入しなさい。【記述解答】

問２　下線部(2)には，緊急事態などに際して現行の法制度では対応できない場合に，集中的に対処する目的で特別に制定される法律もあるが，2003年のイラク戦争を受けて成立し，自衛隊がイラクに派遣される根拠となった特別措置法は何か。適切な法律の名称を，解答欄に記入しなさい。【記述解答】

問３　下線部(3)に関連して，以下の(a)と(b)の問いに答えなさい。

(a)　下線部(3)のような法律に基づき，感染症の予防や拡大防止のための対策は，憲法第25条２項が国の責務として列挙する〔　B　〕の１つである。空欄〔　B　〕に入る適切な語句を，漢字４字で解答欄に書きなさい。【記述解答】

(b)　上の(a)で答えた制度とは明らかに**関係のないもの**を，次の１～４の中から一つ選びなさい。②

1　健康増進対策　　2　公害対策　　3　精神衛生対策　　4　少子化対策

問４　下線部(4)に関連して，以下の(a)と(b)の問いに答えなさい。

(a)　1999年に機関委任事務を廃止するなどを定めた法律が制定されたが，その法律の名称として最も適切なものを，次の１～４の中から一つ選びなさい。③

1　地方分権改革推進法　　2　財政健全化法

3　地方分権一括法　　4　三位一体改革法

(b)　上の(a)で答えた法律は，自治体の事務を自治事務と法定受託事務に再編したが，法定受託事務とは明らかに**関係のないもの**を，次の１～４の中から一つ選びなさい。④

1　旅券の発行　　2　病院・薬局の開設許可　　3　戸籍事務　　4　国政選挙

問５　下線部(5)に関連して，保健所に関する以下の(a)と(b)の問いに答えなさい。

(a)　1994年に保健所と市町村が別々に提供してきた福祉サービスを一元的に実施するために制定された法律は何か。その法律の名称として最も適切なものを，次の１～４の中から一つ選びなさい。⑤

1 老人福祉法　2 児童福祉法　3 地域再生法　4 地域保健法

(b) 上の(a)で答えた法律により，都道府県には保健所が設置され，市町村には市町村〔 C 〕が設置された。空欄〔 C 〕に入る適切な語句を，解答欄に記入しなさい。【記述解答】

問6 下線部(6)の要請に基づき，地方自治体には条例制定権が与えられているが，条例制定権についての説明として，明らかに**誤っているもの**を，次の1～4の中から一つ選びなさい。⑥

1 条例は憲法上，法律の範囲内で制定されなければならないとされている。

2 条例は，条例に違反した者を罰するための規定を設けることができない。

3 条例は，地方税法によって規定された税以外の税を新設することができる。

4 条例は，その制定に首長が異議のある場合には，再議に付されることがある。

問7 下線部(7)に関連して，自治体が，同じ対象に対して法律よりも強い規制をかける条例は何と呼ばれるか。適切な名称を，解答欄に記入しなさい。【記述解答】

問題Ⅱ 次の文章を読んで，後の問いに答えなさい。(配点 25)

憲法第19条は，「思想及び良心の自由は，これを侵してはならない」と規定し，心の中や頭の中における自由，すなわち内面的な精神活動の自由を保障しています。そのような思想・良心の自由は，〔 A 〕の自由とも呼ばれます。思想・良心の自由は，精神活動の自由の中でも，最も根本的で重要なものと考えられています。思想・良心は，個人の「ものの見方や考え方」を意味し，世界観，歴史観，主義，主張などが含まれますが，事実に関する単なる認識や記憶は含まれないとされています。精神的活動が個人の内部にとどまる限りは，政府が個人の〔 A 〕に立ち入るべきではなく，また，他者の権利・利益や社会全体の利益との衝突も生じないため，〔 B 〕に保障され，いかなる制約も受けないと考えられています。

思想・良心の自由を実質的に保障するためには，表現の自由が必要です。「思想の自由〔 C 〕」(商品が〔 C 〕で競い合うように，多様な思想が競い合いすぐれた思想が選ばれていくこと)により，民主主義を維持・発展させることが重要だと考えられるのです。他方，個人がどのような考えをいだいているかを明らかにするように政府から強制されないという〔 D 〕も，思想・良心の自由に含まれます。

憲法は，「信教の自由(1)は，何人に対してもこれを保障する」(第20条1項前段)と定めています。信教の自由とは，〔 E 〕の自由と同じ意味です。

憲法は，個人の信教の自由を規定するだけではなく，国家と〔 E 〕の分離の原則(政教分離の原則)を定めています。これは，神社〔 F 〕が国家〔 F 〕とされて軍国主義の精神的な支柱となり，神社の信仰に抵触する教えが弾圧されるなど，明治憲法時代の「信教ノ自由」の保障が不十分であったことを踏まえたものです。このように，政教分離の原則は，信教の自由の保障を確保するために，憲法によって保障されるものであるとされます。(2)

しかし，〔　E　〕はさまざまな場面で社会生活と関係しているため，国家が社会生活に規制を加えたり，助成や援助などを行うにあたって，〔　E　〕とのかかわり合いが生ずることは避けられません。文化財である神社・寺院の建築物や仏像の維持・保存のための補助金の支出は，政教分離の原則に違反するから許されないということにはならないはずです。国家は実際には〔　E　〕と「ある程度」のかかわり合いをもたざるを得ないという前提に立つと，そのかかわり合いは「どの程度」まで許されるのかが問題となります。(3)いいかえれば，具体的な国家の行為が第20条３項で禁止される活動に該当するか否かを判断する基準が必要となるのです。(4)

問１　空欄〔　A　〕，〔　C　〕，〔　E　〕，〔　F　〕に入る適切な語句を，それぞれ漢字２字で解答欄に記入しなさい。【記述解答】

問２　空欄〔　B　〕に入る語句として最も適切なものを，次の１～４の中から一つ選びなさい。 ⑦

１　絶対的　　２　抽象的　　３　人道的　　４　実質的

問３　空欄〔　D　〕に入る語句として最も適切なものを，次の１～４の中から一つ選びなさい。 ⑧

１　告知・聴聞の権利　　２　沈黙の自由　　３　黙秘権　　４　告白の自由

問４　下線部(1)に含まれるものとして，明らかに**誤っているもの**を，次の１～４の中から一つ選びなさい。 ⑨

１　信仰に関わる儀式や行為をする自由　　２　積極的に布教活動を行う自由

３　国教を樹立する自由　　４　いかなる信仰も持たない自由

問５　下線部(2)に関する説明として最も適切なものを，次の１～４の中から一つ選びなさい。 ⑩

１　国民の信教の自由に干渉することになるので，裁判所は政教分離の原則を厳格に解釈してはならない。

２　公有地を，古くからある地元の神社の敷地として無償で長期間使用させていたとしても，政教分離の原則に違反しない。

３　終戦記念日に首相・閣僚が靖国神社を公式参拝することは，戦没者の慰霊のためであって，政教分離の原則とは関係がない。

４　国家は，例えば仏教信者の団体に特権を与えたり，キリスト教信者の団体に対して公金を支出したりしてはならない。

問６　下線部(3)に関する最高裁判決の説明として最も適切なものを，次の１～４の中から一つ選

びなさい。 ⑪

1　愛媛県が靖国神社や護国神社に対する「玉串料」等を公費から支出したことは，憲法違反であると判断された。

2　三重県の津市が体育館建設の際に地鎮祭を挙行したことは，明らかに憲法に違反すると判断された。

3　大阪府の箕面市が市有地に公費で忠魂碑の移設をしたことは，記念碑(史跡)の保護のためであって，政教分離の原則が問題となるものではないと判断された。

4　殉職した自衛官を遺族の意志に反して護国神社に祀ったことの是非をめぐる自衛官合祀拒否訴訟では，政府の行為が最高裁によって初めて政教分離の原則に違反すると判断された。

問7　下線部(4)について，実際に政教分離の原則が問題となった事件で，最高裁判所は，どのような基準を用いてきたか。その内容を，60字以内で解答欄に記入しなさい。【記述解答】

問題Ⅲ　次の文章を読んで，後の問いに答えなさい。(配点　25)

国際金融市場の成長は著しい。グローバル化は，金融の自由化(1)と歩調を合わせて進んでいる。巨大なマネーが国境を越えて世界を駆け巡っており，実体経済を上回る金融活動の拡大は，世界経済を大きく揺さぶっている。特に，近年になって急成長しているのは，デリバティブ(2)と呼ばれる金融派生商品である。

1980年代から進展した金融活動の規制緩和は，金融のグローバル化をもたらした。グローバル化が進展するにつれて，巨額の資金が，無税または低い税率しか課さない国や地域に逃避し，資金の流れを不透明にしている。また，規制が大幅に緩和されると，ヘッジファンド(3)や，預金・貸出業務をおこなわず企業の資金調達の支援や合併・買収などのアドバイスをおこなう〔　A　〕の活動の余地が拡大した。ヘッジファンドは，国際金融市場で大きな影響力を持っている。ヘッジファンドは，ヘッジという名称が付いているにもかかわらず，〔　B　〕だが〔　C　〕を狙う資産運用を目指すことも多く，莫大な投機的資金を世界的に移動させることから，世界経済を混乱させる傾向も見られる。例えば，1997年には，タイの通貨であるバーツの暴落が引き金となって起こった国際通貨危機である〔　D　〕通貨危機が発生している。

アメリカでは，2000年初頭のＩＴ〔　E　〕の崩壊により，金融緩和が進められた。アメリカの金融機関は，サブプライム・〔　F　〕などの債権を材料に大量の高利回り証券を発行した。こうした金融商品が〔　G　〕に高く評価されたこともあって，リスクが十分に認識されないまま，世界中の金融機関や投資家に売却された。ところが，アメリカの住宅〔　E　〕の崩壊によって，サブプライム・〔　F　〕の返済が滞り不良債権化すると，2008年にリーマン・ブラザーズが経営破綻した。この破綻が引き金となって世界金融危機が発生した(4)。世界金融危機による世界的景気後退に対応するため，2008年にG(5)

20が開催され，加盟国の財政出動や，先進国中央銀行の量的緩和による国際的な危機対応策がとられた。世界金融危機を教訓に，金融危機再発防止を目指した国際的な金融規制の強化が進んでいる。

問1　空欄〔　A　〕に入る語句として最も適切なものを，次の1～4の中から一つ選びなさい。 ⑫

1　地方銀行　　2　発券銀行　　3　都市銀行　　4　投資銀行

問2　空欄〔　B　〕と〔　C　〕に入る語句の組み合わせとして最も適切なものを，次の1～4の中から一つ選びなさい。 ⑬

1　B：ハイリスク　—　C：ハイリターン

2　B：ハイリスク　—　C：ローリターン

3　B：ローリスク　—　C：ローリターン

4　B：ローリスク　—　C：ハイリターン

問3　空欄〔　D　〕に入る適切な語句を，カタカナで解答欄に記入しなさい。【記述解答】

問4　空欄〔　E　〕に入る適切な語句を，カタカナで解答欄に記入しなさい。【記述解答】

問5　空欄〔　F　〕に入る適切な語句を，カタカナで解答欄に記入しなさい。【記述解答】

問6　空欄〔　G　〕に入る語句として最も適切なものを，次の1～4の中から一つ選びなさい。 ⑭

1　格付け機関　　2　コール市場　　3　世界銀行　　4　連邦準備制度理事会

問7　下線部(1)に関連して，1998年に金融システム改革法によって実施された日本版金融〔　H　〕は，フリー，フェア，グローバルの3つの原則を掲げた。空欄〔　H　〕に入る適切な語句を，カタカナで解答欄に記入しなさい。【記述解答】

問8　下線部(2)の説明として最も適切なものを，次の1～4の中から一つ選びなさい。 ⑮

1　小さな元手で大きな運用を可能にする手法のこと。

2　株式や為替などの取り引きで生じる損失を回避するために開発された取り引きのこと。

3　外国為替市場に国が直接的な制限を加えること。

4　国際経済の決済手段として用いられる資金のこと。

問9　下線部(3)の説明として最も適切なものを，次の1～4の中から一つ選びなさい。 ⑯

1　国際収支の悪化が成長を制約すること。

2　金融業界に競争原理を取り入れること。

3　限られた大口投資家から私的に資金を集めて金融商品を運用する投機的性格の強い投資信託のこと。

4　巨大な預金残高を持ち，収益も大きな銀行のこと。

問10　下線部(4)の背景には，アメリカの経常収支赤字の巨大化があった。アメリカが経常収支赤字を計上する一方で，中国やドイツ，産油国が経常収支黒字となっている状況をグローバル・〔　I　〕と言う。空欄〔　I　〕に入る語句として最も適切なものを，次の1～4の中から一つ選びなさい。⑰

1　スタンダード　　2　ガバナンス　　3　トレーディング　　4　インバランス

問11　下線部(5)に関連して，G5(先進5ヵ国財務相・中央銀行総裁会議)もあるが，G5に入らない国として最も適切なものを，次の1～6の中から一つ選びなさい。⑱

1　アメリカ　　2　ドイツ　　3　イギリス　　4　フランス

5　日本　　6　ロシア

問題Ⅳ

次の文章を読んで，後の問いに答えなさい。(配点　25)

司会者：株式会社H社の株主の皆さまご参加ありがとうございます。まず役員一同を紹介します。当社の日常の経営業務を実行する〔　A　〕のKです。そして経営の実態を監視および調査する〔　B　〕のSです。これからKが今年度の経営報告をします。

K　氏：今年度は当初目標とした当期純利益を達成できました。具体的にはM＆A(1)を通じて事業の拡大に成功し，リストラクチャリング(2)によりコストを削減しました。したがって，〔　C　〕の一部の還元を昨年度より増やしたいと思います。

司会者：次に，Sから報告があります。

S　氏：私と同様に前年度の〔　D　〕で選出されたKは1年間経営活動に専念しました。これからも高配当を維持するなど，株式会社が重視する〔　E　〕の最大化のための経営を期待します。

司会者：それでは次の議案について投票を実施します。株主の皆さま議決権を行使してください。

議案1．剰余金の処分の件 議案2．K氏の再任の件 議案3．S氏の再任の件

〈以下は，株主1～4が議決権を行使した際のそれぞれの立場である。〉

株主1：(議案1について)競合他社は設備投資を増やしている。したがって，当社は成長のためにもっと〔　F　〕が必要だと思う。

株主2：(議案1について)配当を増やすというK氏を支持する。私はもっと配当が欲しい。

株主3：(議案1について)配当性向(株主に還元できる当期純利益に対する実際に還元した金額の比(3)

率)をみると，この会社は昨年度35％だったが，同業種の他社に比べると高すぎる。

株主４：(議案３について)Ｋ氏の他にこのＭ＆Ａを成功させる人はいないと思う。これからＫ氏の経営に期待する。だけどＫ氏はＳ氏と個人的な知り合いのようなので，Ｓ氏は役割を果たせないと思う。

問１　空欄〔　A　〕，〔　B　〕に入る語句の組み合わせとして最も適切なものを，次の１～４の中から一つ選びなさい。⑲

1　A：労働組合　—　B：会計監査人　　2　A：取締役会　—　B：労働組合

3　A：監査役会　—　B：会計監査人　　4　A：取締役会　—　B：監査役会

問２　空欄〔　C　〕に入る語句として最も適切なものを，次の１～４の中から一つ選びなさい。⑳

1　減価償却費　　2　法人税　　3　利息　　4　利潤

問３　空欄〔　D　〕に入る語句として最も適切なものを，次の１～４の中から一つ選びなさい。㉑

1　経営陣総会　　2　取引先総会　　3　株主総会　　4　社員総会

問４　空欄〔　E　〕に入る語句として最も適切なものを，次の１～４の中から一つ選びなさい。㉒

1　商品価値　　2　経営価値　　3　経済価値　　4　株主価値

問５　空欄〔　F　〕に入る語句として最も適切なものを，次の１～４の中から一つ選びなさい。㉓

1　内部留保　　2　賞与支給　　3　負債拡大　　4　公益事業

問６　株主１～４の立場から予想される議決権の行使(賛成または反対)の組み合わせとして最も適切なものを，次の１～４の中から一つ選びなさい。㉔

1　株主１(議案１について)：賛成
　株主２(議案１について)：賛成
　株主３(議案１について)：反対
　株主４(議案３について)：反対

2　株主１(議案１について)：賛成
　株主２(議案１について)：反対
　株主３(議案１について)：賛成
　株主４(議案３について)：賛成

3　株主１（議案１について）：反対

株主２（議案１について）：賛成

株主３（議案１について）：反対

株主４（議案３について）：賛成

4　株主１（議案１について）：反対

株主２（議案１について）：賛成

株主３（議案１について）：反対

株主４（議案３について）：反対

問7　下線部(1)「M＆A」のMに該当する最も適切なものを，次の１～４の中から一つ選びなさい。 ㉕

1　研究開発　　2　買収　　3　売却　　4　合併

問8　下線部(2)「リストラクチャリング」に該当する語句として最も適切なものを，次の１～４の中から一つ選びなさい。 ㉖

1　非対称情報の状態　　2　相乗効果

3　公開市場操作　　4　事業再構築

問9　昨年度，H社の当期純利益が30億円の場合，下線部(3)に基づき，実際に還元した金額を求めよ。【記述問題】

数学

（60分）

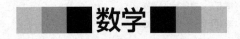

（解答のプロセスも解答用紙に記述すること）

問題Ⅰ （配点 25）

100人の生徒の中で「生物」を選択している者は56人，「化学」を選択している者は50人，どちらでもない者は20人である。このとき，次の者の人数をそれぞれ求めよ。

(i) 「生物」と「化学」の両方を選択している者

(ii) 「生物」だけ，または「化学」だけを選択している者

問題Ⅱ （配点 25）

以下の問いに答えよ。

(i) 不等式 $x^2 - 2x < 0$，$x^2 - 5x + 4 > 0$ をともに満たす x の値の範囲を求めよ。

(ii) (i)の範囲で、x の不等式 $x^2 - 2mx - m + 12 > 0$ がつねに成り立つような定数 m のとり得る値の範囲を求めよ。

問題Ⅲ　(配点　25)

座標平面上に次の 3 つの直線がある。

①　$\frac{\sqrt{3}}{3}x + y = c$ (c は正の定数)　　②　$x - y = 0$　　③　$y = 0$

以下の問いに答えよ。

(i)　この 3 つの直線で囲まれる三角形を考えたとき，この三角形の最大の内角の角度を求めよ。

(ii)　定数 c を別の定数 c' に設定するとき，直線 ① と直線 ② の交点は点 A から点 A' に変わる。$c' = c + 1$ のとき，点 A と点 A' の距離を求めよ。

(iii)　c から $c' = c + 1$ に変わったとき，この三角形の面積は元の面積の何倍になるかを c で表せ。

(iv)　この三角形の重心の座標を c の式で表せ。

問題Ⅳ　(配点　25)

20名の力士が次の 3 つの条件で，数日間での相撲の試合を行う。

＜条件 1＞　毎日全員 1 回相撲をとり，勝敗が決まる。

＜条件 2＞　各力士は他の19名の力士と必ず 1 回だけ相撲をとる。

＜条件 3＞　全員が相撲の取り組みを終えて同じ勝ち星の力士が複数いたら，その力士の間で優勝決定戦を行う。

以下の問いに答えよ。ただし，優勝決定戦は，取り組み数には含めないこととする。

(i)　1 日の取り組み数を求めよ。

(ii)　取り組み総数を求めよ。

(iii)　何日間であればすべての取り組みを終えることができるかを求めよ。

(iv)　全員相撲を取り終えた結果，1 敗での優勝決定戦が行われる場合，その決定戦を行う力士は 3 名を超えないことを証明せよ。

問六　傍線部㈤は「いきさつ」という意味の熟語である。空欄（　X　）に当てはまる適切な漢字一字を解答欄に記入しなさい。【記述解答】

問七　傍線部㈥「アンダースコアの役割」を次のように端的にまとめた。空欄 Ⅱ と空欄 Ⅲ に当てはまる適切な言葉を、本文中から抜き出して解答欄に記入しなさい。なお、空欄 Ⅱ は五字以内、空欄 Ⅲ は十三字以上十五字以内とする。【記述解答】

アンダースコアは Ⅱ にあり、ミュージカルの Ⅲ を繋ぐ役割を担っている。

問八　傍線部㈦の説明として最も適切なものを、次の1～4の中から一つ選びなさい。⑭

1　物語内の登場人物にとっては、歌の間もそれまでと同じように自然に時間が流れているということ。
2　物語内の登場人物にとっては、歌の台詞は人物の口から聞こえ、旋律と伴奏はどこからともなく聞こえてきているということ。
3　物語内の登場人物にとっては、歌の間は時間が止まって認識されているということ。
4　物語内の登場人物にとっては、歌の詞は聞こえているが、旋律と伴奏は聞こえていないということ。

問九　次のア、イの中で、本文の内容と合致するものは「1」を、**合致しないもの**は「2」を、それぞれマークしなさい。

ア ⑮　イ ⑯

ア　映画『グレイテスト・ショーマン』の例を挙げて映画の音楽の機能を分析しているが、その狙いは、ミュージカルの音楽のみに指摘できる特徴を強調するためである。
イ　この文章の前半では、ミュージカルのリアリティ世界を二つの次元に区別しているが、後半はそれにさらに一つの次元を追加して、分析のための概念を更新している。

3　台詞によって進行する演劇においては、主題曲だけは登場人物に代わって物語を進める役割を持っているということ。
4　台詞によって進行する演劇においては、音楽が劇中の物語に直接影響を与えることはないということ。

問四　傍線部㈢「情緒」のここでの意味として最も適切なものを、次の1～4の中から一つ選びなさい。⑫

1　対立する概念
2　明確なメッセージ
3　独特の雰囲気
4　特殊な現実性

問五　傍線部㈣の説明として最も適切なものを、次の1～4の中から一つ選びなさい。⑬

1　ミュージカルでは、台詞で進行する時間と歌で進行する時間が混在するため、それが切り替わる際に生じる中断こそが、ジャンルの特徴を表しているということ。
2　ミュージカルでは、台詞によって成立するリアリティ世界と歌によって成立するリアリティ世界が混在するため、それが切り替わる際に必然的に断絶が発生するということ。
3　ミュージカルは、台詞の解釈において物語内世界の要素と物語外世界の要素が常に混在するため、観客に違和感を感じさせるジャンルであるということ。
4　ミュージカルは、物語内世界の時間経過と物語外世界の時間経過にずれが生じる場合があり、そのずれが観客に違和感を与えるが、むしろそれこそがジャンルの特徴を表しているということ。

・アンダースコア＝映像を強調・補足する楽曲。インストゥルメンタルであることが多い。

・先に挙げた映画音楽論の図式＝筆者はこれより前でいくつかの映画音楽論に触れている。いずれも音楽（アンダースコア）の音源が、物語世界の中にあるか外にあるかという基準で区別されるものである。

問一　空欄［a］～［c］に当てはまる言葉として最も適切なものを、それぞれ次の１～５の中から一つずつ選びなさい。ただし、同じ選択肢を選んではならない。a［⑧］　b［⑨］　c［⑩］

１　あるいは　２　なぜなら　３　しかし　４　たとえ　５　そもそも

問二　傍線部(一)について、次のＡとＢの二つの問いに答えなさい。

Ａ　「それ」の指す内容を、本文中の言葉を用いて十五字以上二十字以内で、解答欄に記入しなさい。【記述解答】

Ｂ　ここでいう「リアルだと感じている」とはどういうことか。それを説明した次の文の空欄［Ⅰ］に入る最も適切な表現を、本文中から八字以上十字以内で抜き出し、解答欄に記入しなさい。ただし、「リアリティ」という言葉は使わないこと。【記述解答】

［Ⅰ］があると感じられること。

問三　傍線部(二)の説明として最も適切なものを、次の１～４の中から一つ選びなさい。［⑪］

１　台詞によって進行する演劇においては、劇的な場面で主題曲を流すことによって、登場人物の心情を表現することができるということ。

２　台詞によって進行する演劇においては、音楽は重要な場面をそれとなく観客に伝える役割を持っているということ。

ているわけである（映像に合わせて歌声は少年の声から大人の男声に変わり、チャリティも歌声を重ねる）。個別の場面を連ねる際に生じる時間や場所の飛躍が、持続する音楽によって一つのシークエンス（ショットやシーンのまとまり）として成立しうるということは、映像の世界ではよく知られた技法である。
これは映画という表現形態の例だが、舞台のミュージカルでも、しばしばこれに類するものがある。登場人物たちが時間的・空間的に、または心情的に離れているなど、物語進行上の何らかの断絶を音楽によって繋ぐという場面である。
ここで目を向けたい要素は、台詞世界と歌の世界を繋ぐ〝音楽そのもの〟、つまり(六)アンダースコア(注)の役割である。その機能をここでは「音楽の物語り（ストーリー・テリング）」と呼んでおこう。この視点を加えると、ミュージカルが体現するリアリティ世界は、台詞で展開される次元、登場人物自身の歌によって展開される次元、それに加えて音楽の語りによって展開される次元の三つとなる。ここに先に挙げた映画音楽論(注)の図式を援用すれば、台詞は物語世界内のものであるが、アンダースコアの音楽は観客にだけ聴こえる非物語世界にあり、(七)歌については、詞は台詞と同等に物語世界内にありながら、その旋律と伴奏はアンダースコアと同様に非物語世界に属する（劇中歌や劇中ショーは物語内の音楽である）。歌は物語内世界と物語外世界の要素を同時に併せ持っていると解釈できる。つまりミュージカルの台詞・歌・アンダースコアは物語世界内外のリアリティを複層的に含みこんでいる。そして、映画で画面が切り替わる断絶を音楽が繋ぐように、ミュージカルにおいても、異なる次元で展開しているドラマを音楽が繋ぐのである。

（宮本直美『ミュージカルの歴史　なぜ突然歌い出すのか』から）

（注）
・ナンバー＝曲目。
・ショット＝映画などで、カメラでの録画が始まって止まるまでに撮影された一続きの画像。

たとしても、それは台詞とは異なる(三)情緒を補強する（あるいは劇的効果として対置させる）ためのものであり、台詞と同じ次元の存在にはならない。

しかし一方、歌（歌詞&旋律+伴奏）でドラマを進めるミュージカルにおいては、歌が台詞の代替として同等の存在となる。全編が歌で進められるミュージカルの場合、それは歌の世界のリアリティとして成立しているのであり、私たちの日常世界とは異次元の一貫した物語として受け止めることができる。「すべてが歌で綴られる世界」だと了解できる人にとっては、常に歌で芝居が進められることにそれほど違和感はないかもしれない。

音楽劇においては台詞で成立する世界と、歌によって成立する世界それぞれが独自の論理を持って一貫したリアリティを築けるという前提に立てば、ミュージカルにしばしば付随する違和感は、これが混在し、二つのリアリティ世界を行き来する時に生じると考えられる。会話で進んでいた話が、突然歌に変わる時、歌い終わってまた話し出す時、などである。そこでは物語を進める言葉の流れとテンポに断絶が生じてしまうわけである。(四)ミュージカルとは、本質的にこの断絶を抱え込んだジャンルだと言えよう。しかし、映画の音楽が時間と場所の飛躍を無理なく繋ぐように、ミュージカルの音楽も、異なる次元の世界を繋ぐ役割を果たせるはずである。

人気のミュージカル映画である『グレイテスト・ショーマン』（二〇一七年アメリカ公開、二〇一八年日本公開）の冒頭には次のような場面があった。幼いバーナムとチャリティが海辺で話し始めると間もなくバーナムが突然歌いだす。登場人物が歌うというこの「ミュージカル場面」が始まって間もなく、二人がいつのまにか林に入っていく映像に切り替わる。そして鳴り続けている歌は人物の動きからずれ始める。歌はそのまま続く一方、映像はその後の二人の別れや困難、数年にわたる文通による繋がり、成長したバーナムが求婚に訪れ、結婚して新居の屋上で踊るまでの流れを映し続ける。この一連の場面は、開始時にこそ台詞から歌への断絶があったものの、その後は映像と歌が分離するにつれ、歌がBGMとして機能し、長い年月の経過を表現する役割に変わる。その間の(五)（　X　）緯は断片的な言葉と映像で説明される。場面は次々に異なる時間と場所のカットを映すのに、音楽は一曲の歌のまま連続して流れ、それが二人の物語の継続性と幼少期の記憶をも負っ

問題二　次の文章を読んで、後の問いに答えなさい。（配点　50）

ミュージカルのストーリーと音楽の関係を『ドラマとしてのミュージカル』で論じたスコット・マクミリンは、台詞で進行する台本の時間（ブック・タイム）と、その流れを止めて歌のナンバー（注）がドラマを動かす時間（リリック・タイム）とを区別したうえで、ミュージカルというものは二つの異なる次元の時間によって成り立つものだと述べている。台詞から歌に、［ a ］その逆に移行する際に生じるそれぞれの時間の「中断」こそがミュージカルの本質であって、それが表現の幅を拡張する契機であると考えているのである。

マクミリンのミュージカルにおける二つの次元という視角はここでも共有したい。しかし本書では、その二つの次元を「時間」という線的な方向性を持つ概念で捉えるのではなく、台詞と歌という表現法の違いが成り立たせているリアリティ世界という見方をしよう。

「リアリティ」には、現実社会にありえることという意味とは別に、物語内での真実性という意味がある。たとえばファンタジーの物語は私たちの現実社会とは全く異なる世界であるにもかかわらず、その中で生きる登場人物たちの行動に共感したり涙したりして感情移入する場合、私たちは(一)それをリアルだと感じている。それはフィクションとしての物語の一貫した世界の中の出来事であり、いかに現実社会に起こりえないことであっても人間ドラマとして説得力を持つのである。私たちは、実際には起こりえないことを理解した上で、諸々（もろもろ）の前提となる「お約束」を共有して、その物語世界の中に入っていく。［ b ］、現実社会に起こりうるドラマにおいてさえ、登場人物を、演じている俳優の名前を認識しながら物語世界の人物として二重に見ることに慣れている。ドラマの中の登場人物が死んだとしても、その俳優が死んだわけではないことを十分かっていながら、物語内の人物の死を悲しむ。フィクションであっても一貫性をもって完結していることを前提として、それを自分たちの現実世界とは区別をして受け取っているのである。

設定が何であれ、台詞で進められる演劇の世界は、私たちの日常と同じようなリアリティ世界である。(二)そのドラマの最中に流れている音楽はあくまで会話ベースのドラマの背後にあり、ＢＧＭである。［ c ］映画などで物語の最中に主題曲をじっくり聴かせる場面があっ

1 地域は単なる時空に過ぎないが、その空間において自己実現を達成できるように目標を定めるということ。
2 自分のありようを、自分がいる地域の特性や環境が形づくったものであるという観点から考えるということ。
3 地域に存在している自然環境は、自分がそこに存在することを可能にしているものだと考えること。
4 地域の中でも今まで知らなかった部分に光を当て、それらが自分の存在を支えていてくれるのだと感謝の念を持つこと。

問十 本文の内容と合致するものとして最も適切なものを、次の1～4の中から一つ選びなさい。⑦

1 地域には時代を越えて保存するべき文化があり、そのことによって、地域の文化性が生まれている。
2 自分にとっての地域とは自分が生まれた土地であり、どこで生まれたかが自分のアイデンティティを決めている。
3 自分のものの見方を鍛えるために、自分がいる地域と他の地域との差異を意識する必要がある。
4 地域はそれだけで一つの全体であり、なおかつ、他の地域との間につながりを有している。

問五　空欄［ b ］に当てはまる最も適切な語を二字で本文中から抜き出し、解答欄に記入しなさい。【記述解答】

問六　傍線部㈡「ゴロリとそこに横たわっている」とはどのような状態か。次の空欄［ Ⅰ ］に当てはまる語を二字で本文中から抜き出し、解答欄に記入しなさい。【記述解答】

「地域」がきれいに分かれた固定化されたものであり、地域とは何かということが［ Ⅰ ］であるという状態。

問七　傍線部㈢「もう一度、別な形で裏返ることにもなるわけだ」とあるが、著者はどのように地域学の学びを進めていく必要があると述べているか。次の空欄［ Ⅱ ］に当てはまる形で、十五字以上二十字以内で解答欄に記入しなさい。【記述解答】

足もとの地域を知ることが自分を知ることにつながるが、地域を知るためには自分を知らねばならない。つまり、［ Ⅱ ］必要がある。

問八　傍線部㈣「他からは一歩進んだ、もっと大切なもの」とは何か。最も適切なものを、次の１〜４の中から一つ選びなさい。［⑤］

1　地域を切り取ることによって、特定の時空を一つの固まりとして認識できること。
2　地域には歴史があり、その中で生きる人たちの時間を反映した空間だということ。
3　具体的な時空は、その性質を考えることによって普遍的な理論につながるということ。
4　地域を考えて見定めることは、自己同定の作業の基礎を作る営為だということ。

問九　傍線部㈤「単なる時空を、自分という存在を可能にしてくれる条件として描き出す」とはどのようなことを表した表現か。最も適切なものを、次の１〜４の中から一つ選びなさい。［⑥］

問二　二重傍線部(イ)「延々と切れ目なくつづく」の言い換えとして**不適切なもの**を、次の1～4の中から一つ選びなさい。②

1　間欠的につづく
2　連綿とつづく
3　不断につづく
4　間断なくつづく

問三　空欄 a に当てはまる一文として最も適切なものを、次の1～4の中から一つ選びなさい。③

1　外国のことを知ることよりも、「私」が生まれた土地を知るべきだ。
2　「私」を語る前に、ひとつの地域に長く住んでみるといい。
3　地域は多様であり、「私」もまた不安定な存在である。
4　地域を学ぶこととは、「私」が誰なのかを知ることである。

問四　傍線部(一)「諸外国から見れば、「日本」や「アジア」も「地域」である」とあるが、なぜそのように言うことができるのか。最も適切なものを、次の1～4の中から一つ選びなさい。④

1　諸外国に住む人の視点からは、「日本」や「アジア」は自分とは関わりがない場所であるため。
2　諸外国と「日本」や「アジア」は相違点も多く、その違いの大きさを考えると同じ地域として考えるには無理があるため。
3　諸外国から見る際のように地域を切り取る立場が変われば、「日本」や「アジア」のような国やそれ以上の範囲さえも地域として切り取れるため。
4　諸外国に住む人の目から見ると、まだ訪れたことがない「日本」や「アジア」は未知の場所で、その内部の細かい差異は意識されないため。

時空の中に見定め、その見定めを行う自分自身を時空の中に確たる存在としてつなぎとめることである。逆に言えば、地域が見えない人とは、自分が存在している時空が見えていない人だということにもなる。

だが、単に時空を認識することが地域なのではない。より重要なのは次の点にある。地域——一定の境界のうちにあり、歴史の中にあり、総合的である地域——は、単なる時空の認識ではない。それは、私の生をとりまく、様々なものごとの深いつながりである。地域とは、私が生きている条件、その環境、自分を生かしてくれている仕組みそのものである。地域を知るということは、(五)単なる時空を、自分という存在を可能にしてくれる条件として描き出すことにほかならない。

地域学とは要するに、抽象的な言語や普遍的な理論を学ぶものではなく、具体的な時空にいる私を、特定の生態環境のうちに照らし出していく、そんな学びの作業なのである。私を漠たる世界のなかに確定し、地域のうちに〝生きているもの〟として浮かび上がらせ、見定めていくこと——こうした作業を通じて現れてくる「私」のことを専門用語では、「アイデンティティ（自己同一性、自己同定性）」とか、「実存」などと表現するが、そうした自己同定の作業のうち、最も基本となる作業が地域学である。

（山下祐介『地域学入門』から）

問一　二重傍線部(ア)「共鳴」の使い方として**誤っている文**を、次の１～４の中から一つ選びなさい。 ①

1　二人の精神が共鳴する。
2　災害情報を共鳴する。
3　音の共鳴が起こった。
4　過激派に共鳴する。

「地域」とはこうして、(二)ゴロリとそこに横たわっているようなものではない。互いにつながりあっている世界の中から、何らかの固まりを見つけ、切り出してくる者がいるから「地域」になるのである。地域はだから、その「切り出してくる者」の立場やものの見方によって変わる。その者の見方がしっかりしていれば地域はしっかり示される。逆にその者の見方がぼんやりとしていれば、地域はぼんやりとしか見えないことになる。

さて、地域学の学びの中で、対象となる地域を世界の中から切り出してくる者――それこそがほかならぬ「私」である。どんな地域を切り取ることができるかは、「私」が世界をどう見ているかにかかっている。とすると、先の「足もとの地域を知ることが、自分を知ることにつながる」は、(三)もう一度、別な形で裏返ることにもなるわけだ。すなわち、「地域を知るためには、自分を知らねばならない」と。

漠然と世界を見ているかぎり、地域についての認識もまた漠然としたものにしかならない。地域はそれを切り取る者の見方を反映する。地域を知ることと、私を知ることは同一の事象の裏表である。「地域ってなに?」と聞かれてその人が答えた答えの中に、その人自身が含まれる。地域学とは、地域と自分を同時に学び、深めていくことである。漠とした世界の中からしっかりと地域を切り出し、うまく見出すことができたなら、そのことによって自分自身の認識が深まったことになる。地域がよりよく見えるようになることとは、自分のものの見方を鍛え、自分という存在を高めていくことである。そしてそのように自分を高めることによって、地域もまた以前よりはっきりとその姿を現すようになっていく――。

もっとも、自分自身を高めるためといってしまえば、「学び」はみな同じである。地域学だけが特別なのではない。だが地域学の学びには、(四)他からは一歩進んだ、もっと大切なものが潜んでいる。このことを最初にきちんと確認しておこう。

人は必ずどこかの時空(時間・空間)に存在する。そして地域を切り取ることとは、ある特定の時空を一つの固まりとして切り出してくることである。

本来、空間は果てしなく広がり、時間は(イ)延々と切れ目なくつづく。その中からある場所を一つの地域として取り出すこととは、ものごとをなのである。

地域は多様である。それはただ地域に様々あるというだけではない。「私」が自分の周りをどんなふうにとらえているかによって多様に現れる。試しに誰でもよい、「あなたにとって地域ってなに?」とたずねてみればよい。どう答えるだろうか。

答えは人によって、またその受け答えの文脈によって、大きく異なるものになるはずだ。「いま住んでいる八王子市のことかな」という人もいれば、「うちの実家の集落」という人もいるだろう。「神奈川県」という答えもあれば、「関西」や「九州」とより広い範囲で示されることもある。では、どれが正解なのだろうか。

どれも「地域」でよいのである。

さらにはこうもいえる。㈠諸外国から見れば、「日本」や「アジア」も「地域」である。いやそれどころか、このさき出会うかもしれない宇宙人にとってみれば、この地球や太陽系でさえ「地域」になる。そしてその地域は、例えば国境や県境が変わることによって、その姿は変化する。地域は決して固定化された何らかの空間ではない。それは文脈によって見方によって、そして時代によって変わるものである。

いやむしろこう考えるべきものなのである。「地域」はそもそも、誰かが世界の一部を切り取ることによって浮かび上がってくるものであると。

何かを切り取らないと地域は出てこない（地域は［ b ］性をもつ）。そして、その「切り取り方」にも色んなやり方があって、それは文脈にもよれば、時代によっても違う（地域は**文化性・歴史性**をもつ）。

いや、もっとこういうべきである。そもそも世界のすべてはつながっている。どこかで切れ切れになっていて、「地域」がきれいに分かれているなどということはない。すべてはつながっているのだが、そのつながっているもののなかから、何らかの固まりを切り出してきたときに「地域」は立ち現れる。しかもそれが、全体の一部でありながら決して断片ではなく、それのみでなお一つの全体でありうるもの、それが地域である（地域は**統一性・総合性**をもつ）。

国語

（六〇分）

（注）記述解答では、句読点や（　）、記号も一字として数える。

問題一

次の文章を読んで、後の問いに答えなさい。（配点　50）

本書ではとくに次のことに注意して「地域学」を展開する。地域学の基礎の基礎にあるこんな考えにぜひ共鳴(ア)して地域学をはじめてほしいというのが、この本の中心的なメッセージである。

それは、「足もとの地域を知ることが、自分を知ることにつながる」ということである。自分の足下にある地域について学ぶこと。単純にいえばそれが地域学である。

だがさらに、この考えは逆にもなり、そのことがより大切でもある。すなわち「自分を知るためには、足下の地域を知らねばならない」ということである。

［ａ］私は必ずどこかの地域にいる。その足は何らかの地域に接している。その地域のことを知らずして、私とは何かを語ることはできない。

もっとも、では「地域とは何か」が「私」よりも自明なのかといえば、決してそんなことはない。「地域とは何か」はなかなか厄介な問い

解答編

英語

◀文（心理・応用コミュニケーション）・経済（経営情報）学部▶

I 解答　A. ①－2　②－3　③－4　④－1
B. ⑤－4　⑥－3　⑦－4　⑧－3
C. ⑨－4　⑩－2　⑪－2　⑫－1

解 説　A. ①BはAの依頼を承諾しているので，mind「嫌だと思う」を否定して，2はNoと答える。Do you mind if～「～してもよろしいでしょうか」は，してもOKならNoと答えることになる。

②「5分遅れで電車に乗れなかった」　3はforではなく差を表すbyにする。

③「何をすればいいのかと途方にくれている」の意味で4をatにする。be at a loss「途方にくれる」

④「天気予報は明日は雨だと言っている」の意味で1をisにする。

B. ⑤cannot put up with「我慢することができない」　4が適切。

⑥Do it right now.「今すぐやりなさい」を言い換えると「先延ばしにするな」になる。put off～「～を先延ばしにする」　3が適切。

⑦feel like *doing*「～したい気がする」　4が適切。

⑧as the Romans do「ローマ人がするように」　3が適切。本文全体で，「ローマに行ったら，ローマ人がするようにしなさい（郷に入っては，郷に従え）」の意味。

C. ⑨have a good chat「楽しく会話する」　4が適切。

⑩stand for～「～を表す，意味する」　2が適切。

⑪do away with～「～を廃止する」　2が適切。

⑫solve the mystery「謎を解明する」　謎の答えを理解したと考え，1が適切。

II　解答　⑬－2　⑭－4　⑮－3

解説　≪空港の手荷物受取所で友人とはぐれたノリコと顧客担当者の会話≫

⑬「ノリコの困りごとは何か」という問い。ノリコの1番目の発言の第3文（They are supposed to meet…）に注目。「手荷物受取所でグループの残りの友達に会うことになっていたが，彼らはそのエリアの外に出てしまったと思う」と言っている。よって，2の「彼女は，手荷物受取所を出てしまった友達と連絡が取れないでいる」が適切。1は，ノリコはまだ実際には手荷物受取所内にいるので不適。

⑭「ジルが『再入場はできません』と言ったとき，彼女は…」に続く文を答える。4の「ノリコが再度エリア内に戻ってくることを許さない」が適切。1は make a rule「規則を作る」が，ジルが規則を作ったことになり不適。2は，ジルは，最終的にノリコたちも手荷物受取所から出てはぐれた友達と落ち合うことを提案するが，それはいろいろなやりとりのあった後のことであり，この時点ではまだ示されていないので不適。3は本文に記載がない。

⑮ジルがノリコに最初に提案したアドバイスについての問い。ジルの2つ目の発言（You are with…）に注目。「一緒に旅をしている人で，電話かメッセージを送れる人を見つけることはできるのでは」とアドバイスしている。よって，3の「ノリコのグループのだれかに電話をしてくれるように頼んでみる」が適切。1・2は本文に記載がなく，4の場内放送は本文においてジルが規定によってそれはできないことになっていると伝えている。

III　解答　⑯－2　⑰－1　⑱－4　⑲－4

解説　≪ホリネズミの発光現象を発見した研究者が語るその生態≫

⑯第4段（6～7行目）"It's a blend… University of Georgia. と，第6段最終文（12～13行目）His paper describing… *Midland Naturalist.* に注目。前半で，研究者であるJT Pynne は，ジョージア大学でホリネズミを研究している際に発光現象を発見したとあり，後半で，その現象を記載

した論文が掲載されたとあるので，２の「ある種類の動物が発光することを発見し，それについて論文を書いた」が適切。

⑰第７段第１文（14行目）Southeastern pocket gophers … Pynne said. に注目。「ミナミホリネズミは，地下からほとんど姿を現すことはない」とあるので，１の「(ミナミホリネズミは）地下に住んでいて，地上に上がることはめったにない」が適切。rarely「めったに～ない」

⑱ミナミホリネズミが発光する理由についての問い。第10段（22～23行目）He said it … no reason for it. に注目。研究者は「食べ物に関すること，他のホリネズミと意思疎通するため，他の動物から逃れるため，あるいは特に理由がない」などの可能性を指摘している。４の「特に理由はない」が適切。１は drink「飲み物」ではなく，食べ物。２は他のホリネズミから逃れるのではなく，他の動物から逃れるため，３は他の動物ではなく，他のホリネズミと意思疎通するためなので，それぞれ不適。

⑲ミナミホリネズミの習性に関する問い。第８段第１・２文（18～19行目）"My crazy little … though fighters. に注目。「ホリネズミは，小さいが好戦的である」と述べているので，４の「あなたにとても激しく攻撃してくるだろう」が適切。発光現象については，black light「不可視光線」を当てたときに見られる現象なので，２の「発光しだす」は不適。

Ⅳ　**解答**　⑳－4　㉑－2　㉒－2　㉓－1　㉔－2

解説　≪アフリカの地形がアフリカの経済発展を阻害していることについて≫

⑳本文の主題を問うている。第１段にアフリカ大陸はその大きさにもかかわらず海岸線が短く，湾や入り江が少ないので，港がほとんど作れないことが述べられている。また，最終段第１文（The unchanging facts …）に，このような地形上の制約によってアフリカ経済の発展が妨げられていることが述べられている。よって，４の「アフリカの地形がアフリカ経済の発展の課題になっていることを説明している」が適切。

㉑第２段第１文（In addition to …）に注目。「アフリカは，沿岸近くの多くの場所で浅瀬であることで苦しんでいる」とあるので，２の「浅い」が適切。

㉒第１段第４文（As a result, …）と第３段第１文（Another reason …）に注目。前者では，アフリカには着岸できる港がほとんどないことが述べられており，後者では，船や大型ボートが内陸に進んでいけるだけの幅がある川が少ないことが述べられている。よって，２の「天然の港がほとんどなく，川へつながるのも難しい」というアフリカの地形的特徴が適切である。

㉓第２段第３文（Partly as a …）と第４文（Importing and exporting …）に注目。第３文では,「アフリカ経済は概して海上貿易に対する志向性を有していない」と述べられ，第４文では,「アフリカの文化は世界中の幅広い人々との交流によりわずかな範囲のみ影響を受けた」とあるので，１の「アフリカ経済や文化はそんなに地球規模でのやり取りを志向していない」が適切。２・３のように，輸出と輸入の比較は本文では行われていない。

㉔本文全体の情報が役に立つのはどんな場合かを問う問題。２の「アフリカに船で荷物を送ろうと考えたとき」が適切。全体を通じて，アフリカの地形から港が作りにくく，それが経済発展の阻害要因になっていることが述べられているので，それにもっとも近い選択肢である２を選ぶ。

V　解答

No. 1.　describe　No. 2.　help
No. 3.　environmental　No. 4.　have
No. 5.　anniversary

解説　No. 1. describe「～を描写する」 depict も可。
No. 2.　cannot help *doing*「～せざるを得ない」（＝cannot help but *do*）
No. 3.　environmental issues「環境問題」
No. 4.　may have *done*「～したかもしれない（過去の推量）」
No. 5.　anniversary「毎年の記念日」

VI　解答

No. 1.（We tend）to regard STEM education as an (especially important area in Japanese education.)
No. 2.（Because I have time today, I）will go downtown and visit（the bookstore.）
No. 3.（We can）have a more positive life by having（hope.）

No. 4. (We are) looking forward to going on a trip (to Australia next Friday.)

No. 5. (After we begin to work in society, we) must keep on studying to acquire (new knowledge and skills.)

No. 6. (I have a teacher whom I really) respect from the bottom of my heart(, and I hope to be a wonderful teacher like that one in the future.)

解説　No. 1. tend to ～「～する傾向がある」 regard *A* as *B*「*A* を *B* とみなす」 STEM「理系学問（*S*cience, *T*echnology, *E*ngineering and *M*athematics の頭文字をとったもの)」

No. 2. go downtown「市街地に行く」

No. 3. positive「前向きな」 by having hope「希望を持つことによって」

No. 4. go on a trip「旅行に出かける」

No. 5. keep on *doing*「～し続ける」 acquire「～を獲得する」

No. 6. from the bottom of *one's* heart「心の底から」

日本史

Ⅰ 解答 ≪原始・古代の遺跡と文化財≫

問1．2　問2．4　問3．3　問4．4　問5．4　問6．4
問7．1　問8．3　問9．3　問10．4　問11．1　問12．3
問13．2

写真Aの出典追記：佐賀県提供

写真Eの出典追記：© 平等院

Ⅱ 解答 ≪戦国大名・織豊政権の政策≫

問1．2　問2．1　問3．4　問4．3　問5．分国法　問6．楽市令
問7．織田信長　問8．1　問9．刀狩令　問10．2　問11．方広寺
問12．3

Ⅲ 解答 ≪元禄文化≫

問1．3　問2．4　問3．浮世絵　問4．荒事　問5．義太夫節
問6．林羅山〔林道春〕　問7．3　問8．万葉　問9．2
問10．(i)－2　(ii)－2　(iii)－5

Ⅳ 解答 ≪日中戦争と近衛内閣≫

問1．4　問2．1　問3．国民精神総動員　問4．1　問5．3
問6．東亜新秩序　問7．2　問8．国民徴用令　問9．2　問10．4
問11．日米通商航海

世界史

Ⅰ　解答　≪共和政ローマの成立≫

問1．1　問2．2　問3．ア．元老院　イ．護民官　ウ．十二表
エ．リキニウス・セクスティウス　オ．ホルテンシウス
問4．4　問5．a－1　b－5

Ⅱ　解答　≪ロシアの起源≫

問1．A．ノルマン　B．ヴァイキング　C．リューリク
D．ドニエプル　E．ハンザ　G．タタール
問2．3　問3．ツァーリ　問4．7

Ⅲ　解答　≪「大航海時代」とアジア≫

問1．ア－4　イ－2　ウ－3　エ－3　オ－4
問2．A．キリスト　B．朱印船　C．東インド
問3．3　問4．3　問5．3

Ⅳ　解答　≪ベトナム戦争≫

問1．ア．ラオス　イ．ディエンビエンフー
ウ．北爆〔北ベトナム爆撃〕　エ．ニクソン　オ．社会主義
問2．A－6　B－5　C－2　問3．a－2　b－3

地理

Ⅰ 解答 ≪中国と周辺国の河川と高原≫

問1．a．黄河〔ホワンホー〕 b．黄土〔ホワンツー〕
c．長江〔チャンチヤン〕 d．メコン川
e．ベトナム〔ベトナム社会主義共和〕
問2．1 問3．2 問4．3 問5．3 問6．3

Ⅱ 解答 ≪世界の食料問題≫

問1．A．砂漠 B．商品作物 C．飼料 問2．a－2 b－4
問3．4 問4．3 問5．4 問6．フードロス

Ⅲ 解答 ≪ラテンアメリカの地誌≫

問1．a．ポルトガル b．スペイン c．カトリック
d．エスタンシア e．コスタリカ f．アグロフォレストリー
g．首位 h．インフォーマルセクター
問2．4 問3．4 問4．（記号・語句の順に）ウ．セルバ カ．偏西風

Ⅳ 解答 ≪伊那谷中央部の地形図≫

問1．3 問2．3 問3．1 問4．3
問5．E．堰（ダムも可） F．水路（用水路も可）
目的：用水確保（灌漑用水，かんがい，水の供給，農業用水なども可）

政治・経済

Ⅰ　解答　≪感染症等への対応と国・地方公共団体の役割≫

問1．(a)－2　(b)ハンセン　問2．イラク復興支援特別措置法
問3．(a)公衆衛生　(b)－4　問4．(a)－3　(b)－2
問5．(a)－4　(b)保健センター　問6．2　問7．上乗せ条例

Ⅱ　解答　≪精神の自由≫

問1．A．内心　C．市場　E．宗教　F．神道
問2．1　問3．2　問4．3　問5．4　問6．1
問7．国家の行為の目的が宗教的意義を持ち，その効果が特定の宗教への援助や圧迫等になるなら，政教分離原則に反するという基準。(60字以内)

Ⅲ　解答　≪近年の国際金融≫

問1．4　問2．1　問3．アジア　問4．バブル　問5．ローン
問6．1　問7．ビッグバン　問8．2　問9．3　問10．4
問11．6

Ⅳ　解答　≪企業統治≫

問1．4　問2．4　問3．3　問4．4　問5．1
問6．4　問7．4　問8．4　問9．10億5000万円

数学

I 解答 ≪集合の要素の個数≫

100人の生徒全体の集合をUとし，Uの部分集合のうち，「生物」を選択している者の集合をA,「化学」を選択している者の集合をBとする。また，集合Xの個数を$n(X)$と表す。

条件より　$n(U)=100,\ n(A)=56,\ n(B)=50,\ n(\overline{A}\cap\overline{B})=20$

(i)　$n(\overline{B})=n(U)-n(B)=100-50=50$

$n(A\cap\overline{B})=n(\overline{B})-n(\overline{A}\cap\overline{B})=50-20=30$

よって,「生物」と「化学」の両方を選択している者は

$n(A\cap B)=n(A)-n(A\cap\overline{B})=56-30=26$ 人　……(答)

(ii)　$n(\overline{A}\cap B)=n(B)-n(A\cap B)=50-26=24$

よって,「生物」だけ，または「化学」だけを選択している者は

$n(A\cap\overline{B})+n(\overline{A}\cap B)=30+24=54$ 人　……(答)

別解　条件より，100人の生徒における「生物」を選択している者および「化学」を選択している者の人数は下表のようになる。

「生物」＼「化学」	選択している	選択していない	計
選択している			56
選択していない		20	
計	50		100

よって

「生物」＼「化学」	選択している	選択していない	計
選択している	26	30	56
選択していない	24	20	44
計	50	50	100

(i)　表より,「生物」と「化学」の両方を選択している者は26人

(ii)　表より，「生物」だけ，または「化学」だけを選択している者は

$30+24=54$ 人

Ⅱ　解答　≪連立不等式，不等式が常に成り立つ条件≫

(i)　$x^2-2x<0 \iff x(x-2)<0 \iff 0<x<2$　……①

$x^2-5x+4>0 \iff (x-1)(x-4)>0 \iff x<1,\ x>4$　……②

①，②より，求める x の値の範囲は　$0<x<1$　……(答)

(ii)　$f(x)=x^2-2mx-m+12$ とすれば　$f(x)=(x-m)^2-m^2-m+12$

(ア)　$m\leqq 0$ のとき

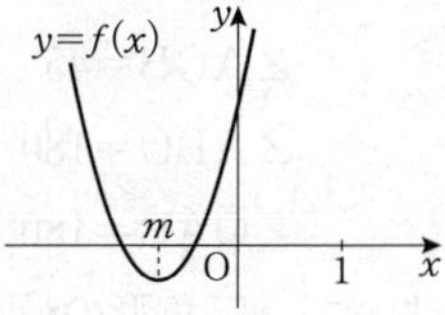

条件より

$f(0)\geqq 0 \iff -m+12\geqq 0$

$\iff m\leqq 12$

$m\leqq 0$ より　$m\leqq 0$

(イ)　$0<m<1$ のとき

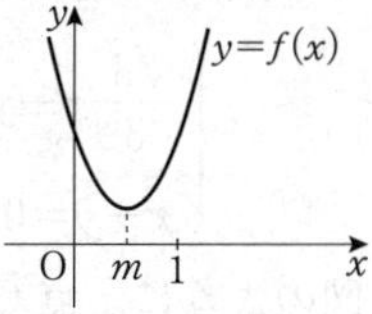

条件より

$f(m)>0 \iff -m^2-m+12>0$

$\iff m^2+m-12<0$

$\iff (m+4)(m-3)<0$

$\iff -4<m<3$

$0<m<1$ より　$0<m<1$

(ウ)　$1\leqq m$ のとき

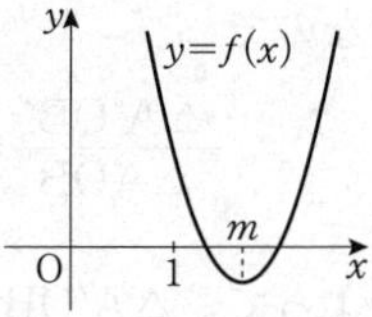

条件より

$f(1)\geqq 0 \iff 1-2m-m+12\geqq 0$

$\iff m\leqq \dfrac{13}{3}$

$1\leqq m$ より　$1\leqq m\leqq \dfrac{13}{3}$

(ア)〜(ウ)より　$m\leqq \dfrac{13}{3}$　……(答)

Ⅲ 解答 ≪1 次関数，平行線と比≫

(i)　直線①，②と x 軸の正の向きとのなす角をそれぞれ θ_1, θ_2 $(0°\leqq\theta_1<180°,\ 0°\leqq\theta_2<180°)$ とすると，直線①，②の傾きはそれぞれ $-\dfrac{\sqrt{3}}{3}$，1 より

$$\tan\theta_1=-\frac{\sqrt{3}}{3},\ \tan\theta_2=1$$

よって　　$\theta_1=150°,\ \theta_2=45°$

右図のように，3 つの直線で囲まれる三角形を△AOB とすれば

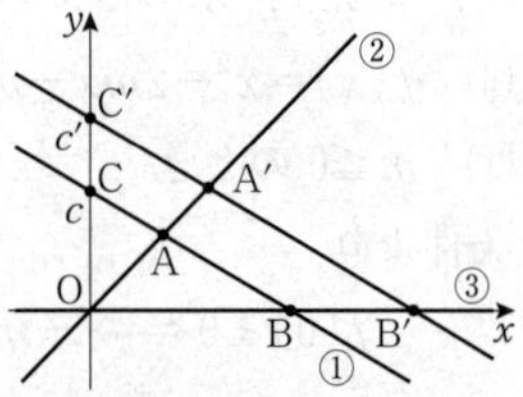

$$\angle AOB=45°,$$
$$\angle ABO=180°-150°=30°,$$
$$\angle OAB=180°-45°-30°=105°$$

よって，三角形の最大の内角の角度は　　105°　……(答)

(ii)　点 A の座標は

$$\begin{cases}\dfrac{\sqrt{3}}{3}x+y=c\\ x-y=0\end{cases}\quad の解より\quad A\left(\frac{3-\sqrt{3}}{2}c,\ \frac{3-\sqrt{3}}{2}c\right)$$

図のように，点 C，C′ を定めると，CA∥C′A′ かつ ∠AOB＝45° より

$$AA'=OA\cdot\frac{CC'}{OC}=\sqrt{2}\cdot\frac{3-\sqrt{3}}{2}c\cdot\frac{1}{c}=\frac{3\sqrt{2}-\sqrt{6}}{2}\quad ……(答)$$

(iii)　図のように，点 B′ を定めると，AB∥A′B′ より △AOB∽△A′OB′ なので

$$\frac{\triangle A'OB'}{\triangle AOB}=\frac{OA'^2}{OA^2}=\frac{OC'^2}{OC^2}=\frac{(c+1)^2}{c^2}$$

よって，△A′OB′ の面積は元の面積の $\dfrac{(c+1)^2}{c^2}$ 倍になる。　……(答)

(iv)　線分 AB の中点を M とし，線分 OM を 2：1 に内分した点を G とすれば，△AOB の重心は点 G である。点 A，M，G から x 軸に下ろした垂線の足をそれぞれ H_A，H_M，H_G とすれば

$$O(0,\ 0),\ H_A\left(\frac{3-\sqrt{3}}{2}c,\ 0\right)$$

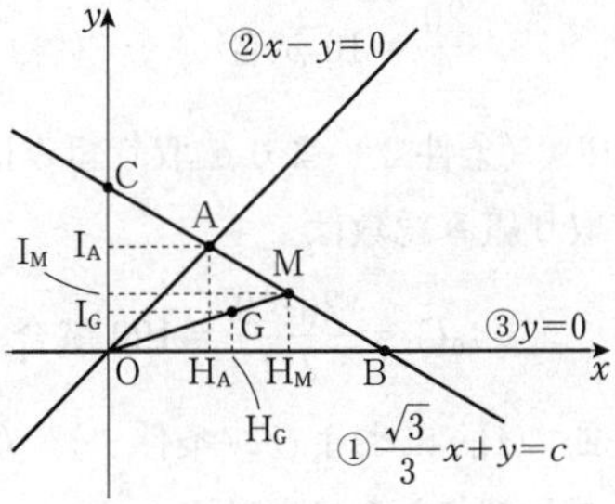

$H_A\left(\dfrac{3-\sqrt{3}}{2}c,\ 0\right)$, $B(\sqrt{3}c,\ 0)$ で,

$H_AH_M : H_MB = AM : MB = 1 : 1$ より

$$H_M\left(\frac{3+\sqrt{3}}{4}c,\ 0\right)$$

$O(0,\ 0)$, $H_M\left(\dfrac{3+\sqrt{3}}{4}c,\ 0\right)$ で,

$OH_G : OH_M = OG : OM = 2 : 3$ より

$$H_G\left(\frac{3+\sqrt{3}}{6}c,\ 0\right)$$

同様にして，点 A, M, G から y 軸に下ろした垂線の足をそれぞれ I_A, I_M, I_G とすれば，$I_A\left(0,\ \dfrac{3-\sqrt{3}}{2}c\right)$, $I_M\left(0,\ \dfrac{3-\sqrt{3}}{4}c\right)$, $I_G\left(0,\ \dfrac{3-\sqrt{3}}{6}c\right)$ となる。

よって　$G\left(\dfrac{3+\sqrt{3}}{6}c,\ \dfrac{3-\sqrt{3}}{6}c\right)$ ……(答)

別解　数学Ⅱ「図形と方程式」の内容を使う。

$O(0,\ 0)$, $A\left(\dfrac{3-\sqrt{3}}{2}c,\ \dfrac{3-\sqrt{3}}{2}c\right)$, $B(\sqrt{3}c,\ 0)$ より

$$G\left(\frac{0+\frac{3-\sqrt{3}}{2}c+\sqrt{3}c}{3},\ \frac{0+\frac{3-\sqrt{3}}{2}c+0}{3}\right)$$

つまり　$G\left(\dfrac{3+\sqrt{3}}{6}c,\ \dfrac{3-\sqrt{3}}{6}c\right)$

(注)　(iv)の問題にある「この三角形」は，(i)の「この三角形」と(iii)の「この三角形」のどちらにも解釈できるが，〔解説〕では(i)の「この三角形」と解釈した。

Ⅳ　**解答**　≪総当たりに関する場合の数≫

(i)〈条件 1〉より，20 名全員が毎日 1 回相撲をとるとすると，2 名で 1 つの取り組みなので，1 日の取り組み数は

$$\frac{20}{2}=10\text{ 試合}\quad\cdots\cdots(\text{答})$$

(ii)〈条件 2〉より，取り組みは 20 名のうちから 2 名選ぶことになるので，取り組み総数は

$$_{20}C_2=\frac{20\cdot19}{2\cdot1}=190\text{ 試合}\quad\cdots\cdots(\text{答})$$

(iii) (i)，(ii)および〈条件 1〉，〈条件 2〉より，すべての取り組みを終えることができる日数は

$$\frac{190}{10}=19\text{ 日}\quad\cdots\cdots(\text{答})$$

(iv) 全員相撲を取り終えた結果，1 敗の力士が 4 名以上であったと仮定する。

この 1 敗の力士のうちの 3 名を A，B，C とする。

3 名とも 1 敗であり，A と B が戦うと，必ず一方が負けるので，負けたほうは必ず C に勝つ。

C は，それ以外には全て勝つことから

- B が A に勝った場合

A は必ず C に勝ち，C は B に勝つ

つまり，A は B にのみ，B は C にのみ，C は A にのみ負ける　……①

- A が B に勝った場合

B は必ず C に勝ち，C は A に勝つ

つまり，A は C にのみ，B は A にのみ，C は B にのみ負ける　……②

のどちらかの場合のみである。

しかし，①，②いずれの場合も A，B，C 以外の力士は A，B，C それぞれに必ず負けて 3 敗以上となるため，1 敗の力士が 4 名以上となることに矛盾する。

以上より，全員相撲を取り終えた結果，1 敗の力士は 3 名を超えない。

(証明終)

要な場面をそれとなく観客に伝える」「物語を進める役割を持っている」と、音楽に役割を持たせているので不適。

問四　前問と関連させて考えるとよい。「台詞と同じ次元の存在にはならない」のであるから、「対立する概念」や「明確なメッセージ」や「特殊な現実性」を持つことはない。

問五　直前の内容をまとめると、「台詞で成立する世界」と「歌によって成立する世界」が混在し、その「二つのリアリティ世界を行き来する時」に「断絶が生じ」るというものである。この内容に合致した選択肢は2である。1は「中断」について説明しており、「断絶」とは異なるので不適。

問七「アンダースコア」に関しては、傍線部より後で「アンダースコアの音楽は観客にだけ聴こえる非物語世界にあり」と説明されている。また、「役割」に関しては、この前で「物語進行上の何らかの断絶を音楽によって繋ぐ」「台詞世界と歌の世界を繋ぐ」とある。「を繋ぐ」に接続するのに適した箇所を探せばよい。最後の一文に「異なる次元で展開しているドラマを音楽が繋ぐ」とある。

問八　直前で説明されているように「非物語世界」は「観客にだけ聴こえる」のであるから、「非物語世界」に属する「旋律と伴奏」は「物語内の登場人物」には聞こえないことになる。

問九ア、第八段落で「舞台のミュージカルでも、しばしばこれに類するものがある」と述べているので、「ミュージカルの音楽のみに」は不適。イ、第一段落で「台詞」「歌」という次元を挙げ、最終段落で「それに加えて音楽の語りによって展開される次元」と追加している。

土地」としているので不適。3、「足もとの地域を知る」（第二段落）ことが大切なのであって、「自分がいる地域と他の地域との差異を意識する」ことが重要なのではない。

二

出典 宮本直美『ミュージカルの歴史――なぜ突然歌いだすのか』〈第1章 歌の世界と台詞の世界 ミュージカルにおける複数のリアリティ世界〉（中公新書）

解答

問一 a−1 b−5 c−4

問二 A、ファンタジーの中で生きる登場人物の行動（十五字以上二十字以内）

B、物語内での真実性

問三 4

問四 3

問五 2

問六 経

問七 Ⅱ、非物語世界（「物語外世界」も可）

Ⅲ、異なる次元で展開しているドラマ

問八 4

問九 ア−2 イ−1

解説 問二 A、「ファンタジーの物語」が「人間ドラマとして説得力を持つ」のはそこに「物語内での真実性」があるからである。この「人間ドラマ」をヒントに考える。

B、Aの解説で述べたように、「物語内での真実性」があるかどうかがポイント。

問三 直後に「台詞と同じ次元の存在にはならない」とある。1、2、3はそれぞれ「登場人物の心情を表現する」「重分を知るためには、足下の地域を知らねばならない」となる。次に足下の地域を実際に知るとどうなるのか。1、2、3は「地域を知る」ことと「自分を知ること」を関連付けていないので不適。

問四　第十三段落に「切り出してくる者がいるから『地域』になる」「『切り出してくる者』の立場やものの見方によって変わる」とある。この観点から説明している選択肢は3である。1は「関わりがない場所」、2は「同じ地域として考えるには無理がある」、4は「内部の細かい差異は意識されない」がそれぞれ不適。

問五　地域については、続く部分で「文化性・歴史性」「統一性・総合性」を持つと太字で示されている。この内容をまとめたものが後ろから二段落目の「地域――一定の境界のうちにあり、歴史の中にあり、総合的である地域」であることから考える。

問六　第五段落で「『地域とは何か』が『私』よりも自明なのかといえば、決してそんなことはない」と述べ、第六段落で「地域は多様である」としている。もし「地域」が多様ではなく「固定化されたもの」であるならば、「地域」は「自明」なものであるはず。

問七　空欄の直前に「つまり」とあるので、前の内容をまとめたものを入れる必要がある。傍線部の次の段落で、「地域学とは、地域と自分を同時に学び、深めていくこと」が必要だと述べている。

問八　後ろから三段落目で「より重要なのは次の点にある」として、最終段落で「私を…地域のうちに…浮かび上がらせ、見定めていく」「そうした自己同定の作業のうち、最も基本となる作業が地域学である」としている。この内容に合致している選択肢は4である。

問九　直前の「地域とは、私が生きている条件、その環境、自分を生かしてくれている仕組みそのもの」をヒントに考える。1、「目標を定める」ことではない。3、「自然環境」に限定しているので不適。4、「感謝の念を持つこと」ではない。

問十　1、第十一段落に「時代によっても違う」とあるので「時代を越えて」は不適。2、「地域」を「自分が生まれた

国語

一

出典　山下祐介『地域学入門』〈序章〉（ちくま新書）

解答

問一　2

問二　1

問三　4

問四　3

問五　境界

問六　自明

問七　地域と自分を同時に学ぶことで学びを深める（十五字以上二十字以内）

問八　4

問九　2

問十　4

解説

問一　1は〝二人の精神が響き合う〟、3は〝音波が共振する〟、4は〝その通りだと同感する〟意で、それぞれ適切な使い方である。2は例えば「災害情報を共有する」とするべきである。

問二　1の「間欠的」は〝一定の間をおいて物事が起こったり、止まったりすること〟の意なので不適。

問三　第二段落と第三段落の流れを順に整理すると、「足もとの地域を知ることが、自分を知ることにつながる」→「自

■一般選抜2月8日実施分：文（英文）・経済（経済法）・社会福祉（社会福祉）学部

問題編

▶試験科目・配点

学部	学科	教科	科目	配点
文	英文	英語	コミュニケーション英語Ⅰ・Ⅱ・Ⅲ，英語表現Ⅰ・Ⅱ（リスニングテストを含む）	200点
		国語	国語総合（近代以降の文章），現代文B	100点
経済	経済法	英語	コミュニケーション英語Ⅰ・Ⅱ・Ⅲ，英語表現Ⅰ・Ⅱ	100点
		国語	国語総合（近代以降の文章），現代文B	100点
		選択	「日本史B」，「世界史B」，「地理B」，「政治・経済」，「数学Ⅰ・A」から1科目選択	100点
社会福祉	社会福祉	英語	コミュニケーション英語Ⅰ・Ⅱ・Ⅲ，英語表現Ⅰ・Ⅱ	100点
		国語	国語総合（近代以降の文章），現代文B	100点
		選択	「日本史B」，「世界史B」，「地理B」，「政治・経済」，「数学Ⅰ・A」から1科目選択	100点

▶備　考

学力試験の成績および主体性等の評価によって選抜を行う。

主体性等の評価：これまで主体的に取り組んだ学びや活動について，5点満点で評価する。主体性等については，出願時に200字程度で入力すること（上限は300字まで）。

英語

◀文（英文）学部▶

（90 分）

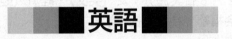

問題Ⅰ　Listening Comprehension Test

編集部注：リスニング音源は、赤本オンラインで聴くことができます。
https://akahon.net/kkm/hks/index.html

なお、上記のリンクは 2024 年 6 月時点のものであり、アクセスできなくなる場合もございます。あらかじめご了承ください。

Part A　In this part you will hear several conversations and questions. The conversations and the questions will be played only one time and will not be repeated. You may take notes. After each question, read the four possible answers and choose the best answer. Then on your answer sheet, fill in the correct answer.（配点　26）

For Questions 1 through 3, you will hear three very short conversations and one question after each conversation.

Conversation 1

No. 1 ①

1　He left his smartphone in the kitchen.
2　He can't find his smartphone.
3　The woman found his smartphone.
4　The woman saw his smartphone in the kitchen.

Conversation 2

No. 2 ②

1　He will meet Chuck at the library.
2　He is not going to the library.
3　He will go to the library with Chuck.
4　He can't wait for Chuck any longer.

Conversation 3

No. 3 [③]
1 He always wears the latest fashions.
2 He's often not on time for work.
3 He usually works late.
4 He's early for work recently.

For Questions 4 through 6, listen to Conversation 4, a telephone conversation.

Conversation 4

No. 4 [④]
1 Ask Kim to help with dinner.
2 Invite guests for dinner.
3 Find his old wine glasses.
4 Borrow some wine glasses.

No. 5 [⑤]
1 One of them is lost.
2 His are too small.
3 Some of them are broken.
4 They are not all the same kind.

No. 6 [⑥]
1 Ask Kim's grandmother.
2 Call Joyce.
3 Get back to the dinner.
4 See Kim at work.

For Questions 7 through 9, listen to Conversation 5.

Conversation 5

No. 7 [⑦]
1 The location.
2 The cost.
3 The name.
4 The machines.

No. 8 [⑧]
1 Take classes.
2 Go swimming.
3 Lift weights.
4 Use machines.

No. 9 [⑨]
1 It is too expensive.
2 It is too crowded.
3 It has too many classes.
4 It has too many new things.

Part B In this part you will hear one lecture. After the lecture, you will hear six questions. The lecture and the questions will be played only one time and will not be repeated. You may take notes. After each question, read the four possible answers and choose the best answer based on the lecture. Then on your answer sheet, fill in the correct answer. (配点 24)

You May Use This Space for Notes

No. 10 ⑩
1 She was the first female pilot to fly across the Atlantic Ocean.
2 She started flying in a real airplane when she was a child.
3 She formed an organization for male pilots.
4 She grew up in a small town in the United States.

No. 11 ⑪
1 She was popular with boys.
2 She was not active.
3 She was adventurous.
4 She was not confident.

No. 12 ⑫
1 She started to fly with other pilots in a team.
2 She took flying lessons as soon as she could.
3 She phoned a company for information on how to form an organization.
4 She asked an airline company why there were so few women pilots.

No. 13 ⑬
1 The flight was her first solo flight.
2 The flight was completed in two months.
3 The flight took off from the U.K. and landed in Canada.
4 The flight gained attention from newspapers around the world.

No. 14 ⑭
1 It was difficult to locate the island.
2 The ship sent the wrong messages to Earhart.
3 Noonan and Earhart had different opinions on which route to take.
4 Earhart did not want to communicate with the ship.

No. 15 ⑮
1 Her airplane ran out of fuel.
2 They heard her calling for help on July 19th.
3 Experts are certain that she crashed in the ocean.
4 No parts of their airplane or bodies have been found.

放送内容

ただいまから，リスニングテストを始めます。

Part A

In this part you will hear several conversations and questions. The conversations and the questions will be played only one time and will not be repeated. You may take notes. After each question, read the four possible answers and choose the best answer. Then on your answer sheet, fill in the correct answer.

For Questions 1 through 3, you will hear three very short conversations and one question after each conversation.

Conversation 1

Man: Susan, have you seen my smartphone?

Woman: Didn't you leave it in the kitchen?

Question.

No. 1 What is the man's problem?

Conversation 2

Woman: We're going over to the library. Aren't you coming?

Man: Yeah, but I'm waiting for Chuck.

Question.

No. 2 What does the man mean?

Conversation 3

Man: Paul was half an hour late for work this morning.

Woman: So, what else is new?

Question.

No. 3 What can be said about Paul?

For Questions 4 through 6, listen to Conversation 4, a telephone conversation.

Conversation 4

Woman: Hello. This is Kim speaking.

Man: Hello, Kim? This is Jimmy. I'm afraid I need your help.

Woman: Hi, Jimmy. What's wrong?

Man: Well, I'm in a bit of a panic, actually. I'm looking for some wine glasses I can borrow. Do you have any? We are going to have a small dinner party tonight, and my wife just noticed ours are old and some of them are broken.

Woman: Well, I do have some wine glasses, but they are very valuable to me. They were given to me by my grandmother.

Man: Oh, no, never mind then. I would never forgive myself if I lost or broke one. I'll have to ask someone else.

Woman: OK, but get back to me if you can't find any. Why don't you call Joyce? She might have some.

Man: Good idea. Thank you, Kim.

Woman: No problem, Jimmy. Have a good party.

Man: Thanks. I'll see you at work on Monday. Bye.

Woman: Bye.

Questions.

No. 4 What does the man want to do?

No. 5 What is wrong with the man's wine glasses?

No. 6 What will the man probably do next?

For Questions 7 through 9, listen to Conversation 5.

Conversation 5

Woman: Excuse me, Jon. Can I ask you about something?

Man: Sure. What is it?

Woman: I'm thinking about joining a fitness gym. I hear you've joined one recently.

Man: Yeah, there's a new gym just downtown. It opened about a month ago. It's really nice.

Woman: OK, what's the name of it?

Man: The name is The People's Fitness Club. It has all kinds of equipment. It has weights, of course, and it has all the newest machines. It even has a nice swimming pool.

Woman: A swimming pool? Well, I'm not really a swimmer.

Man: That's good because it's usually crowded with swimming lessons. It's difficult to find a time for free swimming.

Woman: Do they have fitness classes, too?

Man: They do, but you have to pay extra in addition to the monthly cost.

Woman: Oh, that's OK. I'm mostly interested in taking classes, certainly more than swimming or lifting weights.

Man: The only bad thing about the gym, though, is that it's really crowded. It's a new gym, and people always want to try new things.

Woman: Thanks for all the information, Jon. I'll have to think about it.

Man: You're welcome. Maybe I'll see you there some time.

Questions.

No. 7 What is the first thing the woman asks about the gym?

No. 8 What does the woman mostly want to do at the gym?

No. 9 What does the man think is the main problem with the gym?

Part B

In this part you will hear one lecture. After the lecture, you will hear six questions. The lecture and the questions will be played only one time and will not be repeated. You may take notes. After each question, read the four possible answers and choose the best answer based on the lecture. Then on your answer sheet, fill in the correct answer.

Today I would like to talk about Amelia Earhart, who became famous as the first female pilot to fly across the Atlantic Ocean. She also set many other flying records, and she helped form an organization for female pilots.

Amelia Earhart was born in a small town in the United States in 1897. From a young age she showed an adventurous spirit. She loved climbing trees, hunting rats, and playing sports that were considered to be "boys' sports." Her brave and confident attitude can be seen in the many stories of her adventurous childhood.

Her first flying experience in a real airplane was at the age of 23. After that, she immediately started taking flying lessons even though there were very few women pilots at the time. Then one day in 1928, she received the phone call that would begin her journey of becoming famous. The call was from a company that was looking for someone to be the first woman to fly across the Atlantic Ocean. She jumped at the chance. Two months later, she and a team of two co-pilots took off from Canada and headed towards the United Kingdom. After twenty-one hours they landed in the U.K. Their successful flight was reported in newspapers around the world.

After years of huge success as a pilot, in 1937 she went on her greatest challenge yet. She was planning to fly around the world. On June 1st, she and her navigator, Fred Noonan, set out from Miami. As part of their journey, they headed for an island called Howland Island on July 2nd. This was known to be a challenging route, especially because the island is very small, making it difficult to locate. During their flight, Earhart was in contact with a ship whose job was to guide her to the island. She sent messages to the ship several times, but her messages were strange and difficult to understand.

Nothing more was heard from her. Even after a long and careful search, nothing was found. The search was finally called off on July 19th. Many people tried to guess what happened. Most experts believe that she crashed in the ocean near Howland Island after running out of fuel. However, no one really knows for sure. No parts of their airplane or bodies have ever been found, leaving the world with one of history's greatest mysteries.

Questions.

No. 10　What was Amelia Earhart famous for?

No. 11　Which sentence best describes Earhart as a child?

No. 12　What did Earhart do immediately after her first flying experience?

No. 13　Which of the following is true of Earhart's first flight across the Atlantic Ocean?

No. 14　According to the lecture, why was the route to Howland Island challenging?

No. 15　What was mysterious about Earhart's last flight?

これで，リスニングテストを終わります。

問題Ⅱ 次の問い（Part A と Part B）に答えなさい。（配点 32）

Part A 次の英文を読んで，後の英文№1～№4の空欄を埋めるために最も適切なものを，それぞれ1～4の中から一つずつ選びなさい。

There are a number of ways to learn a foreign language. Students can study alone from a book or go to a country where the language is spoken and learn while living there. For the majority of learners, however, taking a private or group language lesson is a natural choice. Some people believe that private lessons are a better way to acquire a language because they are more flexible and can meet students' specific needs. However, in reality, group lessons are more effective for language learning because they allow students to learn from each other and provide a supportive atmosphere, both of which are vital in successful language acquisition.

First, it can be clearly seen that peer-learning, where students learn directly from each other, is essential to foreign language learning. It has been found that, in class environments, students learn mostly from their peers rather than from teachers. For instance, in a group lesson, learners often do pair or group work. In this environment, they practice using new vocabulary, start and control discussions, and produce a wide variety of expressions. All of these activities are widely believed to aid the acquisition of a foreign language, and group lessons offer chances to practice them with the help of their classmates.

Those who are in favor of private lessons may argue that students can learn better in this style because they can "customize" their lessons. For example, a teacher and a student can set up a specific goal without thinking about other students' needs. However, it has been observed that at the beginner level, what students in group lessons learn is not different from what students in private lessons learn. Another objection to group lessons may be that group learners have less opportunity to interact with teachers. While this is true, talking only with teachers does not necessarily create a desirable learning environment. According to one study, 70% of the conversation in private lessons is dominated by the instructors. In addition, because the majority of teacher talk consists of asking questions, it is common that the students do little besides answering these questions in lessons. Such examples indicate that in private lessons, learners may not speak or use various communication skills as much as they would in group lessons. It is generally agreed that the most efficient way to acquire a language is to use it actively. Group lessons seem to realize this situation more effectively than private lessons.

In conclusion, although many people may believe that one-on-one lessons will lead to more effective language learning, examining the nature of group lessons proves otherwise. Learning in groups provides numerous opportunities to practice various skills which are essential in the acquisition of the target language. It also creates an atmosphere in which learners can feel more relaxed and receive encouragement from their peers. Moreover, the quality of learning in group lessons is no different from that of private lessons, but group lessons offer more opportunities to use the language in different situations. Many students choose group lessons considering only the costs; however, it seems clear that this choice is also wise in terms of effective learning.

No. 1　Group lessons are more effective than private lessons because students can (⑯).

1　make a natural choice in their learning
2　benefit from the presence of classmates
3　interact more often with their language teacher
4　have lessons that are more customized for them

No. 2　In classrooms where peer-learning is used, (⑰).

1　teachers control discussions
2　students learn mostly from teachers
3　teachers do not use pair or group work
4　students learn mostly from other students

No. 3　A study found that 70% of the conversation in private lessons is mainly (⑱).

1　the teacher talking in the lessons
2　the teacher answering questions
3　students communicating with each other
4　students asking the teacher questions

No. 4　This author argues that, for learning a foreign language, (⑲).

1　studying alone from a book is better than studying with other students
2　living in a foreign country is better than having a teacher
3　learning in group lessons is better than taking one-on-one lessons
4　studying privately with a teacher is better than studying in a group

Part B　次の英文を読んで，各問いの答えとして最も適切なものを，それぞれ１～４の中から一つずつ選びなさい。

Do you like to listen to music while you do homework? Do you clean your apartment while talking on the phone? Do you think students should be allowed to use laptop* computers in all college classrooms? Your answers to these questions will point to your preferences for multitasking. If you answered "yes" to most of them, then you are in

出典追記：Academic Writing Skills 2 Student's Book by Peter Chin, Samuel Reid, Sean Wray, and Yoko Yamazaki, Cambridge University Press line with the general practices of digital natives for whom multitasking, especially with various forms of media, is a way of life. Multitasking is a concept that has been around for a while and emerged along with the increasing expectation that we will fill multiple roles throughout the day. Multitasking can be pretty straightforward and beneficial—for example, listening to motivating music while working out. But multitasking can be very inefficient, especially when one or more of our simultaneous tasks are complex or unfamiliar to us.

Media multitasking specifically refers to the use of multiple forms of media at the same time. The negative effects of media multitasking have received much attention in recent years, as people question the decreasing attention span within our society. Media multitasking may promote inefficiency because it can lead to distractions and delays in completion of work. The numerous options for media engagement that we have can also lead to a feeling of chaos as our attention is pulled in multiple directions, creating a general sense of disorder. In addition, many of us feel like we can't live without our social media.

Media multitasking can produce an experience that feels productive, but is it really? What are the consequences of our world being filled with media and technology? Although many of us like to think that we're good multitaskers, some research on student laptop use indicates otherwise. For example, student laptop use during class has been connected to lower academic performance because media multitasking has the potential to interfere with listening at multiple stages of the process. The study showed that laptop use interfered with receiving, as students using laptops reported that they paid less attention to the class lectures. This is because students used the laptops for purposes other than taking notes or exploring class content. Of the students using laptops, 81 percent checked e-mail during lectures, 68 percent used instant messaging, and 43 percent surfed the web. Students using laptops also had difficulty with the interpretation stage of listening, as they found less clarity in the parts of the lecture they heard and did not understand the course material as much as students who didn't use a laptop. The difficulties with receiving and interpreting obviously create issues with recall that can lead to lower academic performance in the class. Laptop use also negatively affected the listening abilities of students not using laptops. These students reported that they were distracted, as their attention was drawn to the laptop screens of other students.

Multitasking has become a beneficial and, at times, necessary part of daily life. It may make some tasks easier and faster, but multitasking can also be inefficient and distracting. Knowing when and how to use multitasking appropriately is a skill that should be developed just like any other.

laptop*：ノート・パソコン

出典追記：Communication in the Real World, The University of Minnesota Libraries

No. 1 ⑳ Which of the following is not an example of media multitasking?

1 Writing an e-mail while searching the Internet.

2 Reading a newspaper while watching TV.

3 Checking social media while listening to a podcast.

4 Playing an electronic game while riding the subway.

No. 2 ㉑ Which of the following is not mentioned as a negative effect of media multitasking?

1 People become confused with the various media forms.

2 People tend to have shorter attention spans.

3 People have few options to use multiple forms of media.

4 People depend on their social media too much.

No. 3 ㉒ Which of the following is true about the study on student laptop use in class?

1 Students who used the laptops were good multitaskers according to the research.

2 Students used their laptops only for taking notes or understanding class content.

3 Student laptop use interfered with how well users and non-users could listen to class lectures.

4 Students who used laptops were affected in their academic performance by looking at the screens of other users.

No. 4 ㉓ Which of the following statements would the author most likely agree with?

1 Multitasking is necessary at all times.

2 People need to carefully examine when it is suitable to multitask.

3 Multitasking should be avoided as much as possible.

4 People can naturally use multitasking effectively.

問題Ⅲ　次の英文を読んで，各問いの答えとして最も適切なものを，それぞれ1～4の中から一つずつ選びなさい。（配点　28）

We'd been driving for about seven thousand years. Or at least that's how it felt. My brother, Steven, drove slower than our grandmother. I sat next to him in the passenger seat with my feet up on the dashboard. Meanwhile, my mother was sleeping in the back seat. Even when she slept, she looked alert, like at any second she could wake up.

"Go faster," I urged Steven, pushing his shoulder.

Steven ignored what I said. "Never touch the driver," he said. "And take your feet off my dashboard."

"It's not your dashboard. It's gonna be my car soon, you know."

"If you ever get your license," he laughed. "People like you shouldn't even be allowed to drive."

I decided to turn on the radio. One of my favorite things about going to the beach was the radio stations. I was as familiar with them as I was with the ones back home, and listening to station Q94 made me really know inside that I was there, at the beach.

I found my favorite station, the one that played everything from pop to oldies to hip-hop. I sang along with the songs I knew.

Steven reached over to switch stations, and I slapped his hand away. "Bell, your voice makes me want to run this car into the ocean."

I sang even louder, which woke up my mother, and she started to sing too. We both had terrible voices, and Steven shook his head, looking angry. He hated being the only guy in the family. It was what bothered him most about our parents being divorced, no longer having our dad to take his side.

We drove through town, and now I didn't mind going slowly. I loved this drive, this moment. Seeing the town again, with all its interesting shops, was like coming home after you'd been gone a long, long time. It held a million promises of summer and of what just might be.

As we got closer and closer to the beach house, I could feel the excitement in my chest. We were almost there. I rolled down the window and took it all in. The wind making my hair feel sticky, the salty sea breeze, all of it felt just right. Like it had been waiting for me to get there.

"Are you thinking about Conrad?" Steven suddenly asked in a teasing voice.

"No!" I said loudly.

My mother looked at us. "Bell, do you still like Conrad? From the looks of things last summer, I thought there might be something between you and Jerry."

"WHAT? You and Jerry?" Steven looked surprised. "What happened with you and Jerry?"

"Nothing," I told them both. "Just because they are my friends doesn't mean anything special is going on." My face began to turn red.

Mom didn't say anything.

But Steven asked again, "What happened with you and Jerry? You can't say something like that and not explain."

"Nothing," I said.

"What's going on?"

"Get over it," I told him. Telling Steven anything would only give him another way to make fun of me. And anyway, there was nothing to tell, not really.

Conrad and Jerry were Beck's boys. Beck was Mrs. Susannah Fisher, formerly Susannah Beck. My mother was the only one who called her Beck. They'd known each other since they were nine and had been best friends ever since.

Susannah told me that when I was born, she knew I would marry one of her boys in the future. She said it was fate. Surprisingly, my mother said it would be perfect, as long as I'd had at least a few boyfriends before I settled down. Susannah held my hands gently and said, "Bell, you have my full blessing. I'd hate to lose my boys to anyone else."

Our family had been going to Susannah's beach house in Cousins Beach every summer since before I was even born. For me, Cousins Beach was less about the town and more about the house. The house was my world. We had our own stretch of beach, all to ourselves. The summer house was made up of lots of things. The huge garden we used to run around in, tall glasses of iced tea, the swimming pool at night—but the boys, the boys most of all.

No. 1 ㉔ How do Bell and Steven talk to each other at the beginning of the passage?

1 They support each other.
2 They ignore each other.
3 They encourage each other.
4 They criticize each other.

No. 2 ㉕ Why does Bell turn on the car radio to station Q94?

1 She is hoping it will bother Steven.
2 Listening to it makes her feel like she is at the beach.
3 The hip-hop it plays is her favorite type of music.
4 It is almost as good as the stations back home.

No. 3 ㉖ What is Bell's strongest thought as they drive slowly through the town?

1 She is looking forward to the summer at the beach house.

出典追記：The Summer I Turned Pretty by Jenny Han, Simon & Schuster

2 She wants to go shopping in the interesting shops.

3 She is excited about finally coming home.

4 She hopes the wind will make her hair feel sticky.

No. 4 ㉗ Why doesn't Bell want to talk about Conrad and Jerry?

1 Conrad is Bell's secret boyfriend.

2 Jerry is Bell's secret boyfriend.

3 Steven will tease her even more.

4 Her mother knows too much.

No. 5 ㉘ What did Mrs. Susannah Fisher say soon after Bell was born?

1 She hoped other people would call her Beck.

2 She was worried about her boys getting lost.

3 She was sure Bell would marry Conrad or Jerry.

4 She thought Bell should have several boyfriends.

No. 6 ㉙ For Bell, what is the most enjoyable thing about staying at the beach house?

1 Living in the nice town of Cousins Beach.

2 Playing on the beach that they had all to themselves.

3 Swimming in the pool at night.

4 Spending time with Conrad and Jerry.

No. 7 ㉚ Put these events of Bell's family in the order they happened, from first to last:

a) Bell's family went to the beach house for the first time.

b) Bell's mother and Beck became best friends.

c) Bell turned on the car radio and sang along with songs.

d) Bell was born.

e) Bell's brother got his driver's license.

1 b－d－a－c－e

2 d－b－e－a－c

3 b－a－d－e－c

4 d－a－b－e－c

問題Ⅳ　次の問い（Part A ～ Part C）に答えなさい。（配点　65）

Part A　No.1～No.5の英文を日本文と同じ意味になるように並べ替えたとき，（　　）内の3番目と6番目になる語または語句を，それぞれ語群の1～8の中から一つずつ選びなさい。なお，文頭に来るべき語も小文字表記となっている。

No.1　（1　role　2　time　3　is　4　played　5　an important　6　it　7　Japan　8　high）in the international community.

3番目 ㉛，6番目 ㉜

今こそ日本が国際社会で重要な役割を果たすときだ。

No.2　Mary is a friend with（1　for　2　on　3　terms　4　been　5　good　6　whom　7　have　8　I）a long time.

3番目 ㉝，6番目 ㉞

メアリーはずっと仲良くしてきた友人です。

No.3　What you have just said（1　used　2　the town　3　I　4　to　5　of　6　me　7　reminds　8　where）live.

3番目 ㉟，6番目 ㊱

あなたが今言ったことで，わたしはむかし暮らしていた町を思い出しました。

No.4　When you move to a new environment, you（1　of　2　to　3　familiar　4　is　5　what　6　behind　7　much　8　leave）you.

3番目 ㊲，6番目 ㊳

新しい環境に移る時は，自分にとって慣れ親しんだ多くのものを置いていくことになる。

No.5　Lots of factors（1　affect　2　well　3　than　4　we　5　our　6　brains　7　other　8　how）learn.

3番目 ㊴，6番目 ㊵

頭脳以外の多くの要因が我々の学習力に影響を与えている。

Part B　下記No.1～No.5の英文中の（　　）内の語を文脈に合うように正しい形に変えて，解答欄に記入しなさい。【記述解答】

No.1　I was in the department store（locate）on the corner of First Street.

No.2　During a（bore）speech, it is hard for the audience to stay awake.

No.3　Some of the students did not get their homework（do）.

No.4　Because there were few difficult words, I found the book（ease）to read.

№5 Are you feeling (well) than yesterday?

Part C 空欄（ ア ）～（ コ ）に入る語として最も適切なものを，下の語群より一つずつ選び，必要ならば語形を変えてそれぞれ解答欄に記入しなさい。ただし，各語の使用は一度だけとする。【記述解答】

Yumi was a good student who dreamed of studying abroad. During her first two years of university in Japan, she studied (ア) and always got the best grades in her classes. Two months (イ), Yumi arrived in Canada. Her excitement to attend a Canadian university quickly turned (ウ) worry when she realized how difficult it was to live in an English-speaking environment. Listening to English all day was tiring, and she felt frustrated when she could not express (エ) clearly. Also, the university classes were very difficult. The professors talked too fast. Yumi didn't have enough (オ) to ask questions during the classes, and she had a mountain of homework every night. Yumi became so tired and discouraged that she began (カ) about returning to Japan. (キ), everything started to get better when she met Linda. They happened to meet one day during lunch break, and they quickly became good (ク). With Linda's help, Yumi's listening and speaking abilities quickly (ケ), and Linda explained many things that Yumi did not understand. Most of all, (コ) someone that she trusted gave Yumi confidence that she could enjoy living and studying in Canada.

語群

ago	friend	hard	her	improve	think
courage	good	have	however	so	to

問題Ⅴ

次の質問に対する答えを，50語程度の英文で解答欄に記入しなさい。(配点 25)【記述解答】

Which do you like to watch better, TV or YouTube? Explain why.

◀経済（経済法）・社会福祉（社会福祉）学部▶

（60分）

問題Ⅰ　次の問い（A～C）に答えなさい。（配点　24）

A　No.1～No.4の英文の中で，文法的な誤用が含まれる下線部分を，それぞれ1～4の中から一つずつ選びなさい。

No.1 ① You may wonder(1) why he speaks English so well(2). I hear(3) he has learned(4) English when he was in New York.

No.2 ② We are going(1) to be hold(2) a welcome party at a hotel downtown(3) on the evening(4) of April 12th.

No.3 ③ It is famous(1) that this company was started(2) by a young man who had(3) dropped out of(4) college.

No.4 ④ The shop assistant has never had(1) this kind of(2) complaint from(3) a customer ago(4).

B　No.5～No.8の英文の空欄に入る語として最も適切なものを，それぞれ次の1～4の中から一つずつ選びなさい。

No.5　I need to return home (⑤) a hurry.

1　at
2　in
3　to
4　for

No.6　At the age of 19, she visited Kagoshima for the (⑥) time.

1　next
2　first

3　few

4　two

No.7　Some people are (⑦) about the sudden changes in the rules.

1　focused

2　brought

3　caught

4　worried

No.8　This problem must be solved in one way or (⑧).

1　another

2　either

3　both

4　other

C　No.9～No.12の英文の各下線部に最も近い意味の語(句)として適切なものを，それぞれ1～4の中から一つずつ選びなさい。

No.9　⑨　It's really hot today. I can't <u>stand</u> the heat.

1　allow

2　bear

3　help

4　keep

No.10　⑩　He needs to <u>work on</u> his dancing technique.

1　improve

2　impact

3　impress

4　import

No.11　⑪　All his hard work <u>paid off</u> in the end.

1　disappeared

2　returned the money

3　went against

4　brought good results

No.12　⑫　After all it <u>turned into</u> a pleasant day.

1 affected
2 became
3 celebrated
4 destroyed

問題Ⅱ　次の会話文を読んで，各問いの答えとして最も適切なものを，それぞれ1～4の中から一つ選びなさい。（配点　6）

(Paul and Jenny are friends. They just left a restaurant.)

Paul: Oh, yeah. That restaurant was good. I love Italian food. So! What shall we do now?

Jenny: What do you want to do?

Paul: Well, I haven't been on a dance floor for weeks now. I've got to move my body. Let's go dancing!

Jenny: I'm going running in the morning. Why don't you join me?

Paul: No, thanks. I don't like running. But I've read about this new place called Deep Space, where they play great music. We could go there.

Jenny: A dance club?

Paul: Don't you feel like dancing?

Jenny: <u>Not on a Wednesday night</u>. How about going to the late show at MoMA?

Paul: MoMA? What's that?

Jenny: MoMA. It's the Museum of Modern Art. There's a Kandinsky exhibition.

Paul: That isn't exactly my idea of fun. You know, we are in New York. Oh, I'm getting a text mail, sorry.

Jenny: From who?

Paul: It's a text from Kerri. She's doing a live concert at the Northstar Hall.

Jenny: Kerri who?

Paul: Kerri Johnson. I interviewed her last week for my radio show. I've seen her play live. She's cool. Do you like her?

Jenny: I have to admit I'm not a fan of her music.

Paul: That's too bad. Actually, Kerri is staying very near here and she doesn't know New York very well. I thought we could meet her and show her around.

Jenny: I'm afraid I have to go now. Why don't you show her New York? You two can go on your own.

Paul: Are you sure you don't mind?

Jenny: No, Paul, it's fine. I have another busy day tomorrow. You do, too, actually.

Paul: I know.

No. 1 ⑬ What does Jenny mean when she says, "Not on a Wednesday night"?

1 She has to interview Kerri Johnson.
2 She prefers something else.
3 Thursday night is better.
4 The next day is a holiday.

No. 2 ⑭ What does Jenny think about Kerri?

1 She thinks Kerri is cool.
2 Her interview on the radio was great.
3 She thinks it is too bad.
4 She doesn't enjoy Kerri's music.

No. 3 ⑮ What does Jenny mean when she says: "No, Paul, it's fine"?

1 She is leaving.
2 She thinks it's a good idea for her to meet Kerri.
3 She could spend some time with Paul.
4 She doesn't like her busy day tomorrow.

問題Ⅲ　次の英文を読んで，各問いの答えとして最も適切なものを，それぞれ1～4の中から一つずつ選びなさい。(配点　16)

Are you looking for a chance to get into the hardware business with a strong partner? We here at Foxpoint Tools are looking for enthusiastic and resourceful people. We need people who want to share in the adventure and challenge of growing a machine tool and equipment business. Our products have high brand name recognition and are famous for their reliability and quality. We need people with strong sales management skills. Do you want to be your own boss? Can you communicate and make plans well with the central office? Then this is for you. A successful franchise[1] can bring both personal and financial rewards. But you must have good people skills because much of the growth will come from building successful long-term relationships with your customers.

We provide all of our franchise owners with training in promotion and sales work. We support all of our steel hand tools with our famous Foxpoint lifetime guarantee. You can also rely on us to provide major service[2] to our small machines and power tools. Moreover, we will provide you with hands-on training and technical support. That way you can provide expert maintenance of this equipment directly to your customers yourself. All franchise partners may attend our famous Foxpoint master technicians course free of charge.

Purchasing a Foxpoint franchise can be done for less time and money than you think. If you are like most of our franchise owners, you've probably been using our tools for years and know how excellent our products are. Please contact us for information about our initial licensing fee and our low monthly franchise cost. Remember that for franchise owners, there is no cost for either our sales training program or our master technicians' course. If you have a credit card, we can get you started quicker than you might think. We believe that your success is our success, and we make sure that our franchise owners are supported every step of the way.

If you are ready for a rewarding business opportunity, please contact us at 1-800-FOXPNTT or write to us at franchise@Foxpointtool.com.

(注1) franchise：フランチャイズ店，(地域独占的な) 販売権
(注2) major service：主要なアフターサービス (修理)

No. 1　⑯　What does the Foxpoint tool company need?

1　Office staff

2　Engineers

3　Business partners

4　Product designers

出典追記：西谷敦子・James G. Wong『新 TOEIC テスト 文法・読解 頻出ポイント』朝日出版社

No. 2 ⑰ What kinds of products does Foxpoint sell?

1 Metal hand tools

2 Technical training courses

3 Machine service plans

4 Heavy machines

No. 3 ⑱ What is one advantage of becoming a franchise owner?

1 You can get free Foxpoint tools and equipment.

2 You can improve your business credit rating.

3 You can buy tools at a reduced cost.

4 You can learn more about repairing machines.

No. 4 ⑲ According to the text, what should you have to get started quicker?

1 A lot of tools

2 A credit card

3 Information from Foxpoint Tools

4 The master technicians' course

問題Ⅳ 次の英文を読んで，各問いの答えとして最も適切なものを，それぞれ1～4の中から一つずつ選びなさい。（配点 20）

Considering how much some famous people and celebrities[1] earn, it's hard to imagine their having money problems. Yet a surprising number of singers, actors, and athletes wind up in financial trouble, and many even file for bankruptcy.[2] Through careless and bad spending, poor money management, and poor investment decisions, some of the world's most rich and wealthy stars spend millions of dollars. Few of us will ever be that rich, but we can certainly learn from celebrities' mistakes.

When stars are at the top, it's easy for them to think that their riches will last forever. Celebrities can quickly fall into the habit of staying at five-star hotels, eating at high-quality restaurants, and buying expensive gifts, and the costs can be enormous. For example, the famous boxer Mike Tyson once led a lifestyle that cost him $400,000 per month. At one point, the late singer Michael Jackson was spending roughly $8 million on yearly living expenses. Another $4 million went to the yearly maintenance on his Neverland Ranch.[3]

Celebrities often feel they need to show off their wealth with fine jewelry, designer clothing, and expensive cars. One survey of sports agents showed that they felt that 69 percent of their clients led costly lifestyles. Tyson was famous for his jewelry shopping, once spending $450,000 on a pair of watches and another $500,000 on a platinum[4] piece that spelled out "Tyson." Purchases like these helped force the fighter, who earned some $400 million during his career, to file for bankruptcy in 2003.

Spending that much is dangerous enough when we have the cash in hand. Yet celebrities, confident that their incomes are vast, often go deeply into debt to buy homes, cars, and boats. But once their popularity begins to decline and their incomes fall, they can have trouble repaying all the money they must. Famous celebrities including Evander Holyfield (boxer), Jose Canseco (baseball player), and Aretha Franklin (singer) all had to give up their homes because they could no longer afford their mortgages.[5]

Apart from their personal spending, stars often face pressure from friends and family members who want a piece of the wealth. Big names often travel with large groups of people, and it's no surprise who must pay the bill. For hip-hop singer MC Hammer, it's a familiar story. When he was at the top of the charts, Hammer traveled with a group of 40 people, spending $500,000 every month. He filed for bankruptcy in 1996. Nobody who knew him was surprised.

Financial experts who follow celebrity spending say stars need to be careful about trusting others. Bad investment advice and financial mismanagement can lead to huge losses. Experts also recommend that stars plan for the future by saving a percentage of their income. This is because they'll likely have to rely on those savings once their star power begins to disappear. Finally, stars should avoid spending beyond their means or getting into serious debt. Rich or poor, famous or unknown, that's great advice we can all live by.

(注１) celebrity：有名人，セレブ
(注２) file for bankruptcy：破産申請をする
(注３) Neverland Ranch：ネバーランド大牧場（1988年から2005年までマイケル・ジャクソンの自宅兼プライベート遊園地だったことで知られている）
(注４) platinum：白金，プラチナ
(注５) mortgage：住宅ローン

No. 1 ⑳ What is the main idea of the reading?

1 Financial planning is important for all but the wealthiest people.
2 Celebrities feel pressured to spend a lot of money.
3 Despite the size of their wealth, many celebrities have money problems.
4 Singers spend more than athletes and movie stars.

No. 2 ㉑ Why are celebrities willing to go so deeply into debt?

1 They believe their incomes will go on permanently.
2 They think they can sell their homes to other celebrities.

出典追記：Andrew E. Bennett『Reading Fusion 1』南雲堂

3 They have never heard of other stars going in bankruptcy.

4 They receive offers from banks for unlimited loans.

No. 3 ㉒ What should everyone avoid, based on this passage?

1 Trying too hard to get rich soon

2 Spending more than they have

3 Lending money to friends and family members

4 Taking expensive vacations

No. 4 ㉓ According to the text, what kinds of expensive items are often purchased by celebrities?

1 Jewelry and boats

2 Watches and airplanes

3 Furniture and artwork

4 Restaurants and hotels

No. 5 ㉔ Why do experts recommend that stars save a percentage of their income?

1 So the famous stars will know when they run out of money.

2 Because when famous people save money, everybody saves money.

3 Even famous stars can have problems with money, just like everyone.

4 Since becoming famous is easy, spending money is difficult.

問題Ⅴ　次のNo.1～No.5の英文が日本文の意味になるように，空欄に入れるべき適切な単語を（　　）の指示に従って，それぞれ解答欄に記入しなさい。【記述解答】（配点　10）

No.1　The need for blood was (　　) greater than the supply.
必要とする血液は供給量よりもはるかに多かった。（fで始まる単語）

No.2　I never thought of it that (　　).
その事をそんなふうに思ったことは，これまでなかった。（wで始まる単語）

No.3　Her face looked paler than (　　).
彼女の顔はいつもより青白く見えた。（uで始まる単語）

No.4　I felt like I'd (　　) a gold medal.
金メダルを獲得したような気持ちだった。（wで始まる単語）

No.5　Last year I had a (　　) to visit some historic sites in Hakodate.
昨年，函館の史跡をいくつか訪れる機会がありました。（cで始まる単語）

問題Ⅵ　次のNo.1～No.6の英文の（　　）の語(句)を正しく並べ替えて，それぞれ日本文の意味に相当する適切な英文を，解答欄に記入しなさい。【記述解答】（配点 24）

No.1　His story (me, I, experience, of, had, hard, reminded, a) in my younger days.
彼の話を聞いて，若かりし頃のつらい体験を思い出した。

No.2　She (necessary, of, it, give, thinks, a part, to) her money to charity.
彼女は収入の一部を慈善事業に寄付する必要があると考えています。

No.3　I talked (homework, helping, my, me, him, with, into).
私は彼を説得して宿題を手伝ってもらった。

No.4　Japan (important, promoting, role, in, an, play, must) world peace.
日本は世界平和の促進のために重要な役割を担わなければならない。

No.5　I have (since, I, interested, Japanese history, been, was, in) a junior high school student.
私は中学生の頃から日本史に興味があります。

No.6　I would eat (had, of, if, at, a, an, I, restaurant, lot, money, expensive).
たくさんお金があれば，高級レストランで食事をするだろう。

日本史

（60分）

問題Ⅰ 次のA～Fは，原始・古代の発掘現場や絵画・彫刻・建築などの写真を，ほぼ時代順に配列したものである。これらを見て，それぞれ後の問いに答えなさい。（配点 26）

A

問1 Aは銅鐸6点，銅矛16本が一つの穴から出土し，付近では銅剣358本が出土したことで有名な遺跡である。この遺跡の名称と，所在の県の連記として最も適切なものを，次の1～4の中から一つ選びなさい。①

1 荒神谷遺跡，島根県　2 加茂岩倉遺跡，島根県

3 唐古・鍵遺跡，奈良県　4 永岡遺跡，福岡県

問2 銅鐸や銅矛の用途は何か。最も適切なものを，次の1～4の中から一つ選びなさい。②

1 死者の鎮魂のため副葬する。　2 付近の村との戦いに使用する。

3 集落の共同の祭りに祭器として使用する。　4 青銅は高価であり鉄と交換する。

B

写真：梅原章一

問3　Bは奈良県にある丘陵の航空写真である。大小の古墳が丘の上に密集している。このような古墳群の名称として最も適切なものを，次の1～4の中から一つ選びなさい。③

1　終末期古墳群　　2　円墳群

3　円形古墳群　　4　群集墳

問4　Bのような古墳群が出現した背景を説明している文章として最も適切なものを，次の1～4の中から一つ選びなさい。④

1　大王（おおきみ）が朝鮮半島への出兵を重ねたので，従軍する兵士たちにも小型古墳の築造を認めた。

2　従来は古墳の造営をしなかった有力農民層も，古墳をつくるようになった。

3　大古墳の築造はあまりにも費用がかかるので，豪族たちやその家族・親族・従者も小さな古墳をつくるようになり，これが流行した。

4　水田の拡張や堤防の建設の方が，大古墳の築造よりも重要な土木工事であるという思想が広まった。

C

問5　Cの仏像の名称として最も適切なものを，次の1～4の中から一つ選びなさい。⑤

1　薬師寺仏頭　　2　法隆寺仏頭　　3　東大寺仏頭　　4　興福寺仏頭

問6　Cの仏像は，大化改新の新政権における，ある重要人物を偲（しの）んで685年につくられた。その故人の名称と，この仏像がつくられた当時の文化の連記として最も適切なものを，次の1～4の中から一つ選びなさい。⑥

1　右大臣の蘇我倉山田石川麻呂，白鳳文化

2　左大臣の阿倍内麻呂，飛鳥文化

3　内臣の中臣鎌足，白鳳文化

4　孝徳天皇，飛鳥文化

D

問7　Dは北関東にあり，七道の東山道に属した，ある国の行政施設の復元模型である。南門・正殿・東脇殿・西脇殿などが示されている。この行政施設の名称として最も適切なものを，次の1～4の中から一つ選びなさい。⑦

1　尾張国庁　　2　越後国府　　3　下野国庁　　4　武蔵国府

問8　地方の国々の国府と中央を結んでいた交通制度の名称として最も適切なものを，次の1～4の中から一つ選びなさい。⑧

1　伝路・関塞（せきそこ）　　2　駅路・駅家（うまや）　　3　伝路・駅馬（はゆま）　　4　郡家（ぐうけ）・駅鈴

E

問9　Eは密教芸術を代表する建築物の一つである。この建築物の名称として最も適切なものを，次の1～4の中から一つ選びなさい。⑨

1　薬師寺金堂　　2　教王護国寺金堂　　3　室生寺金堂　　4　観心寺金堂

問10　密教芸術とは**関係のないもの**を，次の1～4の中から一つ選びなさい。⑩

1　金剛界と胎蔵界の図化

2　一木造の不動明王像や如意輪観音像

3　東大寺法華堂執金剛神像

4　三筆

F

問11　Fは阿弥陀如来が32尊を従えて来臨する様子を描いた絵画の中央部分である。このような形式の絵画の名称として最も適切なものを，次の1～4の中から一つ選びなさい。⑪

1　来臨来迎図　　2　来迎図　　3　聖衆来臨図　　4　阿弥陀来臨図

問12　このような絵画がさかんに描かれた社会的背景として最も適切なものを，次の1～4の中から一つ選びなさい。⑫

1　末法思想の流行　　2　浄土宗の広がり

3　盗賊・疫病・飢饉の発生　　4　本地垂迹説の登場

問13　平等院の阿弥陀堂(平等院鳳凰堂)の本尊である阿弥陀如来像を作成した人物として，最も適切なものを，次の1～4の中から一つ選びなさい。⑬

1　定朝　　2　藤原良房　　3　藤原忠平　　4　空也

問題Ⅱ 次の『梅松論』の一節を読んで，後の問いに答えなさい。なお，読みやすいように一部改変している。（配点 24）

保元・平治・治承(1)より以来，武家の沙汰として政務をほしいままにせしかども，元弘三(1333)年の今は天下一統に成しこそめづらしけれ。君(2)の御聖断は延喜・天暦のむかし(3)に立ち帰りて武家安寧に民屋謳歌し，いつしか諸国に［　A　］・守護をさだめ，卿相雲客各その階位に登りし体(てい)，実にめでたかりし善政なり。（中略）

ここに京都の聖断を聞き奉るに，［　B　］・決断所(4)を置かるといへども，近臣臨時に内奏を経て非義を申し行ふ間，綸言朝(あした)に変じ暮れに改まりし程に，諸人の浮沈，掌を返すが如し。あるいは先代(5)滅亡の時に逃れ来る輩，又高時の一族に被官の外は，寛宥の儀をもて死罪の科を宥めらる。又，天下一同の法をもて安堵の綸旨(6)を下さるといへども，所帯をめさるる輩，恨みをふくむ時分，公家に口ずさみあり。尊氏なしといふ詞を好みつかひける。そもそも，累代叡慮をもて関東を亡されし事は武家を立らるまじき御ためなり。しかるに直義朝臣太守として鎌倉に御座ありければ，東国の輩，是に帰伏して京都には応ぜざりしかば，一統のご本意，今におひてさらにその益なしとおぼしければ，武家して又公家に恨みをふくみ奉る輩は頼朝卿のごとく天下を専らにせん事をいそがしく思へり。故に公家と武家，水火の陣にて元弘三年も暮にけれ(7)。（後略）

問1 下線部(1)は保元の乱，平治の乱，治承・寿永の乱を指している。保元の乱勃発から治承・寿永の乱終結までは何年間ほどになるか。最も適切なものを，次の1～4の中から一つ選びなさい。⑭

1 20年　2 30年　3 40年　4 50年

問2 下線部(2)「君」とは誰か，適切な人名を解答欄に記入しなさい。【記述解答】

問3 下線部(3)「延喜・天暦のむかし」とは何世紀の時期のことを指しているか。適切な世紀の数字を，解答欄に記入しなさい。【記述解答】

問4 空欄［　A　］には，当時守護と共に並置された官職名が入る。その官職名として最も適切なものを，次の1～4の中から一つ選びなさい。⑮

1 国司　2 地頭　3 将軍　4 郡司

問5 空欄［　B　］に関して，下の(i)，(ii)の問いに答えなさい。

(i) 空欄［　B　］には，当時一般政務を担当した機関名が入る。適切な機関名を解答欄に記入しなさい。【記述解答】

(ii) 空欄［　B　］の機関は，本来はある目的を徹底するために，かつて後三条天皇が設けたものである。その目的として最も適切なものを，次の1～4の中から一つ選びなさい。⑯

1 班田収授の実施　2 荘園整理

3 武士の取り締まり　4 戸籍・計帳の作成

問6　下線部(4)「決断所」の正式名称を，解答欄に記入しなさい。【記述解答】

問7　下線部(5)「先代」に具体的な人名を当てはめるとして，文中に登場する3人の人物のうち最も適切な人物名を，解答欄に記入しなさい。【記述解答】

問8　下線部(6)「安堵の綸旨」の説明として最も適切なものを，次の1～4の中から一つ選びなさい。 ⑰

1　所有権を天皇が綸旨の文書で確認したもの

2　論功行賞を関白が綸旨の文書で認めたもの

3　不満武士の意見を取り上げ，天皇がすばやく綸旨の文書で対応したもの

4　土地訴訟の判決を，摂政が天皇の代わりに綸旨の形式で発布したもの

問9　元弘三年は翌年改元され，その元号が本文で示す政治の呼称として使用されている。その適切な元号名を，解答欄に記入しなさい。【記述解答】

問10　この文章は「君」の政治に批判的であるが，文中で記す時期とほぼ同時期に書かれたとされる政権に対する批判的文書として最も適切なものを，次の1～4の中から一つ選びなさい。 ⑱

1　職原抄　　2　徒然草　　3　樵談治要　　4　二条河原落書

問11　『梅松論』とは分類上の種別が**異なるもの**を，次の1～4の中から一つ選びなさい。 ⑲

1　増鏡　　2　神皇正統記　　3　花伝書　　4　水鏡

問題Ⅲ

次の表は，江戸時代の三大改革をまとめたものである。表を見て，後の問いに答えなさい。（配点　25）

	享保の改革	寛政の改革	天保の改革
中心人物	（ A ）	（ B ）	（ C ）
時　代	（ D ）	（ E ）	（ F ）

問1　空欄（　A　）～（　C　）に該当する適切な人物の氏名を，それぞれ漢字で解答欄に記入しなさい。【記述解答】

問2　空欄（　D　）～（　F　）に該当する時代として最も適切なものを，それぞれ次の1～5の中から一つずつ選びなさい。D ⑳，E ㉑，F ㉒

1　17世紀後半　　2　18世紀前半　　3　18世紀後半

4　19世紀前半　　5　19世紀後半

問3　次のア～クの諸改革について，「享保の改革」に該当するものには「1」を，「寛政の改革」に該当するものには「2」を，「天保の改革」に該当するものには「3」をマークしなさい。

ア ㉓　洒落本や黄表紙の出版を禁止し，代表的作家の山東京伝を処罰した。

イ ㉔　株仲間の解散令を出した。

ウ ㉕　相対済し令を出して，金銀貸借に関する紛争を当事者間で解決させようとした。

エ ㉖　百姓の出稼ぎを禁じて，江戸に流入した貧民の帰郷を強制する人返しの法を発した。

オ ㉗　江戸，大坂周辺の土地を幕府の直轄地にするために上知令を出した。

カ ㉘　幕領の代官らの不正を摘発する一方で，検見法を改めて定免法を広く採用した。

キ ㉙　町々に町費節約を命じ，節約分の7割を積み立てさせた。

ク ㉚　石川島に人足寄場を設けて無宿人に職業訓練をおこなった。

問題Ⅳ　次のA～Fの文章を読んで，それぞれ後の問いに答えなさい。（配点　25）

A　(1)1867年の夏から翌年前半にかけて，伊勢神宮のお札がふったということで，京都や大坂など各地で民衆の熱狂的な乱舞がみられた。また，(2)のちに教派神道とよばれるさまざまな民衆宗教が急激に普及した。

問1　下線部(1)のような民衆運動を何というか。適切な語句を解答欄に記入しなさい。【記述解答】

問2　下線部(2)の民衆宗教で，宗派とその創始者の組み合わせとして最も適切なものを，次の1～4の中から一つ選びなさい。㉛

1　天理教—中山みき　　2　天理教—川手文治郎

3　金光教—黒住宗忠　　4　金光教—島地黙雷

B　(3)王政復古の大号令によって樹立された新政府は，幕府の政治機構を全廃し，天皇中心の政治をおこなうために，天皇のもとに総裁・議定・参与の（　ア　）を置き，参与に有力諸藩を代表する藩士を入れた雄藩連合政権として発足した。

問3　下線部(3)の一部が下の史料である。文中下線部の「徳川内府」と「先帝」とはそれぞれ誰を指すか。その組み合わせとして最も適切なものを，次の1～4の中から一つ選びなさい。㉜

徳川内府，従前(さき)ニ御委任ノ大政返上，将軍職辞退ノ両条，今般断然聞シメサレ候。抑癸丑以来未曾有ノ国難，先帝頻年宸襟ヲ悩マセラレ候御次第（以下略）

1　徳川内府—徳川慶喜　　先帝—光格天皇

2　徳川内府—徳川家斉　　先帝—孝明天皇

3　徳川内府—徳川慶喜　　先帝—孝明天皇

4　徳川内府—徳川家茂　　先帝—光格天皇

問4　空欄（　ア　）に入る適切な語句を，解答欄に記入しなさい。【記述解答】

C　明治政府は，通貨制度の混乱を収拾するため，1871年に（　イ　）を定めて，円・銭・厘を単位に新硬貨をつくった。さらに政府は民間の力で金貨と交換できる兌換銀行券を発行させようと(4)国立銀行条例を定めたが，国立銀行の経営は困難で，直ちに兌換制度を確立することはできなかった。

問5　空欄（　イ　）に入る適切な語句を，解答欄に記入しなさい。【記述解答】

問6　下線部(4)の条例を制定する際に中心となった人物として最も適切なものを，次の1～4の中から一つ選びなさい。㉝

1　岩崎弥太郎　　2　五代友厚　　3　渋沢栄一　　4　岩崎弥之助

D　1880年代，朝鮮国内では開化路線と保守路線の対立が激化していた。日本は開化路線を支持していたが，1882年の政変(5)によって保守派が政権を担った。しかし清国がただちにこの政変に介入し，保守派政権を倒して開化派が復活した。その後，開化派は分裂し，急進開化派(6)は日本に接近して駐留日本軍の支援によってクーデタをおこしたが失敗した。

問7　下線部(5)の政変を何というか。適切な語句を解答欄に記入しなさい。【記述解答】

問8　下線部(6)に関連して，急進開化派の金玉均ら独立党の支援者であり，脱亜論をとなえた人物として最も適切なものを，次の1～4の中から一つ選びなさい。㉞

1　加藤弘之　　2　森有礼　　3　大井憲太郎　　4　福沢諭吉

E　日清戦争の開戦と同時に，それまで平民的欧化主義を唱えていた（　ウ　）は対外膨張論に転じた。また日本の大陸進出を肯定し，対露強硬論を主張するものもあらわれた。社会主義者と一部のキリスト教徒はこうした流れに反対したが，日露戦争以前に（　エ　）は思想界の主流になっていた。

問9　空欄（　ウ　）に入る人物として最も適切なものを，次の1～4の中から一つ選びなさい。㉟

1　陸羯南　　2　徳富蘇峰　　3　高山樗牛　　4　三宅雪嶺

問10　空欄（　エ　）に入る適切な語句を，解答欄に記入しなさい。【記述解答】

F　1886年から89年にかけて，企業勃興(7)とよばれる会社設立ブームがおこり，機械技術を用いる産業革命がはじまった。その後，日清戦争の勝利で清国から賠償金を獲得した政府は，戦後経営に取り組み，賠償金の一部を準備金として（　オ　）制を採用した。貿易も拡大し，貿易金融では1880年設立の（　カ　）が大きな役割を果たした。

問11　下線部(7)の中心となった産業として最も適切なものを，次の1～4の中から一つ選びなさい。㊱

1　紡績業　　2　醸造業　　3　食品工業　　4　製紙業

問12　空欄（　オ　）に入る適切な語句を，解答欄に記入しなさい。【記述解答】

問13　空欄（　カ　）に入る語句として最も適切なものを，次の1～4の中から一つ選びなさい。㊲

1　台湾銀行　　2　日本勧業銀行　　3　日本興業銀行　　4　横浜正金銀行

世界史

(60分)

問題Ⅰ　次の文章を読んで，後の問いに答えなさい。(配点　25)

中央アメリカからメキシコ高原にかけてのメソアメリカと南アメリカのアンデス地帯では，［　A　］などを栽培する農耕文化が紀元前２千年紀から発展し，やがて高度な都市文明が成立した。メキシコ湾岸では，紀元前1200年頃までに(　ア　)文明が成立した。独特な巨石人頭像，ジャガー崇拝，宝石ヒスイの重視，ピラミッド状の神殿などが特徴的で，その後の周辺諸文明に影響を与えた。

ユカタン半島では，４世紀から９世紀に(　イ　)文明が繁栄期を迎え，ピラミッド状の建築物，［　B　］進法による数の表記法，精密な暦法，(　イ　)文字などを持つ独自の文明を発達させた。

メキシコ高原では，紀元前１～紀元後６世紀に(　ウ　)文明が成立した。黒曜石製品の交易で栄え，羽毛の生えた蛇神など，彼らの信仰した神々はメソアメリカ全体に広まった。また，14世紀には，北方から進出してきた(　エ　)人がテノチティトランを首都とする王国をつくった。(　エ　)文明も，ピラミッド状の神殿や絵文字を持っていた。(　エ　)王国は，1521年にスペイン人の［　C　］によって征服された。

アンデス高地では，紀元前1000年頃，北部にチャビン文化が成立して以降，さまざまな王国があらわれたが，15世紀半ばに，現在のコロンビア南部からチリに及ぶ広大な(　オ　)帝国がクスコを中心に成立した。(　オ　)の文明は，山岳地帯に作られた都市遺跡(1)が示すように，石造建築の技術に優れ，灌漑(かんがい)施設を利用した農業を行っていた。文字は持たなかったが，縄の結び方で情報を伝えるキープによって記録を残した。ここでは太陽崇拝が行われ，国王は太陽の化身とされた。(　オ　)帝国は，1533年にスペイン人の［　D　］によって滅ぼされた。

問１　空欄(　ア　)～(　オ　)に入る適切な語句を，それぞれ解答欄に記入しなさい。

【記述解答】

問２　空欄［　A　］に入る語句として最も適切なものを，次の１～４の中から一つ選びなさい。

①

１　コメ　　２　コムギ　　３　トウモロコシ　　４　タロイモ

問３　空欄［　B　］に入る語句として最も適切なものを，次の１～４の中から一つ選びなさい。

②

１　六十　　２　二十　　３　十二　　４　十

問4　空欄 C ， D に入る語句として最も適切なものを，それぞれ次の1～6の中から一つずつ選びなさい。C ③ ，D ④

1　コルテス　　2　コロンブス　　3　マゼラン　　4　ピサロ

5　バルボア　　6　カブラル

問5　下線部(1)について，下の写真は，標高約2400mのペルーの高地にあり，1911年になって存在が確認された遺跡である。この遺跡の名称として最も適切なものを，次の1～4の中から一つ選びなさい。⑤

著作権の都合により，類似の写真と差し替えています。ユニフォトプレス提供

1　チチェン=イツァ　　2　マチュ=ピチュ

3　モンテ=カシノ　　4　ラス=カサス

問題Ⅱ 次の文章を読んで，後の問いに答えなさい。（配点 25）

中国の小説，『水滸伝』(1)，『三国志演義』(2)，『西遊記』(3)，『金瓶梅』などは，現代も人気が高く，多くの人々に親しまれている。これらのいくつかは，元代の口語長編小説が原型となっている。明代後期には（ a ）印刷による書物の出版が急増したことで，これらの読者層が広がった。

また，明代末には科学技術の高まりが顕著であった。薬学百科全書の『本草綱目』(4)や中国古来の農業技術を12部門に分類して著述した農書『農政全書』(5)，暦書『崇禎暦書』，産業技術書の『天工開物』(6)などの科学技術書がつくられ，日本など東アジアにも影響を与えた。

こうした当時の科学技術などの発展には，中国で布教活動をしたキリスト教宣教師(7)の影響が大きい。宣教師の（ b ）が作成した「坤輿万国全図（こんよばんこくぜんず）」は，漢文の世界地図であり，新しい地理知識を中国に広めた。

学問としては，明は儒教哲学の一つ（ c ）学を採用したが，それを批判し，実践を重視した（ d ）を説いたのが王守仁（王陽明）の陽明学であった。これは，学者だけでなく庶民の間にも広い支持を得た。

問1 空欄（ a ）～（ c ）に入る適切な語句を，それぞれ解答欄に記入しなさい。【記述解答】

問2 空欄（ d ）に入る語句として最も適切なものを，次の1～4の中から一つ選びなさい。 ⑥

1 無為自然　2 知行合一　3 輪廻転生　4 九品中正

問3 下線部(1)の内容の説明として最も適切なものを，次の1～4の中から一つ選びなさい。 ⑦

1 元代から明代はじめに，羅貫中（らかんちゅう）が加筆して完成させた小説
2 元代の施耐庵（したいあん）の原作を明代に編纂したもので，官僚の不正に怒る108人の武勇伝
3 宰相の娘と書生の恋愛をテーマにした古典演劇，王実甫の作品
4 明代末期の新興商人階層の欲望に満ちた生活を描いた小説

問4 下線部(2)のこの小説の舞台となる中国の三国時代の国として，**適切ではないもの**を，次の1～4の中から一つ選びなさい。 ⑧

1 魏　2 呉　3 蜀　4 燕

問5 下線部(3)の内容の説明として，最も適切なものを，次の1～4の中から一つ選びなさい。 ⑨

1 日本を訪れた中国の僧・玄奘の物語
2 朝鮮を訪れた中国の僧・玄奘の物語
3 インドを訪れた中国の僧・玄奘の物語
4 越南を訪れた中国の僧・玄奘の物語

問6 下線部(4)～(6)の著者または編纂者として最も適切なものを，それぞれ次の1～4の中から一つずつ選びなさい。

(4) ⑩ 1 李時珍(りじちん) 2 司馬炎(しばえん) 3 王羲之(おうぎし) 4 劉備(りゅうび)

(5) ⑪ 1 顧愷之(こがいし) 2 杜甫(とほ) 3 徐光啓(じょこうけい) 4 柳宗元(りゅうそうげん)

(6) ⑫ 1 宋応星(そうおうせい) 2 李白(りはく) 3 顔真卿(がんしんけい) 4 呉道元(ごどうげん)

問7 下線部(7)に関して，16世紀日本でキリスト教布教の基礎を築いたイエズス会宣教師は誰か，最も適切な人名を，次の1～4の中から一つ選びなさい。⑬

1 イグナティウス=ロヨラ 2 アメリゴ=ヴェスプッチ
3 マルコ=ポーロ 4 フランシスコ=ザビエル

問題Ⅲ 次の文章を読んで，後の問いに答えなさい。（配点 25）

古代ローマ帝国が地中海世界の覇者として君臨し，ローマ教皇が長らく宗教的権威として世俗権力をも左右したり，通商によってもたらされた経済力がルネサンス勃興の背景となった。また，長らくイタリア半島はヨーロッパの中心的位置を占めてきたが，近代的統一国家としてのイタリアは，意外にも19世紀後半までなかなか成立を見るに至らなかった。

イタリア北部に位置し，フランスやスイスと国境を接する［ A ］王国は，ウィーン体制の下で［ B ］帝国に屈していたが，1849年に王位を継いだ［ C ］2世の下でイタリア統一の中心的存在となった。国政の舵取りは自由主義者とされる［ D ］が担い，国力の涵養に努めた。同国は，フランス皇帝［ E ］3世と密約を結んで［ B ］帝国と開戦し，有名なラデツキー将軍に敗れた前回(三月革命直後)の敗戦の雪辱を果たした。しかし，フランスの裏切りにより東に隣接するロンバルディアのみを獲得できたにとどまり，一挙にイタリア統一を果たすことはできなかったものの，中部イタリアの［ A ］による統一が既成事実化した。

1860年南イタリアでは，［ F ］イタリア出身の革命家［ G ］がシチリア王国及びナポリ王国を占領し，これらの地域を［ A ］王に献上した。これによりローマ教皇領(1)(後に1870年併合)及びオーストリア領ヴェネツィア(2)(後に1866年併合)を除き，1861年成立した「イタリア王国」(［ C ］が初代国王)によるイタリアの大半の国土統一が成し遂げられた。残る南チロル，トリエステなどは，第一次世界大戦に敗れたオーストリア帝国の崩壊の結果，戦勝国たるイタリア領となったのである。

問1 空欄［ A ］～［ G ］に入る適切な語句を，それぞれ解答欄に記入しなさい。

【記述解答】

問2 下線部(1)及び(2)に関して，それぞれどの戦争を背景として「イタリア王国」に併合されたか。最も適切なものを，それぞれ次の1～9の中から一つずつ選びなさい。(1) ⑭，(2) ⑮

1　クリミア戦争
2　七年戦争
3　プロイセン=オーストリア戦争
4　イタリア統一戦争
5　オーストリア継承戦争
6　三十年戦争
7　プロイセン=フランス戦争
8　イタリア戦争
9　フス戦争

問題Ⅳ　次の文章を読んで，後の問いに答えなさい。（配点　25）

第二次世界大戦後，ヨーロッパの復興と再統合で中心的な役割を果たしたのは，フランスであった。大戦中，フランスはナチス=ドイツに占領され，第一次世界大戦のフランス側の英雄〔　i　〕を首班とするヴィシー政権が事実上の傀儡（かいらい）政権として立てられていたが，終戦後は共和政が再建された。この政権は，［　A　］年のフランス革命以来［　B　］回目の共和政なので，「第［　B　］共和政」と呼ばれた。近代以降のヨーロッパでの戦争では，石炭や鉄などの資源をめぐる対立が背景にあることが多かったので，1950年，当時フランスの外相であった〔　ii　〕は，基幹資源を共同管理するヨーロッパ石炭鉄鋼共同体（　ア　）の設立を提案し，これがフランス，西ドイツ，ベネルクス3国，［　C　］の6ヵ国を加盟国として1952年に発足した。

1958年には，同じ6ヵ国をメンバーとして，ヨーロッパの共同市場化と共通経済政策推進を図るヨーロッパ経済共同体（ＥＥＣ）と，原子力の平和利用を共同で研究するヨーロッパ原子力共同体（　イ　）が設立された。1967年には，この三つの組織が統合され，ヨーロッパ共同体（ＥＣ）となった。1973年には，これにイギリス，アイルランド，〔　iii　〕が加わって9ヵ国に拡大され，今日あるヨーロッパ連合（ＥＵ）の原型となった。

他方で，戦後のフランスにとっての最大の難題は，植民地問題であった。フランスは北アフリカに広大な植民地を持っていたが，それらの多くで独立運動が起こった。1956年にフランスはモロッコと［　D　］の独立は承認したが，フランス人の入植者の多いアルジェリアには弾圧をもって臨んだ。これが7年あまりにおよぶアルジェリア戦争に発展。フランス国内でもアルジェリア独立をめぐって民意が二分されるなど動揺した。ついには有効な対策を打ち出せない政府にいらだったアルジェリア駐屯のフランス軍や入植者が事実上のクーデタを起こし，フランス本国に進軍する姿勢を見せるなどして大混乱。1958年，第［　B　］共和政は崩壊し，新しい共和政のもとで，軍人出身で大戦中，イギリスに亡命してレジスタンス運動を指揮した国民的英雄である［　E　］が大統領に就任した。フランスは1962年にアルジェリアの独立を承認した。

問1　空欄 A ～ E に入る適切な数字や語句を，それぞれ解答欄に記入しなさい。

【記述解答】

問2　空欄〔　i　〕,〔　ii　〕に入る人名として最も適切なものを，それぞれ次の1～6の中から一つずつ選びなさい。i ⑯，ii ⑰

1　クレマンソー　2　シューマン　3　タレーラン

4　ペタン　5　ポンピドー　6　ルイ=フィリップ

問3　空欄（　ア　），（　イ　）に入る欧文略語として最も適切なものを，それぞれ次の1～6の中から一つずつ選びなさい。ア ⑱，イ ⑲

1　ECOSOC　2　ECSC　3　EEC

4　EFTA　5　EMS　6　EURATOM

問4　空欄〔　iii　〕に入る国名として最も適切なものを，次の1～6の中から一つ選びなさい。

⑳

1　オーストリア　2　スウェーデン　3　スペイン

4　デンマーク　5　ノルウェー　6　フィンランド

地理

（60分）

問題Ⅰ　図1は，北海道稚内市付近とほぼ同緯度の地域のユーラシア大陸の地図である。これを作成した高校生Yさんが書いた説明文を読んで，後の問いに答えなさい。（配点　25）

稚内市はほぼ北緯（　ア　）にあり，（　イ　）気候区に属する。気温は，赤道から両極に向かうほど低くなっていくので，ほぼ同じ緯度にある地域は，同じような気候をもっていると思ったが，そうではなかった。(1)ユーラシア大陸の西端から順に，A，B，Cの3つの都市を選んで調べてみると，それぞれ気候区が異なり，また稚内市とも異なっていた。(2)その理由を考えてみた。

また，ユーラシア大陸の内陸部，中央アジアの国々（D，E，F）も，ほぼ同じ緯度にあることがわかり，(3)これらの国について，さらに調べてみた。

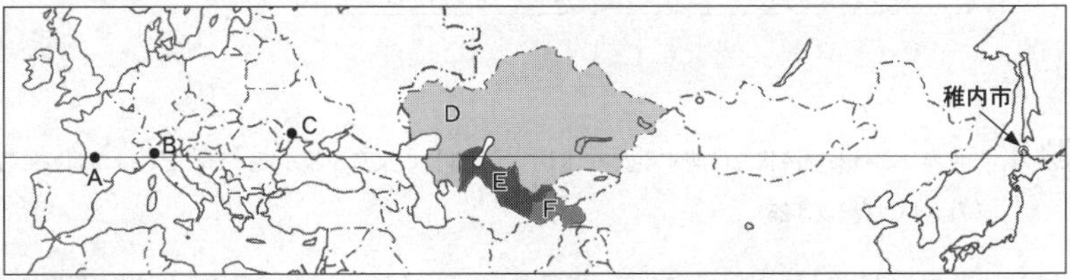

図1

問1　空欄（　ア　），（　イ　）に入る最も適切なものを，それぞれ次の1～5の中から一つずつ選びなさい。

ア ① 　1　30°　　2　35°　　3　40°　　4　45°　　5　50°

イ ② 　1　Cfa　　2　Cfb　　3　Cs　　4　Df　　5　Dw

問2　下線部(1)に関して，図1中の都市A，B，Cの説明文を読んで，その都市名と，気候区の名称を，それぞれ解答欄に記入しなさい。【記述解答】

都市A：フランス南西部にあり，ブドウ栽培とワインの産地として知られている。

都市B：イタリア北部最大の商工業都市であり，水力発電を利用した繊維工業などが盛んである。

都市C：ウクライナ南西部，黒海に面しており，小麦など穀物の輸出港である。

問3　下線部(2)に関して，ほぼ同緯度でも，都市A，B，Cで気候区が異なる要因について説明した文として最も適切なものを，次の1～4の中から一つ選びなさい。③

1　偏西風の影響で，東にいくほど降水量が少なくなるため。

2　大気大循環によって，季節的に前線帯が東西に移動するため。

3　アルプス山脈からの乾燥した風の影響が東西で異なるため。

4　地中海からの湿った風の影響が東ほど強まるため。

問4　下線部(3)に関して，D，E，Fの国々について述べた以下の文を読んで，D，E，Fに該当する国名の組み合わせとして最も適切なものを，次の1～4の中から一つ選びなさい。④

D国：中央アジアでは最も広い面積を持ち，北部は小麦，南部は綿花の産地である。

E国：アラル海に近いため，その水位低下が大きな問題となっている。

F国：テンシャン山脈からパミール高原にかけて広がる山岳国である。

	D	E	F
1	カザフスタン	ウズベキスタン	タジキスタン
2	タジキスタン	ウズベキスタン	カザフスタン
3	カザフスタン	タジキスタン	ウズベキスタン
4	ウズベキスタン	カザフスタン	タジキスタン

問題Ⅱ

世界における経済状況に関する次の【Ⅰ】と【Ⅱ】の文章を読んで，それぞれ後の問いに答えなさい。（配点　25）

【Ⅰ】 先進国と開発途上国の間の経済格差(1)が問題視されているが，一方で，開発途上国間の経済格差(2)にも注目が集まっている。また，国家間の格差以外にも，国内での格差を生み出す要因の一つとして失業問題(3)にも目が向けられている。

問1　下線部(1)，(2)の格差問題はともに，方位になぞらえた名称で呼ばれている。適切な語句を，それぞれ漢字2字で解答欄に記入しなさい。【記述解答】〔解答欄〕（(1)，(2)ともに）□□問題

問2　下線部(1)，(2)に関連して，日本語では「国民総所得」と翻訳される経済指標の欧文略称を，アルファベット3字で解答欄に記入しなさい。【記述解答】

問3　下線部(2)に関連する下の文章の空欄（　A　）～（　D　）に入る国の組み合わせとして最も適切なものを，次の1～4の中から一つ選びなさい。⑤

開発途上国のなかでも，1980年代以降の工業化によって経済開発が進んだ（　A　）国や，豊富な石油資源を活かして開発が進められた（　B　）国がある一方で，サイクロンなどの自然災

害に悩まされてきた（　C　）国や，国土の半分以上を砂漠が占める（　D　）国では経済開発が遅れており，格差が生じている。

	A	B	C	D
1	ナイジェリア	タイ	バングラデシュ	ニジェール
2	ナイジェリア	タイ	ニジェール	バングラデシュ
3	タイ	ナイジェリア	バングラデシュ	ニジェール
4	タイ	ナイジェリア	ニジェール	バングラデシュ

問4　下線部(3)に関連して，**表1**は4つの国における2019年の失業率と平均賃金を示している。E～Hに該当する国の組み合わせてとして最も適切なものを，次の1～4の中から一つ選びなさい。⑥

表1

	E	F	G	H
若年労働者失業率（%）	11.8	32.6	27.5	13.4
失業率（%）	5.2	14.1	11.9	3.6
平均賃金（ドル換算）	4467	2363	603	136

（『世界国勢図会 2021/22』より作成）

	E	F	G	H
1	スペイン	オーストラリア	インドネシア	ブラジル
2	スペイン	オーストラリア	ブラジル	インドネシア
3	オーストラリア	スペイン	ブラジル	インドネシア
4	オーストラリア	スペイン	インドネシア	ブラジル

【Ⅱ】 近年は人や商品の移動，貨幣の流通などが地球規模で行われており，(4)企業も海外に現地法人の子会社を展開し，国際的な経済活動を行っている。(5)このような背景の一つとして，世界各国のコンピュータ通信網が光ファイバーケーブルなどにより相互接続されて巨大なネットワークが形成されたことがある。(6)

問5　下線部(4)のような現象を何というか，適切な語句を解答欄に記入しなさい。【記述解答】

問6　下線部(5)のような経済活動を行っている企業を何というか，適切な語句を解答欄に記入しなさい。【記述解答】

問7　下線部(6)のようなネットワークを何というか，適切な語句をカタカナで，解答欄に記入しなさい。【記述解答】

問題Ⅲ　インドの農業と工業に関する次の文章を読んで，後の問いに答えなさい。(配点　25)

インドでは，自然環境に適応した農業(1)が行われてきた。食料自給率を高めるため，1960年代から(　A　)品種を導入し，灌漑(かんがい)施設の整備，化学肥料や農薬の普及により，小麦や米など食料の生産を大幅に増加させた。1970年代後半以降の経済成長に伴い，ミルクの生産・消費が飛躍的に伸び，(　B　)革命と呼ばれている。

工業については，1991年から輸入や外国資本の制限を取り払うなど経済の自由化を進め，工業は大きく伸びた。特に情報通信技術産業(2)が急成長している。現在，インドはＢＲＩＣＳ５ヵ国の一員として経済成長を続けている(3)。

問1　空欄(　A　)，(　B　)に入る適切な語句を，それぞれ解答欄に記入しなさい。ただし，(　A　)は漢字3字で記入すること。【記述解答】

問2　下線部(1)に関連した(i)～(iv)の問いに答えなさい。

(i)　夏のモンスーン(季節風)はインド各地に大量の雨をもたらしている。このモンスーンはどの方向から吹いてくる風なのか。最も適切なものを，次の1～4の中から一つ選びなさい。⑦

1　北東方向から　　2　南東方向から　　3　南西方向から　　4　北西方向から

(ii)　インドには大きな河川があり，それぞれ平野を形成している。ヒンドスタン平原をつくった河川の適切な名称を，解答欄に記入しなさい。また，河川の位置を右ページの図1中のａ～ｄの中から一つ選び，解答欄に記入しなさい。【記述解答】

(iii)　右ページの図1のXは年降水量線で，稲作地域と畑作地域のおよその境界線と言われている。その年降水量は何㎜なのか。最も適切なものを，次の1～4の中から一つ選びなさい。⑧

1　500㎜　　2　750㎜　　3　1,000㎜　　4　1,250㎜

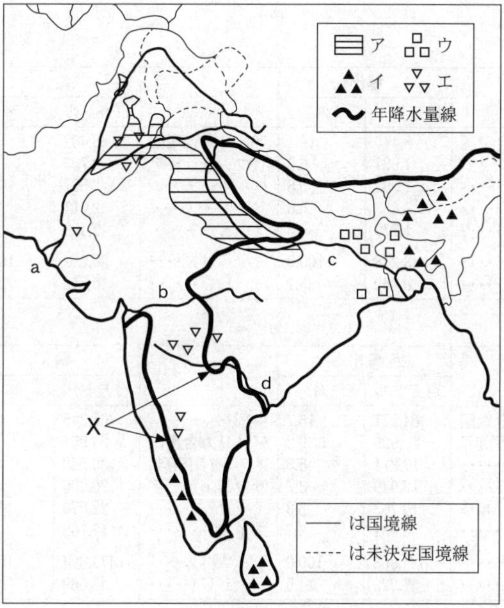

図1
（『新編　地理資料2022』より作成）

(iv)　**図1**中の凡例**ア**～**エ**に該当する作物の組み合わせとして最も適切なものを，次の1～4の中から一つ選びなさい。⑨

	ア	イ	ウ	エ
1	小　麦	茶	ジュート	綿　花
2	茶	綿　花	小　麦	ジュート
3	小　麦	ジュート	茶	綿　花
4	ジュート	茶	綿　花	小　麦

問3　下線部(2)の欧文略語を，アルファベット3字で解答欄に記入しなさい。【記述解答】

問4　下線部(3)について，下の(i)，(ii)の問いに答えなさい。

(i)　**表1**は，インドの1997年と2019年の輸出と輸入の上位国，輸出額，輸入額などを表したものである。これらの説明として**誤っているもの**を，次の1～4の中から一つ選びなさい。⑩

表１

1997年

	輸出			輸入	
	百万ドル	％		百万ドル	％
アメリカ合衆国	6,440	19.4	アメリカ合衆国	3,432	8.8
イギリス……	1,987	6.0	サウジアラビア	2,733	7.0
（香港）………	1,932	5.8	ベルギー ……	2,667	6.8
日本…………	1,863	5.6	ドイツ ………	2,611	6.7
ドイツ………	1,777	5.3	クウェート …	2,493	6.4
計×……	33,248	100.0	計×……	39,017	100.0
ＥＵ……	8,360	25.1	ＥＵ……	10,312	26.4

2019年

	輸出			輸入	
	百万ドル	％		百万ドル	％
アメリカ合衆国	54,221	16.7	中国………	68,345	14.2
アラブ首長国連邦	29,925	9.2	アメリカ合衆国	34,951	7.3
中国…………	17,271	5.3	アラブ首長国連邦	30,283	6.3
（香港）………	12,049	3.7	サウジアラビア	26,996	5.6
シンガポール‥	10,793	3.3	イラク………	22,070	4.6
オランダ……	8,931	2.7	スイス………	17,762	3.7
計×……	324,863	100.0	計×……	479,894	100.0
ＥＵ……	47,225	14.5	ＥＵ……	43,669	9.1

（『世界国勢図会 2003/4, 2021/22』より）

1　1997年の輸出ではイギリス，日本，ドイツが上位国に入っているが，2019年の輸出では３ヵ国ともに上位国に入っていない。

2　中国は，1997年の輸出と輸入で上位国に入っていないが，2019年の輸出と輸入ではどちらも上位国に入っている。

3　アメリカ合衆国は，1997年と2019年の輸出と輸入でどちらも上位国に入っており，2019年の輸出額と輸入額はどちらも1997年より増加している。

4　インドの輸出額と輸入額におけるＥＵの占める割合(％)は，どちらも1997年より2019年は増加している。

(ii)　**表２**は，ＢＲＩＣＳの国々の2019年の国内総生産(ＧＤＰ)と主な輸出品目を表したものである。**ア**～**オ**に該当する国の組み合わせとして最も適切なものを，次の**１**～**４**の中から一つ選びなさい。 ⑪

表２

	国内総生産(百万ドル)	主な輸出品目
ア	1,847,796	大豆(11.6％)，原油(10.7％)，鉄鉱石(10.1％)
イ	1,692,930	原油(28.6％)，石油製品(16.8％)，鉄鋼(4.5％)
ウ	351,431	自動車(12.8％)，白金族(9.3％)，機械類(8.1％)
エ	2,891,582	石油製品(13.5％)，機械類(11.5％)，ダイヤモンド(6.8％)
オ	14,342,934	機械類(43.5％)，衣類(6.1％)，繊維品(4.8％)

（『世界国勢図会 2021/22』より作成）

	ア	イ	ウ	エ	オ
1	中　国	ロシア	南アフリカ	ブラジル	インド
2	ブラジル	ロシア	南アフリカ	インド	中　国
3	ロシア	南アフリカ	中　国	インド	ブラジル
4	ブラジル	南アフリカ	インド	ロシア	中　国

問題Ⅳ

次の地形図(**図１**)を見て，後の問いに答えなさい。(配点　25)

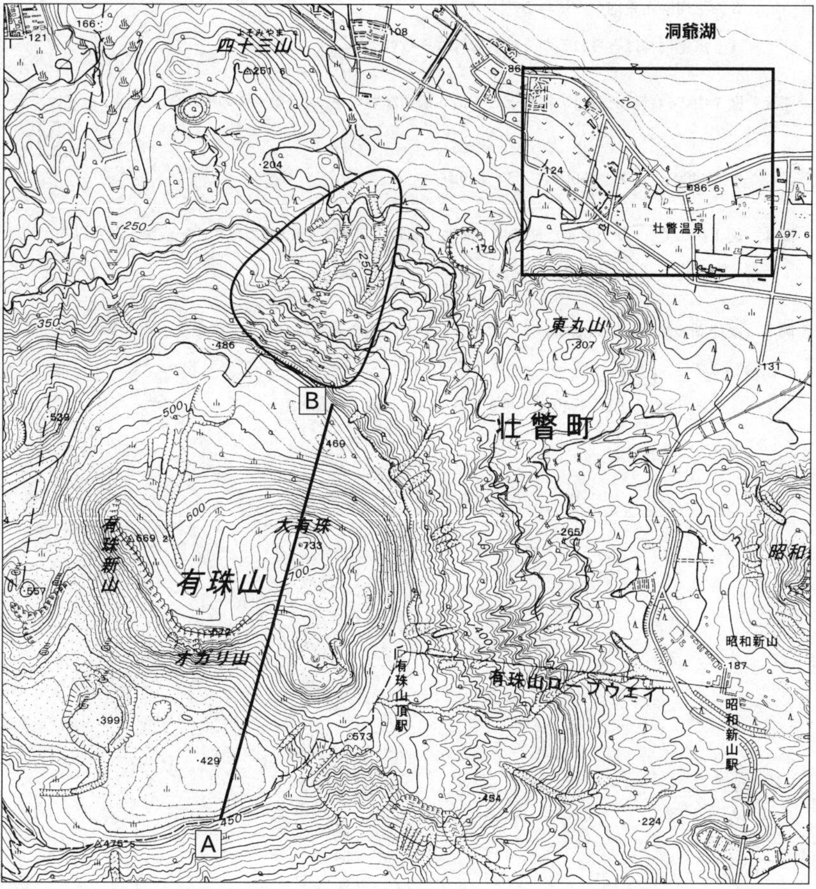

図１

（国土地理院「洞爺湖温泉」1：25,000，平成27年５月発行 115％拡大，一部改変）

編集部注：編集の都合上，75%に縮小

問1　支笏洞爺国立公園内にある洞爺湖と有珠山を中心とする周辺地域は，特に地質や地形に注目した新たな公園である。このような公園を何というか，適切な語句をカタカナ5字で解答欄に記入しなさい。【記述解答】

問2　図1の ▭ で囲んだ地域の土地利用の説明として最も適切なものを，次の1～4の中から一つ選びなさい。 ⑫

1　畑はみられるが，田はみられない。

2　笹地と竹林がみられる。

3　果樹園と荒地がみられる。

4　広葉樹林はみられるが，針葉樹林はみられない。

問3　図1中の「有珠山頂駅」の標高として最も適切なものを，次の1～4の中から一つ選びなさい。 ⑬

1　440m　　2　490m　　3　540m　　4　590m

問4　図1中の ⬭ で囲んだ地域にある地図記号 ‖ (せき)は何のための施設か。30字以内で解答欄に記入しなさい。【記述解答】

問5　洞爺湖の水面の標高はおおよそどのくらいか。最も適切なものを，次の1～4の中から一つ選びなさい。 ⑭

1　約20m　　2　約40m　　3　約85m　　4　約120m

問6　図1中 A ― B の断面として最も適切なものを，次の1～4の中から一つ選びなさい。 ⑮

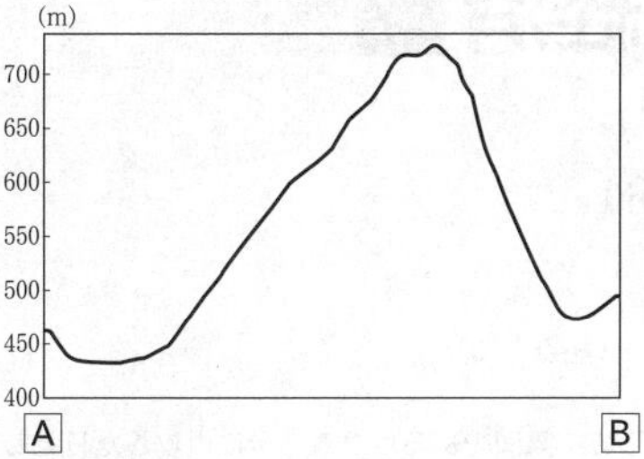

1

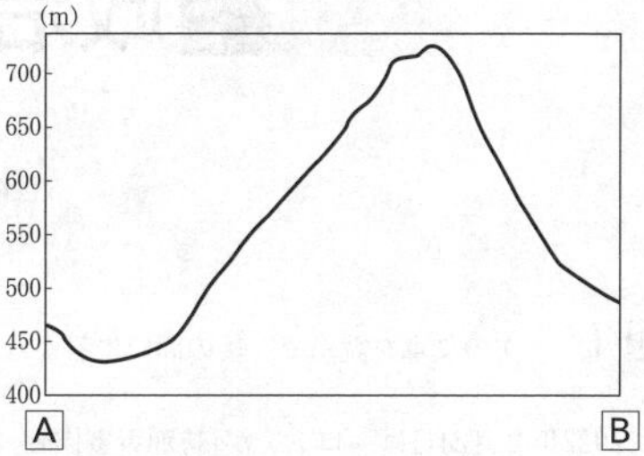

2

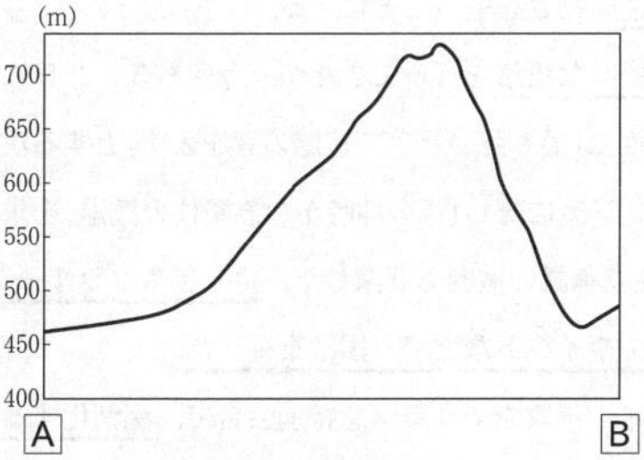

3

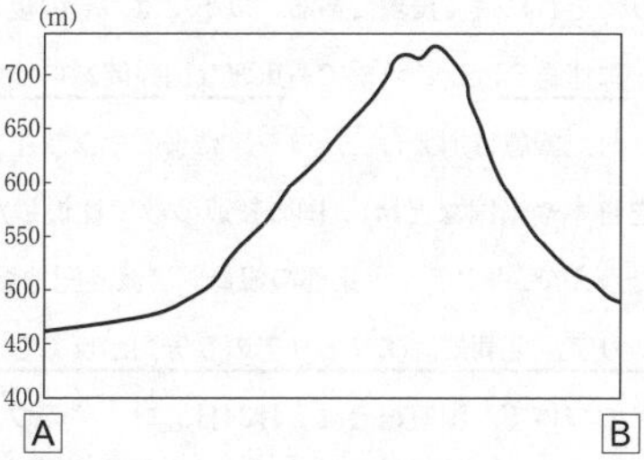

4

問7　次の3つの**陰影起伏図**は，北海道にある洞爺湖，支笏湖，摩周湖のものである。これを見て，下の(i)，(ii)の問いに答えなさい。

(i)　洞爺湖に該当するものとして，最も適切なものを次の1～3の中から一つ選びなさい。 ⑯

1

2

3

陰影起伏図

（「地理院地図Vector」により作成。なお，縮尺は同一ではない）

(ii)　この3つの湖は，ある共通する成因によってできた湖である。このような湖を何というか。適切な語句をカタカナ4字で解答欄に記入しなさい。【記述解答】

政治・経済

（60分）

問題Ⅰ 次の文章を読んで，後の問いに答えなさい。（配点 25）

2022年2月24日は，ロシアが「特別軍事作戦」と称して，隣国であるウクライナに侵攻した日として長く歴史に刻まれるであろう。すでにロシアは，2014年にウクライナのクリミア地方を併合しており，それに続く侵攻である。以下では，その後の国連(1)の動きを追うことにする。

国連総会(2)は，これまでも重要な国際問題について様々な決議(3)を行ってきたが，今回も3月2日に開かれた緊急特別会合で，ロシアによるウクライナ侵攻に「最も強い言葉で遺憾の意を表す」とする決議を日本や米国など141ヵ国の賛成多数で採択した。ロシアに対し「軍の即時かつ無条件の撤退」を求めたうえで，ウクライナ東部の親ロシア派支配地域の独立承認の撤回も要請した。ロシアやベラルーシ，シリア，北朝鮮，エリトリアの5ヵ国が反対し，中国やインドなど35ヵ国は棄権した(4)。

つづいて，国連総会は3月24日，ロシアのウクライナ侵攻をめぐる緊急特別会合で，深刻化する人道危機(5)を「ロシアによる敵対行為の悲惨な結果」として遺憾の意を表明し，民間人保護などを求める米欧主導の人道決議案を140ヵ国の賛成多数で採択した。ロシアなど5ヵ国が反対し，中国やインドなど38ヵ国が棄権した。いずれの決議も，安保理決議と異なり法的拘束力はない。

国連人権理事会(6)も3月4日，ウクライナに侵攻したロシアの人権侵害や国際人道法違反(7)に関する調査委員会の設置を盛り込んだ決議を賛成多数で採択した。侵攻による人権侵害を「可能な限りの最も強い言葉で非難する」と表明，ロシア軍の即時撤退を要求した。また，ロシアに対し，ウクライナでの人権侵害や国際人道法違反を直ちにやめるよう求めた。採決ではウクライナや欧米諸国，日本など32ヵ国が賛成。ロシアとエリトリアが反対し，中国やインド，パキスタン，キューバなど13ヵ国が棄権した。

この国連人権理事会をめぐっては，国連総会が5月7日，ロシアのウクライナ侵攻を巡る緊急特別会合で，人権理事会におけるロシアのメンバー資格を停止する決議案を93ヵ国の賛成で採択した。反対は24ヵ国，棄権58ヵ国，無投票は18ヵ国だった。この決議は，キーウ近郊でロシア軍に殺害された民間人の遺体が多数見つかったことを受けたものである(8)。過去に人権理事会の理事国の資格が停止されたのは，反体制派への弾圧を続けた2011年のリビアだけである。その後，人権理事会は5月12日，特別会合を開き，ロシアの侵攻が続くウクライナでの人権侵害について，調査を開始する決議を賛成多数で採択した。

問1　下線部(1)に関連して，以下の(a)と(b)の問いに答えなさい。

(a)　国連の前にあった国際連盟についての説明として，明らかに**誤っているもの**を，次の1～4の中から一つ選びなさい。［①］

1　国際連盟には，発足時アメリカとソ連といった大国は加盟していなかった。

2　国際連盟の議決は，加盟国を直接拘束するものではなかった。

3　国際連盟の議決は，全会一致制をとっていた。

4　国際連盟は，侵略国に対する軍事的措置を講ずることができた。

(b)　国連事務総長についての説明として最も適切なものを，次の1～4の中から一つ選びなさい。［②］

1　安全保障理事会によって任命される。

2　国連総会で3分の2の賛成で任命される。

3　国連憲章で再任は禁止されている。

4　任期は慣行上5年とされている。

問2　下線部(2)についての説明として最も適切なものを，次の1～4の中から一つ選びなさい。［③］

1　議決での投票権は，主権平等の原則から一国一票制をとっている。

2　通常総会は，安全保障理事会の要請により随時開かれる。

3　重要事項の議決には，4分の3以上の賛成が必要である。

4　緊急課題については，安全保障理事会に対して拘束力のある勧告を行う。

問3　下線部(3)の中には，「平和のための結集決議」と呼ばれるものがあるが，この決議によって3分の2の賛成が得られれば，総会ができるようになったことは何か。その説明として最も適切なものを，次の1～4の中から一つ選びなさい。［④］

1　安全保障理事会の決議を覆すことができるようになった。

2　国連軍を組織し指揮することができるようになった。

3　平和維持のために必要な集団的措置を勧告できるようになった。

4　国連平和維持軍を編成し派遣できるようになった。

問4　下線部(4)にある国のうちロシアと中国は，国連安全保障理事会において〔　A　〕国である。空欄〔　A　〕に入る適切な語句を，漢字4字で解答欄に記入しなさい。【記述問題】

問5　下線部(5)において最も深刻なのは難民問題であるが，難民問題に関する以下の(a)と(b)の問いに答えなさい。

(a)　難民問題に取り組む国連の機関としては国連〔　B　〕事務所がある。空欄〔　B　〕に入る適切な語句を，解答欄に記入しなさい。【記述問題】

(b) 難民の受入国は，難民を保護し，迫害の危険のある領域への送還を行わない義務を負うという原則があるが，この原則は何と呼ばれるか。その名称として最も適切なものを，次の１～４の中から一つ選びなさい。 ⑤

1 アグレマンの原則　　2 ノン・ルフールマンの原則

3 ペルソナ・ノン・グラータの原則　　4 アナンの原則

問６ 下線部(6)は，2006年に〔 C 〕が改組されて，総会の常設の補助機関として発足した。空欄〔 C 〕に入る機関名として最も適切なものを，次の１～４の中から一つ選びなさい。 ⑥

1 国際人事委員会　　2 社会開発委員会

3 人口委員会　　4 人権委員会

問７ 下線部(7)に関連して，2003年に発足した国際刑事裁判所は，国際紛争における重大な犯罪に対して個人の責任を問うものであるが，その管轄は，① 集団殺害(ジェノサイド)犯罪，② 戦争犯罪，③ 人道に対する犯罪，④〔 D 〕に及ぶとされる。空欄〔 D 〕に入る適切な犯罪名を，漢字４字で解答欄に記入しなさい。【記述問題】

問８ 下線部(8)のような軍による民間人の殺害に関して，国際刑事裁判所は，スーダンの内戦における人道に対する犯罪等の容疑でスーダンのバシール大統領(当時)に逮捕状を発布したが，このスーダン西部の地域で起こった紛争は何と呼ばれるか。紛争名として最も適切なものを，次の１～４の中から一つ選びなさい。 ⑦

1 ダルフール紛争　　2 コソボ紛争　　3 チェチェン紛争　　4 リベリア紛争

問題Ⅱ　次の文章を読んで，後の問いに答えなさい。（配点　25）

人身の自由は，〔　A　〕ということができます。憲法第18条は，奴隷的拘束や意に反する〔　B　〕の強制といった人格を無視した身体の拘束を禁止しています。もちろん，犯罪に対する処罰として身体を拘束することは認められます。現在の日本の法律では，刑の種類は，死刑，監禁して自由を奪う刑，金銭を国に払わせる刑などの種類が定められています。憲法は〔　C　〕な刑罰を絶対的に禁じていますが(第36条)，最高裁判所は死刑について憲法に違反しないと判断しています。(1)

犯罪の容疑に基づく身体の拘束が恣意的になされるならば，人身の自由は重大な脅威にさらされることになります。憲法第31条は，「何人も，〔　D　〕の定める〔　E　〕によらなければ，その生命若しくは自由を奪はれ，又はその他の刑罰を科せられない」と規定しています。刑罰を科すには〔　D　〕で定める〔　E　〕に基づくことが必要だ，とされているのです。ここでいう〔　E　〕とは，「前提として必要になる条件」というような意味に理解されています。そうすると，憲法第31条は，刑罰法規(罰則規定)のあり方に関する根本原則とされる「罪刑法定主義」を規定していると考えられるのです。

刑罰を科すためには，裁判所における裁判(およびそれに続く判決の執行)だけでなく，その前の段階である警察などによる捜査や〔　F　〕官による起訴を経ることになります。刑事裁判の対象となる人は，〔　F　〕官の起訴後は〔　G　〕人と呼ばれますが，起訴前は〔　H　〕者(日常用語でいう「容疑者」)と呼ばれます。逮捕や捜索は原則として裁判官の発する〔　I　〕によらなければならないとする〔　I　〕主義の原則や，〔　J　〕偏重による人権侵害の危険を防止するための，拷問の禁止や〔　J　〕のみによる処罰の禁止，〔　H　〕者や〔　G　〕人の権利を十分に守るための弁護人依頼権の保障など，憲法は，第33条から第39条にわたって，犯罪の処罰において守るべきルールを非常に詳しく定めています。このように憲法で詳しく定めたのは，明治憲法の下で行われたような，捜査機関による人身の自由の過酷な制限を徹底的に排除しようとしたものです。さらに，憲法は，刑事補償請求権(2)(第40条)を保障しています。

問1　空欄〔　A　〕に入る文として最も適切なものを，次の１～４の中から一つ選びなさい。⑧

1　もっぱら捜査や刑事裁判の対象となった人の権利
2　国家権力によって絶対に身体の自由を奪われない権利
3　個人の尊厳には関わらないが極めて重要なもの
4　すべての自由権の基礎にある

問2　空欄〔　B　〕，〔　F　〕，〔　G　〕，〔　H　〕に入る適切な語句を，それぞれ漢字２字で解答欄に記入しなさい。【記述解答】

問3　空欄〔　C　〕に入る語句として最も適切なものを，次の１～４の中から一つ選びなさい。⑨

1　残酷　　2　残賊　　3　残虐　　4　残忍

問4　空欄〔　D　〕,〔　E　〕に入る語句の組み合わせとして最も適切なものを，次の1～4の中から一つ選びなさい。⑩

1　D：憲法　－　E：水準　　2　D：法律　－　E：手続

3　D：法令　－　E：基準　　4　D：法規　－　E：要件

問5　空欄〔　I　〕,〔　J　〕に入る語句の組み合わせとして最も適切なものを，次の1～4の中から一つ選びなさい。⑪

1　I：命令　－　J：尋問　　2　I：起訴状　－　J：裁判

3　I：逮捕状　－　J：証言　　4　I：令状　－　J：自白

問6　下線部(1)に関する説明として最も適切なものを，次の1～4の中から一つ選びなさい。⑫

1　死刑の執行方法が非人道的なものである場合は，憲法に違反する可能性があると述べている。

2　生命に対する国民の権利は，公共の福祉によって制限されるものではないと述べている。

3　死刑には重大犯罪の発生を抑制する効果があることが認められており，死刑の廃止は慎重に検討しなければならないと述べている。

4　憲法第31条は「生命」を奪う「刑罰」の存在を予定しており，死刑を廃止することは憲法の規定と矛盾すると述べている。

問7　下線部(2)の権利は，どのようなものか。その内容を，60字以内で解答欄に記入しなさい。

【記述解答】

問題Ⅲ　次の文章を読んで，後の問いに答えなさい。（配点　25）

財・サービスは市場で取り引きされる。市場での自由な競争のもとで，需要と供給の働きによって，財・サービスの価格が決まり，その価格に応じて社会全体の生産や消費が調整される機構のことを，市場メカニズムと言う。(1)しかし，市場メカニズムは，必ずしも万能ではない。市場メカニズムが，上手く働かない場合のことを，一般に，市場の失敗と言う。市場の失敗は，以下のような場合に生じる。

まず，競争の不完全性が存在する場合である。各企業は，マーケット・シェアを増大させようと競争を展開する。その結果，(2)特定の企業が巨大化して市場を支配するようになると，価格が資源の最適な配分という役割を果たさなくなってしまう。財・サービスの供給が1つの企業に占有され，市場での価格支配力を持つ場合を独占と言う。供給が少数の企業に絞られ，それらの企業が市場を支配している場合を寡占と言う。(3)その場合，価格が競争ではなく，協調によって決定されることもある。具体的には，最有力企業が〔　A　〕・リーダーになり，他の企業がその価格に合わせたり，企業同士で取り決めを結び相互に結合を強めたりするのである。また，(4)寡占企業は，商品のデザイン，品質，広告・宣伝など価格以外の面で競争し，マーケット・シェアを拡大しようとする傾向が強い。いずれの場合も，価格が需給関係によらず企業によって恣意的に決定されるようになるため，価格は〔　B　〕しやすく，〔　C　〕しにくくなる。それゆえ，(5)独占・寡占による弊害を除去するために独占禁止法が制定されている。

次に，外部性が存在する場合である。市場取り引きを通じて対価を支払うことなく利益を受けたり損失を被ったりすることが，外部性である。お金を支払わずに財・サービスが享受できる場合を〔　D　〕と言い，対価を受け取ることなく不利益を被る場合を〔　E　〕と言う。近くに駅が新たにできたことで高まる利便性は〔　D　〕であり，公害による被害は〔　E　〕である。外部性が存在すると市場において資源の配分が非効率的になるため，政府が，義務付けや補助金の供与による推進，規制や課税による抑制をおこなうことによって，社会的に望ましい状態に近づける必要がある。

最後に，公共財も市場の失敗の原因となる。例えば，公園や国防は公共財である。公共財は，(6)非競合性と(7)非排除性という2つの性質を満たしている財・サービスのことである。これらの性質により，利用者からその対価を取ることが難しく，採算がとれないため，市場では十分に供給されなくなってしまう。したがって，公共財は，政府によって供給されることが必要となる。

問1　空欄〔　A　〕に入る適切な語句を，カタカナで解答欄に記入しなさい。【記述解答】

問2　空欄〔　B　〕，〔　C　〕に入る語句の組み合わせとして最も適切なものを，次の1～4の中から一つ選びなさい。⑬

1　B：上昇　—　C：下落　　2　B：固定　—　C：上昇

3　B：下落　—　C：上昇　　4　B：上昇　—　C：固定

問3　空欄〔　D　〕，〔　E　〕に入る適切な語句を，それぞれ漢字で解答欄に記入しなさい。

【記述解答】

問4　下線部(1)に関連して，市場メカニズムは格差縮小のメカニズムを持っていないため，所得や資産などの格差が拡大するおそれがある。したがって，政府は格差を縮小させるために累進課税制度をとっている。課税される所得金額に対する所得税の金額は，下の表を使用すると簡単に求められる。例えば，課税される所得金額が，180万円のときには，税額は〔　F　〕万円となる。空欄〔　F　〕に入る数字として適切なものを，解答欄に記入しなさい。

【記述解答】

課税される所得金額	税率
1,000円から1,949,000円まで	5%
1,950,000円から3,299,000円まで	10%
3,300,000円から6,949,000円まで	20%
6,950,000円から8,999,000円まで	23%
9,000,000円から17,999,000円まで	33%
18,000,000円から39,999,000円まで	40%
40,000,000円以上	45%

（国税庁HPより）

問5　下線部(2)に関連して，電気やガスなどの大型設備を必要とする産業では，規模の利益のために〔　G　〕になりやすい。空欄〔　G　〕に入る語句として最も適切なものを，次の1～4の中から一つ選びなさい。⑭

1　トレードオフ　　2　情報の非対称性　　3　フリーライダー　　4　自然独占

問6　下線部(3)の価格のことを，〔　H　〕と言う。空欄〔　H　〕に入る語句として最も適切なものを，次の1～4の中から一つ選びなさい。⑮

1　自然価格　　2　管理価格　　3　二重価格　　4　移転価格

問7　下線部(4)の競争を，〔　I　〕と言う。空欄〔　I　〕に入る語句として最も適切なものを，次の1～4の中から一つ選びなさい。⑯

1　過当競争　　2　価格競争　　3　非価格競争　　4　完全競争

問8　下線部(5)の法律の目的を達成するために設置された行政委員会を，〔　J　〕と言う。空欄〔　J　〕に入る語句として最も適切なものを，次の1～4の中から一つ選びなさい。⑰

1　公正取引委員会　　2　国家公安委員会　　3　公安審査委員会

4　中央労働委員会

問9　下線部(6)の説明として最も適切なものを，次の1～4の中から一つ選びなさい。⑱

1　社会の資源に限りがあるという性質のこと。

2　社会の資源に限りがないという性質のこと。

3　複数人が同時に利用することが難しいという性質のこと。

4　複数人が同時に利用可能な性質のこと。

問10　下線部(7)の説明として最も適切なものを，次の1～4の中から一つ選びなさい。⑲

1　お金を払っていない人が勝手に利用することを防ぐことができるという性質のこと。

2　お金を払っていない人が勝手に利用することを防ぐことができないという性質のこと。

3　望ましい2つの事柄が両立できない関係のこと。

4　望ましい2つの事柄が両立できる関係のこと。

問題Ⅳ　次の文章を読んで，後の問いに答えなさい。（配点　25）

企業は誰のものであり，企業の目的は何か。企業は資本の出資者である株主のものだとする〔　A　〕に基づいて考えると，企業の目的はもっぱら株主の富の増加に貢献すること(1)である。一方，〔　A　〕にとどまらず，企業は株主，経営者，従業員，顧客と地域社会の構成員の全体，つまり企業の経営活動にかかわる利害関係者(2)のものだとする考え方があり，このとき，企業の目的は利害関係者全体の利益を高めることだと定義できる。

後者の観点から企業の目的達成のために注目を集めているのが企業の社会的責任である。企業の社会的責任とは，企業が利潤追求の活動以外に，コンプライアンス(3)および倫理遵守（じゅんしゅ），そして企業の利害関係者の要求に適切に対応しながら，企業が所属している社会全体に積極的に貢献する責任を意味する。例えば，欠陥製品による消費者の被害を減らすことや，環境問題を減少させるための努力，社会的に脆弱（ぜいじゃく）な階層に働く機会を提供する活動などがあげられる。

企業の社会的責任は，企業の持続可能性(4)を保持するための努力の一環である。また，従来の〔　A　〕に基づいた経営者の企業情報の開示(5)の拡大とともに，企業統治(6)の強化に寄与するというポジティブな側面もある。一方，企業の社会的責任の行き過ぎた追及は，株主の財産権の侵害となり，また，本来は政府の役割であるものを企業に転嫁することになるという批判も存在する。(7)

問1　空欄〔　A　〕に入る適切な語句を，漢字4字で解答欄に記入しなさい。【記述解答】

問2　下線部(1)に該当するものとして最も適切なものを，次の1～4の中から一つ選びなさい。⑳

1　キャピタルゲインを増やす。　　2　金融機関から融資を増やす。

3　減価償却費を減らす。　　4　社債発行を増やす。

問3　下線部(2)「利害関係者」と同義の語句として最も適切なものを，次の1～4の中から一つ選びなさい。㉑

1　サプライチェーン　　2　ステークホルダー

3　グリーン・コンシューマー　　4　シェアホルダー

問4　下線部(3)「コンプライアンス」と同義の語句として最も適切なものを，次の１～４の中から一つ選びなさい。［㉒］

1　士気増進　2　価格割引　3　法令遵守　4　研究開発

問5　下線部(4)に関連して，企業のみならず，社会全体として持続可能性が維持される枠組みが求められているが，このような取り組みとして，最も**ふさわしくないもの**を，次の１～４の中から一つ選びなさい。［㉓］

1　グリーンツーリズム　2　フェアトレード

3　カーボンオフセット　4　タックスヘイブン

問6　下線部(5)「企業情報の開示」と同義の語句として最も適切なものを，次の１～４の中から一つ選びなさい。［㉔］

1　ディスクロージャー　2　コンツェルン　3　ダンピング　4　カルテル

問7　下線部(6)「企業統治」は英語で何というか，適切な名称をカタカナで解答欄に記入しなさい。

【記述解答】

問8　下線部(7)に関連して，以下の(a)と(b)の問いに答えなさい。

(a)　企業の社会的責任に関する説明として最も適切なものを，次の１～４の中から一つ選びなさい。［㉕］

1　企業が行う自発的な慈善のための寄付行為は，「社会的責任投資」と呼ばれる。

2　企業が環境への負荷を低減させるための取り組みは，「環境ＩＳＯ」と呼ばれる。

3　企業が芸術や文化を支援する活動は，「メセナ」と呼ばれる。

4　企業が障害者の雇用を促進する施策は，「ワークフェア」と呼ばれる。

(b)　経営者の企業経営活動を監視するための仕組みとして，明らかに**関係のないもの**を，次の１～４の中から一つ選びなさい。［㉖］

1　社外取締役制度

2　株主代表訴訟

3　社外監査役制度

4　有限責任制度

数学

(60分)

(解答のプロセスも解答用紙に記述すること)

問題Ⅰ　(配点　25)

2以外の任意の2つの素数 a, b に対して次の命題を背理法を用いて，以下の手順で証明したい。

命題：$a^2 + b^2 = c^2$ を満たす自然数 c は存在しない。

(i)　2以外の素数は必ず奇数であることを，素数の定義に基づいて説明せよ。

(ii)　以下の空欄に適切な文字式を入れよ。

『(i)より，2つの素数 a, b は共に奇数であるから，$a = 2n + 1$, $b = 2m + 1$ と表すことができる。(ただし，n, m は自然数で $n = m$ の場合も含む。)このとき，この n と m を用いて $a^2 + b^2 = 4\boxed{} + 2$ と表される。』

(iii)　もし，上記命題を満たす自然数 c が存在したとすると，c^2 が必ず4の倍数となることを，a, b が共に奇数であることを用いて示し，矛盾が生じることを示すことで，上記命題が成立することを証明せよ。

問題Ⅱ　(配点　25)

2 次関数 $y = x^2 - 2x - 3$ と x 軸との交点を A と B とする。放物線上の任意の 1 点 C(ただし $y \leqq 0$ の部分に限る)から x 軸に下ろした垂線と x 軸の交点を D とし，AD の長さの AB の長さに対する比を a とする($0 \leqq a \leqq 1$)。以下の問いに答えよ。

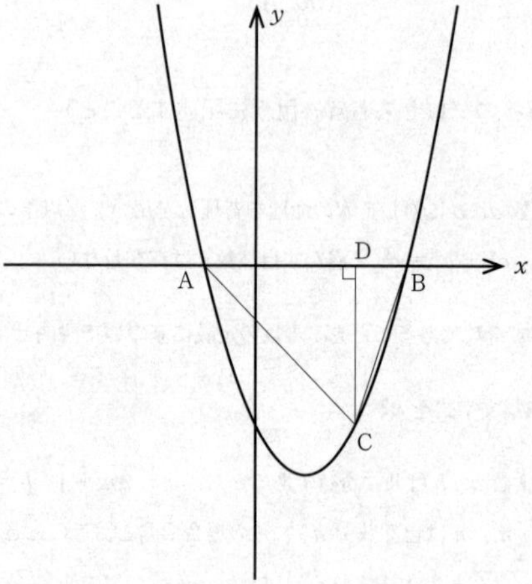

(i)　放物線の頂点から x 軸までの距離を求めよ。

(ii)　AB の長さを求めよ。

(iii)　$\triangle$ABC の面積を a の式で表せ。

(iv)　$\triangle$ABC の面積が最大となるときの a の値とその面積を求めよ。

問題Ⅲ　(配点　25)

$\triangle$ABC において，$AB = 5\sqrt{2}$，$\angle A = 60°$ とする。$\triangle$ABC の外接円の半径が 5 であるとき，以下の問いに答えよ。

(i)　辺 BC の長さを求めよ。

(ii)　$\angle$B の大きさを求めよ。

問題Ⅳ　（配点　25）

赤玉 4 個と白玉 3 個が入った袋の中から 1 個の玉を取り出し，その玉と同じ色の玉を 1 個加えて 2 個とも袋に戻す。この作業を 4 回繰り返すとき，次の確率を求めよ。

(i)　赤玉を 1 回目と 3 回目にだけ取り出す確率

(ii)　赤玉を 2 回のみ続けて取り出す確率

(iii)　赤玉を 4 回とも取り出す確率

(iv)　作業が終わった後，袋の中に赤玉 5 個と白玉 6 個が入っている確率東の空に流れ星が三つ落ちたときに［X］という経験によって、本文で例示した大地震についての理論は反証が可能となる。

問十　本文の内容と合致するものを、次の1～5の中から一つ選びなさい。⑱

1　多くの人々にとって理解が容易な理論は、有用性に欠けており、信頼性が低いという傾向があり、たびたび問題をひき起こす。
2　「科学の体裁をもったフェイク」を見破るには、理論の有用性を検証する作業が必要だが、その検証作業は簡単なものではない。
3　不確かな知恵は〝仮説〟と呼ばれ、検証作業を通じて確実に使えると判断された知恵は〝理論〟と呼ばれる。
4　経験的なパターンを探そうとしない人は、蔓延するフェイクに惑わされる人であり、注意が必要である。
5　「自分が理解でき、使える理論がいい理論」という判断基準は、フェイクを見分けることにはつながるが、問題も多い。

4 検証によって、理論としての信頼性がどの程度なのかを判断される。

5 確実さの優劣をつける検証作業を通じて、最終的には信頼性が低いと判断される。

問八 傍線部(四)「この検証作業は一筋縄ではいかない」とあるが、そのことに関連して本文の内容と**合致しないもの**を、次の1〜6の中から二つ選びなさい。 ⑯ ⑰ （順不同）

1 時代や場所によって何が有効な理論なのかという認識が異なるため、検証結果によって得られた知見も無効なものとなってしまう。

2 ある地域だけで有効な理論が、他の地域で検証できない場合、特殊な理論であるということが表面化せず、優位性を保ってしまうことがある。

3 その理論の検証に必要な要素として頻度の低い事象が含まれていた場合、その理論の確実さを裏づける検証作業を行うのは困難である。

4 その理論の検証に必要な事象が頻繁に起こるかどうかを判断することは誰にもできないため、その理論の確実さを裏づける検証作業を行うのは困難である。

5 理論の検証作業が容易でないことで、人間は、複数の理論が並立する状況に直面しやすくなるが、理論を取捨選択するための科学的な知見は一般市民には伝わりにくいという状況がある。

6 検証作業の難しさによって複数の理論が並立する状況に直面したとき、人間は、科学的知見ではなく、自分にとって理解しやすいかどうか、使いやすいかどうかを手がかりに理論の優劣を判断する思考を持っている。

問九 傍線部(五)について、仮にどのような経験が得られれば、検証困難な理論の「反証」が可能となるのか。本文を踏まえて大地震についての理論を具体例に挙げて説明したとき、次の空欄 X に入る適切な表現を八字以上十二字以内で解答欄に記入しなさい。 【記述解答】

問三　傍線部(二)「この手の知恵」とはどのような知恵か、その説明として最も適切なものを、次の1～5の中から一つ選びなさい。⑬

1　より正確な科学的知識に裏づけられた知恵
2　より効率的な方法を模索する中で得られた知恵
3　例外に対して臨機応変に対応する中で得られた知恵
4　複数の理論によって確認できた規則性にもとづく知恵
5　経験によって見出された規則性にもとづく知恵

問四　空欄 a （本文中に二箇所ある）に入る語として最も適切なものを、次の1～6の中から一つ選びなさい。⑭

1　普遍　2　永続　3　科学　4　理論　5　限定　6　偶発

問五　空欄 b に入る適切な語を、本文中から五字以上七字以内で抜き出して、解答欄に記入しなさい。【記述解答】

問六　空欄 c に入る最も適切な漢字一字を、解答欄に記入しなさい。【記述解答】

一刀両 c

問七　傍線部(三)「迷信のように見える形式の知恵」について筆者はどのように考えているか、その説明として**適切でないもの**を、次の1～5の中から一つ選びなさい。⑮

1　経験から法則性を見出すことで有用な知恵となっていれば問題ない。
2　科学的知識に裏づけられた場合と結果的に同じ発見がもたらされることがある。
3　同時に並立する複数の理論の一つとなることがあり得る。

問一　二重傍線部(ア)「末裔」、(イ)「自生」の辞書的な意味として最も適切なものを、それぞれ次の1～4の中から一つずつ選びなさい。　ア ⑩　イ ⑪

(ア)
1　末の血統の者
2　成功した末の者
3　ごく限られた者
4　本質を継承した者

(イ)
1　種をまいたり苗を植えたりして植物を育てること
2　一種類の植物が他から離れて育つこと
3　植物がその地域に自然に生え育つこと
4　自家農園などで私的に植物を育てること

問二　傍線部(一)「科学に対する妥当な見方」とはどのような見方だと筆者は考えているか、その説明として最も適切なものを、次の1～5の中から一つ選びなさい。⑫

1　科学が文明的な生活を支えており、人類に繁栄をもたらしたという見方
2　科学が農業や工業だけでなく医学や薬学とも関係しているという見方
3　実績だけでなくその限界をふまえて、科学を検討しようという見方
4　科学の発祥は狩猟採集時代にまでさかのぼることができるという見方
5　科学によって法則を見出し、有用な知恵を発見しようという見方

理論における信頼性が多様な状況が、フェイクの蔓延に関係している。もう一度、人のイモ掘りの事例で考えてみよう。

まず、何も経験的なパターンを探そうとしない人は、理論をもたずに適当にイモを掘ってしまう。それでは、偶然を超える確率でイモを掘りあてることはできない。一方、理論をもってイモ掘りに臨む人は、理論のよし悪しは別にして、少なくとも偶然かそれ以上の確率でイモを掘りあてることになる。適当に掘るよりも、理論を考えてからそれに従って掘るほうが有利なので、人はどんどん理論を考えるようになったのだ。

そのため、複数の理論が並立するようになる。「茎が枯れてから三日後」「赤い花が咲いたとき」「東の空に流れ星が三つ落ちたとき」などである。これらの理論はその後の検証作業によって、確実さの優劣がつけられる。たとえば、「流れ星が三つ落ちたので掘ってみたが、大きなイモは得られなかった」という経験により、流れ星理論は信頼性が低いと判断していくのだ。

(四)この検証作業は一筋縄ではいかない。先に述べたように、地域によっては「赤い花が咲いたとき」が有効に働くので、その理論が他地域では信頼性が低いことは明るみに出ない。また、イモ掘りならば毎年できるが、大地震などのめったに起きない災害の場合、ほとんど検証ができない。過去の経験から、「東の空に流れ星が三つ落ちたときに大地震が起きる」と理論化されても、それを(五)反証する機会がなかなかないのである。

この事情により私たちは、多くの理論が並立する状況に直面しやすくなるのである。理論はもともと、信頼性に関して優劣があるものだ。そして科学は、その優劣判断の手がかりを集めて公開しているので、それに従って理論を取捨選択すれば大方よい。ところが、その知見は一般市民になかなか伝わらないのが現実である。

加えて私たちは、理論の優劣を科学的な手がかりによって推し測るよりも、もっと手軽な理論選択方法を身につけてしまっている。それは、「自分が理解でき、使える理論がいい理論」である。これがたびたび問題をひき起こすのだ。

（石川幹人『だからフェイクにだまされる―進化心理学から読み解く』から）

ではどんな知恵ならば有用なのだろうか。未来をうまく予測できる［a］的な知恵のほうが、より貴重であった。たとえば、ある地域でイモの隣に別の植物が(イ)自生しており、その植物の赤い花が咲くと、イモが食べごろになったとする。その地域に生きる私たちの祖先は、「赤い花が咲いたときにイモを掘る」という知恵を伝承したにちがいない。

ところが、獲物を追って別の地域に移住すると、そこではイモはあるが、赤い花の植物は自生していないかもしれない。「赤い花」の知識は地域限定で［a］性に欠け、使えないことになる。いつまでも「赤い花」の知識を持ち合わせていると、フェイクに惑わされている人たちになってしまう。

また、未来予測だけでなく、未来を［b］できる知恵はさらに有用である。「イモの葉に光が当たっていると、より大きなイモが育つ」と発見できれば、日陰を作ってしまっている石をどけるなどの作業をすれば、大きなイモを得られる。今日の私たちは、葉に含まれる葉緑体が光のエネルギーを使って、二酸化炭素と水から養分を作っているという科学的知識を知っているが、最低限〝使える知恵〟になっていればよいので、「太陽神がイモの葉に祝福を与えるとイモが大きくなる」という形式でもよいのである。

(ニ)迷信のように見える形式の知恵であっても、私たちの祖先の経験がぎっしり詰まっていることがあるので、フェイクとして一刀両［c］で廃棄するのは考えものである。

以上で述べたように、科学は生活上有用な知恵から発祥している。そのため「科学の知恵」を「科学の体裁をもったフェイク」と見分けるには、それが未来を予測したり未来をコントロールしたりできるかという有用性の点から判断するのがよい。これが科学的思考の本質である。

経験から見出されるパターンは、再三確かめられて確実に使えることがわかれば、〝法則〟と呼べるほどになる。しかし、実際のところ理論は、それほど確実でない段階を長い間たどっていくものである。それを確かめるのに時間がかかるからである。科学界では、不確かな段階のパターンを〝仮説〟と呼んで区別する一方、少しでも確実さが見込まれると〝理論〟と呼んでいる。つまり、〝理論〟は、少々不確かなものからかなり確実なものまで、信頼性が多様な状況になっている。

問題二　次の文章を読んで、後の問いに答えなさい。（配点　50）

科学は、文明発展の原動力である。農業や工業は科学によって支えられ、文明的な生活は農業や工業の発展によってもたらされた。人類がこれほど繁栄したのは、食料増産に成功し、医学や薬学の発展によって健康が守られるようになったからである。人々が科学に信頼をおくのは、その実績からして当然のことだと考えられる。しかし一方で、信頼しすぎる問題もある。科学の限界を考えあわせたうえでの適切な対応が望まれる。

㈠科学に対する妥当な見方を築くには、科学的な考え方はどのように発祥したのかを把握しておくことが大切である。これについても、狩猟採集時代にさかのぼれる。

狩猟採集時代は食べ物が少なく、狩猟や採集を協力して行っていたことは前に述べた。採集の対象は主に木の実と根菜であっただろう。それらが熟す時期になれば大勢で採集に出かけたのだ。そのとき、遠目に見れば実り具合がわかる木の実に対して、イモなどの根菜は地中にあり、適切な時期に掘り出すのがなかなか難しい。

しかし、何度か成功と失敗をくり返している間に、規則性のあるパターンが見出せる。「花が咲き終わり、茎が枯れ、三昼夜してから掘り出すと最もおいしい」などの、法則が発見できるのだ。もちろん、植物の種類や、その年の天候の状態によってもバラツキがあるが、かなり有効である。またやがて、半分だけ掘り出して、残りは次の年のためにとらずにおくなどの知恵も見出したにちがいない。

㈡この手の知恵は協力集団の資産になる。やみくもに掘り出す集団は食べ物を失って絶滅してしまったのに対して、知恵を引き継げる集団は食べ物を確保し続けられた。私たちがそうして生き延びた集団の㈠末裔であることは言うまでもない。

このように科学とは、経験の中からパターンを探し、未来を予測して生き延びるのに適切な状態を作り出す方法である。確実なパターンを発見できれば、法則として有用な知恵になる。長年使われてきた知恵ならば、その集団のみんなが信じる常識となるわけだ。

解答欄に記入しなさい。ただし、解答には「フランス語」という語を含めること。【記述解答】

ジネブの母親と娘はどちらも［Ｖ］ため、２人ともジネブの言うことは分かるが、祖母と孫のコミュニケーション手段としてフランス語を役立てることができない。

問八　本文の最後で紹介されている作品は、本文の内容と関連付けて考えると何を表していると捉えられるか。最も適切なものを次の１～４の中から一つ選びなさい。［⑦］

1　言語が消滅するスピードはどんどん加速していくということ。

2　個々人の利益を追求すると言語や文化は失われてしまうということ。

3　言語が失われるのにかかる時間はそれほど長くないということ。

4　世代をつなぐ役割を果たす言語が使えるのは価値が高いということ。

問九　次の**ア**、**イ**は本文を読んで述べられた意見である。本文で述べられている事実を適切に読み取っているものには「1」、**誤りがあるもの**には「2」をそれぞれマークしなさい。**ア**［⑧］**イ**［⑨］

ア「言語が消滅してしまうのは文化的な損失なので、政府や権力は言語の使用に制限をかけるのをやめるべきだと思います。そうすれば話者の少ない言語もこれ以上衰退することはないはずです。」

イ「下位言語が消滅してしまうのは寂しいことですが、仕方のない面があると思います。自分にとって利益のある言語を選んで学ぶ権利はあるし、学校で上位言語を使う制度も、親がそれを望んだ結果採用されているので。」

2　仕事で活躍して自己実現や豊かな生活を達成するのに役立つと言われる。
3　魔法のように外（支配者）の言語を習得する学習法があると言われる。
4　よいイメージを与える広告表現を選び出すために必須の力と言われる。

問五　傍線部㈢「眩しい光を放っている」とあるが、本文中では他にも何か所か「光」の比喩が用いられている。「光」は何を表したものか、次の説明の空欄［Ⅰ］に入る最も適切な表現を、傍線部㈢より前の部分から二字で抜き出し、解答欄に記入しなさい。【記述解答】

言語が持つ価値や［Ⅰ］を表している。

問六　傍線部㈣とあるが「ダイグロシア」から言語の衰退へと移行する典型的な過程はどのようなものか。次の空欄［Ⅱ］～［Ⅳ］に入る最も適切な表現を本文中から抜き出し、解答欄に記入しなさい。ただし、空欄［Ⅱ］と［Ⅲ］は十一字以上十五字以内、空欄［Ⅳ］は七字以上十字以内で抜き出すこと。【記述解答】

［Ⅱ］において用いられる下位言語と、［Ⅲ］上位言語が共存する
←
下位言語の話者が自分の母語を［Ⅳ］ようになる
←
若者が下位言語を話さなくなる

問七　傍線部㈤について、「母と私」「娘と私」の録画では問題なくやりとりができているのに、「祖母と孫」の録画ではうまくやりとりができていないのはなぜか。その一因を説明した次の文章について、空欄［Ⅴ］に当てはまる内容を十五字以上二十字以内でまとめ、

問二　二重傍線部(ア)「おくめんもなく」、(イ)「ラディカル」の辞書的意味として最も適切なものを、次の1～4の中からそれぞれ一つずつ選びなさい。(ア) ③ (イ) ④

(ア)
1　気おくれもせずに
2　希望に満ちて
3　異口同音に
4　証拠もなしに

(イ)
1　度量が狭い様子
2　独善的である様子
3　暴力的である様子
4　過激である様子

問三　傍線部(一)について最も適切なものを、次の1～4の中から一つ選びなさい。⑤

1　災害などで話者が死に絶えてしまうことは言語の消滅の主たる原因である。
2　支配者が自分たちの言語を押し付けようとしても、民衆の反発を招き逆効果になるだけである。
3　政治的に支配されたりしなくても、どの言語も自然に変化していくものである。
4　自国や植民地内の言語を政略的に衰退させようとした例はいろいろな地域、時代でみられる。

問四　傍線部(二)の「言説」の内容として最も適切なものを、次の1～4の中から一つ選びなさい。⑥

1　生活の全ての場面で外（支配者）の言語を使うのが理想的だと言われる。

ネブに、助けを求めるような視線をさまよわせる。

（山本冴里『複数の言語で生きて死ぬ』から）

（注）
・アボリジニ＝オーストラリア大陸の先住民族。
・揺籃（ようらん）＝ゆりかご。
・母語＝人が最初に自然に身につけた言語。英語では mother tongue。
・『琉球教育』＝大日本帝国時代の琉球地方の教育者向け雑誌。
・CIA＝米国の中央情報局。
・クルド語＝西アジアのクルディスターン地方で話されている言語。
・二〇一〇年に言語学者のデイヴィッド・ハリソンは嘆く（ハリソン 2013）＝二〇一〇年はハリソンの原著の出版年であり、二〇一三年はその日本語訳の出版年である。
・インスタレーション＝設置する空間も含めて見せる芸術の形式。

問一　空欄 a 、 b に入る表現として最も適切なものを、それぞれ次の1～4の中から一つずつ選びなさい。

a　1　争奪　2　強奪　3　剥奪　4　奪回

b　1　流布　2　充当　3　転向　4　抜粋

a ①

b ②

ビア語やクルド語を話しながら育っている。この国（米国）の教育システムでは、その事実を恥ずかしく思うように仕向けられてしまっている」と、二〇一〇年に言語学者のデイヴィッド・ハリソン（注）は嘆く（ハリソン 2013）。数千キロの距離と百年あまりの時間を経て、この二つのコメントは、家庭で自分を育んできた言語を「恥」と子どもたちに感じさせるという点で、同じ質の状況を描いている。

だから子どもたちは時に、他言語の能力を隠す。かつて九州地方で私が行ったインタビューに答えて、東ヨーロッパ出身のある母親は、「あの子（自分の息子）は、家では、私が××語で言っていることは理解していますが、自分が答えるのには日本語だけ使います。外では、日本語だけを使えって（子どもに）言われています。友達に聞かれたくない、聞かれると恥ずかしいから、って」と答えている。

それでもこの例では、子どもは母親の話を理解はしているから、まだましだ、とさえ言えるかもしれない。しかし、さらにもうひとつ世代が離れたらどうか。言語の継承が途切れるには二世代あれば十分だ。しかもきっかけは、必ずしも「盗まれた世代」に見られるほど(イ)ラディカルではない。

ジネブ・セディーラという女性による、Mother Tongue（母語）という名のインスタレーション（注）がある。二〇一九年の夏、私はパリの国立移民記念館でこれを見た。隣りあう三つのスクリーンで、三つの異なる録画が同時に流され、観客はヘッドフォンでそれぞれの音を聴く。三つの録画には、それぞれ小題がある。左から(ロ)「母と私（フランス）」「娘と私（イギリス）」「祖母と孫（アルジェリア）」という。その中で、三人の女性たち、つまり私＝ジネブ、その母と娘は、それぞれがもっとも使いやすい言語で話している。トピックはいずれも、学生生活や、学校がある平日の食事など、日常的な内容だ。第一の録画においてジネブの母はアラビア語で話し、ジネブ本人はフランス語で答える。二人の用いる言語は異なっているが、互いの言うことは理解する。第二の録画では、ジネブ本人はフランス語で、ジネブの娘は英語で話す。ここでも、やりとりは成立している。しかし第三の録画、つまりジネブの母がアラビア語で話し、ジネブの娘が英語で話す状況においては、二人は、互いの言うことを理解できない。祖母のほうは笑いかけ、断片的な言葉を口にしかけては、まばたきし、口をつぐんでしまう。答えの戻らない気まずい沈黙が続く。孫娘はうつむくばかりだ――たまりかねて、ジネブの母は孫娘のほうにではなく、カメラをまわしている娘＝ジ来を保障してくれるような魔法の鍵として描きだしている。英語ができれば、人生がよりよい方向に変わる。仕事が見つかり収入が上がる。そんなイメージを散りばめた表現を、街角の広告に見かけたことはないだろうか。いわく、「英語ができれば人生はもっと楽しくなる！」（NHK通信講座）、「英語の力は、世界とつながる力」（AEON）、「英語を、習いはじめた。商談が、動きはじめた」（AEON）、「いまこの国が求めているのは、英語が話せるあなたです」（CLUB CUE）、「英語で夢をカタチに」（AEON）。

イギリス政府が設立したブリティッシュ・カウンシル（主要事業は英語の普及）は、こうした事態に対してきわめて意識的である。ブリティッシュ・カウンシルは、イギリスが英語使用の規範として見なされる地位を誇り利用する。

英国にとって、英語は信頼性の構築のために、そしてそれに続く交易と繁栄のために、鍵となる要素である。英語が我々の交易や創造的産業、文化、人々にもたらす利益、機会、価値のために「英語効果」を維持するにあたって、我々は英語を大切に育み、投資し続けなければならない。もしそれをしなければ、我々は、英国が持つ最大の資産（すなわち英語）からもたらされる経済的、社会的、そして文化的価値を失いかねない。（British Council 2013, p.4）

社会的な場面に応じて、二つの言語が使い分けられる状況を(四)ダイグロシアという。ダイグロシアはすでにそれ自体として、社会的な権力関係の動きの結果だが、下位に（より日常的、卑近な文脈での使用に）位置づけられた言語の話者が自らの母語を、(注)「かっこわるい」「ださい」「はずかしい」「役に立たない」と感じはじめたときに、その状況はさらに変化し、上位言語が下位言語を喰らいはじめる。たいてい、変化は若者からだ。老人が自分たちの言語で話しかけても、若者は、異なる言語、より社会的通用範囲の広い、より輝かしい言語で応答する。「あやまつて土語〔琉球語〕をつかへば〔子どもたちは〕非常にはづるよーになりました」と、一九〇四年の『琉球教育』(注)は報告する（篠原 1904）。「米軍にはアラビア語に秀でた人間が足りず、CIA(注)にはクルド語(注)のスペシャリストがいない。他方、アメリカの多くの優秀な子どもが家でアラばれる）が、家族のもとから引き離され、受け継がれてきた言語や文化の揺籃（ようらん）(注)からむしり取られて、施設や、養子に入った先の家庭で育った(Renes 2011)。大日本帝国でも——二〇二二年現在は「日本」として一般に認められている琉球語地域やアイヌ語地域も含めて——制度としての言語の強制や［ａ］、外（支配者）の言語への置換があった。

（中略）

こうした話をすると、「過去のこと」だ、と言う人もいる。「今はもう、植民地主義なんて存在しない、言語を奪うとかやめさせるとか、そんな犯罪は行われない」と。しかし、中国の教育省が、家庭では標準中国語が用いられることの少ない少数民族居住地域や農村においても、幼稚園では標準中国語を用いさせる「童語同音」計画を発表したのは二〇二一年七月のことだ。標準中国語を使うことで、「生涯にわたる発展の基礎をつくること」や「個々人の成長」、「農村の振興」、「中華民族共同体意識の形成」がなされるのだという（中華人民共和国教育部 2021）。

「現地言語の役割」が「より少ない領域と機能へとシステマティックに限定」されると同時に、(二)「支配的な（外の）言語に関する肯定的な言説」が広く［ｂ］されるという事態は、右の例ほど露骨ではなくとも、今も大規模に、かつ世界中で発生している。言い換えれば、自らの生まれた環境で習得した言語の価値が低下し、ほかの言語（仮にX語とする）の威信をより強く感じるという事態である。たとえばマスコミで、教育で、市役所など公の場で、より頻繁にX語が使われるようになってきたら。職場では現地の言語ではなくX語を使うようにと、取締役が決めたら。X語のできる人だけが、魅力的な仕事に就けるようになったなら。

言語そのものというより、言語に冠された後光のようなもの。それがX語の持つ力である。過去、東アジア世界では漢文が、ローマ時代の地中海地域と中世のヨーロッパではラテン語が、一七世紀〜一九世紀のヨーロッパ知識人の間ではフランス語が、そしてイスラム世界ではアラビア語が光を帯びていた。そしていま、多くの地域で、(三)眩しい光を放っているのは英語だ。日本でも、圧倒的な教育資源が、英語に注ぎこまれている。「英語ができる」ことで発生する（かもしれない）利益への期待をあおる広告表現の多くは、(ア)おくめんもなく、英語を、輝く未

国語

（六〇分）

（注）記述解答では、句読点や（　）、記号も一字として数える。

問題一

次の文章は言語の消滅に関して、一九六〇年以降およそ四か月に一つのペースで言語が消えているという内容に続けて書かれたものである。読んで、後の問いに答えなさい。（配点 50）

でも、なぜ？――㈠言語が死んでいく、殺されていく原因は何なのか。茫漠（ぼうばく）としすぎていて考えにくいとしたら、日本語の場合ではどうか。日本語が急速に使われなくなっていくという事態は、どのような条件下で起こりうることなのか。まず出てくるのは、たいてい、激烈な感染症または自然災害によって、日本列島に住む人々が大きなダメージを受けたとしたら、という仮定である。話者が大量に死ぬことによってその言語も絶滅するというイメージはわかりやすいが、そうした事態はしょっちゅう――四か月に一度というレベルで――発生するものではない。

次に出てくるのは、戦争が起き、敗北して、支配者の言語を押しつけられたり、植民地にされたりしたら、という想像である。

（中略）

オーストラリアでは、同化政策の一環として、一九一〇年から一九七〇年の間に、多くのアボリジニ(注)の子どもたち（「盗まれた世代」と呼

解答編

英語

◀文（英文）学部▶

I **解答** ①－2　②－3　③－2　④－4　⑤－3　⑥－2
⑦－3　⑧－1　⑨－2　⑩－1　⑪－3　⑫－2
⑬－4　⑭－1　⑮－4

解説 Part A. ①男性が「スーザン，僕のスマホ見た？」と聞いて，女性が「台所に置き忘れたんじゃないの？」と答えている。男性の困りごとは，2の「彼はスマホが見つからない」が適切。

②女性が「図書館に行くけど，あなたは行かないの？」と尋ね，男性が「ああ，でもチャックを待ってから行くよ」と答えている。男性の言いたいことは，3の「彼はチャックと図書館に行くつもりだ」が適切。

③男性が「ポールは今朝 30 分出勤が遅れたんだよ」と言い，女性が「あら，そんなこと今に始まったことじゃないわ」と返している。2の「彼はしばしば仕事に遅れる」が適切。

④ジミーの2番目の発言（Well, I'm in …）で「借りることのできるワイングラスを探している」と電話の用件を述べている。よって，男性の電話の用件は，4の「ワイングラスを借りたい」が適切。

⑤同じくジミーの2番目の発言（Well, I'm in …）の最後で，「家にあるワイングラスは古くていくつかは割れている」と言っているので，3の「いくつかは割れている」が適切。

⑥キムの4番目の発言（OK, but get back …）で，「ジョイスに電話してみたら？」と提案し，次のジミーの発話で「それは名案だ」と同意しているので，次にジミーが行うことは，2の「ジョイスに電話する」が適切。

⑦女性の3番目の発言（OK, what's the …）で「なんという名前です

か？」と聞いているので，女性が最初にジムについて尋ねたことは，3の「名称」が適切。

⑧女性の6番目の発言（Oh, that's OK. …）で「私が一番関心があるのはクラスをとることです」と述べているので，1の「クラスを受講する」が適切。

⑨男性の6番目の発言（The only bad thing…）で「ジムの唯一の難点は，とても混んでいることです」と述べているので，2の「それは混みすぎている」が適切。

Part B.《アメリア＝イアハートの生涯》

⑩第1段第1文（Today I would like…）に「アメリア＝イアハートは世界で初めて大西洋を横断した女性のパイロットとして有名です」とあるので，1が適切。

⑪第2段第2文（From a young age she…）に「彼女は幼いころから，冒険的な精神を示していた」とあるので，3がアメリアの子供時代を説明する文として最も適切。

⑫第3段第2文（After that, she immediately…）に「その後，当時はまだ女性パイロットはほとんどいなかったが，彼女はすぐに飛行訓練を受けた」とあるので，2の「彼女は速やかに飛行訓練を受けた」が適切。

⑬第3段最終文（Their successful flight…）より，4の「その飛行は世界中の新聞から注目を集めた」が適切。1は単独飛行ではなかった。2は，飛行時間は21時間。3はカナダを出発し，イギリスに到着しているので不適。

⑭第4段第5文（This was known…）からその島がとても小さく位置が特定しづらいことがわかる。このことが，ルートが難しいと言われていた理由なので，1が適切。

⑮最終段最終文（No parts of their airplane…）から，イアハートの最後の飛行の謎は，4の「飛行機や遺体などが何一つ見つかっていないこと」だとわかる。1・3は専門家が予測していることだが，物証がないので確定していない。2の7月19日は捜索を打ち切った日。

Ⅱ 解答

⑯－2　⑰－4　⑱－1　⑲－3　⑳－4　㉑－3
㉒－3　㉓－2

解説　Part A. ≪語学学習での集団授業の利点≫

⑯グループレッスンのほうがより効果的である理由を探す。第1段第5文（However, in reality, …）に，お互いに学ぶことができたりサポートしあえる雰囲気ができるなどとクラスメイトがいることの語学学習時の利点が述べられている。よって，2の「クラスメイトの存在から恩恵を受ける」が適切。3・4は個別授業のときに考えられる利点。

⑰ピアラーニングが用いられた教室で起こることとは何か。第2段第2文（It has been found …）より，4の「生徒は主に他の生徒から学ぶ」が適切。

⑱個人レッスンでなされる会話の70%は誰からのものか。第3段第6文（According to one study, …）の 70% of the conversation in private lessons is dominated by the instructors より，1の「教師の授業での発話である」が適切。2は，同段第7文（In addition, …）に教師の発話の大半は発問である，とあるので不適である。

⑲最終段最終文（Many students choose …）の後半部分に，it seems clear that this choice（＝group lessons）is also wise in terms of effective learning「グループレッスンのほうが効果的な学習という意味では賢明であるということがはっきりしているようだ」とあるので，3の「集団授業で学ぶことは，1対1の授業よりも利点が多い」が適切である。

Part B. ≪メディアマルチタスクがはらむ危険性≫

⑳第2段第1文（Media multitasking specifically …）で，メディアマルチタスキングとは，複数の情報メディアを同時に使うこと，と説明されている。これに当てはまらないのは，4の「地下鉄に乗っている最中に携帯ゲーム機でゲームをすること」である。地下鉄に乗ることは，情報メディアとは関係がない。

㉑メディアマルチタスクのネガティブな効果として述べられていないものを選ぶ。第2段第4文（The numerous options …）から，3の「人々は複数のメディアを使う選択肢をほとんど与えられていない」が該当する。1は，同段第4文（The numerous options …）の後半で「我々の意識があちこちに引っ張られて混とんとしてしまう」と述べられており，2は同

段第 2 文（The negative effects…）に「集中力の持続性」について，4 は同段第 5 文（In addition, …）で述べられている。

㉒授業中のノートパソコンの使用に関しての正しい文を選ぶ。第 3 段第 4 文（For example, student laptop…）で「授業中にノートパソコンを使用した学生は，成績が低く，それは授業を聞くことを様々な過程の中の段階で邪魔されたからだ」とある。また，同段第 10 文（Laptop use also …）にノートパソコンの使用は，パソコンの不使用者にも悪影響があったと報告されていることが述べられている。よって，3 の「生徒が授業中にノートパソコンを使うのは，その使用者も不使用者も授業を聞くうえで妨げになりえる」が適切。

㉓第 4 段第 2・3 文（It may make… like any other.）で筆者は「（メディアの）マルチタスキングは非効率で気を散らすものになりえるし，どんな場面でどのようにマルチタスキングを行うかは，我々が身につけるべきスキルである」と述べている。この主張と合致するのは，2 の「我々は，どんなときがマルチタスキングにふさわしいか慎重に見極めないといけない」となる。1 は「常時」が矛盾する。3 は，「避けなければならない」とは言っていない。4 は，「自然と効果的に行える」とは言っていない。むしろそのスキルを学ぶべきだと，筆者は言っている。

III　解答

㉔－4　㉕－2　㉖－1　㉗－3　㉘－3　㉙－4　㉚－3

解説　≪夏，あの人の待つ海辺の家へのドライブ≫

㉔冒頭のベルとスティーブンとの会話（5～10 行目）はどのようなものだったか。6～8 行目（Steven ignored what… you know”）に注目。スティーブンはベルの言ったことには耳をかさずに，「運転者（である自分）には触れるな」と言い，そのあと「俺の車のダッシュボードから足をおろせ」と言っている。それに対してベルも反論しているので，4 の「お互いに批判し合っている」が，文章の始まりの 2 人の描写として最も適切。

㉕13 行目 and listening to station Q94 made me… at the beach. に注目。Q94 局を聞くことはビーチにいることを心の中でわからせてくれると言っているので，2 の「それを聞くとビーチにいるような気分になる」というのが，Q94 局を流した理由。

㉖第10段第3・4文（23〜25行目）Seeing the town again, …just might be. に書かれているように，これからの海辺の家で過ごす夏を楽しみにしている。よって，1が正しい。2は，街で買い物をしたいわけではない。3は海辺の家は実際には故郷ではない。4はもっと海に近づいてからの描写。

㉗第21段第2文最後から16行目のTelling Steven anything would only give him another way to make fun of me. より，これ以上何か話すとスティーブンにからかわれるだけなので，話をやめたことがわかる。よって，3の「スティーブンは彼女をもっとからかうだろう」が適切。

㉘スザンナがベルが生まれてすぐに言ったことを答える。最後から2つめの段落（Susannah told me …）の，when I was born, she knew I would marry one of her boys in the future から，3の「彼女はベルが，コンラッドかジェリーのいずれかと結婚すると確信していた」が適切。

㉙最終段（Our family had been …）にビーチへの思いが書かれているが特に，最終文の but the boys, the boys most of all から，ベルはコンラッドやジェリーと夏を過ごすことをとりわけ心待ちにしていることがわかる。よって，4の「コンラッドやジェリーと時間を過ごすこと」が，ベルの海の家での最大の楽しみである。

㉚ベルの家族のこれまでを順に並べる。まず，最後から3つめの段落の最終文（They'd known each other …）を参照すると，bの「ベルの母親とベックが親友になる」が一番古い。次に，最終段第1文の2行目 since before I was even born よりベルが生まれる前から海辺の家に行っていることがわかり，aの「ベルの家族が初めて海辺の家に行った」，それからdの「ベルが生まれた」という順番になる。次に，cの「ベルがラジオをつけてそれに合わせて歌を歌った」とeの「ベルの兄が免許をとった」だが，本文でベルの兄はすでに運転しており，cは本文に記載のある出来事なので，e→cの順番になる。まとめるとb→a→d→e→cの順で3が適切。

Ⅳ　解答

Part A.　㉛−8　㉜−4　㉝−7　㉞−5　㉟−5
㊱−3　㊲−7　㊳−4　㊴−5　㊵−8

Part B.　No.1.　located　No.2.　boring　No.3.　done　No.4.　easy

No. 5. better

Part C. ア. hard　イ. ago　ウ. to　エ. herself　オ. courage

カ. thinking　キ. However　ク. friends　ケ. improved　コ. having

解説　Part A. No. 1. It is high time Japan played an important role (in the international community.)

It is high time＋仮定法過去形「もう～してもいいときだ，～すべきときだ」 play an important role in～「～で重要な役割を果たす」

No. 2.（Mary is a friend with）whom I have been on good terms for（a long time.）

be on … terms（with～）「（人）と…な関係である」 まずこのイディオムを見抜く。そのうえで with whom と前置詞＋関係詞で節をつなげることを考え，いまでも仲良くしているので時制を現在完了形にする。

No. 3.（What you have just said）reminds me of the town where I used to（live.）

reminds *A* of～「*A*（人）に～を思い出させる」 used to *do*「以前～していた」 まず，主語が what you have just said「あなたが今言ったこと」だと判断し，remind を V にあてる。the town を関係副詞 where を使い形容詞節で「むかし暮らしていた」の部分をつなげる。

No. 4.（When you move to a new environment, you）leave behind much of what is familiar to（you.）

leave behind～「～を置いていく」 be familiar to～「～にとってなじみ深い」「慣れ親しんだ多くのもの」は much of what is familiar to で表す。

No. 5.（Lots of factors）other than our brains affect how well we（learn.）

other than～「～以外に」「学習力」を「どれくらいうまく学ぶことができるか」に置き換えて how well we learn とするのがポイント。

Part B. No. 1. located に変える。the department store にかかる過去分詞にして，全体で「私はファースト通りの角にあるデパートにいました」とする。

No. 2. boring に変えて speech という名詞にかける。「退屈な講義の間中，起きているのは聴衆には大変だ」

No. 3. done に変えて，「生徒の中には宿題を終わらせていない者もいた」

とする。get *A done*「*A* を〜の状態にする」 完了を表す。

No. 4. easy に変えて，「ほとんど難しい単語がなかったから，読みやすかったよ」という意味にする。find *A* easy to *do*「*A* を〜するのが簡単だと気づく，わかる」

No. 5. better に変えて，「昨日よりお加減はいいですか？」とする。than があるので，well の比較級 better を使う。

Part C. ≪ユミの留学奮闘記≫

ア．空欄の前の studied に着目して，hard を入れ，「熱心に勉強した」の意味にする。

イ．「2カ月前」two months ago とする。期間（two months）の後ろに入る語は ago くらい。

ウ．「彼女のカナダの大学に参加することの興奮は瞬く間に心配に変わった」とするので to を入れる。turn to *do*「〜に変わる」

エ．「彼女は彼女自身の考えを述べることができなかった」の意味で，her を herself に変えて入れる。express *oneself*「自分の考えを述べる」

オ．「ユミは質問する十分な勇気を持っていなかった」ので courage を入れる。have enough courage to *do*「〜する十分な勇気を持っている」

カ．「彼女は帰国を考え始めた」で think を thinking に変えて入れる。空欄後ろの about もヒント。

キ．空欄の前後で，帰国を考えていたが，リンダに出会って状況が好転したと話題が大きく転換しているので，However を入れる。

ク．「よい友達になった」ので friend を friends に変えて入れる。become good friends「よい友達になる」

ケ．「ユミのリスニングとスピーキング力はすぐに向上した」ので improve を improved に変えて入れる。

コ．「彼女を信頼してくれる人を得ることは」と主語をつくるので，have を having に変えて入れる。

V　解答例

〈解答例 1〉I prefer watching TV to YouTube. I like enjoying TV programs with my family members after dinner. Our favorite is the quiz show. We always compete to solve the problems faster than each other. It is a fun and exciting time, so I like TV better than YouTube. (50語程度)

〈解答例２〉 I like watching YouTube better than TV. I enjoy singing karaoke and listening to pop music. There are many talented artists on YouTube. During my free time, I usually watch their videos, and they refresh me. YouTube is more convenient and easier to use compared to TV. (50語程度)

解説 「あなたはテレビとユーチューブのどちらを見るのが好きですか？ 理由を説明しなさい」という問題。立場はどちらでもいいが，具体的にどういった場面でテレビもしくはユーチューブを見ているのかが採点者に伝わるように書きたい。〈解答例１〉では家族と見ることができるのでテレビのほうがよい，〈解答例２〉では自分の好きな番組を手軽に都合よく見ることができるのでユーチューブのほうがよいと理由を加えた。比較表現（prefer *A* to *B*, like *A* better than *B*）などは必ず盛り込みたい。

〈解答例１〉 a quiz show「クイズ番組」 compete to *do*「～するのを競う」

〈解答例２〉 talented「才能がある」 refresh「気持ちをすっきりさせる」 compared to～「～と比べて」

◀経済（経済法）・社会福祉（社会福祉）学部▶

I　解答　A. ①－4　②－2　③－1　④－4
B. ⑤－2　⑥－2　⑦－4　⑧－1
C. ⑨－2　⑩－1　⑪－4　⑫－2

解説　A. ①「あなたはどうして彼がそんなに上手に英語を話すのか不思議に思うかもしれない。私が聞いたところでは，彼はニューヨークにいるときに英語を勉強していたらしいよ」の意味になる。4はhas learnedと現在完了形を用いているが，後ろにwhen he was in New York「彼がニューヨークにいたとき」という過去を表す語句があるので，正しくはlearnedにしなくてはいけない。よって，4が誤り。I hear that SV「SVという噂を耳にする」

②2のbe holdが正しくはholdになる。be going to *do*「～する予定である」の*do*は原形である。意味は「4月12日の午後，市街地のホテルで歓迎会をする予定です」となる。

③「その会社が大学を中退した若い男性によって始められたことは有名である」が文意であるが，1はfamousではなくwell-knownを使う。本文のようなitを形式主語，that以下を真主語と呼ぶが，famousはこのような形をとらずに，代わりにwell-known「よく知られている」という形容詞を使う。It is well-known that SV「SVということはよく知られている」

④4のagoが誤用。正しくはbeforeに変える。agoは「今の時点から見た特定の過去を表す語」で現在完了形とはともに用いない。本文では，has never hadと現在完了形が使われているため誤り。意味は「その店員は，これまでお客からその手のクレームを受けたことがなかった」となる。

B. ⑤「私は急いで家に戻らないといけない」in a hurry「急いで」よって，2が適切。

⑥「19歳のとき，彼女は初めて鹿児島を訪れた」for the first time「初めて」回数を示すので，the first time, the second time, the third timeと序数詞を使う。2が適切。

⑦「ルールの急な変更を心配する人もいる」be worried about～「～を

心配する」 4が適切。

⑧「この問題はどんな方法を使ってでも解かないといけない」 in one way or another「どんな方法を使っても」 1が適切。

C．⑨「今日は本当に暑い。暑さに耐えられないよ」の意味。2が適切。

⑩「彼はダンスのテクニックを上達させる必要があります」 work on～「～を上達させる」 1が適切。

⑪「彼の苦労は最後には報われた」 pay off「実を結ぶ，報われる」 よって「よい結果を生み出す」の4が適切。

⑫「結局過ごしやすい日になった」 turn into～「～になる」 よって，2が適切。

Ⅲ 解答 ⑬－2 ⑭－4 ⑮－1

解説 ≪ポールとジェニーの外食後の会話≫

⑬下線部の直前のポールの質問は，「踊る気分じゃないの？」，それに対して Not on a Wednesday night. と答えており，I don't feel like dancing on a Wednesday night.「水曜日の夜は踊る気分じゃないの」という意味。しかし，その直後に美術館に行くことを提案している。よって，適切なものは2の「彼女は何か別のことがしたい」である。

⑭ジェニーの8番目の発言（I have to admit …）に，「正直言うと彼女の音楽のファンじゃないの」とあるので，4の「彼女はケリーの音楽が好きではない」が適切。1と2はポールの発言。3は it が何を受けているかわからない。

⑮下線部の1つ前のジェニーの発言（I'm afraid I have to go now.）に，「悪いけど，もう行かなきゃ」とあり，続けてケリーと2人で出かけるよう提案している。次のポールの質問を受けて，No と言っているのは I don't mind, Paul.「2人で出かけても気にしないわ」ということである。これは自分は帰宅することを意味しているので，1の「彼女は立ち去るつもりだ」が適切。

Ⅲ 解答　⑯－3　⑰－1　⑱－4　⑲－2

解説　≪フォックスポイント・トゥールズのフランチャイズ募集≫

⑯第1段第1～3文（Are you looking … and equipment business.）に注目。フォックスポイント・トゥールズがパートナーとして一緒にビジネスをする人を探していることがわかるので，3が適切。

⑰第2段第2文（We support all …）からフォックス社の製品は，1のMetal hand tools「（ハンマー・ドライバー・ペンチなどの）金属製手工具」が適切。

⑱第2段第4文（Moreover, we will …）と同段最終文（All franchise partners …）より，フランチャイズオーナーになる利点として適切なものは，4の「あなたは機械の修理について学ぶことができる」である。

⑲第3段第5文（If you have a credit card, …）に注目し，すぐに始めるために持っておくべきものは2のクレジットカードが適切。

Ⅳ 解答　⑳－3　㉑－1　㉒－2　㉓－1　㉔－3

解説　≪どうしてセレブの中には破産してしまう人がいるのか？≫

⑳第1段第1・2文（Considering how much … for bankruptcy.）に注目。「有名人やセレブは金銭的に困ってなどなさそうだが，実際は多くの歌手，俳優，スポーツ選手が金策に困り，挙げ句の果てには破産する人も多い」と述べられており，以後もその実例や理由が続いている。よって，本文の主題として，3の「莫大な富にも関わらず，多くのセレブが金銭的問題を抱えている」が適切。

㉑第2段第1文（When stars are at the top, …）より「スターは彼らの富が永遠に続くと考えてしまう」というのが，セレブが大きな負債を抱えてしまう理由。よって，1の「彼らは自分の収入が永遠に続くと考えてしまう」が適切。

㉒最終段第5・6文（Finally, stars … all live by.）に注目。スターでも身の丈以上の生活は避けるべきであると述べられており，また，that's great advice we can all live by「我々全員が信条とすべきことである」と言っているので，我々全員が避けるべきことは2の「自分の持ち分以上

に使うこと」となる。

㉓セレブにしばしば購入されるもの。第3段第3文（Tyson was famous …）と第4段第2文（Yet celebrities, …）にそれぞれjewelryとboatsがあるので，1が適切。

㉔最終段第4文（This is because …）に「これはスターの力が消えはじめても，貯金で生活していく必要があるだろうからだ」とあるので，3の「スターでさえ，一般人と同じように金銭的問題を抱えるかもしれない」というのが，専門家が貯蓄を勧める理由。

V 解答

No.1. far　No.2. way　No.3. usual
No.4. won　No.5. chance

解説　No.1. far「（比較級を強めて）ずっと，はるかに」

No.2. that way「そんなふうに」 way「方法で，見方で」

No.3. 比較級＋than usual「いつもより～」

No.4. I feel like I'd（＝had）*done*「まるで～したみたいだった」

No.5. have a chance to *do*「～する機会を得る」

Ⅵ 解答

No.1. (His story) reminded me of a hard experience I had (in my younger days.)

No.2. (She) thinks it necessary to give a part of (her money to charity.)

No.3. (I talked) him into helping me with my homework(.)

No.4. (Japan) must play an important role in promoting (world peace.)

No.5. (I have) been interested in Japanese history since I was (a junior high school student.)

No.6. (I would eat) at an expensive restaurant if I had a lot of money(.)

解説　No.1. remind *A* of ～「*A*（人）に～のことを思い出させる」His storyが主語なので，この熟語を使い，あとはa hard experience「つらい体験」に関係詞節で修飾する。

No.2. think it＋形容詞＋to *do*「～することは（形容詞）であると考え

る」このitは形式目的語のitで，真目的語はto *do* 以下。give some money to charity「慈善事業に寄付する」

No.3. talk *A* into～「*A*（人）を説得し～してもらう」 help *A* with *B*「*A*（人）が*B*（物）するのを手伝う」 この2つのイディオムを組み合わせる。

No.4. play an important role in～「～で重要な役割を担う」

No.5. 中学生の頃から今もずっとなので，現在完了形を使う。be interested in～「～に興味がある」

No.6. if S＋過去形「もし～なら（仮定法の条件節）」 先頭のI would eatは仮定法の帰結節。「私は～を食べるだろう」

日本史

Ⅰ　解答　≪原始・古代の遺跡と文化財≫

問1．1　問2．3　問3．4　問4．2　問5．4　問6．1
問7．3　問8．2　問9．3　問10．3　問11．2　問12．1
問13．1

写真Aの出典追記：島根県教育庁埋蔵文化財調査センター提供

Ⅱ　解答　≪建武の新政≫

問1．2　問2．後醍醐天皇　問3．10　問4．1
問5．(i)記録所　(ii)－2　問6．雑訴決断所　問7．高時〔北条高時〕
問8．1　問9．建武　問10．4　問11．3

Ⅲ　解答　≪三大改革≫

問1．A．徳川吉宗　B．松平定信　C．水野忠邦
問2．D－2　E－3　F－4　問3．ア－2　イ－3　ウ－1　エ－3
オ－3　カ－1　キ－2　ク－2

Ⅳ　解答　≪幕末から明治初期の小問集合≫

問1．ええじゃないか　問2．1　問3．3　問4．三職
問5．新貨条例　問6．3　問7．壬午軍乱〔壬午事変〕　問8．4
問9．2　問10．国家主義　問11．1　問12．金本位　問13．4

世界史

Ⅰ　解答　≪アメリカの古代文明≫

問1．ア．オルメカ　イ．マヤ　ウ．テオティワカン
エ．アステカ　オ．インカ
問2．3　問3．2　問4．C―1　D―4　問5．2

Ⅱ　解答　≪明代の文化≫

問1．a．木版　b．マテオ＝リッチ〔利瑪竇〕　c．朱子
問2．2　問3．2　問4．4　問5．3
問6．(4)―1　(5)―3　(6)―1　問7．4

Ⅲ　解答　≪イタリアの統一≫

問1．A．サルデーニャ　B．オーストリア
C．ヴィットーリオ＝エマヌエーレ　D．カヴール
E．ナポレオン　F．青年　G．ガリバルディ
問2．(1)―7　(2)―3

Ⅳ　解答　≪第二次世界大戦後のフランス≫

問1．A．1789　B．四　C．イタリア　D．チュニジア
E．ド＝ゴール　問2．ⅰ―4　ⅱ―2
問3．ア―2　イ―6　問4．4

地理

Ⅰ　解答　≪北緯45度帯の地誌≫

問1．ア－4　イ－4
問2．(都市名・気候区の順に) A．ボルドー，西岸海洋性気候〔Cfb〕
B．ミラノ，温暖湿潤気候〔Cfa〕 C．オデッサ，ステップ気候〔BS〕
問3．1　問4．1

Ⅱ　解答　≪グローバル経済と格差≫

問1．(1)南北　(2)南南　問2．GNI　問3．3　問4．3
問5．グローバリゼーション〔グローバル化〕
問6．多国籍企業（世界企業も可）　問7．インターネット

Ⅲ　解答　≪インドの農業と工業≫

問1．A．高収量　B．白い
問2．(i)－3　(ii)名称：ガンジス川　位置：c　(iii)－3　(iv)－1
問3．ICT　問4．(i)－4　(ii)－2

Ⅳ　解答　≪有珠山から洞爺湖にかけての地形図≫

問1．ジオパーク　問2．3　問3．3
問4．火山泥流や土石流の勢いを弱め，麓への災害を軽減する。(30字以内)
問5．3　問6．1　問7．(i)－2　(ii)カルデラ

政治・経済

Ⅰ　解答　≪近年の国際社会≫

問1．(a)―4　(b)―4　問2．1　問3．3　問4．常任理事
問5．(a)難民高等弁務官　(b)―2　問6．4　問7．侵略犯罪　問8．1

Ⅱ　解答　≪人身の自由≫

問1．4　問2．B．苦役　F．検察　G．被告　H．被疑
問3．3　問4．2　問5．4　問6．1
問7．刑事被告人が無罪の判決を受け，判決が確定したときは，これまで抑留・拘禁されていた日数に応じて金銭による補償を受ける権利。(60字以内)

Ⅲ　解答　≪市場メカニズムと市場の失敗≫

問1．プライス　問2．1
問3．D．外部経済　E．外部不経済〔外部負経済〕　問4．9
問5．4　問6．2　問7．3　問8．1　問9．4　問10．2

Ⅳ　解答　≪企業をめぐる諸問題≫

問1．株主主権　問2．1　問3．2　問4．3　問5．4
問6．1　問7．コーポレートガバナンス　問8．(a)―3　(b)―4

数学

I　解答　≪背理法≫

(i)　素数は「1より大きい自然数のうち1とその数でしか割り切れないもの」であるので，2以外の偶数は2で割り切れるので素数ではない。一方，2は1と2でしか割り切れないので素数である。よって，2以外の素数は必ず奇数である。　(説明終)

(ii)　$a^2+b^2=(2n+1)^2+(2m+1)^2$

$=4n^2+4n+1+4m^2+4m+1$

$=4(n^2+n+m^2+m)+2$

よって　n^2+n+m^2+m　……(答)

(iii)　命題と(ii)より，(ii)の m，n を用いて

$c^2=a^2+b^2$

$=4(n^2+n+m^2+m)+2$　……①

$=2\{2(n^2+n+m^2+m)+1\}$

n，m は自然数より，$2(n^2+n+m^2+m)+1$ も整数なので，c^2 は2の倍数である。

ここで，c を奇数とすれば，$c=2l-1$（l は自然数）と表せるが，$c^2=(2l-1)^2=4l^2-4l+1=2(2l^2-2l)+1$ となり，c^2 が2の倍数であることに反するので，c は偶数である。

このとき，$c=2l$（l は自然数）と表せるので

$c^2=(2l)^2=4l^2$

l は自然数より，l^2 も自然数なので，c^2 は4の倍数である。

このとき，①より

$4l^2=4(n^2+n+m^2+m)+2$

このとき，n，m，l は自然数より，l^2，n^2+n+m^2+m も自然数なので，左辺は4の倍数であり，右辺は4で割って2余る数となるのでこの等式は矛盾する。

よって，命題：$a^2+b^2=c^2$ を満たす自然数 c は存在しない。

（証明終）

Ⅱ 解答 ≪放物線が x 軸から切り取る線分の長さ，三角形の面積の最大値≫

(i)　$y=x^2-2x-3=(x-1)^2-4$ より，放物線の頂点の座標は　$(1,\ -4)$

よって，求める距離は　$0-(-4)=4$　……(答)

(ii)　点 A，B の x 座標は，$x^2-2x-3=0$ の解より

$$(x+1)(x-3)=0 \qquad \therefore\ x=-1,\ 3$$

よって，A$(-1,\ 0)$，B$(3,\ 0)$ なので　AB$=3-(-1)=4$　……(答)

(iii)　条件より　AD$=a\cdot$AB$=a\cdot 4=4a$

よって　D$(-1+4a,\ 0)$，C$(-1+4a,\ 16a^2-16a)$

$$\triangle \mathrm{ABC}=\frac{1}{2}\cdot 4\cdot\{0-(16a^2-16a)\}=-32a^2+32a \quad \text{……(答)}$$

(iv)　(iii)より

$$\triangle \mathrm{ABC}=-32a^2+32a=-32\left(a-\frac{1}{2}\right)^2+8$$

$0\leqq a\leqq 1$ より，$a=\dfrac{1}{2}$ のとき △ABC の面積は最大値 8 をとる。……(答)

Ⅲ 解答 ≪正弦定理≫

(i)　△ABC において正弦定理より　$\dfrac{5\sqrt{2}}{\sin C}=2\cdot 5$

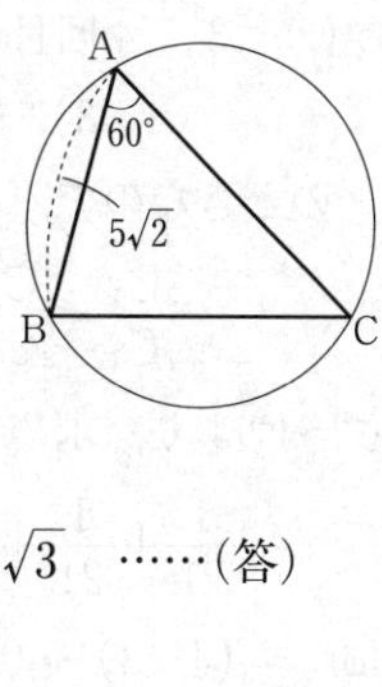

よって　$\sin C=\dfrac{\sqrt{2}}{2}$

$0°<C<120°$ より　$C=45°$

また，△ABC において正弦定理より

$$\frac{5\sqrt{2}}{\sin 45°}=\frac{\mathrm{BC}}{\sin 60°} \iff \frac{5\sqrt{2}}{\frac{\sqrt{2}}{2}}=\frac{\mathrm{BC}}{\frac{\sqrt{3}}{2}} \iff \mathrm{BC}=5\sqrt{3} \quad \text{……(答)}$$

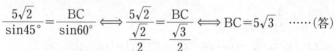

(ii)　$\angle \mathrm{B}=180°-\angle \mathrm{A}-\angle \mathrm{C}=180°-60°-45°=75°$　……(答)

Ⅳ 解答 ≪玉の総数が増える袋から玉を取り出す確率≫

袋の中の赤玉と白玉の個数の組み合わせを，(赤玉の個数，白玉の個数)と表す。

(i) 1回目に赤玉，2回目に白玉，3回目に赤玉，4回目に白玉を取り出すときである。

$$(4,\ 3)\to(5,\ 3)\to(5,\ 4)\to(6,\ 4)\to(6,\ 5)$$

のときなので，求める確率は

$$\frac{{}_4C_1}{{}_7C_1}\cdot\frac{{}_3C_1}{{}_8C_1}\cdot\frac{{}_5C_1}{{}_9C_1}\cdot\frac{{}_4C_1}{{}_{10}C_1}=\frac{4}{7}\cdot\frac{3}{8}\cdot\frac{5}{9}\cdot\frac{4}{10}=\frac{1}{21}\quad\cdots\cdots(\text{答})$$

(ii) 赤玉を2回のみ続けて取り出す方法は(ア)〜(ウ)のいずれかの場合であり，それらは互いに排反である。

(ア) 1，2回目に赤玉，3，4回目に白玉を取り出すとき

$$(4,\ 3)\to(5,\ 3)\to(6,\ 3)\to(6,\ 4)\to(6,\ 5)$$

のときなので，求める確率は

$$\frac{{}_4C_1}{{}_7C_1}\cdot\frac{{}_5C_1}{{}_8C_1}\cdot\frac{{}_3C_1}{{}_9C_1}\cdot\frac{{}_4C_1}{{}_{10}C_1}=\frac{4}{7}\cdot\frac{5}{8}\cdot\frac{3}{9}\cdot\frac{4}{10}=\frac{1}{21}$$

(イ) 2，3回目に赤玉，1，4回目に白玉を取り出すとき

$$(4,\ 3)\to(4,\ 4)\to(5,\ 4)\to(6,\ 4)\to(6,\ 5)$$

のときなので，求める確率は

$$\frac{{}_3C_1}{{}_7C_1}\cdot\frac{{}_4C_1}{{}_8C_1}\cdot\frac{{}_5C_1}{{}_9C_1}\cdot\frac{{}_4C_1}{{}_{10}C_1}=\frac{3}{7}\cdot\frac{4}{8}\cdot\frac{5}{9}\cdot\frac{4}{10}=\frac{1}{21}$$

(ウ) 3，4回目に赤玉，1，2回目に白玉を取り出すとき

$$(4,\ 3)\to(4,\ 4)\to(4,\ 5)\to(5,\ 5)\to(6,\ 5)$$

のときなので，求める確率は

$$\frac{{}_3C_1}{{}_7C_1}\cdot\frac{{}_4C_1}{{}_8C_1}\cdot\frac{{}_4C_1}{{}_9C_1}\cdot\frac{{}_5C_1}{{}_{10}C_1}=\frac{3}{7}\cdot\frac{4}{8}\cdot\frac{4}{9}\cdot\frac{5}{10}=\frac{1}{21}$$

(ア)〜(ウ)より，求める確率は

$$\frac{1}{21}+\frac{1}{21}+\frac{1}{21}=\frac{1}{7}\quad\cdots\cdots(\text{答})$$

(iii) $(4,\ 3)\to(5,\ 3)\to(6,\ 3)\to(7,\ 3)\to(8,\ 3)$

のときなので，求める確率は

$$\frac{{}_4C_1}{{}_7C_1}\cdot\frac{{}_5C_1}{{}_8C_1}\cdot\frac{{}_6C_1}{{}_9C_1}\cdot\frac{{}_7C_1}{{}_{10}C_1}=\frac{4}{7}\cdot\frac{5}{8}\cdot\frac{6}{9}\cdot\frac{7}{10}=\frac{1}{6}\quad\cdots\cdots(答)$$

(iv)　条件より，赤玉を1回，白玉を3回取り出すときで，(エ)〜(キ)のいずれかの場合であり，それらは互いに排反である。

(エ)　1回目に赤玉，2，3，4回目に白玉を取り出すとき

$$(4,\ 3)\to(5,\ 3)\to(5,\ 4)\to(5,\ 5)\to(5,\ 6)$$

のときなので，求める確率は

$$\frac{{}_4C_1}{{}_7C_1}\cdot\frac{{}_3C_1}{{}_8C_1}\cdot\frac{{}_4C_1}{{}_9C_1}\cdot\frac{{}_5C_1}{{}_{10}C_1}=\frac{4}{7}\cdot\frac{3}{8}\cdot\frac{4}{9}\cdot\frac{5}{10}=\frac{1}{21}$$

(オ)　2回目に赤玉，1，3，4回目に白玉を取り出すとき

$$(4,\ 3)\to(4,\ 4)\to(5,\ 4)\to(5,\ 5)\to(5,\ 6)$$

のときなので，求める確率は

$$\frac{{}_3C_1}{{}_7C_1}\cdot\frac{{}_4C_1}{{}_8C_1}\cdot\frac{{}_4C_1}{{}_9C_1}\cdot\frac{{}_5C_1}{{}_{10}C_1}=\frac{3}{7}\cdot\frac{4}{8}\cdot\frac{4}{9}\cdot\frac{5}{10}=\frac{1}{21}$$

(カ)　3回目に赤玉，1，2，4回目に白玉を取り出すとき

$$(4,\ 3)\to(4,\ 4)\to(4,\ 5)\to(5,\ 5)\to(5,\ 6)$$

のときなので，求める確率は

$$\frac{{}_3C_1}{{}_7C_1}\cdot\frac{{}_4C_1}{{}_8C_1}\cdot\frac{{}_4C_1}{{}_9C_1}\cdot\frac{{}_5C_1}{{}_{10}C_1}=\frac{3}{7}\cdot\frac{4}{8}\cdot\frac{4}{9}\cdot\frac{5}{10}=\frac{1}{21}$$

(キ)　4回目に赤玉，1，2，3回目に白玉を取り出すとき

$$(4,\ 3)\to(4,\ 4)\to(4,\ 5)\to(4,\ 6)\to(5,\ 6)$$

のときなので，求める確率は

$$\frac{{}_3C_1}{{}_7C_1}\cdot\frac{{}_4C_1}{{}_8C_1}\cdot\frac{{}_5C_1}{{}_9C_1}\cdot\frac{{}_4C_1}{{}_{10}C_1}=\frac{3}{7}\cdot\frac{4}{8}\cdot\frac{5}{9}\cdot\frac{4}{10}=\frac{1}{21}$$

(エ)〜(キ)より，求める確率は

$$\frac{1}{21}+\frac{1}{21}+\frac{1}{21}+\frac{1}{21}=\frac{4}{21}\quad\cdots\cdots(答)$$

別解　条件より，赤玉を1回，白玉を3回取り出すときである。
作業前の(4，3)から4回の作業後の(5，6)まで，取り出す順序によらず，赤玉4つから1つ，白玉3つから1つ，4つから1つ，5つから1つ取り出す確率は $\frac{{}_4C_1\times{}_3C_1\times{}_4C_1\times{}_5C_1}{{}_7C_1\times{}_8C_1\times{}_9C_1\times{}_{10}C_1}=\frac{1}{21}$ であり，取り出す順序の数は，赤玉1つと白玉3つを1列に並べる順列に等しいから

$$\frac{4!}{1!\cdot 3!}=4$$

よって，求める確率は　$\frac{1}{21}\times 4=\frac{4}{21}$

したりできるかという有用性の点から判断するのがよい」としている。

問七　後ろから三段落目に、「赤い花が咲いたとき」という地域限定の理論は、「他地域では信頼性が低いことは明るみに出ない」とある。5のように「最終的には信頼性が低いと判断される」とは限らないということになる。

問八　1、「信頼性が低い」かどうかがわからないだけで、「検証結果によって得られた知見」が無効となってしまうわけではない。4、「大地震」が「めったに起きない災害」であることは明らかなので、「頻繁に起こるかどうかを判断することは誰にもできない」は不適。

問九　「めったに起きない災害」であっても、それが起きたときに、ある「理論」通りにならなければ、その理論は信頼性が低いということで反証が可能になる。「流れ星」の理論の場合の災害は「大地震」である。

問十　1、「多くの人々にとって理解が容易な理論」が「信頼性が低い」というわけではない。3、「不確かな段階のパターン」が「仮説」なので「不確かな知恵」は不適。「理論」も「確実に使える」とは限らない。4、「経験的なパターンを探そうとしない人」は偶然に頼ることにはなるが、「フェイクに惑わされる人」だとは言っていない。5、最終段落に着目する。「自分が理解でき…」という判断基準は、「科学的」ではないので「フェイクを見分けること」にはつながらない。

二

出典 石川幹人『だからフェイクにだまされる――進化心理学から読み解く』〈第5章　科学の信頼を利用したフェイク――未来予測の限界〉（ちくま新書）

解答

問一　(ア)―1　(イ)―3

問二　3

問三　5

問四　1

問五　コントロール

問六　断

問七　5

問八　1・4

問九　大地震が起きなかった（八字以上十二字以内）

問十　2

解説

問二　直前に「科学の限界を考えあわせたうえでの適切な対応が望まれる」とあり、また、文章全体でもこのことを具体的に述べている。その内容に触れている選択肢は3である。

問三　直前の段落の内容を押さえること。「何度か成功と失敗をくり返し…規則性のあるパターンが見出せる…法則が発見できる」とある。この経験を積み重ねることによって見出すことのできた規則性や法則に基づく知恵のことである。

問四　第八段落に「『赤い花』の知識は地域限定で［a］性に欠け」とある。これを逆に言うと「地域限定」でない知識であれば、「［a］性」に欠けていない、どこでも通用する知識ということになる。

問五　二段落後の「以上で述べたように」に着目する。この後でここまでの内容をまとめている、または、結論を出しているということになる。「科学の知恵」であるかどうかを見分けるためには「未来を予測したり未来をコントロール

問四　この「言説」が「広く［b］されるという事態」は、この後で「ほかの言語（仮にX語とする）の威信をより強く感じるという事態」だと説明されている。このX語の例として英語が挙げられ、「英語ができれば、人生がよりよい方向に変わる。仕事が見つかり収入が上がる」などの言説が紹介されている。

問五　第六段落冒頭で「言語そのものというより、言語に冠された後光のようなもの」と述べている。英語で言うと「利益」「機会」「価値」などの言葉で説明されている。傍線部より前では、「自らの生まれた環境で習得した言語の価値が低下し、ほかの言語（仮にX語とする）の威信をより強く感じる」と述べられている。「価値」の低下とは逆に上がったのは「X語」の「威信」である。

問六　傍線部を含む段落の内容を押さえること。「下位に（より日常的、卑近な文脈での使用に）位置づけられた言語の話者」→「若者は…より社会的通用範囲の広い、より輝かしい言語で応答」→「恥ずかしく思うように仕向けられ」という内容である。

問七　ジネブ本人はフランス語で会話し、母親はその会話を理解し、娘もその会話を理解しているのであるから、仲介している言語は「フランス語」ということになる。しかし、母親も娘もフランス語を聞いて理解はできるが、話せないのである。

問八　この作品が「言語の継承が途切れるには二世代あれば十分だ」ということを説明するために紹介されていることに着目する。また、「本文の内容と関連付けて考える」とあるので、「言語が死んでいく、殺されていく原因は何なのか」（第一段落）に関係した選択肢を選ぶ必要がある。

問九　ア、言語の衰退の原因を「政府や権力」の強制だけに求めているわけではない。イ、「学校で上位言語を使う制度」を「親がそれを望んだ」という内容は本文にない。

国語

一

出典　山本冴里『複数の言語で生きて死ぬ』〈第一章　夢を話せない――言語の数が減るということ〉（くろしお出版）

解答

問一　a―3　b―1

問二　(ア)―1　(イ)―4

問三　4

問四　2

問五　威信

問六　Ⅱ、より日常的、卑近な文脈

Ⅲ、より社会的通用範囲の広い

Ⅳ、恥ずかしく思う

問七　フランス語を聞いて理解できるが話せない（十五字以上二十字以内）

問八　3

問九　ア―2　イ―2

解説

問三　「原因」の一つとして適切なものを考えるとよい。1、「災害」は「主たる原因」ではない。2、「民衆の反発」が「言語が死んでいく」原因の一つとは言えない。3、「自然」な言語の変化は、「言語が死んでいく」原因とは無関係。4、この後の「オーストラリア」「大日本帝国」「中国」の例に合致している。

//////////////////// · memo · ////////////////////

· memo ·

教学社 刊行一覧

2025年版 大学赤本シリーズ

374大学556点 全都道府県を網羅

国公立大学(都道府県順)

全国の書店で取り扱っています。店頭にない場合は，お取り寄せができます。

1 北海道大学(文系－前期日程)
2 北海道大学(理系－前期日程) 医
3 北海道大学(後期日程)
4 旭川医科大学(医学部〈医学科〉) 医
5 小樽商科大学
6 帯広畜産大学
7 北海道教育大学
8 室蘭工業大学／北見工業大学
9 釧路公立大学
10 公立千歳科学技術大学
11 公立はこだて未来大学 総推
12 札幌医科大学(医学部) 医
13 弘前大学 医
14 岩手大学
15 岩手県立大学・盛岡短期大学部・宮古短期大学部
16 東北大学(文系－前期日程)
17 東北大学(理系－前期日程) 医
18 東北大学(後期日程)
19 宮城教育大学
20 宮城大学
21 秋田大学 医
22 秋田県立大学
23 国際教養大学 総推
24 山形大学 医
25 福島大学
26 会津大学
27 福島県立医科大学(医・保健科学部) 医
28 茨城大学(文系)
29 茨城大学(理系)
30 筑波大学(推薦入試) 医 総推
31 筑波大学(文系－前期日程)
32 筑波大学(理系－前期日程) 医
33 筑波大学(後期日程)
34 宇都宮大学
35 群馬大学 医
36 群馬県立女子大学
37 高崎経済大学
38 前橋工科大学
39 埼玉大学(文系)
40 埼玉大学(理系)
41 千葉大学(文系－前期日程)
42 千葉大学(理系－前期日程) 医
43 千葉大学(後期日程) 医
44 東京大学(文科) DL
45 東京大学(理科) DL 医
46 お茶の水女子大学
47 電気通信大学
48 東京外国語大学 DL
49 東京海洋大学
50 東京科学大学(旧 東京工業大学)
51 東京科学大学(旧 東京医科歯科大学) 医
52 東京学芸大学
53 東京藝術大学
54 東京農工大学
55 一橋大学(前期日程)
56 一橋大学(後期日程)
57 東京都立大学(文系)
58 東京都立大学(理系)
59 横浜国立大学(文系)
60 横浜国立大学(理系)
61 横浜市立大学(国際教養・国際商・理・データサイエンス・医〈看護〉学部)
62 横浜市立大学(医学部〈医学科〉) 医
63 新潟大学(人文・教育〈文系〉・法・経済科・医〈看護〉・創生学部)
64 新潟大学(教育〈理系〉・理・医〈看護を除く〉・歯・工・農学部) 医
65 新潟県立大学
66 富山大学(文系)
67 富山大学(理系) 医
68 富山県立大学
69 金沢大学(文系)
70 金沢大学(理系) 医
71 福井大学(教育・医〈看護〉・工・国際地域学部)
72 福井大学(医学部〈医学科〉) 医
73 福井県立大学
74 山梨大学(教育・医〈看護〉・工・生命環境学部)
75 山梨大学(医学部〈医学科〉) 医
76 都留文科大学
77 信州大学(文系－前期日程)
78 信州大学(理系－前期日程) 医
79 信州大学(後期日程)
80 公立諏訪東京理科大学 総推
81 岐阜大学(前期日程) 医
82 岐阜大学(後期日程)
83 岐阜薬科大学
84 静岡大学(前期日程)
85 静岡大学(後期日程)
86 浜松医科大学(医学部〈医学科〉) 医
87 静岡県立大学
88 静岡文化芸術大学
89 名古屋大学(文系)
90 名古屋大学(理系) 医
91 愛知教育大学
92 名古屋工業大学
93 愛知県立大学
94 名古屋市立大学(経済・人文社会・芸術工・看護・総合生命理・データサイエンス学部)
95 名古屋市立大学(医学部〈医学科〉) 医
96 名古屋市立大学(薬学部)
97 三重大学(人文・教育・医〈看護〉学部)
98 三重大学(医〈医〉・工・生物資源学部) 医
99 滋賀大学
100 滋賀医科大学(医学部〈医学科〉) 医
101 滋賀県立大学
102 京都大学(文系)
103 京都大学(理系) 医
104 京都教育大学
105 京都工芸繊維大学
106 京都府立大学
107 京都府立医科大学(医学部〈医学科〉) 医
108 大阪大学(文系) DL
109 大阪大学(理系) 医
110 大阪教育大学
111 大阪公立大学(現代システム科学域〈文系〉・文・法・経済・商・看護・生活科〈居住環境・人間福祉〉学部－前期日程)
112 大阪公立大学(現代システム科学域〈理系〉・理・工・農・獣医・医・生活科〈食栄養〉学部－前期日程) 医
113 大阪公立大学(中期日程)
114 大阪公立大学(後期日程)
115 神戸大学(文系－前期日程)
116 神戸大学(理系－前期日程) 医
117 神戸大学(後期日程)
118 神戸市外国語大学 DL
119 兵庫県立大学(国際商経・社会情報科・看護学部)
120 兵庫県立大学(工・理・環境人間学部)
121 奈良教育大学／奈良県立大学
122 奈良女子大学
123 奈良県立医科大学(医学部〈医学科〉) 医
124 和歌山大学
125 和歌山県立医科大学(医・薬学部) 医
126 鳥取大学 医
127 公立鳥取環境大学
128 島根大学 医
129 岡山大学(文系)
130 岡山大学(理系) 医
131 岡山県立大学
132 広島大学(文系－前期日程)
133 広島大学(理系－前期日程) 医
134 広島大学(後期日程)
135 尾道市立大学 総推
136 県立広島大学
137 広島市立大学
138 福山市立大学 総推
139 山口大学(人文・教育〈文系〉・経済・医〈看護〉・国際総合科学部)
140 山口大学(教育〈理系〉・理・医〈看護を除く〉・工・農・共同獣医学部) 医
141 山陽小野田市立山口東京理科大学 総推
142 下関市立大学／山口県立大学
143 周南公立大学 新 総推
144 徳島大学 医
145 香川大学 医
146 愛媛大学 医
147 高知大学 医
148 高知工科大学
149 九州大学(文系－前期日程)
150 九州大学(理系－前期日程) 医
151 九州大学(後期日程)
152 九州工業大学
153 福岡教育大学
154 北九州市立大学
155 九州歯科大学
156 福岡県立大学／福岡女子大学
157 佐賀大学 医
158 長崎大学(多文化社会・教育〈文系〉・経済・医〈保健〉・環境科〈文系〉学部)
159 長崎大学(教育〈理系〉・医〈医〉・歯・薬・情報データ科・工・環境科〈理系〉・水産学部) 医
160 長崎県立大学 総推
161 熊本大学(文・教育・法・医〈看護〉学部・情報融合学環〈文系型〉)
162 熊本大学(理・医〈看護を除く〉・薬・工学部・情報融合学環〈理系型〉) 医
163 熊本県立大学
164 大分大学(教育・経済・医〈看護〉・理工・福祉健康科学部)
165 大分大学(医学部〈医・先進医療科学科〉) 医
166 宮崎大学(教育・医〈看護〉・工・農・地域資源創成学部)
167 宮崎大学(医学部〈医学科〉) 医
168 鹿児島大学(文系)
169 鹿児島大学(理系) 医
170 琉球大学 医

2025年版　大学赤本シリーズ

国公立大学 その他

- 171 〔国公立大〕医学部医学科 総合型選抜・学校推薦型選抜※ 医 総推
- 172 看護・医療系大学〈国公立 東日本〉※
- 173 看護・医療系大学〈国公立 中日本〉※
- 174 看護・医療系大学〈国公立 西日本〉※
- 175 海上保安大学校／気象大学校
- 176 航空保安大学校
- 177 国立看護大学校
- 178 防衛大学校 総推
- 179 防衛医科大学校（医学科） 医
- 180 防衛医科大学校（看護学科）

※No.171～174の収載大学は赤本ウェブサイト（http://akahon.net/）でご確認ください。

私立大学①

北海道の大学（50音順）

- 201 札幌大学
- 202 札幌学院大学
- 203 北星学園大学
- 204 北海学園大学
- 205 北海道医療大学
- 206 北海道科学大学
- 207 北海道武蔵女子大学・短期大学
- 208 酪農学園大学（獣医学群〈獣医学類〉）

東北の大学（50音順）

- 209 岩手医科大学（医・歯・薬学部） 医
- 210 仙台大学 総推
- 211 東北医科薬科大学（医・薬学部） 医
- 212 東北学院大学
- 213 東北工業大学
- 214 東北福祉大学
- 215 宮城学院女子大学 総推

関東の大学（50音順）

あ行（関東の大学）

- 216 青山学院大学（法・国際政治経済学部－個別学部日程）
- 217 青山学院大学（経済学部－個別学部日程）
- 218 青山学院大学（経営学部－個別学部日程）
- 219 青山学院大学（文・教育人間科学部－個別学部日程）
- 220 青山学院大学（総合文化政策・社会情報・地球社会共生・コミュニティ人間科学部－個別学部日程）
- 221 青山学院大学（理工学部－個別学部日程）
- 222 青山学院大学（全学部日程）
- 223 麻布大学（獣医、生命・環境科学部）
- 224 亜細亜大学
- 226 桜美林大学
- 227 大妻女子大学・短期大学部

か行（関東の大学）

- 228 学習院大学（法学部－コア試験）
- 229 学習院大学（経済学部－コア試験）
- 230 学習院大学（文学部－コア試験）
- 231 学習院大学（国際社会科学部－コア試験）
- 232 学習院大学（理学部－コア試験）
- 233 学習院女子大学
- 234 神奈川大学（給費生試験）
- 235 神奈川大学（一般入試）
- 236 神奈川工科大学
- 237 鎌倉女子大学・短期大学部
- 238 川村学園女子大学
- 239 神田外語大学
- 240 関東学院大学
- 241 北里大学（理学部）
- 242 北里大学（医学部） 医
- 243 北里大学（薬学部）
- 244 北里大学（看護・医療衛生学部）
- 245 北里大学（未来工・獣医・海洋生命科学部）
- 246 共立女子大学・短期大学
- 247 杏林大学（医学部） 医
- 248 杏林大学（保健学部）
- 249 群馬医療福祉大学・短期大学部
- 250 群馬パース大学 総推
- 251 慶應義塾大学（法学部）
- 252 慶應義塾大学（経済学部）
- 253 慶應義塾大学（商学部）
- 254 慶應義塾大学（文学部） 総推
- 255 慶應義塾大学（総合政策学部）
- 256 慶應義塾大学（環境情報学部）
- 257 慶應義塾大学（理工学部）
- 258 慶應義塾大学（医学部） 医
- 259 慶應義塾大学（薬学部）
- 260 慶應義塾大学（看護医療学部）
- 261 工学院大学
- 262 國學院大學
- 263 国際医療福祉大学 医
- 264 国際基督教大学
- 265 国士舘大学
- 266 駒澤大学（一般選抜T方式・S方式）
- 267 駒澤大学（全学部統一日程選抜）

さ行（関東の大学）

- 268 埼玉医科大学（医学部） 医
- 269 相模女子大学・短期大学部
- 270 産業能率大学
- 271 自治医科大学（医学部） 医
- 272 自治医科大学（看護学部）／東京慈恵会医科大学（医学部〈看護学科〉）
- 273 実践女子大学 総推
- 274 芝浦工業大学（前期日程）
- 275 芝浦工業大学（全学統一日程・後期日程）
- 276 十文字学園女子大学
- 277 淑徳大学
- 278 順天堂大学（医学部） 医
- 279 順天堂大学（スポーツ健康科・医療看護・保健看護・国際教養・保健医療・医療科・健康データサイエンス・薬学部） 総推
- 280 上智大学（神・文・総合人間科学部）
- 281 上智大学（法・経済学部）
- 282 上智大学（外国語・総合グローバル学部）
- 283 上智大学（理工学部）
- 284 上智大学（TEAPスコア利用方式）
- 285 湘南工科大学
- 286 昭和大学（医学部） 医
- 287 昭和大学（歯・薬・保健医療学部）
- 288 昭和女子大学
- 289 昭和薬科大学
- 290 女子栄養大学・短期大学部 総推
- 291 白百合女子大学
- 292 成蹊大学（法学部－A方式）
- 293 成蹊大学（経済・経営学部－A方式）
- 294 成蹊大学（文学部－A方式）
- 295 成蹊大学（理工学部－A方式）
- 296 成蹊大学（E方式・G方式・P方式）
- 297 成城大学（経済・社会イノベーション学部－A方式）
- 298 成城大学（文芸・法学部－A方式）
- 299 成城大学（S方式〈全学部統一選抜〉）
- 300 聖心女子大学
- 301 清泉女子大学
- 303 聖マリアンナ医科大学 医
- 304 聖路加国際大学（看護学部）
- 305 専修大学（スカラシップ・全国入試）
- 306 専修大学（前期入試〈学部個別入試〉）
- 307 専修大学（前期入試〈全学部入試・スカラシップ入試〉）

た行（関東の大学）

- 308 大正大学
- 309 大東文化大学
- 310 高崎健康福祉大学
- 311 拓殖大学
- 312 玉川大学
- 313 多摩美術大学
- 314 千葉工業大学
- 315 中央大学（法学部－学部別選抜）
- 316 中央大学（経済学部－学部別選抜）
- 317 中央大学（商学部－学部別選抜）
- 318 中央大学（文学部－学部別選抜）
- 319 中央大学（総合政策学部－学部別選抜）
- 320 中央大学（国際経営・国際情報学部－学部別選抜）
- 321 中央大学（理工学部－学部別選抜）
- 322 中央大学（5学部共通選抜）
- 323 中央学院大学
- 324 津田塾大学
- 325 帝京大学（薬・経済・法・文・外国語・教育・理工・医療技術・福岡医療技術学部）
- 326 帝京大学（医学部） 医
- 327 帝京科学大学 総推
- 328 帝京平成大学 総推
- 329 東海大学（医〈医〉学部を除く－一般選抜）
- 330 東海大学（文系・理系学部統一選抜）
- 331 東海大学（医学部〈医学科〉） 医
- 332 東京医科大学（医学部〈医学科〉） 医
- 333 東京家政大学・短期大学部 総推
- 334 東京経済大学
- 335 東京工科大学
- 336 東京工芸大学
- 337 東京国際大学
- 338 東京歯科大学
- 339 東京慈恵会医科大学（医学部〈医学科〉） 医
- 340 東京情報大学
- 341 東京女子大学
- 342 東京女子医科大学（医学部） 医
- 343 東京電機大学
- 344 東京都市大学
- 345 東京農業大学
- 346 東京薬科大学（薬学部） 総推
- 347 東京薬科大学（生命科学部） 総推
- 348 東京理科大学（理学部〈第一部〉－B方式）
- 349 東京理科大学（創域理工学部－B方式・S方式）
- 350 東京理科大学（工学部－B方式）
- 351 東京理科大学（先進工学部－B方式）
- 352 東京理科大学（薬学部－B方式）
- 353 東京理科大学（経営学部－B方式）
- 354 東京理科大学（C方式、グローバル方式、理学部〈第二部〉－B方式）
- 355 東邦大学（医学部） 医
- 356 東邦大学（薬学部）

2025年版　大学赤本シリーズ

私立大学②

357 東邦大学（理・看護・健康科学部）
358 東洋大学（文・経済・経営・法・社会・国際・国際観光学部）
359 東洋大学（情報連携・福祉社会デザイン・健康スポーツ科・理工・総合情報・生命科・食環境科学部）
360 東洋大学（英語〈3日程×3カ年〉）
361 東洋大学（国語〈3日程×3カ年〉）
362 東洋大学（日本史・世界史〈2日程×3カ年〉）
363 東洋英和女学院大学
364 常磐大学・短期大学 総推
365 獨協大学
366 獨協医科大学（医学部） 医

な行（関東の大学）

367 二松学舎大学
368 日本大学（法学部）
369 日本大学（経済学部）
370 日本大学（商学部）
371 日本大学（文理学部〈文系〉）
372 日本大学（文理学部〈理系〉）
373 日本大学（芸術学部〈専門試験併用型〉）
374 日本大学（国際関係学部）
375 日本大学（危機管理・スポーツ科学部）
376 日本大学（理工学部）
377 日本大学（生産工・工学部）
378 日本大学（生物資源科学部）
379 日本大学（医学部） 医
380 日本大学（歯・松戸歯学部）
381 日本大学（薬学部）
382 日本大学（N全学統一方式－医・芸術〈専門試験併用型〉学部を除く）
383 日本医科大学 医
384 日本工業大学
385 日本歯科大学
386 日本社会事業大学 総推
387 日本獣医生命科学大学
388 日本女子大学
389 日本体育大学

は行（関東の大学）

390 白鷗大学（学業特待選抜・一般選抜）
391 フェリス女学院大学
392 文教大学
393 法政大学（法〈Ⅰ日程〉・文〈Ⅱ日程〉・経営〈Ⅱ日程〉学部－A方式）
394 法政大学（法〈Ⅱ日程〉・国際文化・キャリアデザイン学部－A方式）
395 法政大学（文〈Ⅰ日程〉・経営〈Ⅰ日程〉・人間環境・グローバル教養学部－A方式）
396 法政大学（経済〈Ⅰ日程〉・社会〈Ⅰ日程〉・現代福祉学部－A方式）
397 法政大学（経済〈Ⅱ日程〉・社会〈Ⅱ日程〉・スポーツ健康学部－A方式）
398 法政大学（情報科・デザイン工・理工・生命科学部－A方式）
399 法政大学（T日程〈統一日程〉・英語外部試験利用入試）
400 星薬科大学 総推

ま行（関東の大学）

401 武蔵大学
402 武蔵野大学
403 武蔵野美術大学
404 明海大学
405 明治大学（法学部－学部別入試）
406 明治大学（政治経済学部－学部別入試）
407 明治大学（商学部－学部別入試）
408 明治大学（経営学部－学部別入試）
409 明治大学（文学部－学部別入試）
410 明治大学（国際日本学部－学部別入試）
411 明治大学（情報コミュニケーション学部－学部別入試）
412 明治大学（理工学部－学部別入試）
413 明治大学（総合数理学部－学部別入試）
414 明治大学（農学部－学部別入試）
415 明治大学（全学部統一入試）
416 明治学院大学（A日程）
417 明治学院大学（全学部日程）
418 明治薬科大学 総推
419 明星大学
420 目白大学・短期大学部

ら・わ行（関東の大学）

421 立教大学（文系学部－一般入試〈大学独自の英語を課さない日程〉）
422 立教大学（国語〈3日程×3カ年〉）
423 立教大学（日本史・世界史〈2日程×3カ年〉）
424 立教大学（文学部－一般入試〈大学独自の英語を課す日程〉）
425 立教大学（理学部－一般入試）
426 立正大学
427 早稲田大学（法学部）
428 早稲田大学（政治経済学部）
429 早稲田大学（商学部）
430 早稲田大学（社会科学部）
431 早稲田大学（文学部）
432 早稲田大学（文化構想学部）
433 早稲田大学（教育学部〈文科系〉）
434 早稲田大学（教育学部〈理科系〉）
435 早稲田大学（人間科・スポーツ科学部）
436 早稲田大学（国際教養学部）
437 早稲田大学（基幹理工・創造理工・先進理工学部）
438 和洋女子大学 総推

中部の大学（50音順）

439 愛知大学
440 愛知医科大学（医学部） 医
441 愛知学院大学・短期大学部
442 愛知工業大学 総推
443 愛知淑徳大学
444 朝日大学 総推
445 金沢医科大学（医学部） 医
446 金沢工業大学
447 岐阜聖徳学園大学 総推
448 金城学院大学
449 至学館大学 総推
450 静岡理工科大学
451 椙山女学園大学
452 大同大学
453 中京大学
454 中部大学
455 名古屋外国語大学 総推
456 名古屋学院大学 総推
457 名古屋学芸大学 総推
458 名古屋女子大学 総推
459 南山大学（外国語〈英米〉・法・総合政策・国際教養学部）
460 南山大学（人文・外国語〈英米を除く〉・経済・経営・理工学部）
461 新潟国際情報大学
462 日本福祉大学
463 福井工業大学
464 藤田医科大学（医学部） 医
465 藤田医科大学（医療科・保健衛生学部）
466 名城大学（法・経営・経済・外国語・人間・都市情報学部）
467 名城大学（情報工・理工・農・薬学部）
468 山梨学院大学

近畿の大学（50音順）

469 追手門学院大学 総推
470 大阪医科薬科大学（医学部） 医
471 大阪医科薬科大学（薬学部） 総推
472 大阪学院大学 総推
473 大阪経済大学 総推
474 大阪経済法科大学 総推
475 大阪工業大学 総推
476 大阪国際大学・短期大学部 総推
477 大阪産業大学 総推
478 大阪歯科大学（歯学部）
479 大阪商業大学 総推
480 大阪成蹊大学・短期大学 総推
481 大谷大学 総推
482 大手前大学・短期大学 総推
483 関西大学（文系）
484 関西大学（理系）
485 関西大学（英語〈3日程×3カ年〉）
486 関西大学（国語〈3日程×3カ年〉）
487 関西大学（日本史・世界史・文系数学〈3日程×3カ年〉）
488 関西医科大学（医学部） 医
489 関西医療大学 総推
490 関西外国語大学・短期大学部 総推
491 関西学院大学（文・法・商・人間福祉・総合政策学部－学部個別日程）
492 関西学院大学（神・社会・経済・国際・教育学部－学部個別日程）
493 関西学院大学（全学部日程〈文系型〉）
494 関西学院大学（全学部日程〈理系型〉）
495 関西学院大学（共通テスト併用日程〈数学〉・英数日程）
496 関西学院大学（英語〈3日程×3カ年〉） 新
497 関西学院大学（国語〈3日程×3カ年〉） 新
498 関西学院大学（日本史・世界史・文系数学〈3日程×3カ年〉） 新
499 畿央大学 総推
500 京都外国語大学・短期大学 総推
502 京都産業大学（公募推薦入試） 総推
503 京都産業大学（一般選抜入試〈前期日程〉）
504 京都女子大学 総推
505 京都先端科学大学 総推
506 京都橘大学 総推
507 京都ノートルダム女子大学 総推
508 京都薬科大学 総推
509 近畿大学・短期大学部（医学部を除く－推薦入試） 総推
510 近畿大学・短期大学部（医学部を除く－一般入試前期）
511 近畿大学（英語〈医学部を除く3日程×3カ年〉）
512 近畿大学（理系数学〈医学部を除く3日程×3カ年〉）
513 近畿大学（国語〈医学部を除く3日程×3カ年〉）
514 近畿大学（医学部－推薦入試・一般入試前期） 医 総推
515 近畿大学・短期大学部（一般入試後期） 医
516 皇學館大学 総推
517 甲南大学 総推
518 甲南女子大学（学校推薦型選抜） 新 総推
519 神戸学院大学 総推
520 神戸国際大学 総推
521 神戸女学院大学 総推
522 神戸女子大学・短期大学 総推
523 神戸薬科大学 総推
524 四天王寺大学・短期大学部 総推
525 摂南大学（公募制推薦入試） 総推
526 摂南大学（一般選抜前期日程）
527 帝塚山学院大学 総推
528 同志社大学（法、グローバル・コミュニケーション学部－学部個別日程）

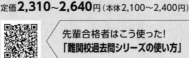

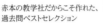

2025年版　大学赤本シリーズ　No. 203

北星学園大学

編　集　教学社編集部
発行者　上原 寿明
発行所　教学社
〒606-0031
京都市左京区岩倉南桑原町56
電話　075-721-6500
振替　01020-1-15695
印　刷　三美印刷

2024年7月20日　第1刷発行
ISBN978-4-325-26260-2
定価は裏表紙に表示しています

- 乱丁・落丁等につきましてはお取替えいたします。
- 本書に関する最新の情報（訂正を含む）は，赤本ウェブサイトhttp://akahon.net/の書籍の詳細ページでご確認いただけます。
- 本書は当社編集部の責任のもと独自に作成したものです。本書の内容についてのお問い合わせは，赤本ウェブサイトの「お問い合わせ」より，必要事項をご記入の上ご連絡ください。電話でのお問い合わせは受け付けておりません。なお，受験指導など，本書掲載内容以外の事柄に関しては，お答えしかねます。また，ご質問の内容によってはお時間をいただく場合がありますので，あらかじめご了承ください。

- 本シリーズ掲載の入試問題等について，万一，掲載許可手続等に遺漏や不備があると思われるものがございましたら，当社編集部までお知らせください。